HARALD KORALL

Authentische Fälle der Rechtsmedizin

Harald Korall

Authentische Fälle der Rechtsmedizin

Voltmedia Verlag

Autor: Harald Korall
Titel: Authentische Fälle der Rechtsmedizin

Enthält:
Harald Korall, Ich habe sie alle im Schlaf getötet
Harald Korall, Eine Rose für die Tote

Ungekürzte Lizenzausgabe: 2006 by Voltmedia GmbH, Paderborn

Lektorat: Monika Werner
Umschlaggestaltung: Oliver Wirth
Satz und Layout: Nicole Körtge, Claudia Hofmann
Gesetzt aus der New Baskerville
Druck und buchbinderische Verarbeitung:
Oldenbourg Taschenbuch GmbH, Kirchheim

Printed in Germany
ISBN 3-938478-12-8

Besuchen Sie den Voltmedia Verlag im Internet unter:
http://www.voltmedia.de

Inhalt

Die in diesem Buch beschriebenen Fälle haben sich tatsächlich zugetragen. Die Darstellung folgt im wesentlichen den Abläufen der Ereignisse. Täter, Opfer und Zeugen sind dennoch nicht mit den realen Personen identisch und tragen nicht ihren wirklichen Namen. Ihre Biographien wurden vom Autor literarisch gestaltet.

Der Würger vom Mansfelder Land

1

Er saß vorn, nahe am Podest der Richter und Schöffen, klein, zäh, aufrecht, nur selten geduckt oder leicht in sich zusammengesunken. Das schwarze Haar, der schwarze kräftige Schnauzer – er hatte kein unebenes Gesicht. Damit hatte er bei manchen jungen Frauen und Mädchen Eindruck hinterlassen, man konnte es sich vorstellen. Ihnen gegenüber war er nicht mundfaul, hieß es, vielmehr mitunter geradezu redselig gewesen. Hier vor Gericht freilich war er wortkarg.

»Ich will den zahllosen Schlagworten der Presse meine Sicht entgegenstellen«, hatte sein Verteidiger erklärt. »Für mich war mein Mandant immer ein Casanova, ein Liebhaber der Frauen, nicht ihr Feind. Freilich: Als ihm die flotten Erfolge, die ihm so leichthin zufielen, nicht mehr genügten, entschloß er sich zur Gewalt. So sehe ich ihn.«

Die Presse, die Medien. Sie hatten brutalere Bilder für den kleinen drahtigen schwarzhaarigen Mann da vorn. Als den »Würger von E.« hatten sie ihn bezeichnet, ihn auch den »Mädchenschänder« genannt, den »Teufel im roten Auto«. Aber meist und immer wieder hieß er der »Würger von E.« Der Würger von Eisleben im Mansfelder Land.

Und die Leute im Saal? Bis auf den letzten Platz war der hohe Raum an jedem Prozeßtag gefüllt. Die Luft stand heiß und dumpf zwischen den Wänden, so daß die Richter sich veranlaßt sahen, Pausen zu machen, nur um die Fenster und Türen aufreißen zu lassen, daß mit dem Sog ein bißchen weniger verbrauchte Luft von der Straße hereintrieb. Trotzdem kamen die Leute jeden Tag, die meisten mit dem Bus, sie nahmen die Fahrten aus den Dörfern auf sich und das Sitzen, sechs, acht Stunden im stickig prallvollen Saal. Am fünften Tag, nach dem anderthalbstündigen Plädoyer des Staatsanwalts, als er für den schwarzhaarigen Mann da vorn die lebenslange Freiheitsstrafe beantragte, jagten sie den Beifall aus ihren sonst so stillen Händen, gemeinsam, alle, ohne Abstimmung. »Noch eine solche unangebrachte Bekundung, und ich schließe die Öffentlichkeit komplett von der weiteren Verhandlung aus«, sagte da der Vorsitzende, sonst so geduldige Richter. Sie nahmen's mit Gleichmut hin. Wie konnte es sie treffen? Sie hatte längst anderes getroffen.

Und am sechsten Tag, als das erwartete Urteil zu ihrer Genugtuung verkündet war, standen sie in nahezu einer Front, spieen ihn an, hoben die Fäuste: »Du Mörder, du Schinder, du Schwein! Selber solltest du zugrunde gehen, wie du die Mädchen hast zugrunde gehen lassen.« Da war er wohl heilfroh, daß die ihn begleitenden Vollzugsbeamten die Handschellen rasch schnappen ließen und ihn das letzte Mal aus dieser Öffentlichkeit wegführten, über Flure und Treppen hinab in den vergitterten Wagen und schließlich in die stille Leere seiner Zelle.

Dabei: Fast hätte dieser Prozeß alles andere als termingemäß stattfinden können. Am Wochenende vorm monatelang geplanten Beginn, an einem Freitagabend kurz nach achtzehn Uhr, gelang es dem drahtigen, wendigen Schwarzen, aus der mitten in der Stadt gelegenen Untersuchungshaftanstalt zu fliehen, im späten Dämmerlicht. Die regionalen Zeitungen zeigten am Morgen darauf die Front des Haupthauses mit dem vergitterten Fenster im dritten Stock, das simple geknotete Laken und das Garagenvordach darunter: »Der Würger entkommen!«

Es hatte in einer der drei Haftanstalten der Stadt in den letzten Monaten mehrfach Gefangenenentweichungen gegeben. Aber aus dieser Anstalt doch nicht! Die U-Haft galt doch als absolut sicher! Wie hatte es geschehen können? Der kleine Schwarze war nicht mehr in Einzelhaft gehalten worden, damit sich seine Aggressionen nicht kurz vor dem Prozeß zusätzlich stauten, und er hatte offensichtlich Freunde gefunden. Auch dicke, stämmige Freunde, die sich schützend um ihn stellten, vielleicht noch die Arbeit des Gittersägens mit ihm teilten? Aber woher stammte die Säge? Etwa von der Mutter, die den Schwarzen in Abständen besuchen durfte?

Als die Polizeikommandos noch ausschwärmten, den Entwichenen wieder einzufangen, auch die nun schwer gefährdeten Zeugen der Anklage vor möglicher blindwütiger Rache zu schützen, als die Leser am Morgen die regionalen Blätter zur

Hand nahmen, ja, noch als die Seiten mit der Sensationsmeldung gedruckt wurden, war im Grunde längst alles vorbei, simpel und unspektakulär. Gegen elf Uhr in der Nacht, keinen Kilometer von der Ausbruchsstelle entfernt, war der kleine Schwarze gefaßt worden: ausgerechnet von einem seiner Wärter. Der fuhr, seine Dienstschicht war längst zu Ende, über einen der verkehrsreichsten Plätze der Stadt, das Rondell unter der Hochstraße, die die Stadt quert, da sah er zu seinem Entsetzen den Schwarzen auf dem langgestreckten Parkplatz nebenan, kniend, wie er sich an einem der Autos zu schaffen machte. Der Justizbeamte ließ seinen Wagen fast auf der Kreuzung stehen, versicherte sich der Hilfe eines zufälligen Passanten. So wurde der Schwarze nach kurzer japsender Flucht wieder aufgegriffen: ohne Widerstand.

»Es muß im Mansfeldischen, in der Gegend der Halden, 1991 mehrere Sexualtäter gegeben haben«, erklärte der Staatsanwalt später. »Es existiert dort ein Rückkehrerheim, eine Art Asylantenauffangstelle, abgelegen. In ihrer Nähe geht eines Tages eine Russin spazieren, um die hellichte Mittagszeit. Da überholt sie ein Pkw, fährt langsam an ihrer Seite, der Fahrer spricht sie an. Schließlich hält er, zerrt die Frau ins Auto, wobei er mit ihr in einen heftigen Kampf gerät. Ausgerechnet im selben Augenblick beginnt ein Hubschrauber über dem Tatort zu kreisen, er wartet, wendet mehrfach, so daß die Russin fliehen kann. Aber der Pkw-Fahrer verfolgt sie erneut, kriegt sie wieder zu fassen. Diesmal wehrt sie sich so heftig, daß sie die gesamte Frontscheibe des Autos hinausdrückt. Es war ein rotes Auto, sagt sie später. Der Täter fuhr ein rotes Auto. Aber es war nicht der Schwarze, sagt sie. Als wir ihn hatten und ihn ihr gegenüberstellten, schüttelte sie energisch den Kopf. Der Schwarze war es nicht, mit Bestimmtheit nicht.

Wirklich, es hat in der Gegend mehrere Sexualtäter gegeben. Da war ja auch die Schwesternschülerin Sandra. Man hatte sie tot aus einem See gezogen, mit etlichen Zeichen einer Vergewaltigung und ihrer Gegenwehr. Aber sie war am Ende mit einem Stich in den Hals zu Tode gebracht worden. Das war nicht die Handschrift des Schwarzen.«

In dem Landstrich, in dem dies alles geschah, hatten sich die Bergleute jahrhundertelang in den Boden gewühlt, mühsam die hauchdünnen Schichten des begehrten Kupfererzes abzubauen. Nebenan in Eisleben war Martin Luther geboren und gestorben, selbst Sohn eines kleinen Bergunternehmers. Nun lief die Erzgewinnung aus. Wende und kalt hereinbrechende Weltmarktpreise setzten dem schon immer kostenaufwendig betriebenen Abbau das endgültige Ende. Nur die riesigen öden Halden blieben, die Pyramiden und Kegel, hundertfünfzig Meter hoch und einige noch höher, vielleicht für die Ewigkeit in das mäßig wellige Land gesetzt. Nebenan erst begannen die eigentlichen Hügel, fing der Harz allmählich an, sich zu türmen.

Flaches Land also, karge Landwirtschaft, aufgegebener Bergbau, so war die Gegend, wenig gegliedert. Und die Leute waren verunsichert, im Umbruch, auf der Suche. Was würde von ihrem alten Leben noch bleiben, wie sich das neue gestalten?

Auch Knut Born, zum Beispiel, lebte mit vielen Unsicherheiten. Seine Landgenossenschaft, noch mühevoll existent, stand vor roten Zahlen. War's da nicht gleich besser, er setzte sich ab? Auch in Schwaben oder Franken wurden geschickte junge Traktoristenhände gebraucht. Aber er war 89 nicht gegangen; da wußte er, er ging auch jetzt nicht. Er hatte das Haus hier, die weitverzweigte Familie, das waren zähe Bindungen.

An einem Tag Ende März 1991 fuhr Knut Born den Güllewagen, schlimme Arbeit, aber notwendig. Die bäuerliche Genossenschaft hatte vor Jahren oben auf den Halden mehrere Abwasserteiche angelegt. Die riesigen hohen Berge von totem Abraumgestein konnten auf diese Weise noch zu etwas nütze sein. Die Gülle, dorthin gebracht, störte niemanden, verdarb nicht die Felder und nicht die Luft.

Als Knut Born an diesem Märzmorgen seinen Güllewagen rückwärts an eines der Modderbecken lenkte, schließlich das Abflußventil öffnete, stutzte er. In dem aufwallenden Brei war auf einmal, ein Stück hin vom Uferrand, etwas Fremdes, ein Sack, ein Körper. Ein angewinkelter Arm? Oder nur ein fremder, eigentümlicher Fleck?

»Wir müssen diesem jungen Traktoristen und seiner Aufmerksamkeit unendlich dankbar sein«, sagte der Staatsanwalt später in seinem Plädoyer. »Ohne ihn und seine Entdeckung säßen wir heute gewiß nicht hier, wären wir auf den Mörder von Annett Stephan möglicherweise nie gestoßen.«

Als die Helfer der Genossenschaft und die benachrichtigten Mitarbeiter der Kriminalpolizei an jenem Märzmittag den unbekannten Körper aus der Gülle schließlich auf die steinige Uferumrandung zogen, war es der Leichnam einer jungen Frau, an den Füßen gefesselt, vor Mund und Nase eine Kompresse, ein geknotetes Tuch. Das die Hände zusammenschließende Tuch, merkwürdig, war wieder durchgetrennt.

Es war der Leichnam der seit etwa drei Wochen verschwundenen Annett.

2

Annett Stephan, achtzehn Jahre alt, Oberschülerin am Gymnasium im nahen Eisleben, ansässig in Buchwitz. Am 8. März 1991 hatte sie in ihrem Heimatort eine Disko besucht, sich gegen dreiundzwanzig Uhr von ihrem Freund verabschiedet, der in einem Nachbarort wohnte und mit dem letzten Nachtbus nach Hause wollte. Annett hatte nicht bis zum Eintreffen des sich etwas verspätenden Busses gewartet (Warum nicht? Jedes Verhalten löst ein Dutzend Fragen aus), sondern war schon vorher gegangen. Jens Hilpert war ihr erster ernsthafter Freund, ein ordentlicher, sympathischer Junge. Er schluchzte unentwegt, als man ihn später mit den Gegebenheiten konfrontierte.

Annett Stephan kam in jener Nacht nicht heim. Sie verschwand auf dem rund dreihundert Meter langen Wegstück zwischen Bushaltestelle und Elternhaus. Der erregte Vater besuchte Jens Hilpert am Sonntagmittag in Dermbach in der Hoffnung, seine Tochter dort anzutreffen. Aber er kam vergeblich. Da erstattete er Vermißtenanzeige.

Es gab in jenen Monaten im Manfeldischen und seiner Umgebung zahllose Ängste, Vermutungen und Gerüchte. Nicht nur die Staatsanwälte und Polizisten, auch die Öffentlichkeit wußte ja längst: Es waren einige sehr junge Frauen zunächst spurlos verschwunden und dann tot aufgefunden worden. Merkwürdig: Man hatte sie immer in Gewässern entdeckt, diese Schwesternschülerin

Sandra zum Beispiel in einer ehemaligen Kiesgrube bei Roßla, die auch erst achtzehnjährige Beatrix kaum zwanzig Kilometer weit weg in einem versumpften Badeteich. Würde Annett Stephan auf ähnliche Weise gefunden werden, oder war sie ein unbedachter, leichtsinniger Mensch, dem es nichts ausmachte, ohne jemandem Bescheid zu geben, eines Nachts zu einer wochenlangen fröhlichen Wanderschaft aufzubrechen?

»Wir überzeugten uns schnell: Die Abiturientin Annett Stephan war ein ernsthaftes junges Mädchen und hatte alles andere im Sinn als unüberlegte Eskapaden. So hatten wir schnell unsere nächste Befürchtung: Es war wieder so ein Verbrechen geschehen.«

Sie gingen bei der Kriminalpolizei zunächst die erprobten Wege. Sie versuchten zum Beispiel, alle Personenbewegungen in jener Nacht genau aufzulisten, eine aufwendige Ermittlungsarbeit: Wer war wann wo gewesen, wer hatte sich in der Disko aufgehalten, wer war wann gegangen, wer wohin? War irgendwer sonst noch im Dorf aufgefallen? Mit wem hatte Annett Stephan in letzter Zeit Kontakt?

»Plötzlich stießen wir auf ein junges Mädchen, eine Diskobesucherin wie viele. Sie hatte die Diskoveranstaltung erst nach Mitternacht verlassen. Sie lief durch Buchwitz, da merkte sie plötzlich, daß wer neben ihr herfuhr, geradezu neben ihr herkrauchte, ein roter Pkw. ›Ja‹, sagte sie, ›ich habe mit Sicherheit erkannt, daß es ein roter Wagen war. Und es war ein Opel Kadett, ein roter Kadett mit Fließheck. Meine Eltern fahren genau so einen. Ein kleiner Mann stierte heraus, sein Haar war schwarz und glatt gekämmt, auch sein voller Bart. Ich habe nicht gehört, ob er mich ansprach. Plötzlich holte mich meine Freundin ein, da waren wir zu zweit, und er gab Gas und verschwand.‹ Diese Freundin konnte uns bei ihrer eindringlichen Befragung übrigens ein bemerkenswertes Detail mitteilen, das für unsere Ermittlungen unerhört wichtig wurde: Der fremde rote Wagen, auch nach ihrer Überzeugung ein Opel Kadett, trug ein rotes Überführungs-, also noch kein endgültiges Kennzeichen. Von da an suchten wir wie die Kaputten nach diesem roten Wagen.

Am Ende war's nicht recht begreiflich. Der Wagen des Täters war tatsächlich rot, und er trug auch ein rotes Überführungskennzeichen.

Doch es handelte sich nie und nimmer um einen Kadett, es war vielmehr ein knallroter Japaner, ein Suzuki. Und ob er tatsächlich noch einmal nachts gegen ein Uhr durch Buchwitz gefahren war, erschien uns später höchst zweifelhaft.

Und dennoch: Daß wir einen roten Wagen mit rotem Überführungskennzeichen suchten, führte uns auf die Täterspur.«

Die Bevölkerung, aufgebracht, verunsichert, voll Zorn, half. Schon wieder wurde so ein junges Ding gesucht. Hörte das nie auf? Es gab Pressemitteilungen, ein Phantombild: ein Mann mit üppigem dunklem Haar und ähnlich vollem Bart. Wer kannte den, an wen erinnerte dieses gezeichnete Porträt?

Sie ermittelten mit erheblichem Aufwand, sie legten ein Netz von Routine über das Land: Wer im Mansfeldischen besaß ein rotes Auto, ein im März 91 nur vorläufig angemeldetes, eins mit nur zeitweilig gültigem rotem Kennzeichen, einen Opel Kadett etwa? Und wer trug so volles Haar bis zum Kinn, Alter irgendwo um die Dreißig?

Sie waren voller Ungewißheiten. Sie trugen noch die alten Uniformen, hatten noch die alten Ausweise. Würden sie Kriminalisten bleiben können, in die neue Polizei übernommen werden, oder würde man sie – jeder einzeln geprüft und gewogen – davonschicken, als belastet befinden? Doch in diesen Tagen standen bei vielen die persönlichen Zukunftsängste zurück: Ein Mörder wurde gesucht.

Eines Tages erfuhren sie: Da gab es einen bärtigen jungen Mann, geboren 1964, der hatte am 9. März eine Aushilfstätigkeit in der Landwirtschaft aufnehmen wollen, war aber nicht zum vereinbarten Zeitpunkt erschienen, sondern erst Tage später. Als er auftauchte, hatte er erhebliche Kratzer auf Stirn und Wangen, ein mit Pflastern verklebtes Gesicht. Kampfspuren? Wovon? Und der Name des jungen Mannes? Reiko Sahm, wohnhaft in Arnsbach. Gab es sonst noch etwas Auffälliges an ihm? Ja, er fuhr ein rotes Auto, aber keinen Kadett, sondern so einen neuen Japaner, einen roten Suzuki. Und zur fraglichen Zeit war der Wagen hier im Osten noch nicht angemeldet. Im bayrischen Deggendorf am 5. März 1991 geleast, trug er bis in die Mitte des Monats hinein dieses zeitweilige rote Kennzeichen.

3

Reiko Sahm, gelernter Traktorist. So tauchte er zum ersten Male in ihrem Blickfeld auf und war doch nur einer unter vielen. Nicht wenige junge Männer um die Dreißig fuhren rote Autos und trugen einen Bart. Außerdem gab es noch genügend andere Richtungen, in die sich ihr Verdacht bewegte. Was war zum Beispiel mit den männlichen Diskobesuchern? Und noch hatte nichts, kein Indiz, kein Zeuge, die Sicherheit vermittelt, daß der unbekannte bärtige Fahrer eines roten Pkw unbedingt mit der toten Annett in Verbindung zu bringen war. Also wollten sie auch Reiko Sahm ganz normal befragen, eins der vielen üblichen Protokolle aufnehmen. Vielleicht konnte Sahm in dieser Sache eine Auskunft geben, die ihnen weiterhalf? Möglich auch, er hatte sich in jener Nacht nachweislich weit vom Tatort entfernt aufgehalten und konnte schnell aus der Liste der möglicherweise Verdächtigen gestrichen werden?

Freilich, Reiko Sahm war erst einmal nicht zu erreichen. Er hatte, geschieden, eine eigene kleine Wohnung, er hielt sich mitunter auch bei seiner Mutter auf. An beiden Orten aber war er nicht anzutreffen, auch nicht bei der Genossenschaft. Die Aushilfsarbeit dort hatte er längst wieder aufgegeben oder unterbrochen, jedenfalls war er erneut unterwegs, »auf Tour«, wie seine Mutter sagte. Nicht ausgeschlossen, daß er sich zu einer Freundin nach Mecklenburg abgesetzt hatte. Auf der kleinen Poststelle im Dorf warteten mittlerweile einige Versandhauspakete auf ihre Abholung durch Sahm, alles Nachnahme. Die Mutter hütete sich, einen Finger für ihren Sohn zu krümmen, gar für ihn Geld auszulegen. Bekam sie‘s wieder? Auf Reiko war kein Verlaß.

Else Sahm, schien's, war ein schwieriger Mensch. Selber mehrfach geschieden, offensichtlich mehr derb als feinfühlig und geistig nicht gerade sonderlich rege, gefiel's ihr überhaupt nicht, daß sich Reiko nach seiner Scheidung wieder bei ihr herumtrieb. Sie zeigte sich auch der Polizei gegenüber herzlich wenig kooperativ, trieb die Frager geradezu respektlos von dannen. Man konnte verstehen, daß Else Sahms neun Kinder sich, sobald sie das nötige Alter erreicht hatten, sowieso aus unterschiedlichen Beziehungen stammend, rasch eigene Wege gesucht hatten.

Mitte April tauchte Reiko Sahm unvermittelt wieder im Mansfeldischen auf. Tage später schon vernahmen sie ihn. Wie es Anfang März zu diesen Kratzern im Gesicht gekommen wäre? fragten sie ihn etwa. Ein Betrunkener hätte Streit mit ihm angefangen, erwiderte Sahm, sich mit ihm herumgebalgt, da hätte ihm der scharfe Reißverschluß von der Jacke des anderen die Haut mehrfach aufgeschlitzt. Und könnten sie einmal sein rotes Auto sehen? Bitte. Es stand vor der Tür.

Sie interessierten sich, als sie es untersuchten, merkwürdigerweise auch für den Inhalt des Verbandskastens. Warum? Darin fehlte doch nichts, kein Mullpäckchen, kein schwarzes Dreieckstuch. Da machten sie ihr Protokoll, ließen ihn die knappe Seite unterschreiben und schickten ihn samt seinem roten Suzuki wieder davon.

Ermittlungserfolge sind das Resultat von ausdauerndem Fleiß, von Geduld, Erfahrung, Routine. Nicht selten tragen auch Zufall und Glück ihr Teil zum Ergebnis bei.

Ende April wurde ein junger Mann vernommen, einschlägig vorbestraft und somit der Polizei hinlänglich bekannt. Er näherte sich Frauen aufdringlich, begrapschte sie. Nein, zu Vergewaltigungen war es nie gekommen. Nun erklärte Heinz Wagner, dreiundzwanzig Jahre alt, Hilfsschulabgänger und seit längerem arbeitslos, bei einer Routinekontrolle nachts in Eisleben aufgegriffen: Er wollte ihnen endlich verraten, wie das mit dieser Annett Stephan abgelaufen war, er hatte es nämlich selber getan, zusammen mit Reiko Sahm. Erst hatte er sie vergewaltigt, dann Reiko. Sie hatten sie sich nach der Disko geschnappt, ins Auto vom Reiko gezogen. Sie hatten sie gefesselt, ja, an den Füßen gefesselt, und schließlich gewürgt. Dann war sie auf einen Stein aufgeschlagen und plötzlich tot. So hatten sie das Mädchen in die Gülledeponie gebracht.

Die Vernehmer erschraken und staunten zugleich: So vieles klang unwahrscheinlich, und doch fanden sich da nicht nur die Fakten im Geständnis, die in der Öffentlichkeit längst bekannt waren. Sie holten einen Staatsanwalt herbei, und der entschied im Verein mit der Haftrichterin: Wir setzen sie beide erst einmal fest. Heinz Wagner wird die Tat wohl nicht begangen haben, das ist nicht seine Handschrift, er gibt möglicherweise nur an mit seiner beeindruckenden Selbstbezichtigung. Aber Reiko Sahm kann durchaus der Täter gewesen sein. Es gab ja mittlerweile einige neue Hinweise auf ihn, zum Beispiel den: Reiko Sahm kannte mit Sicherheit den abgelegenen Ort, an den die Leiche von Annett Stephan gebracht worden war. Als seine landwirtschaftliche Genossenschaft vor Jahren auf dem einsamen, kaum zugänglichen Haldengrundstück des Glück-Hilf-Schachtes die Güllebecken anlegte, war der Traktorist Reiko Sahm einer der Mitarbeiter am ersten Güllebecken dort. Nun erlaubte seine Festsetzung auf jeden Fall eine Hausdurchsuchung bei ihm.

Die erfolgte auch umgehend.

Die achtzehnjährige Annett war, als man sie auffand, mehrfach gefesselt gewesen, an Händen und Füßen. Außerdem war ihr eine große Kompresse vor Mund und Nase gebunden worden. Anzunehmen, daß der Mull mit einem Mittel getränkt gewesen war, das sein Opfer hatte ohnmächtig werden lassen. Aber woher stammte der Mull, woher die zur Fesselung benutzten Tücher? Aus handelsüblichen Verbandskästen? Man hatte schon in Dutzenden Autos die Erste-Hilfe-Päckchen auf ihre mögliche Unvollständigkeit hin kontrolliert, so seinerzeit eben auch in Reiko Sahms rotem Suzuki. Immer vergeblich. Nun entdeckte man in Reiko Sahms Keller die entsprechenden Tücher und Kompressen sogar jeweils im halben Dutzend. Da blieb kein Zweifel mehr: Man hatte den Mörder von Annett.

Die schwarzen Dreieckstücher und die Kompressen stammten übrigens nicht aus alten NVA-Beständen, wie man zunächst angenommen hatte. Es war viel einfacher: Die Genossenschaft hatte sie seinerzeit in größerer Zahl für ihre Traktoristen und Werkstätten angeschafft.

Und der arbeitslose Heinz Wagner? Er hatte sich einer Tat bezichtigt, zu der er in Wirklichkeit nie fähig war. Er verstummte auch kläglich, als er nach Einzelheiten befragt wurde. Er wußte nichts von einem Gesichtsverband, er kannte den Leichenfundort nur vom Hörensagen. Angeblich hatten sie die Leiche von Annett Stephan vor der Halde aus dem Auto gezogen und über das spitze, scharfe Abraumgestein nach oben geschleift, ein Unding. Reiko Sahm war vielmehr mit dem Suzuki bis an den Rand der Güllegrube gefahren, das Abraumgestein hatte seinem Wagen dabei die Ölwanne aufgeschlitzt und einen Reifen zerstochen. Deshalb hatte er den nagelneuen Wagen in die Werkstatt bringen müssen – sie erfuhren es etwa zum gleichen Zeitpunkt –, er hatte vorsichtshalber die ramponierten Reifen gleich sämtlich wechseln lassen. Kein Betrunkener hatte sie ihm zerstochen, es hatte dabei keine Balgerei gegeben, kein Reißverschluß eines Betrunkenen hatte Reiko Sahm die Haut geritzt.

Der Haftbefehl in dieser Sache gegen Heinz Wagner wurde nie vollstreckt, Heinz Wagner war wohl eher ein Fall für den Psychiater. Aber paradox blieben auch diese Zusammenhänge: Weil man Heinz Wagner auf der Wache festgesetzt hatte, stieß man auf den tatsächlichen Täter.

4

Reiko Sahm wehrte sich zähe. Dieser Heinz Wagner phantasiert dummes Zeug, sagte er, er erdächte sich Unfug. Er, Reiko Sahm, kenne ihn nicht oder kaum. Nie wäre er mit dem zusammengewesen, erst recht nicht in jener Nacht. In jener Nacht hätte er sich bei seiner Freundin Sabrina aufgehalten.

Doch nach einer Woche verließ ihn seine Energie. Die aufgefundenen Tücher und Kompressen, die Schäden an seinem Auto, seine frühere Anwesenheit auf den Halden, vor allem aber die Tatsache, daß ihm seine Freundin und angebliche Verlobte Sabrina jegliches Alibi für den Tatzeitraum verweigerte, brachen seine Widerstandskraft. Er wolle, erklärte er, mit seiner Haftrichterin sprechen.

Die, eine junge Frau, kein Jahr älter als Sahm, noch vier Wochen zuvor hatte sie in einem Zivilsenat gearbeitet, sich mit Miet- und Unterhaltsschuldnern herumgeplagt, sah sich nun unerwartet mit Abgründen konfrontiert. So jedenfalls formulierte sie es später im Prozeß, als eine der ersten Zeuginnen angehört. Nein, sie würde diese Vernehmung von Reiko Sahm ihr Leben lang nicht vergessen. Er wolle, hatte er ihr gesagt, als er ihr damals gegenübersaß, sein Gewissen erleichtern, mit sich ins Reine kommen. Ja, er hätte Annett Stephan getötet, er wollte nun die Zusammenhänge und Abläufe gestehen. Und dann hatte er zu erzählen begonnen ...

An jenem 8. März war er mit seinem gerade mal eine Woche alten roten Suzuki in der Nacht unterwegs, allein, ein bißchen enttäuscht. Möglich, daß er noch eine junge Frau fand – »auftrieb«, sagte er später einmal –, die bereit war, sich mit ihm einzulassen. In Buchwitz sieht er ein blondes Mädchen mit ihrem jungen Freund offenbar an einer Bushaltestelle stehen, sich von ihm verabschieden. Da fährt er vorüber, biegt in eine Gasse ein, stellt den Wagen dort ab, wartet. Er hat dem Wagen eine schwarze Stoffmaske entnommen und zwei Stricke. Er hat die Kofferklappe geöffnet und mit einem Stein beschwert: Die Kofferrauminnenbeleuchtung soll sein Opfer nicht warnen.

Noch weiß er ja nicht, ob das Mädchen kommt. Aber Annett Stephan nähert sich tatsächlich. In der Überraschung seines Angriffs stürzt sie zu Boden, wo er sie überwältigen kann und am Hals würgt. Sie wehrt sich, schreit, zerkratzt ihm das Gesicht unter der Stoffmaske, aber er stößt die Wagenklappe auf und schafft es, das Mädchen im Kofferraum unterzubringen. Niemand hört ihr Schreien, als er davonfährt, kilometerweit weg. Er bringt sie zunächst auf einen abgelegenen Feldweg, wo er sie gründlicher fesselt (auch ihr Gesicht verdeckt), danach in seine Wohnung, auf sein Bett. Dort bindet er ihr Arme und Füße an die Bettpfosten und vergewaltigt sie mehrmals, immer noch diese Maske über dem Kopf.

Früh am Morgen fordert er sie auf, sich anzuziehen. Wer er ist, fragt sie ihn unter anderem. Einer weit weg aus dem Westen, erwidert er darauf. Er will sie fortbringen, irgendwo wieder aussetzen, da sind plötzlich Stimmen, normale Geräusche im Haus, Wasser fließt ab durch eine Leitung. Nein, sie hält sich in keinem Bungalow, in keiner simplen Laube auf, wie sie vielleicht angenommen hat (das Fenster ist mit einer billigen Leinwand abgedeckt), sie befindet sich in einem ganz normalen Wohnhaus. Als er merkt, daß sie schreien, auf sich aufmerksam machen will, muß er fürchten, entdeckt zu werden. Da schleppt er sie ins Bad, läßt Wasser in die Wanne (oder war's noch drin?) und drückt sie unter die Oberfläche, bis sie aufhört zu strampeln.

»Wie lange haben Sie das Mädel unter Wasser gehalten?«

»Vielleicht vier, fünf Minuten.«

Das ist exakt die Zeit, die der Gerichtsmediziner später im

Prozeß angibt, in der ein normal gesunder Mensch sich maximal gegen das Ertrinken zu wehren vermag.

Sahm durchsucht die Leblose, er findet in ihrer Tasche zwanzig Mark, die er an sich nimmt. Dann paßt er einen Augenblick ab, wo er den Körper unbemerkt über die Hausstiege hinab erneut in den Kofferraum seines Suzuki schleppen kann. Er fährt vor einen abgelegenen Schuppen, aber der ist schwer aufzubekommen, sowieso ist ihm mittlerweile das weitaus bessere Versteck eingefallen, diese Gülledeponie. Wer dort zu tun hat, hält sich nie lange auf. Als das Mädchen nicht gleich untergeht, wirft er noch Steine auf ihren abtreibenden Körper.

Danach fährt er nach Hause, säubert sich. Er entdeckt diese Reifenpanne. Er läuft zum Bäcker, sich frische Brötchen für den Tag einzukaufen.

Reiko Sahm legte dieses Geständnis ohne Zögern ab, gewissermaßen in einem Zuge. Und die Richterin ließ ihn gewähren, hütete sich, oft dazwischenzufragen. Aber auch auf ihre späteren Nachfragen antwortete Sahm ohne Hemmungen. Freilich, sein starrer Blick war immer zur Seite gewandt. Alles in allem beschrieb er die tatsächlichen Geschehensabläufe, wenn auch nicht mit allen später ermittelten Einzelheiten. Danach wurde er in seine Zelle zurückgebracht. Dort schlief er weit über die vorgesehene Zeit hinaus, lehnte Abendessen und Morgenkaffee ab.

Als er Tage danach weiter befragt werden soll, zum Beispiel vom verantwortlichen Staatsanwalt, hat sich sein Verhalten freilich von Grund auf verändert. Sahm wirkt unruhig, hektisch, mißtrauisch. Er redet unwirsch, bloß halbe Sätze. Dann poltert es aus ihm heraus: Alles sei eigentlich völlig anders abgelaufen, er sei in seiner Zelle einfach bloß durchgedreht. Die Angst hätte ihn übermannt, daß ihm keiner glaubte, was wirklich passiert war, da hätte er erzählt, was er sich in schlimmen Nächten ausgedacht hätte. Aber in Wirklichkeit verlief alles so: Er kannte Annett Stephan schon länger, und sie wäre freiwillig mit ihm gefahren. Sie hätten sich geliebt, bis es zum Streit gekommen war, zur tätlichen Auseinandersetzung. Ein Sturz gegen den Wannenrand hätte Annett das Bewußtsein genommen, da hätte er sie ins Wasser gehalten, daß sie erst mal wieder zu sich kam;

vergeblich. Er hätte doch nicht gewußt, daß sie so schnell ertrinken würde. In seiner Panik hätte er sie schließlich ins Auto geschleppt und hinauf auf die Deponie.

Also hatte er Annett Stephan nicht heimtückisch aufgelauert, war er nicht gründlich vorbereitet – vielleicht zum wiederholten Male – *auf Mädchenfang* gegangen? Woher kamen dann die Kratzer auf der Kofferklappe, woher die Fesselungen, wozu dienten die Mullkompressen vorm Gesicht der Toten? Und war es nicht eine bodenlose Unterstellung, das wehrlose Opfer als leichtfertiges Mädchen erscheinen zu lassen, das sich von dem einen Freund verabschiedet, um Minuten später dem nächsten in die offenen Arme, ins geöffnete Auto zu rennen? Wann hatte Reiko Sahm Annett Stephan angeblich kennengelernt, wann hatte er sie wo getroffen?

»Schildern Sie uns die Zusammenkünfte, die dieser einen, letzten vorausgegangen sein sollen.«

Reiko Sahm reagierte auf keinen Einwand, keinen Vernunftsgrund, er blieb bei dieser veränderten Tatversion auch bis zum Prozeß fast ein ganzes Jahr später. Er hatte es längst begriffen: Wessen er sich da in seiner Niedergeschlagenheit und Gewissensnot bezichtigt hatte, war nichts anderes als ein kaltblütiger Mord, und dem folgte für den überführten geständigen Täter die lebenslange Strafe. Wenn er jedoch den Schluß der Tat, den Tod, zwar einräumte, den Weg dahin aber, den nur er kannte, anders darstellte, war's vielleicht bloß Totschlag, gar bloß Körperverletzung mit Todesfolge und gab ihm Hoffnung?

5

Beim Prozeß im März 1992 wird Reiko Sahm freilich nicht nur des Mordes an der achtzehnjährigen Annett Stephan angeklagt.

Annetts Heimatdorf Buchwitz erstreckt sich in etlicher Entfernung parallel der Gülledeponie auf der Glück-Hilf-Halde. Ein Stück hin, auf der anderen Seite, liegt Daßlau, ein Dorf wesentlich kleiner als das fast schon städtische Buchwitz. Auch in Daßlau gab es ein vermißtes Mädchen, sogar schon seit längerem. Am 9. Dezember war dort die neunzehnjährige Simone Winter – ebenfalls nach einem Diskobesuch – nicht in die Wohnung der Eltern zurückgekehrt. Auch ihr war der überstürzte Entschluß zu einem unangekündigten Abenteuertrip in die Ferne nicht zuzutrauen. Simone Winter hing an ihren Eltern, sie wäre nie ohne eine Nachricht für sie auf und davon gezogen. Außerdem lagen in ihrem Zimmer in Daßlau noch sämtliche wichtigen persönlichen Dokumente. Alle Koffer, Taschen, Kleider waren vollständig vorhanden.

Nun, nach dem Fund der toten Annett Stephan, erhob sich der schreckliche Verdacht: Wenn die vermißte Simone nun ebenfalls tot in der Güllelauge einer Deponie auf den Halden liegt? Wenn der Täter, mit den Örtlichkeiten bestens vertraut, einmal von der einen, das andere Mal von der gegenüberliegenden Seite seinen Kalvarienberg befahren hatte? Einige Zeit erwog man ernsthaft, die Deponiebecken auspumpen zu lassen. Man ließ die Kosten überschlagen. Möglich, die Riesensumme hätte der zuständigen Genossenschaft geholfen, noch einige Zeit länger dahinzuvegetieren. Aber woher das Geld nehmen und wohin mit der Gülle?

Mitten in diese Überlegungen hinein platzte die Nachricht: Man hatte nun auch Simone Winter gefunden, tot. Sie lag auf ähnliche Weise zugerichtet wie Annett Stephan in einem Tonloch bei K. Auch ihr Leichnam wies, obgleich über vier Monate im Wasser und in seiner Verwesung deutlicher vorangeschritten, noch sichtbar die Zeichen intensiver Fesselungen auf. Und kein Messer war als Mordwerkzeug verwendet worden.

Zwei auf nahezu identische Weise getötete Mädchen, fast gleichaltrig, im Wasser aufgefunden, gefesselt, die Wohnorte der Opfer keine zwei Dutzend Kilometer voneinander entfernt, die Taten innerhalb eines Vierteljahres geschehen – mußte das nicht auf denselben Täter hinweisen?

Nachdem Simone Winter seinerzeit als vermißt gemeldet worden war, hatte man selbstverständlich ihre Verwandten und Bekannten ausgeforscht, nach dem Freundeskreis des Mädchens und nach seiner Lebensweise befragt. Mit wem war Simone Winter öfter zusammen gesehen worden, wie waren ihre Gewohnheiten? Mehrfach war da von einem ominösen Freund die Rede gewesen. »Nehmt auf mich keine Rücksicht, wartet nicht«, hatte Simone Winter verschiedentlich erklärt, wenn es um den Weg zur Disko gegangen war, »ich habe meinen eigenen Taxifahrer.« Dieser eigene Taxifahrer hatte ein paarmal in der Nähe von Simones

Elternhaus gewartet, gehupt, sie mitgenommen. Ein Mann mit Pkw und Bart. Auch Simones Schwester hatte ihn gesehen: ein Mann mit einem Ford. Jedesmal war dieser Wagen als Ford bezeichnet worden. War Reiko Sahm dieser Mann mit dem Ford? Hatte er auch an jenem 9. Dezember vor Simones Elternhaus gewartet? Sahm hatte zwar nie einen Ford gefahren, doch was besagten schon Firmennamen, wie sehr kannte man sich mittlerweile aus mit den vielen verschiedenen Typen, wie genau konnte man sie gar im Dunkeln unterscheiden, kein halbes Jahr nachdem sie mit der harten D-Mark massiert in den östlichen Ländern Einzug gehalten hatten? ...

Wie schon gesagt: Es hatte im Raum zwischen Harz und Halle, Elbe und Saale noch nie eine solche Vielzahl ähnlicher Gewaltdelikte gegeben. Innerhalb eines einzigen Jahres waren sechs junge Frauen unnatürlich zu Tode gekommen, erst vergewaltigt und danach für immer zum Verstummen gebracht, bei Roßla, im Mansfeldischen, bei Wittenberg, bei Leuna. Da schlußfolgerten viele Verschreckte und mit ihnen eine schnelle Presse: Hinter allem stand ein und derselbe Täter, und sie kannten ihn: Es war der Würger von Halle, der Mädchenschänder vom Mansfeldischen, der Teufel im roten Auto. So sehr sich Richter, Staatsanwälte und Kriminalisten auch dagegen wehrten, nicht wenige Medien nahmen spektakulär das Ergebnis möglicher Ermittlungen unbesehen vorweg und machten Reiko Sahm zum psychopathischen Serientäter, zum Unhold, zum vielfachen Mörder.

Sahm in seiner Haftzelle wußte das, er kannte die Schlagzeilen der Zeitungen, andere Häftlinge sprachen ihn an oder mieden ihn offensichtlich. Reiko Sahm wußte darum auch, was nun weiter auf ihn zukommen würde: Den bohrenden Fragen nach Annett Stephan folgten mindestens die bohrenden Fragen nach Simone Winter, immer wieder, Tag für Tag. Und nach wem noch?

Und weil er dies wußte, igelte er sich ein. Oder bekannte er sich schließlich zur Wahrheit?

Tatsächlich. Nach zwei Wochen Schweigen und Abwehr gestand er plötzlich: Er hatte auch den Tod von Simone Winter auf dem Gewissen, aber gerade bei ihr war es ein Unfall gewesen, ein Mißverständnis.

Am 9. Dezember 1990, so sagte er, traf er Simone Winter zufällig in Daßlau, nicht zum ersten Male. Sie hatten keinerlei Verabredung miteinander, aber Simone setzte sich gern zu ihm ins Auto (einen kleinen Nissan übrigens, auch damals fuhr er schon einen Japaner). Sie sah ihn als ihren Beförderungsgehilfen an, als ihren Taxifahrer, doch er wollte schließlich und endlich mehr, natürlich. Hatte sie ihm nicht schon verschiedentlich Hoffnungen gemacht? Es kam an diesem Abend auch zu ein paar zurückhaltenden Zärtlichkeiten, aber sie traute seinen Treueschwüren nicht: Stand sein kleiner Japaner nicht manchmal auch in anderen Dörfern und wartete?

Plötzlich erschrickt das Mädchen bei seinem Reden: Das ist doch nicht der Weg zur Disko. Wohin fährt er sie? Sahm lacht.

Da greift sie ihm ins Steuer, daß der Wagen schleudert, Sahm ihn schließlich anhalten muß. Sie steigen aus, sie ringen miteinander. Unvermittelt zieht sie eine Flasche mit Reizgas, besprüht ihm das Gesicht, daß er zornig reagiert, blindwütig um sich haut, ihr einen Schlag versetzt, einen einzigen, aber eben einen blindwütigen Schlag. Sie fällt rücklings gegen das Auto (den Spiegel, die offene Tür, das Türkreuz?) und stürzt nieder. Als er einigermaßen zu sich kommt, durch das Gas und die Tränen hindurch um sich blicken kann, begreift er: Sie ist tot. In seiner Not und Angst bringt er sie in dieses Tonloch. Nur fort mit ihr, nur weg.

»Als Simone Winter an diesem Abend zu Reiko Sahm in den Wagen stieg«, wird der Staatsanwalt später im Prozeß plädieren, »war sie kerngesund. Als wir sie fanden, war sie tot. Reiko Sahm war schuld daran, das steht fest, er leugnet es nicht. Aber wie alles geschah? Wir haben keinen Zeugen, wir haben nur seine Aussage. Und die lautet anders als bei Annett Stephan ständig und immer wieder: Es war ein Unfall. Wie ihm anderes beweisen?«

Freilich: Da sind diese Fesseln an Simone Winters Armen und Füßen. Ein Dederonbindfaden an den Beinen, die ausgezogene, vielfach verknotete Strumpfhose am Arm, der hineingeknotete Slip, ein locker geknotetes Tuch. Alles deutet auf ein Sexualvergehen. Und die Wunde am Hinterkopf? Es gibt keine Rißwunde, nicht den angeblichen Schädelbasisbruch. Es gibt keinen Hinweis auf den behaupteten sofortigen Tod. »Selbst eine Einblutung ins Gehirn braucht Zeit«, erklärt der gerichtsmedizinische Gutachter. Denkbar ist höchstens ein Reflextod. Denkbar ist auch ein tödliches Würgen. Aber wie das nachweisen? Nach so vielen Monaten Verwesung im Wasser ist nicht mehr viel an Einzelheiten zu erkennen. »Nur das ist sicher: Simone Winters Tod war unnatürlich«, formuliert der Gerichtsmediziner abschließend. »Die Fesselung beweist es.«

Der Staatsanwalt wird in seinem Plädoyer noch ein Stück darüber hinausgehen. »Ich kann mich des Eindrucks nicht erwehren«, wird er sagen, »daß die junge Simone noch lebend in dieses Wasserloch verbracht worden ist. Sie hat sich gewehrt, sich zu befreien versucht, sie hat schließlich noch einen Arm aus der Schlinge gebracht. So deute ich die vorgefundene Fesselung.«

6

Während seiner alles in allem einjährigen Untersuchungshaft teilt Reiko Sahm seine Zelle mit unterschiedlichen Häftlingen. Einer von ihnen ist über einen längeren Zeitraum Gunter Liebig aus dem Pfälzischen, gerade ein Jahr jünger als Reiko Sahm. Gunter Liebig hatte im Herbst 1990, in den Wochen der Einheit, an den ostdeutschen Sparkassen über sechs Millionen Mark kassiert, zwischen Naumburg und Rügen, Cottbus und Halle, alles in bar, alles in knapp drei Wochen. Er hatte Konten mit ungedeckten falschen Schecks eingerichtet und schon tags darauf höchste Summen von gutgläubigen Angestellten dafür ausgezahlt bekommen. Dabei war er nur ein einzelnes Rad in einer perfekt funktionierenden kriminellen Vereinigung gewesen, die seinerzeit geradezu generalstabsmäßig die neuen Länder überflutet hatte. Vierzig Millionen sollen sie insgesamt erbeutet haben. Nicht alles ließ sich in mehreren langwierigen Prozessen nachweisen. Liebig war nach seiner Flucht über Spanien und Rumänien schließlich in Thailand gefunden worden, wo ein Freund noch immer zwei Bordelle unter seinem Namen führte. Beamte des BKA hatten ihn, als ihn die Thailänder aus anderen Gründen abschoben, zur Verhaftung nach Frankfurt am Main per Flugzeug begleitet.

»Die vierzehn Tage in thailändischer Haft, dieser Gestank in den Zellen, diese unmögliche Enge. Dazu das Wasser schmutzig, nicht zu genießen, das Essen verdorben. Es waren die schlimmsten zwei Wochen meines Lebens. Da lebst du hier in einem Superpalast.«

Solch ganz anderes Leben, noch dazu redegewandt und blumig vorgeführt, interessierte auch Reiko Sahm, und so kamen sich die beiden näher, redeten miteinander bis tief in die Nächte, tauschten offenbar ihre Erfahrungen aus. Da läßt sich Gunter Liebig eines Tages über das Gefängnispersonal bei der Staatsanwaltschaft melden. Er habe, so seine Botschaft, möglicherweise erheblich Mitteilenswertes zu Protokoll zu geben. Er sei zwar selbst ein Krimineller und warte auf eine hoffentlich faire Bestrafung, aber gewalttätig gewesen sei er nie, er hasse vielmehr Gewalt, Brutalität gerade gegenüber Frauen, erst recht Mord. Deshalb fühle er sich nicht als Verräter, vielmehr als normal empfindender Mensch, wenn er sein Schweigen und die weit verbreitete falsche Auffassung von Gefangenenkameradschaft durchbreche.

Da führte man den mit Worten und geschriebenen Sätzen so wendigen und in seinem Auftreten gleichermaßen gefälligen Gunter Liebig schließlich vor und erfuhr: Reiko Sahm, der Zellennachbar, hatte, wie sich aus seinen nächtlichen Erzählungen ergab, die Scheidung von seiner hübschen blonden Frau nie überwunden. Sie betrog ihn, enthielt ihm auch seine drei Kinder vor. Deshalb hatte er sich schließlich entschlossen, sich ihretwegen an allen anderen Frauen zu rächen, besonders an blonden. Annett Stephan zum Beispiel war blond. Sahm nahm die Blonden, genoß sie und warf sie wieder weg, er quälte sie und war auch bereit, sie zu töten. Das, erklärte Gunter Liebig, hatte Sahm in stundenlangen Monologen zu verstehen gegeben und sein Verhalten wortreich und verbissen verteidigt, geradezu eine Strategie daraus gemacht.

Sollte das bedeuten, daß Sahm noch von anderen Opfern gesprochen, noch weitere Namen genannt hatte?

Einige Medien, die offenbar von den Aussagen Gunter Liebigs auf Umwegen erfahren hatten, ergingen sich wenige Tage später aufs neue in unerwarteten Spekulationen, heizten die Phantasien und die Erwartungen an den späteren Prozeß kräftig an. Zwanzig Opfer, schrieb eine Zeitung in ihren bunten knalligen Schlagzeilen, mindestens zwanzig tote junge Mädchen hatte der Würger auf seinem »Mord- und Racheweg« am Ende hinter sich gelassen.

Eine öffentlich kaum bekannte Tatsache war freilich: Reiko Sahm wurde tatsächlich eine Zeitlang nach Ulm und in andere süddeutsche Städte verlegt, um dort verschiedentlich Zeugen und Opfern gegenübergestellt und ausführlich befragt zu werden. Er hatte sich einige Zeit zuvor in diesen Gegenden aufgehalten, es war dort zu vergleichbaren Gewaltverbrechen gekommen. Also erwogen auch Staatsanwaltschaft und Polizei ihrerseits die Möglichkeit, in Reiko Sahm einen Serientäter vor sich zu haben? Aber Sahm kehrte bald in die heimische Untersuchungshaftanstalt Mitteldeutschlands zurück. Sozusagen unverrichteter Dinge.

7

Der Prozeß schließlich in den ersten warmen Märztagen des folgenden Jahres, der beinahe erst einmal ausfällt.

Exakt an dem Tag, als sich der gewaltsame Tod von Annett Stephan zum ersten Male jährt, hat sich Reiko Sahm aus dem dritten Stock des Untersuchungshaftgebäudes abgeseilt. Beinahe auf die Stunde genau nach einem Jahr, als er Annett Stephan in sein Auto zwang, wird er auf dem Parkplatz unter Halles Hochstraße wieder gefaßt. Nun läßt er sich den tiefschwarzen buschigen Vollbart rigoros stutzen, behält nur einen knappen Schnauzer übrig. Will er auf alle Prozeßbeteiligten verändert wirken oder von Zeugen nicht wiedererkannt werden?

So gestutzt saß er nun jedenfalls auf der Seitenbank neben seinen Anwälten, nur selten geduckt, wenngleich er den Blick kaum hob. Er schien immer hellwach beteiligt. Wenn er gefragt wurde, erwiderte er knapp, wenn auch nur leise. Aber er hielt seine Gedanken und Gefühle im Zaum. Er ließ sich keinen Triumph anmerken, wenn Widersprüche zu seinen Gunsten auftraten, Zeugen nur vage antworten konnten. Er fragte auch gelegentlich selber nach.

»Gefühlskalt zeigte der Würger keinerlei Regungen.«

Wer ihn so schilderte, der hatte nur ungenau hingesehen. Es berührte ihn schon, als der Gerichtsmediziner den Zustand der verwesten Leiche von Simone Winter beschrieb, Simones Mutter aufschluchzte und von ihrem Sohn aus dem Saal geführt werden mußte. Es traf ihn schon, als der umtriebige Gunter Liebig von grübelnden Nachtbekenntnissen berichtete, in denen er, Reiko Sahm, sich angeblich selbstquälerisch zu seinen Taten bekannt hatte. Es berührte ihn, als Gunter Liebig seine Aussage sogar auf seinen Eid nahm. Am meisten machte ihn betroffen, als seine geschiedene blonde Frau, die Mutter seiner drei Kinder, von angenehmen Ehejahren mit ihm und von seiner Zuneigung zu den Jungen und seinem Mädchen erzählte.

Und er kämpfte. Natürlich vor allem um die Höhe der gegen ihn zu verhängenden Strafe: Es war kein Mord, wiederholte er immer wieder, bestritt seine erste Aussage. Aber er kämpfte genauso um die Zuneigung seiner Freundin Sabrina Seidler, die, blond, zweiundzwanzig Jahre alt, wie die anderen Mädchen in einem dieser Mansfelddörfer heimisch war. Er wußte: Wenn er auch in ihren Augen als Mörder erschien, hatte er sie und ihre Zuneigung für immer verloren, gab es niemanden mehr, der ihn in der Einsamkeit seiner Haft besuchte, zu dem er eines Tages vielleicht sogar zurückkehren konnte. Oder war es so etwas wie Liebe, was er für sie empfand? Er sah ihr ja nach, daß sie ihm für ein paar wichtige Stunden seines Lebens kein Alibi gab. Sie sollte sich doch, bitte, nur noch einmal richtig erinnern, sie brachte die Tage und Abläufe durcheinander. So schrieb er ihr mit ungelenker Schrift und vielen Fehlern in seinen Briefen. Er konnte nicht begreifen, wie er am Tod zweier junger Mädchen schuldig werden konnte. Es waren Mißverständnisse, beschwor er sie, beide Male bedauerliche Unglücksfälle, in die er hineingeschliddert war, sie mußte es ihm glauben. Dasselbe schrieb er auch in seinem umfangreichen Tagebuch. Teile dieser Aufzeichnungen konnte er tatsächlich an die Adresse des Mädchens schmuggeln, das er seine Verlobte nannte.

Da erfahren sie am dritten Prozeßtag alle, wieso Sabrina Seidler nicht als Zeugin vor Gericht erscheinen kann: Sie ist hochschwanger, sie fühlt sich einer Gerichtsverhandlung in ihrem Zustand nicht gewachsen. Sabrina Seidler hochschwanger? Aber mit Sicherheit doch nicht von Reiko Sahm, der nun fast ein Jahr in Haft sitzt!

Diese Erkenntnis trifft ihn sichtbar wie kaum anderes sonst.

Reiko Sahm, geboren 1964. Seine Mutter hat wechselnde Lebenspartner, seine acht Geschwister und er haben unterschiedliche Väter. Liebe, Zuneigung, Fürsorge – was ist das? Die Mutter, immer mit anderem beschäftigt, kann sich nicht auch noch um ihre Gören kümmern. Da sind die, sowieso nicht gerade angesehen im Dorf, sich selbst überlassen. Sie müssen es allein bewerkstelligen, ihren Hunger zu stillen. Sie müssen lernen, sich zu behaupten.

Reiko, zäh und kräftig, setzt sich bei den Geschwistern durch, später auch im Jugendwerkhof, in den er früh gelangt, weil die Mutter seiner nicht mehr Herr wird und er herumstrolcht. Früh begreift er: Wer die härtesten Fäuste schlägt, am unbedenklichsten lügt, dem wird zwar nicht geglaubt, aber er wird akzeptiert. Er ist nicht dumm, von intellektuellem Durchschnitt. Er hat auch geschickte Hände. Doch er macht nie viel daraus. Was schon früh auffällt, ist diese erstaunliche Rechtschreibschwäche. Dabei hantiert er doch mit Bleistift und Kugelschreiber geradezu lustvoll, wie wild, ein halber Graphomane, nicht erst in der Haft.

Er lernt Agrotechniker, Traktorfahrer. Er heiratet früh. Er will das ja: eine glückliche Familie, die zusammenhält, Kinder, um die sich Eltern kümmern. Die zwei Jungen und das Mädchen werden schnell hintereinander geboren, als ob sie's beide, Reiko und seine Frau, ganz eilig hätten. Und es scheint auch gut zu gehen mit ihnen, das schlimme Beispiel der eigenen Kindheit ist überwunden, Reiko ist liebevoll zu den Kindern, zärtlich zu seiner Frau, kein Rüpel.

Da entdeckt Manuela Sahm, daß ihr Mann noch andere Frauen neben ihr hat, nein, nicht bloß eine feste oder gelegentliche Freundin, er flattert wie ein Schmetterling über die Dörfer, zieht von Blüte zu Blüte, wie sie es vor Gericht nennt.

Oder hat Manuela Sahm selbst begonnen, sich umzutun, und er hat sich nur gerächt? Was soll das? fragt sie da. Sie ist nur konsequent gewesen. Um nicht eine unter vielen zu sein, hat sie sich gegen ihn durchgesetzt, sich von ihm getrennt. Alles andere ist Legende, seine Erfindung, um den Zorn darüber zu verdrängen, daß da ein anderer sich gegen seine Absichten stemmte, sich nicht nach seinem Willen verhielt.

»Nicht nur wir Ärzte haben anfangs eine monströse, ungewöhnliche Veranlagung des Täters vermutet«, formuliert der gutachtende Professor für Psychiatrie noch am selben Prozeßtag. »Aber

Reiko Sahm weist keinerlei krankhafte seelische Störungen auf. Er ist auch körperlich völlig gesund. Seine Verbrechen sind das Resultat seiner aggressiven, fordernden Art, sich und seine Wünsche rigoros durchzusetzen. Von Freund wie Feind wird er gleichzeitig als jähzornig wie hilfsbereit geschildert, und – von seiner permanenten Untreue abgesehen – er war zu seinen Partnerinnen, denen jedenfalls, die noch leben, nicht grob, nicht brutal, sondern verständnisvoll, zärtlich. Das eben macht das Wesen seiner Psychopathie, seines abnormen Charakters aus: Daß da beides widersprüchlich nebeneinandersteht, Wohlverhalten und sadistische Tendenzen, rücksichtslos egozentrisches Handeln und geradezu sentimentaler Familiensinn. Nein, Reiko Sahm mußte nicht aus einem inneren Trieb heraus handeln, seine Perversion hatte keinen Suchtcharakter. Immer gab es Alternativen für sein Verhalten. Aber er hat schuldhaft nicht von ihnen Gebrauch gemacht.«

Viele Zeugen wurden gehört, die junge Haftrichterin, die Kriminalisten, die Reiko Sahm vernommen hatten, die Eltern der beiden Opfer, Freunde, Diskobesucher, auch der Vater von Sabrina Seidler, die sich entschuldigt hat. Reiko Sahm hat so einen fairen Prozeß. Daß er Tage zuvor noch hat fliehen wollen, man rechnet es ihm nicht nachteilig an. Nur: Es paßt zu seinem gesamten Verhalten vor allem während seines letzten Jahres in Freiheit. Er mochte mittlerweile das tolldreiste Risiko. Auch das kommt ja zur Sprache: In den drei Monaten zwischen den Tötungen von Simone Winter und Annett Stephan ist Reiko Sahm wenigstens zweimal in fremde Wohnungen eingebrochen. Einmal hat er einen Schaden von mindestens zwanzigtausend Mark verursacht. Während er sich nachts an der Schrankwand bediente, eine Kassette aufhebelte, schlief nebenan das bestohlene Ehepaar. Und eine Woche nach dem Tod von Annett Stephan brauchte er erneut Geld, Geld für die unerwarteten Ausgaben, die nagelneuen Reifen am nagelneuen Suzuki, die Reparatur der Ölwanne. Da stieg er noch einmal ein.

»Ich sehe sehr wohl«, sagt schließlich der Staatsanwalt in seinem Plädoyer, »daß Reiko Sahm nicht schon von dem Augenblick an, als er Annett Stephan in dieser Schlippe auflauerte, den Vorsatz in sich trug, sie zu töten. Er wollte nur jemanden zur Liebe zwingen. Der Tötungsvorsatz ergab sich erst, als er plötzlich diese Stimmen im Haus hörte und die Angst in ihm aufstieg, entdeckt und zur Verantwortung gezogen zu werden. Dennoch muß man sich das einmal mit Ausdauer und Gründlichkeit vorstellen: Dieses junge Geschöpf, Annett Stephan, nackt, mit Füßen und Händen an die vier Bettpfosten gefesselt, und Reiko Sahm immer über ihr oder in ihrer Nähe, ständig die Maske vorm Gesicht, eine ganze furchtbare Nacht lang. Und wer garantiert, daß sie nicht wie auch Simone Winter noch lebend, lediglich ohnmächtig, an den Fundort ihrer Leiche gebracht wurde? Die Gerichtsmediziner haben Güllespuren in ihrer Luftröhre festgestellt.«

Der Staatsanwalt weiß: Er wird, um das Verfahren absolut revisionssicher zu machen, taktisch besonnen vorgehen müssen. Was die Gesamtstrafe angeht, ist er mit sich völlig im Reinen. »Beide Mädel, über deren Tod hier heute befunden wird, wurden auf schlimmste Weise getötet. Diese Vorstellung bot sich an: Sie wurden beide geradezu hingerichtet. Aber was ich glaube und was ich nachweisen kann, das sind zwei verschiedene Dinge.« So bittet er die Eltern von Simone Winter fast entschuldigend um Verständnis, daß er den Tod ihrer Tochter nur als Körperverletzung mit Todesfolge anklagen kann. »Bei Simone haben wir lediglich die Tatdarstellung, die für den Täter die günstigste schien. Und der einzige Tatzeuge ist tot. Bei Annett Stephan jedoch können wir uns außer auf das, wenn auch widerrufene, Geständnis zugleich auf klare Indizien stützen: auf die Herkunft der Kompressen und Dreieckstücher zum Beispiel, auf den zerkratzten Lack, die zerfahrene Ölwanne, das ganze rote Auto.«

Fünf Jahre für Körperverletzung mit Todesfolge im Falle von Simone Winter, sechs Jahre für die schwere Vergewaltigung von Annett Stephan und lebenslänglich für deren Ermordung – so lautet schließlich das Urteil. Es ist in Halle die erste lebenslange Freiheitsstrafe, die nach der Wende vom Herbst 89 verkündet wird. Reiko Sahms umgehend eingereichter Revisionsantrag wird ein Vierteljahr später vom Bundesgerichtshof verworfen.

Ein so umfangreicher Prozeß – man könnte noch lange von ihm berichten, besonders von seinen Zufällen. Heinz Wagner zum Beispiel, der sich der Tat an Annett Stephan freiwillig bezichtigte.

Woher wußte er von manchen Umständen der Tat? Reiko Sahm muß sie ihm mitgeteilt haben, vielleicht am Biertisch, um Eindruck zu hinterlassen; es ist kaum anders vorstellbar. Ähnlich hat Reiko Sahm, auf Wirkung bedacht, vor Gunter Liebig angegeben. Möglich, er wollte in mehrfacher Hinsicht wer Besonderes sein.

Bedrückend am Schluß: Die Mörder der Mädchen Sandra in Roßla, Beate in Wittenberg, Beatrix bei Leuna und von Diana K. sind nach Jahren noch nicht gefunden. Ebensowenig der Täter, der die Russin unterm Hubschrauber zu vergewaltigen versuchte.

Bruder und Schwester

1

Die Großmutter wohnt draußen vor der Stadt, in einem der alten Siedlungshäuschen im Grünen. Da wächst Heiko ein paar Jahre lang auf, dorthin zieht er sich auch später oft genug zurück, wenn er darf: spielen im Grünen, im Wäldchen und auf der Feldflur dahinter. Die Großmutter hat meist allein gelebt, sie hatte Pech mit den Männern, wie die Leute sagen. Keiner hielt es lange mit ihr aus. Oder sie es mit keinem?

Eines Tages erfährt der Junge: Sein richtiger Opa wohnt weit weg, »drüben«, in Nürnberg. »Der hat beizeiten die Kurve gekratzt«, sich »abgesetzt«, sagt die Mutter. Nun kümmert er sich um alles andere, nur nicht um sie. Einmal im Jahr ein Päckchen, was ist das schon. Und die Geburtstage der Enkel hat er längst vergessen.

Die Enkel: Das sind erst einmal Heiko und die fünf Jahre jüngere Katja. Schließlich kommt noch ein Bruder hinzu, Thomas der Schreier. Seinetwegen kriegen sie die größere, die Vierraum-Wohnung in der Nordstadt. Ein Kinderzimmer für die Schwester, eins für die beiden Jungen. Heiko hat gleich Vorbehalte. Das kann ja was werden, wenn der Plärrer eines Tages aus dem elterlichen Schlafzimmer zu ihm übersiedeln muß. Mitten in der Nacht schreit der los, weckt das ganze Haus, elf Stockwerke, kann stundenlang nicht beruhigt werden.

Manchmal sitzt Heiko, trommelt mit seinen Fäusten auf den Tisch, schlägt sie im Wechsel auf einen Stuhl oder auf den blanken Fußboden. »Sei still, sei endlich still!« schreit er. Aber das Geplärr verstummt nicht, läßt sich durch nichts abstellen.

Heiko hat kräftige Fäuste, und oft kann er nichts dafür, wenn sie sich ballen. In einem Ruck erstarrt sein Körper, dann zittern Kopf und Hals unbändig, die Arme schnellen nach oben in Kampfstellung, das Blut rötet die Haut. »Du bist jähzornig, Junge, wie wild«, sagen die Eltern. »Zähm deine Wut.«

Vom Kindergarten an haben sie sich daran gewöhnen müssen, auf Vorwürfe von Erzieherinnen und Lehrern zu reagieren. »Heiko ist zänkisch, eine richtige Kratzbürste, er schlägt schnell andere Kinder.« Die Leiterin des Kindergartens bestellte Heikos Mutter wiederholt zu einer Aussprache, daß die manchmal zögernd kam, ihren Jungen nachmittags nach ihrer Arbeit abzuholen. Hatte er wieder etwas angestellt? »Heiko ist verhaltensschwierig und häufig an körperlichen Auseinandersetzungen beteiligt, wobei er vor allem jüngere und schwächere Mitschüler angreift.« So heißt es später in der Schule.

Die Eltern sind sehr zeitig Vater und Mutter geworden. Wer kann ihnen raten, ihnen helfen? Drei Jahre hat Heiko bei der Großmutter gelebt, ehe sie ihn zu sich nehmen konnten. Endlich hatten sie ihre erste eigene Wohnung bekommen, freilich Altbau, Hinterhaus. Wenn sie aus den Fenstern blickten, sahen sie auf schmutzige rote Ziegelwände, vor denen Wäsche zum Trocknen hing. Trotzdem. Sie waren endlich zusammen. Hatte die Großmutter dem Kleinen zuviel durchgehen lassen, hätte sie ihn energischer herannehmen müssen? Sie werden's von nun an ändern, konsequenter sein.

Nach acht Jahren Ehe sind sie glücklich, das zweite Mal umziehen zu können. Diese Wohnung in der Nordstadt, ferngeheizt, zwei Zimmer für die Kinder. Und Heiko kann alle Schwierigkeiten hinter sich lassen, noch einmal neu beginnen, an einer ganz anderen Schule.

Spätestens nach einem Jahr wissen sie: Die alten Sorgen haben sie eingeholt. »Heiko fällt nicht durch sein Wissen auf, er kann auch nicht durch seinen Charakter Einfluß in der Klassengemeinschaft nehmen. So spielt er, um sich in den Vordergrund zu drängen, den Kasper, schwatzt, stört, versteckt Kreide oder das Klassenbuch.« Und wenn er zur Rede gestellt und kritisiert wird, meldet sich sein Jähzorn, wird er aggressiv. In der neunten Klasse, längst mehrfach verwarnt, kaum noch Belehrungen zugänglich, kann er seinen Jähzorn sogar einem Lehrer gegenüber nicht mehr zügeln. Er fühlt sich ungerecht behandelt, zu Unrecht angeschuldigt. Er hat nicht zu prügeln begonnen, schreit er. Zugleich ballt er dem Lehrer gegenüber die Fäuste und schlägt zu. Er trifft den Älteren am Kinn, schlägt ihm einen Zahn blutig. Oder sogar aus?

Das Ergebnis: Heiko muß umgehend die Schule verlassen, wird an eine andere strafversetzt.

Die Welt hat sich inzwischen entscheidend verändert. Der ostdeutsche Staat, in dem Heiko aufgewachsen ist, existiert nicht mehr. Die Leute sind auf die Straße gegangen, jeden Montagabend haben sie sich in den Stadtzentren versammelt, auf den Marktplätzen. Heiko ist mit ein paar Kumpels, Gleichaltrigen, Fünfzehn-, Sechzehnjährigen, auch losgelaufen. Keine Straßenbahnen verkehrten mehr, so viele Menschen rannten stadteinwärts, schrien, warum nicht auch sie?

»Jetzt gilt nichts mehr, was war«, sagt der Vater. »Jetzt können die ihre Koffer packen, davonschleichen, diese..., diese...« Er findet manchmal kaum Worte für seinen Zorn und seine Freude. Umso lauter schreit Heiko, macht sich einen Spaß daraus, mitzubrüllen, manchen Mächtigen von gestern lautstark niederzubuhen, wenn er sich verteidigen will.

Es muß genau am Jahresbeginn drauf gewesen sein, als Heiko sich seinem Lehrer mit den Fäusten widersetzte.

»Ich habe Heiko in Mathematik unterrichtet, kein unbegabter Schüler«, erklärt sein einstiger Schuldirektor später vor Gericht, »ich kam mit ihm aus. Umso betroffener machten mich die Störungen, die unvermittelt aus ihm hervorbrechen konnten. Heiko konnte brutal zu seinen Mitschülern sein und distanzlos zu einigen Lehrerkollegen. Es war ihm gegenüber im Elternhaus offensichtlich einiges in Unordnung. Der Junge fühlte sich vielfach zurückgesetzt und nicht verstanden.«

Der Vater, ein Arbeiter. Ein Schlosser wohl in einem der damaligen Kombinate vor der Stadt. Er konnte nie begreifen, daß sich der Junge seinem Einfluß beharrlich widersetzte, alle Ermahnungen an sich abgleiten ließ wie Regen an einer Wand. »Hörst du mir eigentlich zu?« Als der Ärger nicht abnimmt, die Klagen aus der Schule eher anschwellen, sieht der Vater als einzigen Ausweg bedingungslose Strenge. Mit harter Hand züchtigt er den Jungen, daß der immer öfter davonläuft, herumstreunt, bei der Großmutter unterschlüpft, die ihn tröstet und verwöhnt.

Die Mutter holt ihn dann zurück, mit ihr kann er wenigstens über manches sprechen, ihr seine Sorgen bekennen. Aber auch sie hat nicht nur einmal gesagt, als der Kummer mit ihm übermächtig wurde: »Am besten, du kämst überhaupt nicht wieder.

Warum hol ich dich bloß? Am besten, ich schmiß' dich gleich in die Saale.« Solche Worte vergißt man nicht.

Sowieso kann man Erwachsene kaum mehr ernst nehmen. Sie lügen. Was haben die Eltern nicht alles vom Großvater in Nürnberg erzählt, ihn schlechtgemacht. Nun darf Heiko zu ihm kommen, der Großvater steht am Zug, viel flotter gekleidet als die Großmutter, aber genauso freundlich. Er zeigt dem Jungen die Stadt, die Burg, die Brücken. Am liebsten aber durchstöbern sie die Auslagen der Geschäfte und unterschiedlichsten Supermärkte. »Kauf dir, was du willst, Anziehsachen nicht mitgerechnet. Hier hast du hundert Mark. Paß auf, laß dich nicht übers Ohr hauen.«

Er steht, beobachtet, wie Heiko auf einmal geizig mit seinen Scheinen umgeht.

Zurückgekehrt, häuft Heiko die Geschenke sichtbar in der Schrankwand des Kinderzimmers auf: Schokolade, Filzstifte, Musikkassetten, eine riesige Alf-Puppe. Treibt ihn Stolz, treibt ihn Habgier? Oder will er sich immer aufs neue an dem noch gänzlich ungewohnten Anblick erfreuen? Ein paarmal merkt er: Da fehlt doch was, Schogetten aus der scheinbar noch verschlossenen Schachtel, zwei Filzstifte, ausgerechnet die roten. Das kann doch nur die Schwester gewesen sein, wie immer.

Er kommt mit dem jüngeren Bruder mittlerweile gut klar, aber die Fehden mit der Schwester Katja reißen nicht ab. Sie wird von den Eltern vorgezogen, mindestens sieht man ihr vieles nach. Wie oft hat er sich schon beschwert, daß sie seine Sachen durchwühlt, sich nach Lust und Willkür bedient, Stifte und Bilderhefte von ihm sogar verschenkt, an fremde Kinder weggibt, nur um Eindruck zu machen. Soll er sie schlagen, mit Gewalt zwingen? »Macht das unter euch aus«, haben die Eltern gesagt, »löst eure kleinen Probleme allein. Das werdet ihr doch schaffen.«

Kleine Probleme! Plötzlich weiß Heiko, was er tun muß, wie er sich und sein Eigentum schützen kann. Er schraubt zwei Stahlriegel vor seiner Zimmertür an, verbindet sie durch ein Vorhängeschloß. Natürlich gibt es am Abend Riesengeschrei und Familienaufstand: Was er sich herausnimmt, wieder mal, sich in der eigenen Wohnung zu verbarrikadieren, Türstock und Tür so zu beschädigen, den kleinen Bruder aus seinem Zimmer auszusperren.

Später wird man ihm die Löcher im Holz immer wieder zornig und mahnend vorweisen.

Und warum darf die Schwester an ihrem zwölften Geburtstag ein nagelneues Fahrrad vom Nürnberger Großvater geschenkt bekommen, er aber muß denselben Wunsch strikt unterdrücken? »Dein Fahrrad ist intakt, das hält noch Jahre.« Begreifen die Eltern nicht, was heutzutage Fahrräder an selbstverständlichen Extras und neuen Qualitäten aufweisen? Und wieso darf ihm der Großvater nicht den Führerschein fürs Moped finanzieren, obgleich es dem Opa nicht schwerfällt und er es doch will? »Lerne abzuwarten. Uns ist auch nie was in den Schoß gefallen. Erarbeite dir den Führerschein selber, wenn du erst mal was verdienst.«

Bei solchen Worten des Vaters kann sich der Zorn schon stauen. Und die Wut, erst recht der Haß. Tag für Tag ...

Katja, das vorgezogene Musterkind, ein Musterkind auch in der Schule, am 23. März hat sie Geburtstag, wird sie zwölf Jahre alt. Die Eltern, zeitig am Morgen zur Arbeit aus dem Haus, haben ihr in ihrem Zimmer die Geschenke aufgebaut, verschiedene Süßigkeiten für das Süßmaul, einen Blumenstrauß, den Jeansanzug, den sie sich gewünscht hat. Und mittendrin ein Blatt mit großen Schriftzügen: *Gutschein für ein Fahrrad von Opa.*

Die Kinder verlassen gewöhnlich deutlich später als die Eltern die Wohnung, kurz nach sieben, der Unterricht beginnt halb acht, die Schule liegt nahe. Heiko kann sich noch mehr Zeit lassen, fast trödeln, in diesen Tagen geht er zu einem Praktikum, das die Schule vermittelt hat, Berufsvorbereitung in den städtischen Gärtnereibetrieben. Als ob ihn das interessierte.

An diesem Morgen sucht Katja vergebens ihr Schlüsselbund in allen Zimmern der Wohnung. Haben es die Eltern verlegt, aus Versehen mitgenommen? Da muß sie sich eben mit Tommy auf der Straße herumtreiben, bis die Mutter kommt. Oder ist Heiko heute als erster daheim? Um sein Schlüsselbund wagt sie ihn nicht zu bitten.

Heiko hebt die Schultern. Er weiß nicht, wie lange er heute Unkraut und Gestrüpp zupfen muß. Oder müssen sie alle bloß rumgammeln? Auch wenn er das Gesicht nicht bewegt, innerlich ist er voller Genugtuung. Das ist die unverhoffte Strafe für die immer so ordentliche Schwester. Soll sie spüren, was sie von ihrer Schusseligkeit hat.

Kurz darauf entdeckt er: Die vermißten Schlüssel sind hinter einen Abfalleimer im Flur gerutscht. Er ergreift sie, rennt durchs Wohnzimmer auf den Balkon, schwenkt sie ausgiebig vor den Blicken der Schwester sieben Stockwerke drunter. »Wirf sie herunter«, ruft Katja von der Straße her, aber der Bruder denkt nicht daran. Soll sie sich doch heraufbemühen, sich die Schlüssel holen, zu spät zum Unterricht kommen, eine Schulbummelantin ausgerechnet am eigenen Geburtstagsmorgen.

Was danach geschieht, vollzieht sich völlig unerwartet für beide Geschwister in wenigen Minuten. Sekunden eigentlich nur, dann ist alles vorbei, der in Jahren angestaute Haß, der Jähzorn haben sich Bahn gebrochen.

Als die Schwester an der Wohnungstür klingelt, läßt Heiko sie herein, läuft ihr voran in ihr Zimmer, wirft das Schlüsselbund mitten auf den Tisch: »Da, such dein Zeug.« Im selben Augenblick begreift er: Die Schlüssel sind zwischen die ausgebreiteten Geschenke gefallen. Wieder einmal hat die Schwester alles bekommen, was sie sich gewünscht hat. Mittendrin liegt sogar dieser Gutschein: *ein Fahrrad von Opa.* Die gemalten Buchstaben brennen unter Heikos Blicken. Zugleich entdeckt er beim nun schon erregten Umhersehen im Zimmer noch mehr. In einem Regal stehen etliche von seinen Musikkassetten, liegen seine Filzstifte. Er hat ihr Fehlen noch gar nicht bemerkt. Doch es sind eindeutig seine Sachen. Da lodert wieder dieser Haß in ihm auf. Nicht genug, daß der Schwester jeder Wunsch erfüllt, sie mit Geschenken überhäuft wird. Sie bedient sich noch zusätzlich an seinem Eigentum, ungestraft. Die Eltern werden wieder nicht auf seiner Seite stehen, sie nicht zur Ordnung rufen, sie nicht einmal rügen.

Da weiß er: Er muß allem ein Ende machen, diesem ganzen Treiben der Schwester, er muß sie beseitigen. Genau, das ist das Wort: *beseitigen.* Er erinnert sich: In seinem Zimmer liegt ein derber Strick, den wird er holen. Aber er findet ihn nicht auf die Schnelle. Da rennt er zurück ins Nachbarzimmer, entdeckt den Strumpf am Boden, wie hingelegt. Er hebt ihn auf, tritt von hinten auf die Schwester zu, die über den Tisch gebeugt steht, in ihren Sachen kramt. Er wirft ihr den Strumpf über den Kopf hinweg vor den Hals, zieht sie damit nahe zu sich heran, daß sie zu schreien beginnt. Darauf kreuzt er die Strumpfenden und zieht sie mit beiden Händen zusammen, so fest es geht. Katja läuft blau an, schlägt mit den Armen um sich und rutscht schließlich auf dem Teppich zusammen. Sie hat Schaum vorm Mund, sie röchelt, aber sie bewegt sich nicht mehr. Da nimmt er sie auf seine Arme, legt sie in den geöffneten Bettkasten. Er denkt plötzlich an den Vater. Er wird großen Ärger bekommen, wenn der Vater von allem erfährt. Deshalb geht er ins Wohnzimmer, sucht eine Packung Papiertaschentücher, stopft zwei mit etlicher Mühe der Schwester in den Mund, bindet einen Lappen darüber (das Stück eines zerrissenen Kinderschlafanzuges), den er seitlich am Ohr verknotet. Auf diese Weise können die Papiertaschentücher nicht herausfallen. Er hat das alles irgendwann einmal genauso in einem Fernsehfilm gesehen. So hat man damals verhindert, daß eine Frau schreien konnte.

Als er mit seinen Verrichtungen bis dahin gekommen ist, schlägt er den Bettkasten zu und erhebt sich. Er atmet kurz, heftig, von der Anstrengung, nicht von irgendeiner Erregung. Wie er danach zurück auf die Couch blickt, sieht er das Bettlaken heraushängen. Sogleich begreift er: Er hat noch nicht alles Notwendige getan. Die Schwester, erst einmal bloß bewußtlos, kann ihn noch immer verraten. Das beste, sie verbrennt. Mit einem Zündholz setzt er das Laken in Brand, schließt die Zimmertür, damit das Feuer nicht auf den übrigen Teil der Wohnung übergreifen kann. Dann verläßt er das Haus, geht zur Großmutter, um dort auftragsgemäß einen Karton mit Kuchen für die Geburtstagsfeier am Abend abzuholen. Er trifft die Großmutter freilich nicht an. Da läuft er weiter auf seine Arbeitsstelle, säubert überwinterte Blumenrabatten von Moderresten und Gestrüpp, bis zum Nachmittag. Das Schlüsselbund der Schwester, das er mitgenommen hat, zufällig oder absichtlich, wirft er erst dort in einen Abfallkorb.

Zu der Zeit ist das Feuer in der Hochhauswohnung der Nordstadt längst entdeckt, Nachbarn haben die Feuerwehr alarmiert. Als der Brand gelöscht ist, der Brandort nach Spuren und Ursachen untersucht wird, entdecken die inspizierenden Kriminalisten in den Bettkastenresten des einen Zimmers die angekohlte Leiche eines Kindes, eines vielleicht zwölfjährigen Mädchens.

2

»Hast du eingesteckt, was du brauchst? Alles?«

»Ja doch.«

»Ausweis, auch die Benachrichtigung, die Ladung?«

»Ja doch.«

Was die Großmutter nur drängt und quengelt. Seit frühestem Morgen ist sie wach, läuft sie durch das Haus, von der Küche in den Oberstock, in den Keller, klappert mit Bestecken oder Kohleeimern, schlägt die Türen. Sie ist unruhiger als er. Dabei: Er ist überhaupt nicht aufgeregt. Zweimal schon haben sie seinen Prozeß begonnen und nach stundenlanger Beratung aufgegeben, ihn an- und wieder abgesetzt: Gutachten fehlten, waren unvollständig. Vielleicht wird es heute ähnlich sein.

Was damals mit der Schwester geschehen ist, liegt nun schon über zwei Jahre zurück. Woran kann er sich noch erinnern, an wieviel Einzelheiten, wenn sie ihn danach fragen?

Sein Blick fällt auf die Handtasche der Großmutter. Der pralle Inhalt sprengt fast den Reißverschluß. Er könnte hingehen, neugierig ihre Tasche öffnen, aber dann steigt er doch lieber hinauf ins Obergeschoß, schlägt in seinem Zimmer die Schranktüren zurück, sich zu vergewissern. Natürlich, immer kümmern sich andere um seine Klamotten, nun die Großmutter. Ein Pullover fehlt, sein Jeanshemd, die dunkle Hose. Wozu sie das bloß eingepackt hat. Sie werden ihn auch diesmal nicht bei sich behalten, nicht in die Haft stecken. Außerdem: Es ist später April, ein warmer Vormittag. Die nächsten Tage sollen noch wärmer werden. Was soll er da mit einem Winterpullover anfangen?

Draußen vorm Fenster liegt ein erster grüner Flaum über den Ästen, steht das nahe Wäldchen hell: viele Birken. Hier oben unterm Dach, in dieser Gegend ist er groß geworden, hierher nach der ersten Haft zurückgekehrt, als niemand ihn wollte.

»Wir fahren nun doch mit dem Auto. – Wenn du unbedingt mitmußt, komm. Sowieso werden sie dich nicht im Saal zulassen, höchstens morgen, wenn du ausgesagt hast.«

»Ich hab Schnitten und Kaffee für alle dabei, ich werde im Gang warten. Wir müssen in keine teure Kneipe mittags.«

Schnitten für alle? Da wird er also Vater und Mutter doch

gegenüberstehen? Er ist sich auch nach den Worten der Großmutter nicht sicher. Aber er wagt nicht zu fragen.

Eine Viertelstunde später findet er endlich einen Parkplatz im Abrißviertel oberhalb des Gerichts für seinen Trabant. Der gehört ihm seit nunmehr vier Monaten, von den ersten Lehrlingsgeldern für ein Butterbrot erstanden. Er ist nun längst achtzehn. Da hat ihm der Nürnberger Großvater großzügig auch die Fahrstunden und den Führerschein bezahlt. So hatte er's ja mal versprochen.

Er geht nicht auf die Mutter zu, die im kahlen, kalten Gerichtsgang steht, er bringt es nicht fertig, ihr die Arme entgegenzuheben, wie sie zu ihm herstürzt. Er lehnt starr an ihrem Körper, während ihre Hände ihn drücken, greifen. Weint sie? Er blickt ihr nicht ins Gesicht. Dabei hat er sich ganz anders verhalten wollen, nicht ablehnend, fremd. Aber nun geht es einfach nicht, machen die Arme nicht mit. Die Mutter hat ihn nicht aufgenommen, damals nach seiner Haft. Mehr als ein Monat verging, ehe sie ihn wenigstens hier bei der Großmutter besuchte.

Ja, sagt er später im Saal, an der Seitenbank vorm Fenster sitzend, ja, er ist Heiko Thiemig, achtzehn Jahre alt, im Sommer bald neunzehn. Ja, er hat einen festen Wohnsitz, ja, bei der Großmutter. Auch seinen sicheren Beruf hat er bald, Koch, er ist Azubi, Auszubildender, und in seinem Betrieb, der Gaststätte, weiß man, wo er sich heute aufhält, wenigstens der Chef weiß es.

»Mit Ihrem Geld, Ihren Einkünften, was fangen Sie damit an?«

»Ich muß der Großmutter wenig geben, viel ist es ja sowieso noch nicht.«

Von dem übrigen bestreitet er die großen Ausgaben, das Auto, die Steuer und die Versicherung dafür, beteiligt er sich an den Beerdigungskosten, nachträglich, an dem monatlichen Grabschmuck für die Schwester.

»Das ist Ihre freie Entscheidung?«

»So haben wir das bei uns geregelt.«

Er hat seine Hände über Kreuz vor sich auf den Tisch gelegt, starrt nur auf seine Finger, während er spricht, laut und vernehmlich. Er muß deshalb nicht ermahnt werden.

Dann spürt er das Schweigen ringsum, sieht doch auf, blickt die

Richterin an. Hat er Falsches gesagt, wenigstens anderes, als sie erwartet hat? Aber so hatten sie sich doch in der Familie geeinigt. Wenn alles nun schon einmal geschehen ist, wie es geschah, wirst du dich vor einer Beteiligung an den Kosten nicht drücken können. So die Worte vom Vater. Hätte er sich wehren können, wenn wer verlangt hätte, er solle für alle Auslagen allein aufkommen?

Die Richterin kennt er bereits. Sie hat schon zweimal vorn am Tisch gesessen, ihn befragt, sogar im selben Raum. Sie spricht anders, nicht wie die Leute dieser Gegend. Die Richter stammen ja sämtlich nicht mehr von hier, sie kommen von fernher. Die Richterin hat eine milde, Zutrauen erweckende Stimme. Vielleicht liegt gerade darin die Gefahr? »Sei vorsichtig«, hat die Großmutter oft genug gemeint. »Fürchte, die dich herauslocken wollen, dir schmeicheln. Die sind die Schlimmsten.«

Nun soll er also über sein Verhältnis zur Schwester sprechen, darüber, was an jenem Morgen geschehen ist. Er hat nur noch selten daran gedacht. Warum auch? Es war böse genug, unangenehm. Dabei: Im Grunde lebt er nun viel besser. Kein Streit Tag für Tag, keine quälenden Auseinandersetzungen, keine Tür, die er verbarrikadieren muß. Er kann in seinem Zimmer sitzen, locker seine Kassetten hören, so viele besitzt er inzwischen; die Großmutter zeigt Verständnis. Und die Arbeit macht Spaß, seine Lehre. »Du stellst dich geschickt an«, hat der Wirt gesagt, sein Chef. »Bist fleißig. Du wirst deinen Weg schon machen.« Nie hat er ihm vorgeworfen, wovon er natürlich wußte, die Sache mit der Schwester. Und niemandem gegenüber hat er davon geredet, auch vor den Kellnerinnen nicht und nicht vor den Küchenfrauen. Vielleicht nicht einmal vor seinen Freunden am Stammtisch. Selbst der Vater, als er mal die Großmutter besuchte (oder ihn?), kam mit keinem Wort auf das Vergangene zurück. »Du hast Sorgen mit deinem ersten Auto, dem Trabi? Zeig ihn mir mal. Hast du etwa nicht gut gekauft? Fünfzehn Jahre bin ich so was gefahren. Weißt du ja.« Und dann standen sie im Hof, hantierten nebeneinander, redeten nur über Vergaser, Keilriemen, Schwierigkeiten mit der Zündung, alltäglichen Kleinkram.

Mehrfach schweifen seine Gedanken davon, daß er sich in die Wirklichkeit des Gerichtssaals zurückrufen muß.

»Katja sollte Ärger kriegen in ihrer Schule. Deshalb habe ich ihr die Schlüssel nicht runtergeworfen, die Schwester nach oben gewinkt.«

»Und was hast du gedacht, als du in ihrem Zimmer hinter ihr standest?«

»Ich sah meine Filzstifte und die Kassetten. Da bin ich ausgerastet.«

»Du hast auch den Strumpf liegen sehen ...«

»Das kam erst später. Den hab ich dann aus dem Nachbarzimmer geholt, weil ich keinen Bindfaden fand. Da war es schon über mich gekommen, daß ich Katja loswerden wollte. Und auf die Idee mit dem Feuer kam ich, um sicherzugehen. Ein Feuer hat noch keiner überlebt. Doch ich schloß die Tür, damit die Flammen nicht übergriffen, nicht auch die anderen Zimmer zerstörten.«

Er staunt seinen Sätzen nach. Wie gut er sich plötzlich wieder erinnern kann. Wie genau die Geschehnisse vor ihm stehen. Wie in einem Film sieht er sich: Da geht er, hält den Strumpf in den Händen, ein Fremder, ein anderer. Zwei-, dreimal hat er Sorge, daß sie ihn fragen: »Na und, würdest du's wieder tun?« Er hat auf ihre Neugier schon ein paarmal zustimmend genickt und geantwortet, freilich vor langer Zeit, vor diesen anderthalb Jahren. Nun schießt ihm das Blut heiß ins Gesicht. Was soll er heute antworten? Es geht ihm doch jetzt wirklich besser. Aber sie fragen nicht. Gott sei Dank.

In der Mittagspause sitzt er mit der Großmutter zusammen auf einer Bank unter den Alleebäumen am Gerichtsgebäude. Sie essen ihre Schnitten, reden kaum. »Halte durch«, sagt die Großmutter. Wenn überhaupt, darf sie wirklich erst morgen in den Gerichtssaal. Alle Öffentlichkeit ist ausgeschlossen. Auch die Eltern als geladene Zeugen. Die Mutter ist deshalb gleich wieder gegangen.

»Das war kein Unfall, das war ein Tötungsdelikt. Das war uns schon beim ersten Anblick der Leiche klar: Sie trug noch diesen Strumpf um den Hals. Natürlich vermuteten wir den Täter nicht in der Familie. Aber wir hörten alle an. Die Eltern verhielten sich erstaunlich gefaßt. Nur die Großmutter weinte unausgesetzt.«

Der weißgraue Kriminalhauptkommissar wird als einer der ersten Zeugen aufgerufen. Der Junge mustert ihn mit gesenktem Blick. Anderthalb Jahre hat er ihn nicht gesehen, nun erkennt er ihn sofort wieder – ein Mann, so alt wie sein Vater, bloß ganz grau. So einer kriegt sowieso alles raus, hat er gedacht.

»Am Abend erschrak ich. Der sechzehnjährige Bruder der Toten hatte anfangs erklärt, einem fremden jungen Mann im Treppenhaus begegnet zu sein, nachdem die Schwester noch einmal nach oben gegangen war. Nun holten wir ihn ein zweites Mal, um diese Spur genauer zu verfolgen. Da gestand er plötzlich, wie aus heiterem Himmel: Er selber hatte die Schwester getötet. Weil er nicht genug Kraft aufgebracht hätte, sie mit einem Strumpf zu drosseln, hätte er sie gezwungen, sich in den Bettkasten zu legen. Dann hätte er das heraushängende Laken angezündet. Aber warum denn das alles? habe ich ihn gefragt. Da erwiderte er ohne Regung: Weil sie mir auf den Geist ging mit ihrer Klauerei und weil sie dem Vater nichts erzählen sollte.«

»Haben Sie dem Herrn Kriminalhauptkommissar gegenüber diese Darstellung gegeben, die doch deutlich von den wirklichen Vorgängen abwich, Heiko?«

Da bringt er nur ein wortloses Nicken zustande.

»Was versprachen Sie sich davon? Wollten Sie vor der ganzen Wahrheit fliehen?«

»Immer erzählte der Junge so kalt, die ganze Zeit, ganz ohne Gefühl«, fährt schließlich der Kriminalkommissar fort, »als ob er fortwährend neben sich und seiner Tat stand, von einem anderen erzählte, von Vorgängen, die ihn nicht betrafen, die er nur beobachtet hatte. Als wir schließlich über die Knebelung sprachen, zog er aus seiner Jackentasche eine Packung Papiertaschentücher hervor und reichte sie mir: ›Zählen Sie ruhig nach, da müssen genau drei fehlen. Die habe ich meiner Schwester in den Mund gestopft.‹ Nichts hat mich an seinen Aussagen so bewegt wie diese Einzelheit.«

»Komm runter, Junge. Du mußt doch was essen. Antworte mir. Wenigstens das. Sag was.«

Heiko hört die Großmutter mit ihren Fäusten gegen die verschlossene Dachkammertür poltern. Nun ist sie doch die Treppe heraufgestiegen. Ob sie Angst um ihn hat, ob sie fürchtet, daß er sich was angetan hat, sich antun wird, wenn sie will, daß er wenigstens spricht, ihr antwortet?

Heiko liegt auf seinem Bett, schließt die Augen, öffnet sie, starrt wieder auf das Tapetenmuster an der schrägen Decke, bunte kleine Blüten zwischen breiten schwingenden Blättern. Einmal, als er die komisch über ihm schwebenden, auf ihn herabstürzenden gedruckten Pflanzen gründlich satt hatte, hat er das Zimmer neu tapezieren wollen. Der Vater wollte ihm dabei sogar helfen. Aber es ist nichts daraus geworden. Der Vater hatte keine Lust mehr, für ein ganzes Wochenende ins Haus der Großmutter zu kommen. Und der eigene Versuch, allein die Wände mit weißer Farbe einzuschlämmen, mißlang. Die gewässerte Tapete schlug Falten, löste sich. Schlimm.

Er sucht sich gewaltsam an solche Dinge zu erinnern, Belanglosigkeiten, weit weg, längst vergangen. Vergeblich. Außerdem steht die Großmutter noch vor der Tür, hämmert sich in seine Gedanken.

»Mach auf, Heiko. Warum schließt du dich ein? Soll ich dir die Schnitten nach oben bringen?«

Es ist nun der Abend des zweiten Prozeßtages. Es hat keine Unterbrechung gegeben, keinen Abbruch, keine Vertagung, nur Mittags- und Kaffeepausen, ab und zu eine Beratung. Sie wollen seinen Fall diesmal zu Ende bringen, durchziehen, so haben sie gesagt. Sie haben die Kriminalisten gehört, die Gutachter, drei Frauen, immer nur Frauen. Selbst seine Eltern brauchten nicht Zeugen zu sein, nur seine Großmutter. Klein und stumm saß sie danach in der hintersten Bankreihe, sah mit großen Augen immer auf ihn. Am besten hat, ganz unerwartet, sein früherer Direktor von ihm gesprochen. »Heiko zeigte Verständnis für mathematische Zusammenhänge. Nur hielt er nicht durch, war er nicht fleißig. Und dann dieser unbegreifliche, nicht zu beherrschende Jähzorn.«

Am bedrückendsten war's, als er die Bilder seiner toten Schwester ansehen sollte, den verkohlten Bettkasten, die verbrannten Haare. Er hatte die Fotos doch schon einmal ansehen müssen. Er erinnerte sich oft, er würde die Aufnahmen nicht vergessen. Trotzdem ging ihm auch diesmal durch den Kopf: Daß die Schwester nicht stärker verkohlt war ...

»Werde ich wieder eingesperrt werden, muß ich noch einmal einziehn, so wie damals in die U-Haft? Oder schlimmer?«

Gleich nach der Tat hatten sie ihn ein halbes Jahr hinter ihren Gittern behalten.

»Ihre Schwester ist tot. Und Sie sind daran schuld, Heiko.«

Seine Rechtsanwältin. Er hatte zugestimmt, daß sie ihm eine Frau als Verteidigerin gaben. Frauen haben mehr Verständnis, fühlen mehr mit. Und nun?

»Sie werden mich nicht herausholen, nicht alles für mich tun?«

»Ich werde tun, was ich kann, für eine milde Strafe sprechen. Aber herausholen werde ich Sie nicht können. Sie haben immer noch nichts verstanden, Heiko.«

Da erst, plötzlich, mitten im Gespräch mit dieser Frau, hat er geahnt, was auf ihn zukommt und daß er ihm nicht entrinnen kann.

»Laß mich allein, quäl mich nicht«, schreit er nun. »Ich hab keinen Hunger. Hau ab!«

Und er dreht den Regler am Rekorder auf höchste Lautstärke, daß der Lärm durchs offene Fenster in den späten Abend hinausdröhnt und auch die Großmutter es begreifen soll: Er ist noch da, aber er will sie nicht. Keinen braucht er. Er ist allein. Er will allein sein.

Als er nach einer Stunde vorsichtig die Kammertür öffnet, im Dunkel nach unten auf die Toilette zu gehen, erschrickt er: Die Großmutter hat draußen stumm gewartet, auf der obersten Treppenstufe gesessen. Nun drängt sie sich zu ihm ins Zimmer, mustert eilig Tisch, Bett und die Schränke ringsum, entdeckt den gepackten Koffer, hebt ihn prüfend an, sieht die Tasche daneben, der Schlafsack ist darüber geschnallt.

»So viel wirst du nicht brauchen, wenn sie dich bei sich behalten.«

»Rühr meine Klamotten nicht an.«

»Du willst alles nur noch schlimmer machen, Junge. Ich seh es.«

»Was will ich machen?«

»Sie werden dich finden, egal, wohin du auch mit deinem Trabi fährst. Ein paar Tage Freiheit und Angst, und sie haben dich wieder. Bei wem willst du dich verkriechen? Vor dem, was du getan hast, kannst du sowieso nicht ausreißen.«

»Sei still. Kaum hast du noch anders geredet. Halte durch, hast du gesagt und: Laß dich nicht herauslocken. Und nun läßt du mich genauso im Stich.«

»Heute im Prozeß habe ich mir vorgestellt: Ich müßte an deiner Stelle da vorn sitzen, wir alle müßten da sitzen. Wir haben viel mit euch Kindern falsch gemacht, hab ich immer wieder gedacht. Erst recht, nachdem die Sache mit Katja passiert war. Das kleine Biest, haben wir gesagt, hatte doch selber mit schuld. Und ist nicht schon genug Schlimmes passiert, haben wir gedacht, eine Strafe bringt die Kleine auch nicht wieder.«

Er geht nach unten zur Toilette, er läuft auch in die Küche, er läßt sich Zeit. Er hebt die umgestülpte Porzellanschüssel an, unter der die von der Großmutter zubereiteten Schnitten auf ihn warten, sein Abendbrot. Er greift nach einer, legt sie dann wieder zurück. Nur nicht weich werden, nichts von ihnen annehmen, von keinem. Sie sind auf einmal alle gegen ihn.

Wie er die Treppe zu seiner Kammer erneut hinaufsteigt, sitzt die Großmutter wieder auf einer der oberen Stufen oder noch immer. Will sie die ganze Nacht dort hocken? Für Sekunden drängt es ihn, sich neben sie zu setzen, ihr seinen Kopf an die Schulter zu lehnen, daß sie sein Haar krault, ihn tröstet, ihm gut zuredet wie früher, wenn er vor den Eltern geflohen war. Manchmal haben sie da nebeneinander auf den Treppenstufen gehockt. Nun stürmt er, jäh entschlossen, an ihr vorüber. Gewiß hat sie sich an seinen Sachen vergriffen, sie ausgepackt. Er ist enttäuscht, als er Koffer und Tasche unangerührt vorfindet.

Er schließt die Tür, riegelt sich ein. Er legt sich unausgezogen aufs Bett, in Hose und Hemd, nur die Schuhe hat er von den Füßen gestreift. Wieso hat die Großmutter gleich gespürt, daß er fliehen will?

Er kann nicht einschlafen, er wälzt sich, er zieht sich das Federbett über den Körper, wirft es von sich. Die Nacht vergeht nicht. Immer wieder blickt er zur Uhr. Einmal, halb drei, öffnet er vorsichtig die Tür. Da sitzt die Großmutter tatsächlich noch, wendet den Kopf nach ihm, stumm.

Später liegt er wieder, sieht die Bilder, die Schwester im Bettkasten, er hinter ihr. Wenn sie ihm wenigstens nicht immer die Sachen weggenommen hätte, wenn er alles rückgängig machen könnte, denkt er. Schließlich kommen die Tränen, schießen ungehemmt.

Am Morgen muß ihn die Großmutter zweimal wecken. Sie frühstücken zusammen, fahren in die Stadt auf diesen Parkplatz überm Gerichtsrain. Heiko hat nur eine kleine Tasche bei sich, das Nötigste. An diesem Tag wird er zu einer Jugendstrafe von fünf Jahren verurteilt. Die Kammer attestiert ihm eine eingeschränkte Schuldfähigkeit zur Tatzeit, sie berücksichtigt zu seinen Gunsten das offene Geständnis und die lange Verfahrensdauer. Aber sie hat auch erkannt, daß »er sich sein Unrecht noch längst nicht in vollem Umfange bewußt gemacht hat«. Ein lästiges Problem scheint ihm gelöst, der Unfall mit der Schwester, dem kleinen Biest, wird abgehakt, das Leben geht weiter, die Ausbildung, der Beruf. Eine klare, gerade in seinen Augen harte Strafe wird dieses Unrechtsbewußtsein wecken und stärken müssen.

Heiko kehrt an diesem Tag nicht in das Haus der Großmutter zurück. Er muß seine Strafe sofort antreten, er wird noch im Gerichtssaal verhaftet. Es besteht Fluchtgefahr, sagen die Richter.

Der Tod der Ärztin

1

Sie heißt Katja, ist blond, schlank, zweiundzwanzig, ein richtiges Mädchen von der Küste. Noch dazu blauäugig. Jahrelang hat sie Sport getrieben, Leichtathletik, Weitsprung, Kurzstrecken. Einmal hat man sie sogar für den Siebenkampf gewinnen wollen. »So vielseitig, wie du bist, scheint kaum eine. Versuch's doch.« Überraschend hat sie gleich den Jugendrekord an der Küste gebrochen. »Wer weiß, wie weit du vorankommst, wenn du's nur ernsthaft angehst, deine Technik verbesserst, im Speerwurf zum Beispiel.«

Aber das begonnene Studium an der entfernten Universität setzte dem allen ein Ende. Sie spürte rasch: Sie mußte sich ganz entscheiden und sofort. Spiel und Ernst, beides zusammen schaffte sie nicht.

Sie ist die ältere von zwei Schwestern. Conny ist genauso schlank und blond geraten wie sie. Nur: Connys sportliche Ambitionen sind größer. Wenn sie mit ihren siebzehn einen ordentlichen Sponsor fände, könnten sich ihr große Hoffnungen auftun.

Katja ist nicht neidisch auf die Schwester, auch nicht auf Connys Art zu leben. Die Schwester hat längst einen festen Freund, bringt ihn nach Hause mit, sogar zum sonntäglichen Kaffee. Er ist fünf Jahre älter als sie, er holt sie nicht nur abends vom Gartentor ab. Denkt die Schwester sogar schon an Heirat?

Was sie selber angeht, weist sie solche Gedanken weit von sich.

»Pit mag dich, Jens noch mehr. Wenn du willst, rennen dir ein Dutzend andere Jungs nach. Gefällt es dir, als unnahbar zu gelten? Worauf wartest du noch?«

Die Reden der Freundinnen, immer wieder. Konnte ihr wirklich keiner der Zufallsbekannten oder der Mitstudenten auf Dauer gefallen? Natürlich hatte es längst Affären gegeben, die erste mit sechzehn. Aber danach hatte sie anderthalb Jahre bis zur nächsten gebraucht. Na ja, diese Nacht nach der Abiturfeier. War es das bißchen Alkohol gewesen, zu dem sie sich hatte überreden lassen?

Manchmal staunte sie, beglückwünschte sich. So viele Mitstudenten schwadronierten endlos von gebrochenen Kindheiten, unglücklichen Elternehen. Sie hatte keinen Grund, da einzustimmen. Ihre Eltern hatten nie Brüche kleben, überspielen oder verdrängen müssen. Und es war angenehm gewesen, unter ihren Fittichen zu leben. Nein, es hatte nie Streit, nie irgendwelches lautes Hin und Her zwischen ihnen gegeben. Der Vater, Ingenieur im Hafen, fing jetzt erst an, um sein weiteres Berufsleben zu bangen. Wenigstens, so schien es, hatte die Mutter, Lehrerin, ihr festes Auskommen.

Katja Ruhn studierte nun Journalistik in dieser Stadt, Hunderte Kilometer weit weg von der Küste. Irre, sagten manche ihrer Freundinnen, frühere Schulkameraden. Hätte sie sich nicht ein anderes Fach aussuchen können? In diesen Zeiten sollte ein Mädchen Ärztin oder Diplomkauffrau werden, Bankerin. Aber Katja wollte immer noch Einfluß auf die ganze Menschheit nehmen. Aufschreiben, was die Leute erschreckte, bewegte, nachdenklich machte. Was für ein Ziel.

Am dritten September, in der großen Pause zwischen den Semestern, im Sommerurlaub, ist sie mit dem Zug unterwegs von der Messestadt nach Norden, an die Küste, zu den Eltern. Sie braucht noch ein paar Stempel, Unterschriften, nichts Besonderes. Außerdem wird ihr Wohnheim wieder für Messegäste benötigt, da ist es besser, man verzieht sich total und bemüht sich auch nicht um einen zeitweiligen Unterschlupf bei neuen einheimischen Freundinnen.

Zwischen Leipzig und Bitterfeld bezieht sich unerwartet der Himmel. Schließlich bricht ein Gewitter los. Ein Regenguß, wie aus Eimern geschüttet, mischt sich mit Blitzen und Donnern. Das vorüberziehende Land verbirgt sich hinter einem streifigen Grau. Als der Zug in den Bahnhof Bitterfeld einfährt, gischtet das Wasser fontänenartig von den Zug- und Vordächern über die sich öffnenden Türen hinein in die Abteile.

Sobald der Zug wieder anruckt, ist Katja Ruhn nicht mehr allein im Abteil. Ihr gegenüber sitzt ein über und über durchnäßter Mann. Gelbbraune Krawatte und braunes Sakko, gestreiftes Hemd, beigefarbene Hose, alles hängt naß an seinem Körper. Von ihm tropft es ohne Unterbrechung. Bald stehen seine Schuhe in sich zusehends vergrößernden Pfützen.

»Wenn ich nicht unbedingt nach Berlin müßte, ich würde zurückfahren, mich ins Bett legen, vorsorglich schwitzen, mitten im Sommer.«

»Sie sind Bitterfelder?«

»Ich bin oft in Halle. Aber meine Heimat ist mittlerweile Bayern, die Berge, das Allgäu.«

Wann sie Mitleid mit ihm verspürt, ihren Koffer aus dem Gepäcknetz nimmt, ihm ein paar Handtücher aufzwängt, sich trockenzureiben? Und ist nicht eine Hemdbluse zwischen all ihrer Wäsche, ein unauffällig karierter Stoff, der auch zu Männern paßt, dessen er sich nicht zu schämen braucht?

Alles geschieht weit vor Wittenberg. Hinter der Stadt scheint längst wieder die Sonne von einem blauen Himmel, und Jacke und Hemd flattern trocknend im Fahrtwind vorm offenen Abteilfenster. Die paar Zugestiegenen, ohne Ahnung vom vorangegangenen Gewitter, halten sie für ein bißchen verrückt, wohl auch für ein Pärchen, das seit Urzeiten zusammengehört. Er ist deutlich älter als sie, aber das ist ja mittlerweile keine Seltenheit mehr.

In Berlin angekommen, lädt er sie zu einem Kaffee ein, es gibt da mittlerweile ein paar heimelige Lokale in der Nähe, keine gewöhnlichen Kneipen. Als er sie zu ihrem Zug bringt – wenigstens einen hat sie inzwischen versäumt, und sie hält seine Fingerspitzen für ein paar Augenblicke zu auffällig –, wissen sie: Es wird nicht ihr letztes Zusammentreffen sein.

So haben sie sich kennengelernt.

»Du bist anders geworden in den letzten Wochen, Mädchen.«

»Wie denn: frecher oder stiller?«

»Fusseliger in deinen Gedanken. Als ich deinen Vater kennenlernte, ich erinnere mich gut, war ich genauso. Großmutter mußte mich manchmal kräftig an den Armen packen, daß ich mich nicht wegträumte.«

»Du hättest mich gern unter der Haube, noch immer lieber heute als morgen, ich weiß. Du bist altmodisch und noch stolz darauf: Erst muß die Ältere versorgt sein, dann darf die Kleine dran denken, sich ernsthaft zu binden. Warum soll's bei uns nicht umgekehrt sein? Conny sieht in Jan, wie's scheint, ihre dauerhafte Sicherheit. Was, wenn ich die nie finde? Nie finden will? Ein, zwei

Kinder, ja, nur Jungen. Aber einen Mann? Wozu? So viele leben heute als Singles, lieben ihre Unabhängigkeit.«

»Je länger du so redest, umso mehr begreife ich: Da ist was im Busch. Meine Große macht sich konkrete Gedanken. Soll ich dir was vorschlagen: Weihnachten, wenn du ihn uns da vorstellen willst, könnt ihr kommen. Reichlich drei Monate noch, da wirst du dir doch klar darüber werden, was dir ein Mensch bedeutet.«

Sie haben nie viel Geheimnisse voreinander haben können, sind immer ganz direkt miteinander umgegangen; warum soll sich das plötzlich ändern? Sie mögen sich alle vier sehr, aber die Mutter und Katja hängen mit besonderer Zuneigung aneinander. Wenig Entscheidendes geschieht in der Familie, worüber sich die beiden nicht vorher einig geworden sind: Renovierungsarbeiten, wichtige Einkäufe, Urlaubsreisen. Nun drängt es Katja manchmal, von der unerwarteten Veränderung zu sprechen, die plötzlich in ihr Leben getreten ist. Aber soll sie mit Worten festmachen, was auch für sie erst mal bloß eine Ahnung ist, höchstens eine unsichere Hoffnung? Noch ist nichts geschehen. Nach dieser ein bißchen verrückten Bahnfahrt haben sie zwei Stunden lang zusammengesessen, Kaffee getrunken und geredet. Und nun bedauert sie manchmal, dem anderen bloß ihre Studentenanschrift, nicht auch die einheimische Ostseeadresse gegeben zu haben.

Zwei Tage später, als sie aus dem Haus tritt, steht schräg gegenüber auf der Straße ein roter Wagen, und aus ihm steigt ihre Zugbekanntschaft, Siegfried, tatsächlich, er trägt wieder sein braunes Sakko, die gelbe Krawatte.

»Wie hast du mich denn hier gefunden?« fragt sie. Und er antwortet: »Wenn einer ernsthaft sucht, findet er auch.« Irgend etwas in dieser Art wenigstens sagt er, sie versteht nur den Sinn, nicht die Worte. Und da stürzt sie ihm entgegen, mit ihren raschen Schritten alle Gefühle verratend, die sich in ihr angestaut haben.

2

Anna Kachelmann lächelt geduldig und wehmütig, wenn die Kinder sie bedrängen.

»Warum hängst du noch immer an diesem Haus? Du hast gute

Arbeit, Geld, kannst dir etwas Besseres leisten. Etagenheizung, ein ordentliches Bad, alles ist heutzutage erschwinglich. Siehst du nicht, wie das Dach verkommt? Bei jedem Regen rennt ihr, die Eimer und Töpfe unter den zerbrochenen Ziegeln geradezurücken, von eurer Not bei Gewittern ganz zu schweigen.«

Fast ein Vierteljahrhundert wohnt sie nun in diesem Haus. Alles Wichtige verbindet sich für sie mit dem villenähnlichen Gebäude, mit seinen Stuckornamenten über den Fenstern und an den Balkons. Wieviel Kampf und Vorsprechen bei den Behörden hatte es einmal gekostet, hier einzuziehen? In dieser Wohnung ist Silke geboren worden, ihr zweites Kind, ist ihr Mann früh gestorben. Begreifen die Kinder das Haus nicht mehr als ihr Elternhaus?

»Na gut«, sagt Anna Kachelmann, »ich wohne mittlerweile am längsten im Haus, alle Nachbarn sind später eingezogen. Wir hocken uns nicht auf der Pelle, wir kommen nicht schlecht miteinander aus. Ja, einige haben die Geduld verloren, junge Leute, zwei Pärchen sind ausgezogen, aber die Ehrmanns nebenan glauben daran wie ich: Das Haus wird bald von Grund auf renoviert, kriegt als erstes ein neues Dach, danach eine gemeinsame Heizung. Weshalb soll ich aus ihm ohne ernsthafte Not ausziehen, wo es mir so lange Heimat war?«

Der neue alte Eigentümer hat sich nur einmal sehen lassen, zwar wortreich viele Änderungen versprochen, aber die eigentlichen Verhandlungen und Arbeiten seinen Anwälten und Verwaltern überlassen. Und die schrieben bislang lediglich Briefe und schwiegen sich über sämtliche Beschwerden und Bitten aus. Woher nimmt da die Mutter ihr grenzenloses Vertrauen? Sowieso ist die Wohnung viel zu groß für sie allein. Ja, wenn sie sich mit Konrad ernsthaft zusammentun würde. Der Chemiedoktor bemüht sich um sie seit wenigstens fünf Jahren. Doch sie hält sich merkwürdig zurück. Der Kinder wegen, die sie nicht mit einer neuen Bindung belasten will? Meine Güte, denkt die Mutter wirklich so? Zweimal in der Woche treffen sie sich, sie und ihr Doktor, regelmäßig mittwochs und sonnabends, selten auch sonntags. Was geschieht da eigentlich? Wie genau kennen die Kinder ihre Mutter?

Am 10. April gegen Mittag wird Silke Sonntag auf ihrer Station ans Telefon gerufen. »Ihre Mutter ist heute nicht zur Arbeit gekommen, ohne Entschuldigung. Und zu Hause geht sie nicht an den

Apparat. Ist doch komisch. Ist sie krank, ist sie vielleicht bei Ihnen in der Klinik? Wir machen uns richtig Sorgen. Ist doch alles ziemlich ungewöhnlich.«

Silke Sonntag erschrickt. Ja, die Mutter hat feste Gewohnheiten, nicht nur mittwochs und am Wochenende, ihre Tagesabläufe und Abende sind immer genau geplant. Wenn Unerwartetes geschieht, sie etwa für Stunden nicht erreichbar ist, ruft sie sogar bei Nebensächlichkeiten an. Ist das diesmal nicht geschehen? Hat sie niemandem Bescheid gegeben?

Silke Sonntag telefoniert mit dem Bruder, der auch Arzt ist, mit ein paar Bekannten, vor allem mit Konrad, dem Chemiedoktor. Ja, er war gestern abend bei der Mutter, sagt der, sie haben zusammen noch eine Flasche Rotwein getrunken, halb elf ist er dann gegangen. Nein, sie haben nicht ferngesehen, nur wie üblich geschwatzt. Gott, es gibt so viele Themen. Weshalb ruft Silke an?

Silke Sonntag versteht es, Konrad Weyrich zu beruhigen. Aber in ihr selber bleibt die Sorge. Wenn irgendwas mit der Mutter passiert ist, sie krank zu Hause liegt, es nicht mal bis zum Telefon schafft? Die Mutter ist Mitte Fünfzig, in dem Alter ist niemand gegen Überraschungen gefeit. Auch eine Ärztin kann sich nicht in jedem Falle selbst helfen. Manchmal haben die Kinder sich schon ausgemalt, was in so einem Falle geschehen würde: bei einem Sturz, einem Kollaps. Aber die Mutter will ja unbedingt in ihrer Wohnung allein leben. Gut nur, daß sie wenigstens so oft miteinander telefonieren.

Silke Sonntag nimmt sich keine zwanzig Minuten später für ein paar Stunden frei. Sie muß zur Mutter, erfahren, was los ist. Auch jetzt ist sie telefonisch nicht zu erreichen.

Es wird derzeit viel in der Stadt gebaut, es gibt Umleitungen, Staus, selbst die Straßenbahn kommt nicht zügig voran. Die unvermuteten Hindernisse steigern Silke Sonntags innere Erregung: Manchmal geht es um Minuten. Sie hält den Wohnungsschlüssel der Mutter bereits in der Hand, noch ehe sie aussteigen kann. Auch der Bruder besitzt so einen Schlüssel, das haben sie der couragierten Mutter abgerungen.

Hier draußen in der Nebenstraße kennt sie jeden Baum, jeden Stein. Alles scheint unverändert geblieben. Schmale Vorgärten, graue Häuserfronten, von denen ganze Putzfleckenmuster gebrochen sind. In der Villa, wie sie das Haus nennen, sind etliche Fenster dunkel, hinter ihnen hängen nicht mal mehr Gardinen, im Erdgeschoß und auf der linken Seite im zweiten Stock. Da liegen die Wohnungen, aus denen die Pärchen ausgezogen sind.

Silke Sonntag achtet kaum darauf, sie steigt die Stufen zur Wohnung ihrer Mutter hinauf, stutzt: Die Eingangstür ist nicht abgeschlossen, nur eingeklinkt, der Schlüssel läßt sie sofort aufschnappen, dennoch wird es schwierig, sie zu öffnen. Irgend etwas sperrt, ein schwerer Gegenstand. Erst unter Aufbietung aller Kraft gelingt es Silke Sonntag, die Tür ein wenig nach innen zu schieben. Als sie mühsam dahinterblickt, schreit sie auf. »Mutter«, schreit sie, »Mutter!«

3

»Silke Sonntag, als sie ihre Mutter im Flur ihrer Wohnung liegend vorfand, hat anfangs noch an einen Herzanfall oder ähnliches geglaubt. Die Mutter wollte sich zur Tür retten, sie öffnen, um Hilfe rufen. Aber als die junge Frau später die Polizei verständigte, war ihr schon klar, daß Frau Dr. Kachelmann einem Verbrechen zum Opfer gefallen war. Sie hatte das Blut entdeckt, das in den Flurläufer gesickert war.«

»Das Opfer ist erstochen worden? Haben Sie die Tatwaffe gefunden?«

»Frau Dr. Kachelmann ist mit einem vermutlich abgerundeten Gegenstand getötet worden. Mindestens sechs Schläge trafen ihren Kopf, wenigstens vier Tritte ihren Leib.«

»Der Täter hat versucht, sie zu vergewaltigen?«

»Es gibt keinerlei Hinweis auf ein Sexualverbrechen.«

»Also Raubmord?«

»Offensichtlich. Es fehlt Geld in der Wohnung, es fehlen auch Gegenstände.«

»Was für Gegenstände?«

»Sie werden verstehen, daß nicht alle Einzelheiten zum gegenwärtigen Zeitpunkt für die Öffentlichkeit bestimmt sind.«

Der Raum ist eng, überheizt, die Luft stickig. Staatsanwalt und Kriminalisten, Journalisten und Fernsehleute sitzen eng beieinander. Zur Pressekonferenz im Polizeiamt am Markt sind Dutzende

Zeitungsschreiber gekommen, nicht nur der regionalen Presse. Man hat noch Stühle aus den Nachbarzimmern herbeiholen müssen. Der Fall ist weithin von Interesse, der Mord ungewöhnlich. Das Mordopfer ist eine Ärztin, die viele kennen, eine freundliche Frau. Die Tatzeit fällt aus dem Rahmen: am frühen Morgen. Da wallen die Emotionen auf, sprießen die Gerüchte. War da vielleicht ein verschmähter Geliebter im Spiel, ging es gar nicht um Geld, sondern um einen dramatischen Abschied?

»Die Tatzeit steht genau fest?«

»Nicht auf die Minute. Am Morgen zwischen sechs und sieben. Laut Obduktionsprotokoll. Daß Frau Kachelmann um sechs Uhr früh noch gelebt hat, bestätigen auch Nachbarn. Die haben sie um diese Zeit hinterm Küchenfenster am Frühstückstisch sitzen sehen. Bald danach gab es in der Wohnung eine laute Auseinandersetzung, die auch von anderen Mietern im Hause bemerkt wurde.«

»Der Täter drang gewaltsam in die Wohnung?«

»Wir sind noch bei der Auswertung der Spuren ...«

Natürlich geben Staatsanwalt und Polizei an diesem Morgen bei weitem nicht alles preis, was sie wissen. Manches könnte den Täter warnen. Zum Beispiel: Zu den Dingen, die in der Wohnung fehlen, gehört außer einer Lederjacke die EC-Karte des Opfers. Das haben die Kinder von Frau Kachelmann eindeutig festgestellt: Immer hat die Mutter die Karte in ihrer nächsten Nähe aufbewahrt, es gibt höchstens drei, vier Stellen, die dafür in Frage kommen. Wird der Täter die Karte zu verwenden suchen?

Weiter: Sie wissen bald von mancher Gewohnheit der Toten. Die Ärztin Dr. Kachelmann war penibel sauber, möglicherweise hing das mit ihrem Beruf zusammen. Jedenfalls reinigte sie ihre Möbel einmal in der Woche, auch die Türen. Nun gibt es in der Wohnung nicht wenige Fingerspuren. Die meisten können Anna Kachelmann, einige ihrem Bekannten, dem Chemiedoktor, zugeordnet werden. Aber dazu haben sie zwei Fingerspuren eines bisher unbekannten Verursachers ausgerechnet an Türblatt und Türstock der Wohnungstür gefunden, und zwar innen. Hinterließ sie der Täter? Viel spricht dafür.

Sie haben das Haus inspiziert, in dem sich die Tat ereignete. Ja, es ist alt und abgewohnt, um 1900 gebaut. Sie erfahren: Ein paarmal gab es merkwürdige Geräusche vom Dachboden her. Unlängst nächtigte dort ein wildfremdes Pärchen, junge Leute; Frau Dr. Kachelmann hatte sie aufgestöbert und davongescheucht. Kennt man ihre Namen, Adressen? Hatte sich der Täter dort ebenfalls eingenistet, einer der neuen Obdachlosen? Aber zwischen Gerümpel und Schmutz und den bereitgestellten Eimern und Blechwannen fürs Tropfwasser findet sich auch bei intensivster Nachsuche keine frische verdächtige Spur.

Und kein Zeichen eines Einstiegs über den Balkon?

Arztsein ist ein Beruf nicht ohne Risiken. Ein Fehler, etwa das verspätete Erkennen einer Krankheit, kann tödliche Folgen haben. Und wie viele Patienten fühlen sich sowieso falsch behandelt, zu Unrecht als Simulanten verschrieen? Ist das Tatmotiv Rache? Sie werden die vorgefundenen Patientenkarteien gründlich durchsehen, vielleicht Dutzenden Biographien und Schicksalen nachgehen müssen. Wenngleich: Wahrscheinlich ist das ein Irrweg. Anna Kachelmann, in den letzten Jahren als Betriebsärztin tätig, gilt auch in ihrem Beruf allgemein als gütig, verständnisvoll, einfühlsam, tüchtig. So eine Frau hat selten Feinde. Und an ihrem Arbeitsplatz waren sowieso keine Entscheidungen über Leben und Tod zu treffen. Nicht einmal mit verweigerten Krankschreibungen wird viel anzufangen sein: Jedermann, wenn er heutzutage nur Arbeit hat, will sie tagtäglich leisten, sie nicht scheuen. Nur keinen Anlaß für eine Kündigung geben!

Da bleibt neben dem Zufall wohl doch nur das private Umfeld. Wie sah es aus mit den Bekanntschaften, Freundschaften, mit den Gewohnheiten der Ärztin? Wer zum Beispiel ist dieser Lebensgefährte, der seit vielen Jahren mit ihr zusammenlebt? (Oder auch nicht zusammenlebt?) Gab es Trennungswünsche, finanzielle Zuwendungen im Todesfalle, eine Lebensversicherung? Gibt es dergleichen zugunsten eines bevorzugten Familienmitglieds? Was hatte es mit diesem Zerwürfnis auf sich zwischen Anna Kachelmann und ihrem Schwiegersohn?

Die Gerüchte blühen. Aber natürlich, sie müssen auch diesen Personen und ihren Beziehungen nachgehen.

Und die Nachbarn? Der junge Mann, der Familienvater aus dem zweiten Stock der Villa, rastet aus, kaum daß sie sich als

Kriminalisten zu erkennen geben. Er kann Bullen nicht ausstehen, schon einmal haben sie ihn unschuldig in der Mangel gehabt. Körperverletzung, haben sie gesagt, dabei war's eindeutig Notwehr. Gestern aber hielt er sich mit seiner Familie bei den Schwiegereltern auf. Diesmal werden sie ihm nichts anhängen können.

Und die Ehrmanns vom selben Stockwerk, aus der Wohnung neben Anna Kachelmann? Die Ehrmanns sind Rentner. Mit dem Lehrerberuf ging nichts mehr nach der Wende für Karl Ehrmann, und seine Frau hat sowieso das notwendige Alter. Mit Frau Kachelmann haben sie sich immer gut verstanden, eine nette Dame, obgleich ... Obgleich? Nun ja, weit ging die Nachbarschaft nicht, ein paar freundliche Worte vor jedermanns Tür, aber keine Einladung etwa zum Kaffee. »Doch die Schlüssel haben Sie sich wechselseitig gegeben?« Ja, wenn die Kinder von Frau Kachelmann verreist oder irgendwie verhindert waren. »Sie haben selber Kinder, Verwandte, die zu Besuch kommen?« Zwei Söhne, aber die haben sich lange nicht sehen lassen, wohnen auch weit weg, in Bayern, im Allgäu, beide. Siegfried darf sowieso nicht mehr hier erscheinen, der Luftikus, hat ihm sein Vater bedeutet.

Während die Kriminalisten eine lange Liste von Fragen und Aufgabenstellungen abarbeiten, mit Dutzenden Personen Gespräche führen, auf neue Fragen stoßen und dabei das Umfeld der getöteten Ärztin immer genauer kennenlernen, trifft sie eine Nachricht aus dem benachbarten Leipzig wie ein Blitz. Ist da unerwartet Hoffnung auf eine rasche Lösung des Falles? Jedenfalls: Jemand hat in Leipzig fünf Tage nach der Tat mit Hilfe der EC-Karte von Anna Kachelmann Geld von ihrem Konto abzuheben versucht, 400 DM, an einem Automaten am Sachsenplatz, morgens, mitten im Zentrum der Stadt. Wer? War es der Täter oder ein von ihm Beauftragter, möglicherweise ein Komplize? Und? Ist die Karte einbehalten worden, hat die Sperrung des Kontos, die der Sohn längst veranlaßt hat, gewirkt?

Ja. Der Automat hat die Karte nicht wieder herausgegeben.

Die Technik der Banken ist inzwischen weit gediehen. Sie speichert auf die Minute genau, wer wann Geld abgehoben oder weshalb der Automat versagt hat. So steht sogleich fest: Der EC-

Kartenbenutzer hat keine falsche Geheimnummer eingegeben, er hat die richtige gewußt. Er hatte nur deshalb keinen Erfolg, weil es bereits diese zentrale Sperre gab.

Jeweils ein und zwei Minuten nach dem verdächtigen Kunden haben zwei andere an diesem Automaten tatsächlich Geld abgehoben. Man findet sie rasch, zwei Männer, befragt sie: Hat einer von ihnen bemerkt, wer vor ihnen Geld abzufordern versuchte, ein Mann oder eine Frau? Nein, sagen da beide einhellig, sie haben wechselseitig nur sich selber bemerkt, niemanden sonst. Sie haben auch keinen Menschen wegeilen sehen, weder einen Mann noch eine Frau. Da liegt die Schlußfolgerung nahe: Der Kunde vor ihnen hat sich mit dem Einzug der Karte rasch abgefunden, wohl sogar mit ihm gerechnet. Er hat keinerlei Manipulationen versucht, doch noch zu Geld oder wieder an die Karte zu gelangen.

Die heiße Spur ist rasch erkaltet. Sie ist nur ein Fakt, ein Indiz neben vielen andern. Möglich, sie erhält später wieder Bedeutung.

4

Es gibt, heißt es, schwere Studienrichtungen und leichte. Für manche muß man Geduld mitbringen oder die Bereitschaft zum Fleiß, für andere braucht's Phantasie, für wieder andere vor allem Einfühlungsvermögen.

Katja Ruhn hält nichts von solchen Klassifizierungen. Natürlich weiß sie, daß Bekannte und Freunde und die Studenten selber solchen Überlegungen nachhängen. Das journalistische Studium, sagen viele, ist leicht, seine Methoden sind nicht sehr ernsthaft, es gilt kaum als Wissenschaft. Man muß ein bißchen auf die Reden der Dozenten hören, ihnen ihre Definitionen nachplappern, der Rest ist Glück, und schreiben kann sowieso jeder. Ach ja, wenn's so wäre. Entscheidend ist immer, wie ernst man etwas nimmt, wie tief man sich auf eine Sache einläßt.

Vor dem Studium hat sie ein knappes Jahr lang in der Lokalredaktion einer Zeitung gearbeitet. Sie hat über alles geschrieben, schreiben müssen, was anfiel, auch wenn sie erst einmal gar nichts davon verstand: Stadtreinigung und Straßenbahn, Verkehrsförderung und kommunale Parteien. Sie möchte das Jahr nicht missen und ist dankbar, daß man es ihr nicht leicht werden ließ. Nun glaubt sie, ein bißchen genauer zu wissen, worauf es ankommt beim Büffeln und Studieren. Die direkte Verbindung zur Zeitung hat sie nie aufgegeben, auch wenn es nun ein anderes Blatt ist, für das sie ihre Zwei- und Dreispalter verfassen darf: über Mode und interessante Leute, über Theateraufführungen und Buchlesungen.

Daran hat sich auch nichts geändert, seit sie – in der letzten Zeit nicht mehr ganz so häufig – mit Siegfried zusammen ist. Verrückt, wie schnell einem ganz selbstverständlich werden kann, was es gestern oder vorgestern noch nicht gab. Seit Siegfried damals vorm Haus der Eltern stand, am Abend eingeladen wurde und gleich bei ihnen übernachtete, hat sich ihr Leben erheblich verändert, und doch war's ihr, als hätte sie schon immer so gelebt. Der Vater unterhielt sich mit dem Gast über seine Lieblingsthemen, Autobahnen und vernünftiger Straßenbau, dazu Berufe der Zukunft, und sie war beeindruckt von der Leichtigkeit, mit der sich Siegfried zu allen möglichen Dingen äußern konnte. Die Mutter nahm sie zur Seite und drückte sie an sich: »Siehst du, nun muß es gar nicht erst Weihnachten werden.« Der Mutter mißfiel nicht einmal der Altersunterschied. Von da an hätten sie kommen können, sooft sie wollten.

Freilich, das Leben mit Siegfried erwies sich als ziemlich hektisch und war voller Überraschungen. »Ich heirate dich, noch vor dem Sommer heirate ich dich«, bestürmte er sie einmal, fiel vor ihr ernsthaft auf die Knie, »und wenn du nicht ja sagst, mir davonläufst, bring ich mich um.« Sie lachte, nahm es locker und erschrak doch: Was war Siegfried eigentlich für ein Mensch? Wochenlang hörte sie danach nichts von ihm, keine Karte kam, kein Anruf (was allerdings schwierig war in ihrem Internat), dann erschien er plötzlich wieder, gleich für eine halbe Woche, und beanspruchte sie ganz. Und von Heirat war nicht mehr die Rede. Er lief mit ihr ins Theater oder zu einer Lesung, er saß auch geduldig und stumm, während sie ihren Artikel darüber schrieb, aber nachdem der abgeliefert war, mußte sie mit ihm durch die Stadt ziehen, am liebsten von einer Disko zur anderen, und am nächsten Tag ging's mit dem Wagen davon. Dresden, Potsdam, Thüringer Wald, Göttingen

– sie hatten auf diese Weise im vergangenen Herbst und Winter nicht wenige Gegenden gemeinsam erkundet.

Aber die Fahrten hatten Geld gekostet, dazu kam ein Unfall von Siegfried in Leipzig, die Kollision mit einem Lada, außerdem fiel die Miete für den Ersatzwagen an, und obwohl sie dazu gab – wenig genug –, sie fragte sich doch: Woher nahm er es? Sein Beruf, Zahntechniker, bereitete ihm plötzlich Sorgen, sagte er. Er hatte unverhofft Probleme in seinem Labor, eine Weiterbildung wurde gefordert. Wieso das? Hatte er nicht sein Diplom? Am liebsten zöge er ganz nach Leipzig, in ihre Nähe, erklärte er ein andermal, einen neuen Anfang wagen. Aber sie war auf einmal ganz unsicher, ob sie das überhaupt noch wollte. Da war zum Beispiel dieser unverhoffte Besuch bei seinen Eltern in Halle, der sie im nachhinein immer wieder nachdenklich machte, ein einziges unbegreifliches Fiasko. Siegfrieds Vater war stumm aus dem Zimmer gegangen, die Mutter hatte ihr die Hand auf den Arm gelegt: »Ach Mädchen, kennen Sie den Jungen eigentlich richtig? Hat er alles von sich erzählt?« Und Siegfried hatte auf der Rückfahrt nichts weiter gesagt als: »Nun habe ich nur noch dich. Nur dich. Verlaß mich nie.«

Sie lebte das zweite Jahr im Studentenwohnheim. Ein einfacher Plattenbau in der Nähe eines alten Friedhofs. Wenn sie aus dem Fenster blickte, sah sie in Baumkronen, Kastanien und riesige Rotbuchen. Bis zum Institut war's nicht weit: mal gerade eine Viertelstunde zu Fuß. Das Studium machte ihr nach wie vor Spaß. Eigentlich konnte sie zufrieden sein. Trotzdem saß sie nun manchmal lange am Fenster, starrte auf die uralten Friedhofssteine. Das Merkwürdigste: Ihre Mutter wußte von vielem, aber von ihren Zweifeln noch nichts. Katja hatte einfach nicht mit ihr darüber sprechen können.

Eines Tages im April, gegen Ende des Monats, mitten in einer dieser Phasen der Nachdenklichkeit, ist Siegfried Ehrmann unerwartet verschwunden, ohne Abschied. Es hat zwar keinen Streit gegeben, nur ein paar Unstimmigkeiten, aber Siegfried ist ohne ein Wort, ohne eine erklärende Nachricht abgefahren. Vielleicht nach Kempten? Nein. Er hat einige Sachen in ihrem Zimmer zurückgelassen, doch sein Wagen parkt nicht mehr auf dem üblichen Platz.

Siegfried kehrt auch am Abend nicht zurück, tritt nicht reumütig zu ihr ins Zimmer, wie sie es erhofft hat, mit einem großen Blumenstrauß in der Hand. Statt dessen erscheinen zwei ihr gänzlich unbekannte Männer, ein Jüngerer und ein Grauhaariger. Sie zeigen ihre Ausweise vor und wollen sich mit ihr unterhalten: Kriminalpolizei.

»Sie sind mit Herrn Siegfried Ehrmann bekannt, er übernachtet ab und zu bei Ihnen?«

»Muß ich darüber Auskunft geben?«

»Wann hat Herr Ehrmann sich das letzte Mal hier aufgehalten? Hat er Gegenstände zurückgelassen, Kleidung? Können wir die einmal sehen? Bitte, lassen Sie uns herein.«

»Aus welchem Grund sollte ich das tun?«

»Gegen Herrn Ehrmann besteht der Verdacht einer schweren Straftat.«

Eine Straftat – Siegfried? Sie denkt sofort an sein Auto, an den Unfall vom vergangenen Februar. Siegfried rast manchmal unverantwortlich, fühlt sich so sicher hinterm Steuer. Nun ist er vielleicht auf und davon: Fahrerflucht ...

»Es ist ein Unfall, sagen Sie's, ein Unfall. Aber Siegfried lebt doch, er lebt ...?«

»Ja«, erwidert da der Jüngere der Kriminalisten.

5

Es ist schon fast Mai, da schlägt die Nachricht in der Stadt wie eine Bombe ein. Die Boulevardblätter und die Lokalausgaben der Zeitungen sind voll davon, die Staatsanwaltschaft ruft wieder zu einer Pressekonferenz in die bekannten Räume: Ja, man hat jemanden festgenommen, der der Tötung Anna Kachelmanns verdächtig ist, in Leipzig, zweihundert Meter von der Wohnung einer Freundin entfernt, dem einzigen bekannten Wohnsitz, an dem der Festgenommene ab und zu anzutreffen war. Es ist Siegfried E., siebenunddreißig Jahre alt, einschlägig vorbestraft. Vor achtzehn Jahren wegen Mordes zu einer lebenslangen Freiheitsstrafe verurteilt, wurde er nach fünfzehn Jahren Haft entlassen. Er ist der Sohn der Nachbarsleute von Frau Kachelmann aus derselben heruntergekommenen Villa, aus demselben Stockwerk, aus der Wohnung gegenüber. Freilich, Siegfried E. leugnet die Tat, er hat sich, sagt er, zur Tatzeit in Hamburg aufgehalten, er hat sich mit den Eltern, vor allem mit dem Vater, überworfen, das Elternhaus angeblich seit Monaten nicht mehr betreten. Doch in der Wohnung der Ärztin finden sich seine Spuren. An der Wohnungstür innen, erfährt man später, in halber Höhe des Türblatts, sind die Abdrücke seiner Finger gesichert. Zweimal hat er da zugegriffen, jeweils mit der linken Hand. Wann und warum?

»Einmal Täter – immer Täter. Der Spruch ist im Zusammenhang mit diesem Fall öfter vorwurfsvoll gefallen«, wird der Staatsanwalt später in seinem Plädoyer sagen. »Aber wir sind nicht zielgerichtet mit einem Verdacht auf Siegfried Ehrmann zugegangen. Wir haben den Verwandtenbereich der Toten abgeklärt, ihren Bekanntenkreis, ihre Kontakte, wir haben sogar, wie bekannt, einen rachsüchtigen Täter unter den einstigen Patienten von Frau Dr. Kachelmann vermutet. Ziemlich beiläufig erst stießen wir auf Siegfried Ehrmann, den Sohn der Nachbarsleute, die gelegentlich den Wohnungsschlüssel der Ärztin in Verwahrung hatten.«

Siegfried Ehrmann ist polizeilich im Allgäu gemeldet. Hätte die Routinenachfrage ergeben: Siegfried Ehrmann hält sich ständig in Kempten auf, geht dort regelmäßig seiner Arbeit nach, sie hätten sich vermutlich nicht weiter um ihn gekümmert. So aber erfuhren sie: Siegfried Ehrmann hatte sich seit Januar kaum noch in Kempten sehen lassen, er besaß erhebliche Schulden, hatte sich unter anderem bei Nachbarn Geld geliehen. Er nahm auch nicht mehr an einer vereinbarten Umschulungsmaßnahme des Arbeitsamtes von Kaufbeuren teil. Vor allem aber: Er hatte bis in den April hinein mehrere Straftaten in Halle begangen. »Er hat eine frühere Freundin, die sich von ihm trennen wollte, zusammengeschlagen. Er hat einem Rentnerehepaar, das ihm Übernachtung gewährte, Bargeld und EC-Karte weggenommen, noch in derselben Nacht vierhundert Mark abgehoben. Er ist nachts in die Zahnarztpraxis einer Bekannten eingestiegen, mindestens um Medikamente zu stehlen, wenn nicht auch Geld ...«

Tatsächlich? Diese ganze erstaunliche Liste von Gesetzesübertretungen ist dem freundlichen Herrn Ehrmann, dem netten Freund von Katja Ruhn, anzulasten?

6

Er sitzt da, er notiert. Er hält schriftlich fest, was zwei Dutzend Zeugen an mehr als zwei Dutzend Tagen auf die Fragen der verschiedenen Anwälte und Richter erwidern. Er ist sein eigener gründlicher Protokollant. Er darf auch selbst höflich und ausdauernd fragen, wenn die Fragen nach Auffassung des Vorsitzenden Richters nicht bereits in anderen Zusammenhängen beantwortet sind. Er nickt dann zweifelnd, sagt manchmal auch kommentierend »Aha« oder »So«, was der Vorsitzende Richter meist ohne rügenden Hinweis durchgehen läßt, nur mit einem mißfallenden Blick über seine Brillengläser beantwortet. Er ist noch mit seinen Notaten beschäftigt, während sich der Prozeß längst neuen Gegenständen zugewandt hat. Da versucht er dann, die Hände gefaltet, den Kopf vorgestreckt, sich in die neuen Zusammenhänge konzentriert hineinzudenken.

Er blickt auch manchmal ins Publikum, das an jedem Prozeßtag den Saal bis zur letzten Bank füllt. Er mag die Leute vielleicht sogar, sie könnten sein Rückhalt sein. Wenn seine Unschuld klar zutage liegt, wenn deutlich wird, daß der alte dumme Spruch nicht gelten darf: »Einmal Täter – immer Täter«, werden ihre Sympathien ihm zufliegen, wird nicht wenig Genugtuung ringsum sein. Denkt er so?

Mindestens so viel wird deutlich: Er will einen guten Eindruck hinterlassen, nicht nur bei seinen Richtern. Er ist sachlich, korrekt, zurückhaltend, bemüht bescheiden. »Es geht für mich hier um sehr vieles«, sagt er zum Beispiel, »darf ich Sie bitten, sich genau an die Ereignisse in ihrer präzisen Abfolge zu erinnern. Das ist für mich sehr wichtig.« Nur die Presse mag er nicht. Auch wenn die Meute im Saal scheinheilig tut: Sie hat ihn vorverurteilt, sie ermöglicht ihm kein faires Verfahren. Jeden Tag liest er es in ihren Artikeln, ist er aufs höchste erregt. Er läßt es die anwesenden Journalisten mit seinen Blicken spüren.

Sonst hat er sich immer in der Gewalt. Er trägt das dunkle Haar nackenlang, ständig gewellt, einen billigen pinkfarbenen Anzug von der Stange, ferner einen braunen Schlips und ein helles Hemd. Nicht wenige Zeugen loben ihn. Im beruflichen Umfeld ist er freundlich, zugänglich gewesen, hilfsbereit: ein erfahrener

Zahntechniker. Er hat eine Weiterbildung zunächst nicht abgelehnt, er ist eingesprungen, wenn Hilfe gefordert war. Ein netter Kollege.

Auch ein netter Kerl, ein Mann in den besten Jahren, der Eindruck hinterläßt gerade beim weiblichen Geschlecht? Er hat sich in den letzten Jahren immer sehr viel jüngere Frauen, halbe Mädchen als Gefährtinnen gesucht. Nicht ohne Erfolg. Er ist trotz seiner mittlerweile siebenunddreißig Jahre ein Mann, der junge Frauen zu beeindrucken weiß, mit seiner Beredsamkeit, mit seinem Charme. Ist da doch etwas an den Gerüchten, die von neuem in der Stadt kursieren: Nicht einem Raubmord ist die Ärztin zum Opfer gefallen, vielmehr war ihr Tod der tragische Schlußpunkt einer engen Beziehung, die da eines so ungewöhnlich frühen Morgens zu Ende ging?

Aber an keinem der vierundzwanzig Prozeßtage ist im Gerichtssaal auch nur andeutungsweise von solch tragischem Schlußpunkt die Rede. Nicht dutzendweise – wie bei einer engen Beziehung naheliegend – fanden die Kriminalisten Siegfried Ehrmanns Fingerspuren in der Wohnung von Anna Kachelmann, sondern eben nur zweimal: nur vorn an der Eingangstür. Was sollen da diese Gerüchte, die die Tote noch nachträglich diffamieren?

Siegfried Ehrmann ein netter Mann, ein netter Kollege?

»Sie kennen Herrn Ehrmann seit 1988, Fräulein Schneider?«

»Er wohnte in der Nachbarschaft, ich bei meinem Opa. Er wollte mich heiraten, sagte er bald. Ich gab ihm keine klare Antwort. 1989, im Spätsommer, ging er nach Kempten. Er müßte nach drüben, unbedingt, sagte er. Ich sollte nachkommen. Wir blieben in fester Verbindung, ich schrieb ihm täglich, er rief täglich an. Im Dezember holte er mich nach. Anderthalb Jahre wohnte ich von da an bei ihm.«

»Sie kannten die Vergangenheit von Herrn Ehrmann?«

»Er erzählte mir nie etwas von sich. Ich habe vieles erst jetzt erfahren, vor allem von seiner schweren Vorstrafe. Er sagte immer, er sei viel rumgekommen, er kenne jede Menge Professoren und Doktoren, er hat mir auch sein Diplom gezeigt, das nicht echt ist, wie ich nun weiß. Er war überheblich, ich fühlte mich von ihm als kleines Dummchen behandelt: Du hast keine Ahnung, lern erst mal was, sieh dich um in der Welt, meinte er oft. Das war auch der Grund, daß ich mich schließlich von ihm trennen wollte. Das wird nie was mit uns, sagte ich, wir passen nicht zusammen.«

»Wie hat Herr Ehrmann darauf reagiert?«

»Er hat gelacht. Aber er war auch, glaube ich, beleidigt, weil ich etwas gegen seinen Willen durchsetzen wollte. Als er einen Brief von meinen Freunden aus Halle fand, von dem ich ihm nichts erzählt hatte, hat er mich geohrfeigt. Immer hat er mich finanziell kurzgehalten. Aber meine Kreditkarte hat er benutzt. Ich zog schließlich zu einer Bekannten, danach zurück nach Halle. Ich kam mit dem Leben drüben sowieso nicht klar. Herr Ehrmann hat mich zurückgefahren. Damit du siehst, daß ich dein Gutes will, hat er gesagt. Im Auto hat er mir plötzlich wieder einen Heiratsantrag gemacht. Wir gingen noch einmal aus. Er wollte danach auch in der Wohnung meines Bruder schlafen, wo ich übernachtete. Ich dachte: Mach keinen Ärger, und ließ es zu. In dieser Nacht verdrosch er mich in seinem Jähzorn, richtig reif fürs Krankenhaus. Ich kriegte erst Ohrfeigen, dann Schläge mit der Faust und danach mit einem Schlüssel. Er schleuderte mich durch den Flur, trampelte und trat auf mir herum, als ich vorm Bett lag. Dann wusch er mir reumütig das Blut ab. Am nächsten Morgen kam er mit zur Polizei, als ich meine Anzeige machte. Er wollte sofort alles richtigstellen. Die Leute dort auf dem Revier staunten, daß ich ihn gleich mitbrachte.«

»Sollen wir eine Pause machen, die Verhandlung unterbrechen?«

»Ich brauche keine Pause. Schon bei der Gegenüberstellung habe ich gezittert. Nun habe ich immer noch Angst. Ich werde erst froh sein, wenn ich alles hier hinter mir habe.«

Siegfried Ehrmann ein netter Mann, ein netter Kollege?

»Sie hatten, Frau Knorrscheidt, Herrn Ehrmann in Ihrer Wohnung übernachten lassen?«

»Wir hatten ihn am Rosenmontag bei Bekannten kennengelernt. Ich hatte vor, am nächsten Tag nach Stuttgart zu fahren, er wollte nach Kempten. Da konnte er mich doch mit dem Auto mitnehmen, mindestens bis Nürnberg, und ich sparte Fahrgeld. Nachts, auf dem Weg in unsere Wohnung, wollte ich noch Geld mit meiner EC-Karte abheben, aber der Automat funktionierte nicht. Das war wohl die

Gelegenheit: Herr Ehrmann sah, daß ich die Geheimnummer von einem Zettel ablas. Herr Ehrmann schien so sympathisch. Er hatte Zahntechnik studiert, sagte er, sich in Kempten selbständig gemacht. Am Tag vorher war er aus Hamburg gekommen. Wir glaubten alles, was er sagte. Als wir uns schon schlafen gelegt hatten, merkte er angeblich, daß er sein Rasierzeug im Auto vergessen hatte. Das war wohl sein Trick, um an unsere Wohnungsschlüssel heranzukommen. Ich gab sie ihm auch. – Am nächsten Morgen war alles verschwunden, mein Geld und die EC-Karte, erst recht Herr Ehrmann. Ich hab die Karte sofort sperren lassen, aber es war schon zu spät. Vierhundert Mark waren noch in der Nacht abgehoben worden.«

»Kamen Sie sich da nicht ein bißchen schofel vor, Herr Ehrmann?« fragt der Vorsitzende Richter.

»Das schon. Aber es war halt so verlockend.«

»Die EC-Karte von Frau Knorrscheidt, was haben Sie später mit ihr gemacht?«

»Die muß mir wohl in Hamburg eingezogen worden sein.«

Und der dritte Anklagepunkt, der mitternächtliche Einstieg in die Zahnarztpraxis in der Allee gleich gegenüber dem Gerichtsgebäude?

»Ich habe mit Sicherheit kein Geld genommen. Ich wollte nur die Tabletten. Zehn Ampullen, ein Schlafmittel, das ich mir selber spritzen konnte, dazu etliche Päckchen Faustan, noch DDR-Produktion. Ich bin durch das offenstehende Fenster in die Praxis. Ich hatte zwei Stunden auf der Treppe gewartet, ob noch jemand kam, der mir aufschließen konnte, es war natürlich ein unsinniger Gedanke. Dann bin ich eben hinein. Ich war am Nachmittag schon bei einem anderen Arzt in der Praxis gewesen, aber dort war ich zu feige, mir die Tabletten verschreiben zu lassen. Dr. Krist hätte sich mit Sicherheit erkundigt, wozu ich sie brauche, und gleich so eine große Menge.«

»Sie haben kein Geld genommen, sagen Sie, aber das Schlüsselbund haben Sie mitgehen lassen. Die Polizei hat in Ihrem Wagen mehrere Schlüsselbunde gefunden. Eines gehört zu Garage und Auto Ihres Vaters, ein anderes zur Zahnarztpraxis. Sie haben offenbar eine Schwäche für Schlüssel. Sammeln sie die wie andere Leute Briefmarken?«

7

Er antwortet ruhig, er lächelt gelegentlich, er neigt den Kopf seitlich bei einer ironischen Bemerkung von Staatsanwalt oder Richter. Er gibt jetzt alles zu, nennt Einzelheiten seines Vorgehens, auch solche, die ihm niemand nachweisen kann, die nur er selbst kennt. Lediglich Evelyn Schneider widerspricht er energisch. Nie wäre er zu einer solchen Eskapade von Gewalt einem Mädchen gegenüber fähig gewesen. Wirklich, er sagt: Eskapade. Ein paar Ohrfeigen, ja, die hat er ihr versetzt. Die Kopfwunde hat sie sich zugezogen, als sie stolperte, und mit dem Schlüssel hat sie sich selber verletzt bei ihrem überstürzten hysterischen Fluchtversuch.

Es ist schon der vierte Prozeßtag. Dabei, alle wissen es, dies ist erst der Auftakt, ein taktisches Auftaktgeplänkel. Siegfried Ehrmann findet, er verhält sich nicht ungeschickt. Er geht auf die Taktik der Richter ein (erst die Nebenfälle behandeln), und er gibt zu, was zuzugeben ist. Ein ehrlicher Mensch, der aus Eifersucht strauchelte und aus materieller Not Fehler machte und der das auch alles zugibt – der muß doch, so hofft er, genauso ehrlich erscheinen, wenn er den Vorwurf abstreitet, Anna Kachelmann getötet zu haben.

Darum aber geht es nun, plötzlich und sehr direkt.

»Sie kannten Frau Dr. Kachelmann?«

»Als ich im April 1988 nach Halle zurückkam, wohnte ich drei, vier Wochen bei meinen Eltern. Da begegnete ich auch Frau Kachelmann. Ab und zu. Wir sahen uns und sagten Guten Tag. Es gab keine längeren Gespräche, ich war auch nie in ihrer Wohnung.«

»Nach Ihrem Wegzug von den Eltern, haben Sie Frau Kachelmann da wiedergesehen?«

»Gelegentlich, bei Besuchen. Aber auch da nur im Treppenhaus. Sie wußte, ich wohne in Bayern. Da hat sie mir von einem Urlaub im Allgäu erzählt. Einmal habe ich von Kempten angerufen, darauf hat sie Mutter ans Telefon geholt. Meine Eltern besitzen keinen Anschluß.«

»Der Grundriß der Nachbarwohnung, er hat Sie interessiert?«

»Wozu? Ich wußte, die Eltern und Frau Kachelmann hatten

eigentlich einen gemeinsamen Flur, der im nachhinein bei einer Wohnungstrennung nur durch eine dünne Wand getrennt worden war. Wenn Gäste kamen, verstand man jedes Wort von nebenan. Ein paarmal erlebte ich solchen Besuch.«

»Wann waren Sie zum letzten Male in der Wohnung Ihrer Eltern?«

»Anfang April, ich erinnere mich, ich war maximal zwei Minuten dort. Fräulein Ruhn, mit der ich ja befreundet bin, hatte gesagt: ›Regele deine Sachen allein‹ und war nicht mitgekommen. Doch es gab nichts zu regeln.«

»Ihre Mutter hat Sie aus der Wohnung geworfen.«

»Ich möchte darüber nicht sprechen.«

»Sie hatten bei Ihrem Vater nicht nur die Garagenschlüssel, sondern auch Geld mitgehen lassen, eine erhebliche Summe. Und das hatte man wohl gerade entdeckt. – Am 9. und 10. April, zum Zeitpunkt der Tat, wo hielten Sie sich da auf?«

»Ich war in Hamburg, schon seit dem 7. April.«

»Sie haben die Stadt mehrfach besucht ...«

»Ich habe mir Hamburg immer gern angesehen, eine schöne Stadt. Diesmal war ich ein paar Tage dort. Ich habe einen Strafzettel wegen Falschparkens bekommen, ich habe im Auto geschlafen, dann habe ich mich nach einem preisgünstigen Zimmer erkundigt, vergeblich. Da bin ich abends zurück in dieses ›Blonde Loch‹ und dort bis zum frühen Morgen geblieben. Um vier Uhr bin ich gegangen, da konnte ich nicht schon zwei Stunden später in Halle sein.«

Er redet locker, er stockt selten. Er ist schon mehrfach nach den Zusammenhängen und Vorgängen jener Apriltage befragt worden, da ist er geübt in ihrer Darstellung. Er hat sich auch auf diese neue Befragung vorbereitet. Jeden Tag bereitet er sich neu vor, studiert und ordnet er seine Notizzettel, stellt er sich die Fragen, die sie ihm stellen könnten. Lückenlos und logisch muß sein Erzählen sein. Ist es das nicht? Wo werden sie noch nachhaken, wo ihm eine Falle stellen wollen? Daß er in seiner Not Geld bei den Eltern mitgehen ließ? Natürlich war klar, daß sie das vorbringen, auch wenn das nicht zusätzlich angeklagt ist.

»Ich kann mich an einige Leute erinnern, die sich im ›Loch‹ aufgehalten haben, ein Penner, ein Kraftfahrer, später kamen sechs holländische Matrosen. Wir saßen vorn an der Theke. Gib dem Penner ein Bier, ich zahle es, habe ich zur Kellnerin gesagt. Als dann für sie nichts mehr zu tun war, habe ich mit ihr Halma gespielt und über alles mögliche palavert. Ingrid heißt sie, sie muß sich an mich erinnern. – Gegen Morgen habe ich dann auf einem Parkplatz ein paar Stunden im Auto geschlafen und danach Fräulein Ruhn bei ihren Eltern angerufen, wo ich sie vermutete. Vergeblich. Ziemlich müde bin ich zurück. Am Nachmittag kam ich in Leipzig an.«

Bald soll er sie wiedersehen, er weiß es, Ingrid aus Hamburg und Katja aus Leipzig. Hoffnung ist in ihm. Sie werden für ihn sprechen.

Doch dann packt ihn wieder Verzweiflung. Wozu das alles? Was hat er noch für Chancen im Leben? Er hätte gleich Schluß machen sollen, damals, als er sich die Tabletten in der Zahnarztpraxis besorgt hatte. Er hatte es erfahren: Sein Name war nach dem Tod dieser Ärztin wieder im Gespräch, Leute wurden befragt, ob sie wüßten, wo er sich aufhielt. Einmal Täter – immer Täter. So hat er es auch dem Psychologieprofessor erklärt: Er hatte keine echten Chancen mehr. Er hatte Katja gegenüber nicht den Mut aufgebracht, von seiner Vergangenheit zu erzählen. Was sollte sie nun noch für ihn empfinden? Liebe? Höchstens Mitleid, wenn überhaupt. Und sie hat für ihn doch einmal ein neuer Anfang sein sollen.

Ja, so wird er es machen: Er wird das alles hier noch durchstehen, den ganzen Prozeß, ohne Heulen und Klagen, gleich, wie er ausgeht, gut oder böse, und dann wird er seinen großen Schlußstrich ziehen: Das war's. Irgendwie wird er es schon schaffen, sich neue Tabletten zu besorgen oder ein Seil. So hat er's auch dem Professor angedeutet.

Und dann ist doch wieder zitternde Hoffnung in ihm: Katja wird für ihn sprechen.

8

»Sie sind Ingrid Rettig-Reißner, Kellnerin in Hamburg-Altona, einundvierzig Jahre alt?«

»Ja, Inge heiß ich. Ich bin Kellnerin im ›Blonden Loch‹, und

Ihren Ehrmann kenn ich, wenn auch nicht seinen Namen. Freilich, der Schnauzbart vom vorigen Jahr fehlt, aber die Haare kommen hin. Es gibt Gesichter, die vergißt man nicht.«

Ingrid, genannt Buschi, die Kellnerin vom »Blonden Loch« auf Hamburgs Reeperbahn. Die Zuschauer sind voller Spannung: Wird sie dem Angeklagten ein Alibi geben? Nun ist sie zusätzlich eine Attraktion, für die hiesige Gegend reichlich exotisch aufgemacht: rot das knapp sitzende Lackkostüm, kirschrot die Schuhe und die vollen Lippen, blau die ungleich langen Fingernägel, strohblond das toupierte Haar. Genauso stellt man sich die Damen von der gewissen Hamburger Meile vor. Und die sollen die Wahrheit lieben?

»Herr Ehrmann war Stammgast bei Ihnen?«

»Da würde ich jein sagen. Vier-, fünfmal war er da, immer nett, freundlich und ruhig. Und er hat immer bezahlt, fünfzig, sechzig Mark pro Zeche, dicke hatte der's nie. Aber wenn da ein armer Penner saß, hat er dem schon mal ein Bier spendiert.«

»Sie haben sich mit ihm unterhalten? Hat er erzählt, woher er kommt und was er beruflich macht?«

»Natürlich werd ich ihn gefragt haben, was er so treibt, und natürlich wird er mir geantwortet haben. Aber was brauchte ich da für'n Kopp, wenn ich mir merken wollte, womit die mich alle in einer Schicht vollquasseln. Aber grade an ihn, Siegfried, kann ich mich gut erinnern: Mit ihm hab ich Halma gespielt. Und immer verloren.«

»Halma? Sie? Am Tresen?«

»Was meinen Sie, wie froh ich bin, wenn wer mit mir Halma spielt, wenn sonst nichts weiter in der Kneipe läuft.«

»Sie erinnern sich noch, in welcher Nacht im April Sie mit Herrn Ehrmann dagesessen und Halma gespielt haben?«

»Das war der 9. April, ich weiß es genau. Ich hatte in der Woche Nachtschicht, danach erst wieder im Mai. Und der 9.? Das war ein Donnerstag. In der Nacht war ich nicht duhn. Jede Nacht vorher hab ich mitgetrunken, aber am Mittwoch war mir kotzübel, da hab ich nur noch Bouillon runtergekriegt. So war bei mir am Donnerstag Sense. Außerdem ist in der Nacht Getränkebereitstellung, da muß ich hart ran.«

Während sich die Zuschauer amüsieren, während Buschi von

der Reeperbahn die Beine mit den gemusterten Strümpfen übereinanderschlägt und von ihren verkaterten Tagen berichtet, ist sich der Staatsanwalt völlig sicher: Die Aussage der Kellnerin stimmt nicht, der Angeklagte kann in jener Nacht nicht im »Blonden Loch« gewesen sein. Ehrmann war am 7. April in Hamburg, ja, da gibt es auch dieses Knöllchen fürs Falschparken. Aber was er in dieser Nacht vielleicht im »Loch« erlebt hat, datiert er um, soll ihm erst zwei Tage später begegnet sein. Und die blonde Ingrid will für ihn absichtlich falsch aussagen. Da muß es doch Absprachen geben!

Im Februar hat Siegfried Ehrmann nach seinem Unfall in Leipzig einen Mietwagen benutzt. Die Abrechnungen darüber liegen vor, sie besagen: Ehrmann hat in knapp vier Wochen über dreizehntausend Kilometer zurückgelegt, Kosten alles in allem sechzehntausend Mark. Nur um seine Freundin zu besuchen? Oder war er mit Aufträgen unterwegs, etwa als Kurier für eine Drogengang? Es gibt da so gewisse Hinweise.

»Ich bin dreimal verhört worden, zweimal haben sie mich sogar aufs Amt zitiert. Immer hab ich von meinem Halmaspiel erzählt, jedem erzähl ich davon. Was kann ich dafür, wenn die Kameraden das nicht reingeschrieben haben in ihre Protokolle. Das können Sie mir nun nicht anhängen, ich hätt's nachträglich erfunden. Das ist nicht fair!«

»Was hier fair ist, wird sich noch herausstellen«, kontert bissig der Staatsanwalt.

»Die haben mir auf der Wache auch so ein Bild gezeigt, so ein klitzekleines. Was sollte ich da erkennen. Bei meinem Tresenjob, da ziehn Hunderte Leute an einem vorüber, die zu so einem Bild passen. Aber nun, wo ich ihn in natura gesehen habe, da bin ich mir sicher, da hab ich Herrn Ehrmann erkannt. Der war in der Nacht vom 9. im ›Loch‹.«

Erkennt sie noch jemanden, der im Gerichtssaal anwesend ist?

Da weist sie auf einen der beiden Verteidiger. Der war in Hamburg bei ihr. Weshalb? »Und noch wer hat mich ausquetschen wollen: Die Verlobte von diesem Ehrmann.«

Katja Ruhn?

Am Ende verlangen die Verteidiger, die Kellnerin zu vereidigen, gegen den Einwand des Staatsanwalts: »Sie wissen, was

Ihnen bei wissentlichem Falscheid droht?« Aber Buschi, die blonde Ingrid aus Hamburg, läßt sich nicht beirren. Selbstverständlich wird sie die Wahrheit beschwören. Ihretwegen auch mit Gott in der Eidesformel.

9

»Sie haben noch Kontakte zu Herrn Ehrmann, Fräulein Ruhn?«

»Ich war mehrfach bei ihm in der Untersuchungshaft, gestern das letzte Mal.«

»Auch Ihre Eltern kennen Herrn Ehrmann?«

»Wir haben sie mehrfach besucht. Im vergangenen Jahr, im Februar, war Herr Ehrmann auch einmal allein ihr Gast.«

»Sie haben über Heirat gesprochen?«

»Im Beisein meiner Schwester. Es ging um mögliche Namensänderungen.«

»Und das Ergebnis?«

»Herr Ehrmann sagte, er würde auch meinen Namen annehmen. Ich fand das alles sehr theoretisch. Ich bin noch sehr jung, ich könne, sagte ich, auch allein bleiben.«

»Wie nahm Herr Ehrmann das auf?«

»›Alles im Leben mißlingt mir‹, sagte er. Und er nannte mein Verhalten Hinhaltetaktik. Die stünde er nicht durch. Er würde, sagte er, seine Konsequenzen ziehen.«

»Bei einer Trennung sich das Leben nehmen?«

»Ich mußte befürchten, daß er es so meinte.«

Der Saal ist wieder gefüllt bis zum letzten Platz. Den Auftritt der Studentin will sich keiner entgehen lassen. Einige Zeitungen haben die Sensationslust geschürt. Nun wollen alle das Mädchen erleben, das mit einem Mörder zusammengelebt hat. Hält sie tatsächlich noch zu ihm? Hat sie über seine Vergangenheit wirklich nicht Bescheid gewußt?

Sie hat Ehrmann mit einem Kopfnicken begrüßt. Nun sitzt der anders als sonst, stellt keine Fragen, notiert sich nichts, blickt meist auf die Tischplatte vor sich.

»Herr Ehrmann war finanziell immer klamm, er verfügte nie über größere Geldbeträge. Wenn wir zu den Eltern an die Ostsee fuhren, habe meist ich das Benzin bezahlt.«

»Sie wissen, wo sich Herr Ehrmann Anfang April aufhielt?«

»Er rief am zehnten April bei meinen Eltern an, er vermutete mich bei meiner Schwester in Ludwigslust. Vergeblich. Er kam dann nach acht Stunden Fahrt abends in Leipzig an. Ich dachte erst, er käme aus Kempten.«

»Ostern. Da war Herr Ehrmann erneut in Geldsorgen. Da hat er Ihnen von seiner EC-Karte erzählt, die einbehalten wurde.«

»Nein, das war früher, schon im März.«

Sie antwortet klar, sie scheint nicht aufgeregt. Sie ist unauffällig gekleidet, kein Modepüppchen. So eine möchte man als Tochter haben, denken manche im Saal. Unbegreiflich, wie sie noch vom Angeklagten redet. Sie hat ihn doch schon viel kritischer gesehen. Will sie ihm ein letzter Halt sein? Niemand besucht ihn sonst in der Haft, kein Vater, keine Mutter. Hält sie ihn für unschuldig, liebt sie ihn etwa noch, ein Mörderliebchen?

Die Leute im Saal verfolgen das Geschehen mit unterschiedlicher Aufmerksamkeit. Diese langwierigen Versuche festzustellen, wer sich wann wo aufgehalten hat, diese detaillierten Nachfragen nach Schulden und Geld. Und diese Gründlichkeit, mit der nach der einbehaltenen EC-Karte gefragt wird. Aber dann begreifen es allmählich alle: Natürlich, wenn der Angeklagte am 15. April, fünf Tage nach der Tat, davon gesprochen hat, seine EC-Karte sei einbehalten worden, dann kann er wohl nur die gestohlene Karte von Anna Kachelmann gemeint haben. Seine eigene Karte hat ein Automat an der Küste viele Wochen zuvor schon nicht mehr herausgegeben. Und wenn es die Karte von Anna Kachelmann war, dann hat Ehrmann sie in Halle mitgenommen, dann ist er der Täter.

Und da nimmt das Mädchen diesen Ehrmann trotzdem noch immer in Schutz, setzt sich für ihn ein?

»Fräulein Ruhn, Sie haben das Protokoll Ihrer ersten Polizeivernehmung deutlich unterschrieben, beide Seiten. Und da steht: Herr Ehrmann erzählte mir aufgeregt, das muß am 15. April gewesen sein, seine EC-Karte sei einbehalten worden.«

»Ja, ich habe das unterschrieben. Es ging alles so schnell und formal, ich habe die Seiten nicht noch einmal durchgelesen. Deshalb habe ich ja später auch die Korrektur des Protokolls verlangt: Ich habe, die EC-Karte betreffend, nie ein Datum genannt. Das sollte darinstehen.«

»Ein solcher Vermerk findet sich aber nirgendwo in den Akten.«

»Die Mitarbeiterin der K versprach mir, ihn anzufertigen.«

»Warum wollten Sie ihn nicht gleich unterschreiben? Es wäre eine Sache von Minuten gewesen.«

»Ich habe bei der dritten Vernehmung einen Vorgesetzten auf diesen Vermerk hin angesprochen. Er fand ihn auch nicht. Ich war deshalb erregt. Ich habe mich damals über die schlampige Arbeit der Polizei bei vielen beschwert, auch bei Freundinnen, bei meiner Familie.«

»Da, fürchte ich, werden wir in dieser Angelegenheit noch weitere Zeugen anhören müssen, Polizisten, Familienangehörige.«

»Wer schwor Meineid – Polizei oder Zeugin?« »Wenigstens einer log eiskalt.« So steht es eine Woche drauf in großen Schlagzeilen in den Zeitungen. Die ermittelnden Kriminalisten sind angehört worden, auch Katja Ruhn noch einmal. Alle bleiben bei ihren Aussagen. Bei der zweiten Vernehmung Katja Ruhns ist von keiner Korrektur die Rede gewesen, nur von einem Stofftier aus dem beschlagnahmten Auto, das Katja Ruhn zur Erinnerung behalten wollte.

Die Polizisten sind eingestimmt worden, ein ständiger Beobachter der Staatsanwaltschaft hat sie über die Vorgänge im Gerichtssaal informiert, rügen die Verteidiger. Alles hat er mitgeschrieben! Absprachen! rufen sie.

Da werden am Ende alle drei Zeugen vereidigt.

In der Bedenkpause vor ihrer Vereidigung wartet Katja Ruhn auf einer Bank im Gerichtsflur, neben ihr sitzt ihre Mutter. Sie halten einander an den Händen. So bleibt Katja Ruhn für viele in der Erinnerung.

10

Sie hören in diesem Prozeß Dutzende Zeugen an, Familienangehörige, Nachbarn, Gutachter, Vernehmungsbeamte aus Hamburg, Kempten und Halle, selbst eine Imbißbudenbesitzerin aus

Hamburg. Aber die Ereignisse um die Vereidigung von Katja Ruhn bilden den unerwarteten Höhepunkt des Prozesses.

Und die Fingerspuren an Anna Kachelmanns Wohnungstür?

Schon lange erwartet, wird endlich der Kriminaltechniker vom Tatort gehört (»Die Spuren fanden sich am Türblatt der Türinnenseite, 98 bzw. 67 Zentimeter vom Fußboden entfernt.«), danach die daktyloskopische Gutachterin. Mindestens zwölf anatomische Merkmale einer Fingerspur, erklärt sie, müssen zwischen Vergleichsmustern übereinstimmen, dann kann man mit Sicherheit sagen: Sie sind identisch. In einem der vorliegenden Fälle treffen sogar fünfzehn Merkmale zu, Liniengabelungen, Abzweigungen, Inselbildungen. Bei der zweiten Spur fällt ein deutliches Schlingenmuster auf.

»Fängt sich der Täter in seiner eigenen Schlinge?« fragt am Tag darauf die Presse.

Aber die Fakten stehen noch völlig unbewertet im Raum. Doch bevor Staatsanwalt oder Verteidiger sich zu ihnen äußern, kommen gänzlich unerwartet, noch am Abend nach der Vereidigung der beiden Kriminalisten und von Katja Ruhn, schon weit nach neunzehn Uhr, noch die Vorstrafen des Angeklagten zur Sprache: ein Strafmandat wegen einer Schlägerei mit einem Taxifahrer, vor allem aber das weit zurückliegende Verbrechen, von dem alle längst Ungefähres wissen, nur nicht die Einzelheiten. Ohne große Vorankündigung verliest der Vorsitzende Richter Urteil und Urteilsbegründung aus dem Jahre 1974 ...

Siegfried Ehrmann ist fünfzehn Jahre alt, ein ganz ansehnlicher Kerl, begabt, doch träge und faul. Da braucht er Nachhilfeunterricht und erhält ihn von einer Lehrerin. Die, zwölf Jahre älter, unterstützt ihn aber nicht nur beim Erwerb fehlender Kenntnisse in Mathematik und Physik. Sie hilft dem wenig Erfahrenen auch, seine Schüchternheit abzulegen. Über vier Jahre hinweg ist sie – mit Unterbrechungen – seine Geliebte. Nur seine? Jedenfalls: Auch wenn er gleichaltrige Freundinnen hat, er kommt von der Älteren nicht los, genausowenig wie sie von ihm. Als Siegfried Ehrmann neunzehn ist – eine Chemiefacharbeiterlehre hat er abgebrochen, er jobbt jetzt in der Gastronomie und auf dem Bau –, wachsen seine Eifersucht und sein Zorn ins Maßlose. Er fühlt sich als Spielball der Älteren, hingehalten und immer wieder betrogen.

Eines Abends, während seines Besuchs bei ihr, nimmt er ihre Wohnungsschlüssel an sich (oder macht sich heimlich Abdrücke) und verschafft sich so ein paar Nächte drauf, leicht angetrunken, Einlaß in ihre Wohnung. Er betritt ihr Schlafzimmer, er beobachtet die ruhig Schlafende. Wenigstens eine Viertelstunde lang steht er reglos vor ihrem Bett, sieht ihr Gesicht im Schein der Straßenlaternen, dann hat er sich entschlossen. Er verläßt die Wohnung, blickt sich auf der Straße nach einem passenden Tatwerkzeug um. Er findet ein Stück Asbestbetonrohr, fünfeinhalb Kilogramm schwer. Mit dem läuft er erneut ins Haus, ins Schlafzimmer und erschlägt die in seinen Augen Ungetreue mit drei brutalen Schlägen auf den Kopf. Weil er danach den Anblick seines Opfers nicht ertragen kann, deckt er den blutigen Schädel mit Bettdecke und Kissen ab. Als er geht, hat er sich außerdem mit ein paar Wertgegenständen bedient, mit einem Portemonnaie, mit einer silbernen Halskette.

Wer die Tote am nächsten Morgen findet? Ihre Söhne, sechs und acht Jahre alt, die nebenan im Kinderzimmer ruhig geschlafen haben? Oder wenigstens ihr Mann, der, ein Armeeoffizier, von einer seiner Dienstreisen zurückkehrt?

Es war Mord, kaltblütiger Mord. Dem mehrfachen bewußten Tatentschluß war die ebenso kaltblütige brutale Ausführung gefolgt. So das Gericht, und es verhängte über den Neunzehnjährigen die lebenslange Freiheitsstrafe. Die wird später auf fünfzehn Jahre Freiheitsentzug reduziert.

1987 wird Siegfried Ehrmann nach Halle entlassen. Er arbeitet in einem Krankenhaus, setzt eine früher begonnene Ausbildung als Zahntechniker fort. Daß er nicht sogleich zu einem Lehrgang geschickt wird, empfindet er als Schikane. 1989 gehört er zu den ersten, die über die nun offene ungarische Grenze in die Bundesrepublik gelangen. Sein Bruder, seit langem in die Nähe von Kempten übergesiedelt, verhilft ihm zu einem Neubeginn. Aber bald haben sich die beiden zerstritten. Vor Gericht reden sie kein Wort miteinander ...

11

»Es ist die Eigenheit eines solchen Indizienprozesses, daß er nicht alle Fragen klären kann. Wir kennen zum Beispiel die Tatwaffe nicht, wir wissen nicht, wie der Täter gekommen und wie er gegangen ist. Dennoch genügen die vorhandenen Beweise aus meiner Sicht, um den Angeklagten eindeutig zu überführen.«

Anfang April 1993, wenige Tage, bevor die Tat an Anna Kachelmann sich jährt, plädiert der Staatsanwalt, geht der Prozeß nach drei Monaten allmählich zu Ende.

»Ja, ich bin überzeugt, Siegfried Ehrmann war der Täter, der am 10. April vor einem Jahr die Ärztin Anna Kachelmann in ihrer Wohnung in Halle brutal erschlug, mit einer erheblichen Anzahl Schläge gegen Kopf, Hals und Brust – um nicht mehr als einer Beute von hundert Mark, einer Lederjacke und einer EC-Karte willen. Der Angeklagte hatte erhebliche Schulden.«

Zweieinhalb Stunden lang beschäftigt sich der Staatsanwalt mit den Fakten und Zeugen. Die Kellnerin von der Boxerkneipe auf Hamburgs Reeperbahn, für den Staatsanwalt ist sie nicht glaubwürdig. »Nicht auszuschließen, daß sie auf ihre plötzlich eindeutige Aussage vorbereitet worden ist.« Unwiderlegbar dagegen die Beweiskraft der zwei Fingerabdrücke des Angeklagten an der Innenseite der Wohnungstür seines Opfers. »Kniend muß er sie verursacht haben: mit der linken Hand. Mehrfach hatte er schon solche Spuren mit der linken Hand hinterlassen: bei dem gleichzeitig angeklagten Einbruchsdiebstahl, aber auch beim Mord an seiner Geliebten 1973. Damals wie im vergangenen Jahr hatte er den Kopf seines Opfers abgedeckt, weil er ihn nicht ansehen konnte.«

Und die EC-Karte des Opfers? Niemand anders als der Angeklagte hat sie in Leipzig vergeblich einzulösen versucht. Die ersten Aussagen seiner Freundin legten diesen Schluß schon nahe, auch wenn sie später von ihnen abrückte.

»Sie stehen, Hohes Gericht, nun vor einer nicht leichten Entscheidung. Für mich ist Siegfried Ehrmann ein ungewöhnlich gefährlicher Täter. Ich fordere für ihn die höchstmögliche Sanktion im deutschen Strafrecht: die lebenslange Freiheitsstrafe. Wer zwei Menschen umbringt, isoliert sich selbst. Ich sehe auch keinerlei Gründe für strafmindernde Einschränkungen.«

Die beiden Verteidiger, in der Woche darauf, glauben der Kellnerin aus Hamburg-Altona. Was für einen erkennbaren Grund hätte sie gehabt, einem Unbekannten aus Gefälligkeit in einem Mordfall ein Alibi zu geben? »Das aber bedeutet: Der Angeklagte ist von der Mordanklage freizusprechen. Er hielt sich in der

Tatnacht in Hamburg auf. Er kann nicht zwei Stunden später in Halle getötet und geraubt haben.«

Handelte es sich überhaupt um Raubmord? Oder sollte eine andere Tat verdeckt, der Raub nur vorgetäuscht werden? Wurde der Täter überrascht? Waren es vielleicht sogar zwei Täter? Natürlich, die ungenaue Kenntnis der eigentlichen Tatvorgänge in der Wohnung des Opfers verführt zu Spekulationen bis zuletzt. Und sind Polizei und Staatsanwaltschaft allen Spuren nachgegangen, »seit man einen möglichen Täter hatte«?

Freilich, für das Entstehen der Fingerspuren des Angeklagten wissen auch die Verteidiger keine überzeugende Version anzubieten. Der Angeklagte hat sie wohl von außen hinterlassen, zufällig, ohne sich daran zu erinnern. »Doch angesichts der entscheidenden Frage des Prozesses, der Wertung der Aussage der Kellnerin, ist das sowieso zweitrangig.« Freispruch also hinsichtlich der Anklage auf Mord. Für die mitangeklagten Vergehen, den Medikamentendiebstahl, die Körperverletzung, hingegen sei eine Strafe von einem Jahr ausreichend. »Nun müssen die Richter entscheiden.«

Die tun es. Zehn Tage später geben sie ihr Urteil bekannt: lebenslänglich für Siegfried Ehrmann.

Wie der Hals einer Taube

1

»Ich habe die Fahndung ausgelöst wegen Mordes«, sagte der Staatsanwalt. »Da wußte ich freilich noch nichts Genaues. Aber nach den Umständen konnte es nur darum gehen. Zwei Stunden später hatten sie Schulte schon, im Sächsischen, in Rochlitz. Lassen Sie jemanden mal wegen sonst etwas suchen, da reagiert doch keine Polizei ernsthaft. Da muß es schon Mord sein. So habe ich es auch gemacht mit dem Pullmann im Bayerischen Wald. Da hatte ich zunächst genausowenig Handfestes. Das ist eben die Erfahrung. Da ist man sich bald sicher, worauf etwas rausläuft.

Dabei weiß ich nicht einmal, ob ich alle Straftaten angeklagt habe. Ob ich überhaupt alle kenne. Die Täter konnten doch längst mehrfach losgezogen sein, Geld besorgen. Scheine ziehen, wie sie das nannten. Ganz gezielt. Ja, ich glaube, sie sind ganz gezielt losgegangen, und nicht zum ersten Male. Aber da existiert eben eine Grauzone. Da stößt man nur immer in Nebel, Schweigen. Ich werde froh sein, wenn ich mit meiner entscheidenden Anklage durchkomme, Erfolg habe.«

2

»Is da noch was?«

»Glaub nich. Alles leer.«

»Du guckst bloß nich richtig. Fühl mal.«

»Sechs Pullen war'n in dem Beutel. Nun sinn alle weg.«

»Fünfe sinn weg.«

Sie lagen auf dem Fußboden, wenigstens auf den Matratzen, die sie unterm Fenster über Kreuz hingebreitet hatten, damit sie sich anblicken konnten, wenn sie miteinander sprachen. Aber nun vermochten sie sich kaum mehr zu sehen, das bißchen Straßenlampenlicht bewirkte gerade mal, daß die Scheiben über ihnen matt schimmerten und das Kreuz dazwischen erkennbar war.

»Glaubst du, daß das ernsthaft noch was wird mit unserer Tour?

Das Schwarze Meer und die Palmen das ganze Jahr über?«

»Ja, und keine Scheißkälte wie hier. Das Schwarze Meer und die weiße Ukraine. Was Schulle sich in den Kopf gesetzt hat, das zieht der auch durch. Heul nich rum.«

»Warum liegen wir dann noch hier im Dreck?«

»Meine Stütze brauch ich. Die ist das Startkapital. Wenn ich die Scheine beim Amt geholt habe, geht's los. Noch in derselben Nacht. Dreimal hab ich's dir schon gesagt.«

»Ob dein Alter noch was zu schlucken hat? Der bunkert doch sicherlich sonstwo, vielleicht im Schuppen?«

Sie horchten in die Nacht. Wie spät war es? Acht, neun Uhr abends? Irgendwann dazwischen? Was spielte das schon für eine Rolle. Es war kalt, und sie hatten kein Geld. Wie sollten sie das nur schaffen, die Tage überstehen, bis Schulle seine Unterstützung bekam? Hatte das sein müssen, aus dem geheizten Neubau im Süden hierher in den Abriß zu ziehen?

»Sei still. Das ist unsere erste Etappe. Hier hält mein Alter seine Hand über uns.«

So hatte Schulle ihn zurechtgewiesen, und nun hausten sie hier, kein Strom, kein Wasser, höchstens das aus dem Eimer. Und fünf Schritte hin über den Flur kampierte Schulles Vater mit dieser merkwürdigen klein geratenen Frau in genauso einer Bude, ohne Strom, ohne Schrank und ordentlichen Tisch, und hielt seine Hände über sie. Wie denn? Manchmal gab ein Propangaskocher ein bißchen Wärme ab.

Komisch, daß Schulle seinen Vater erst wieder im Knast getroffen haben wollte, vor gerade einem Jahr. Da machen die beiden heimliche Geschäfte, in der Hofpause, Zigaretten und Stoff, sie streiten sich, keilen sich fast darüber, da sagt der Ältere: »Drisch mir nicht noch einen Zahn aus, ich hab nich mehr viele. Ich bin dein Alter, ja, dein Vater. Guck nicht so ungläubig.« Und tatsächlich, als sie die Vergangenheit durchkämmen, Einzelheiten auflisten, ist der Mann mit den Zahnlücken wirklich sein Vater. Er hat Schulles Mutter und den Jungen verlassen, eh der ein Jahr alt war. Seitdem lag er im Clinch mit der Frau, die auf ihren Alimenten bestand. Der Junge konnte sich noch erinnern.

»Los, hau'n wir ab. Ich hab Durst. Sehn wir zu, daß wir noch ein paar Pullen ranschaffen.«

3

Der Abriß war ein riesiges Haus, Backstein, drei Stockwerke hoch, noch ziemlich gut erhalten an der Vorderfront, doch innen heruntergekommen und vollkommen verrottet. Niemand außer ihnen hatte hier in der letzten Zeit zwischen Müll und Balkenresten Unterschlupf gesucht. Dabei: Nicht weit weg fuhren Straßenbahnen durch die Nacht, und wenn sie sich anstrengten, zwischen Bäumen und Häuserlücken scharf hindurchspähten, sahen sie die Scheinwerferkegel der Autos auf der Hochstraße, die die Stadt von Ost nach West überspannte.

Schulle kannte hier einige Stellen, wo sich einsame Leute trafen, tranken, kampierten. Der Weg zu denen am vergangenen Abend war nicht ergebnislos gewesen, ein paar Büchsen Bier, ein paar Mark waren herausgesprungen. Freilich, einmal hatte Schulle die Fäuste gebraucht und einmal sein Messer gezogen, ein scharfes Klappmesser, es dem andern an den Hals gedrückt, noch im Spaß, schon im Ernst?

Doch das war gestern. Nun, an diesem Abend, lagen die Stellen, die Schulle kannte, die Hauseingänge und Hinterhöfe leer.

Sie waren mittlerweile in die Nähe von Fluß und Stadtpark geraten, da sahen sie das Mädchen. Der Kleine nahm es erst gar nicht wahr. Zwei Männer waren ihnen begegnet, beide in etlicher Entfernung, nun kam jemand fast genau auf sie zu, eine Radfahrerin, ein Mädchen mit Brille, schlank, offensichtlich ein bißchen älter und größer als der Kleine. Sie stieg vor einem Telefonhäuschen ab, lehnte das Rad seitlich an die Glasfront und zog, noch bevor sie die Kabine öffnete, etwas Dunkles aus der Jeanshose, natürlich ein Geldtäschchen, ihr Portemonnaie.

»Die ist's», sagte da Schulle. »Die hat Moos. Für ein paar Pullen wird's reichen. Und wenn wir Glück haben, fällt sogar noch ein bißchen was ab für die Reise zum Schwarzen Meer. Los, lauf, zieh ihr die Scheine.«

»Ich?«

»Wie lange, glaubst du, sorg ich alleine für uns? Los, lauf!«

Der Ältere hockte sich ins Dunkel vor einen dürren Holunderbusch, sah dem anderen nach. Sie kannten sich nun mal gerade drei, vier Tage. Vor der Kneipe in der Südstadt hatte der

Kleine geklagt: Er war zu Hause kaum geduldet, der Stiefvater schlug ihn, die eigene Mutter warf ihm jeden Bissen vor, ohne Beschäftigung, wie er war, sie quengelte, schickte ihn ständig zum Arbeitsamt. Daß der Kleine da auf sein Angebot einging, ihn in seiner Einraumwohnung im selben Hochhaus heimsuchte, sich gleich bei ihm einquartierte: Wie hatte er's ernsthaft annehmen können? Nun waren sie jedenfalls zusammen und aufeinander angewiesen. Schlimm nur, daß am gleichen Abend diese Sache in der Nähe passiert war, der Überfall, die Schlägerei, deretwegen sie sich absetzen mußten. Lieber die bekannte Wohnung nicht nutzen, dem Alten in seinem Abriß auf den Wecker fallen, als wegen der Bewährungszeit wieder in den Knast einziehen. Über allem: Er mochte den Kleinen, ein straffer, fester Kerl, gehorsam. Sechzehn war er, nicht einmal halb so alt wie er selber. In den zahlreichen Jahren im Knast hatte er gerade seinen Spaß mit Jüngeren gefunden. Wieso sollte aus ihnen nicht auch etwas werden?

Er blickte hinüber zum Telefonhäuschen, er stutzte. Er hatte gedacht, der Kleine würde ohne Umschweife zurückkommen, mit einem Schein wedeln, so den Erfolg von ferne zu melden, da stand der und wartete erst mal, ließ das Mädchen endlos telefonieren, und als die Telefoniererei schließlich vorbei war, entwickelte sich das da drüben in der engen Kabine sogar zu einem regelrechten Kampf. Das Mädchen wehrte sich mit Knien und Fäusten, bis es auf einmal schlaff und wehrlos stand, die Hand des Kleinen am Hals, und danach trabten sie beide einträchtig zu ihm herüber, brachten sogar das Damenrad mit.

»Was soll das denn? Willst du 'ne Radpartie mit ihr machen?« Schulle, wie ihn auch der Kleine nach seinem Nachnamen nennen durfte, grinste über seinen Spaß, da sah er das Messer am Hals des Mädchens. Guck dir das an, dachte er, is doch gar nich so ohne, der Kleine, hat sich vorhin das Klappmesser geschnappt, und ich hab's nich mal gemerkt.

»Sie hat Scheine, wenigstens einen blauen und einen grünen. Aber sie hat auch 'ne Karte, 'ne Chipkarte. Sie will bloß die Nummer nicht sagen.«

»Laßt mich, laßt mich laufen!« Das Mädchen sprach mit gepreßter Stimme, das Kinn über die Messerklinge gehoben. Es zitterte.

»Nehmt das Geld, aber laßt mich laufen. Ich verrat nichts. Als ob nichts geschehen wäre, soll's sein.«

»Sabbel nich. Wenn kein lautes Wort fällt, passiert nichts. Schnauze, sag ich jedenfalls. Ich muß überlegen.«

Schulle setzte sich auf eine Bank, der Straße gegenüber am Parkeingang. Nur ein paar Lampen brannten hier in Abständen. Die Gegend lag leer, niemand außer diesen Männern weit weg war ihnen bisher aufgefallen.

Die beiden mußten schließlich zu ihm kommen, und Schulle musterte das Mädchen. Das war ein spillriges, junges Ding, braunes Haar, Mittelscheitel. Was darunter steckte? Solche Mädchen hatten ihn bisher noch nie interessiert.

Er ließ sich das Portemonnaie geben, fand achtzig Mark, dazu etliche Stücke, er fingerte die Chipkarte heraus, starrte sie an. Sah er das mögliche Geld dahinter, ganze Päckchen mit Scheinen, oder den Zug, der den Kleinen und ihn in den Osten Richtung Ukraine brachte, noch ehe der große Schnee kam?

Vielleicht hätte er sich vorhin davonstehlen, sich gleich auf und davon machen sollen, abrücken, nicht mal in den Abriß, wo ihn der Kleine als erstes suchte, er hätte den Kleinen mit der Sache allein lassen müssen, spätestens, als er das offene Messer sah. Aber nun war alles zu spät. Er war aus dem Gebüsch hervorgekommen, diese verfluchte Neugier, er hatte sich eingelassen, nun lief die Sache, wie sie lief, da kam alles Überlegen zu spät. Wohin lief sie?

»Los«, sagte er plötzlich, stand auf. »Wir gehen. Und daß du nicht rumkreischst, ich warn dich.«

4

»Nadine Konrad war neunzehn. Sie lebte erst seit wenigen Monaten in der Stadt, sie war Studentin, seit Semesterbeginn in einem der Hochhausinternate in der Weststadt untergebracht. Überall hieß es: Sie ist freundlich, aber resolut. Sie stammte aus einer Stadt fünfzig Kilometer weit weg und war das Älteste von drei Geschwistern. Die Eltern waren schon lange geschieden, Nadine Konrad hatte sich um Schwester und Bruder reichlich kümmern müssen. Da war's kein Wunder, daß sie selbstbewußt und entschieden auftrat, selbstsicher war.«

Der Staatsanwalt blätterte nachdenklich in dem Stapel von Zeitungsmeldungen auf seinem Schreibtisch. Aberdutzende Artikel, Berichte, Kommentare, Vermutungen hatte es in dieser Sache gegeben. Viele Zeitungsbilder zeigten Nadine Konrads Gesicht, hohe Stirn, dunkle, offen blickende Augen, Brille. Der Staatsanwalt hatte bald andere Aufnahmen gesehen.

»Wir erfuhren rasch einiges von Nadine Konrads Lebensumständen: Sie hatte einen Freund in München, mit dem sie öfter telefonierte, zweimal in der Woche, sonnabends und montags, zu verabredeten Zeiten, immer abends, aber nicht von einem Apparat in ihrem Internat aus. Sie hatte vielmehr einen Platz entdeckt, wo es sie billiger kam und niemand ihr zuhörte: Sie fuhr mit dem Rad von der Weststadt über die Wiesen der Peißnitzinsel hinüber in die Nähe der Altstadt. Von einem Telefonhäuschen am Stadtpark rief sie, wenn der Tarif günstig war, eben dieser Mondscheintarif nach neun Uhr abends, in München an, und der Freund rief auf seine Kosten zurück, der Apparat war anwählbar. Eine halbe Stunde oder länger haben sie so manchmal locker miteinander geredet.

An dem Abend, von dem an sie vermißt wurde, hatten sie wieder miteinander telefoniert, ganz normal, bis kurz vor zehn, so die Auskunft aus München. Aber am nächsten Abend hatte der Freund vergeblich gewartet, und sie war auch nicht ins Internat zurückgekehrt.

Dieses Telefonat war erst einmal die letzte Spur von ihr. Da ahnten wir noch nicht, daß wir es bald darauf mit einem der scheußlichsten Tötungsverbrechen in unserer Stadt zu tun haben würden ...«

5

»Was hast du mitgebracht?«

»Bräu, wie du gesagt hast. Und Knackwurst, Brot. Und Linsensuppe, zwei Büchsen.«

»Ißt du solches Zeug? Und gleich zwei?«

»Du mußt doch auch ... der was geben. Dem Mädchen.«

»Quatsch. Der. Suppe.«

»Soll sie verhungern?«

»Halt dein Maul, Schnauze.«

Sie waren nun den zweiten Tag in diesem kahlen Raum im Abriß. Sie hatten sich gleich entschieden, das Mädchen hierher mitzunehmen, sogar das Rad. Das rote Damenrad, wenn es jemand entdeckte, herrenlos, war vielleicht ein Zeichen. Also hatte auch das Rad verschwinden müssen. Nun stand es bei ihnen neben dem Fenster, der einzige größere Gegenstand im Raum, wenn man von den zwei Kisten mit allerlei Gerümpel absah, Müll, Abfall.

Das Mädchen schlief, wenigstens tat es so. Es lag auf einer der beiden Luftmatratzen am Boden, auf zerschlissenem Linoleum, mit einem Schlafsack bedeckt, Gesicht und Körper der Wand zugekehrt. Es bewegte sich nicht. Es hatte den Kopf in die Zudecke vergraben, nur das dunkle Haar war zu sehen.

»Hat die sich noch nicht gerührt?« fragte der Junge schließlich. »So lange, wie die pennt, ist doch komisch.«

»Sei froh, daß sie nicht rumschreit. Auf meine Tabletten ist eben Verlaß.«

»Verlaß, Verlaß ... Hoffentlich hast du ihr nicht zu viele gegeben. Und dann liegt sie und wacht überhaupt nicht wieder auf.«

»Na und? Piß dir nicht in die Hose. Die wird schon wieder munter und uns noch genügend Ärger machen.«

»Woher du bloß die vielen Tabletten hast.«

»Du mußt genug Leute kennen, die sie verschreiben, und genug jammern – im Knast, erst recht draußen. Nie hab ich alles schlucken können, was ich an Vorrat rumschleppte.«

Er ließ das Messer schnappen, wischte den Stahl überm Knie auf seiner Jeans ab, daß das Blatt sauber wurde – so war er's gewöhnt –, und schnitt dann gleichmäßige Scheiben vom Brot. Der Kleine staunte nur. Die Scheiben kamen wie mit der Maschine getrennt. Soviel Geschick hatte er noch bei niemandem bemerkt. Peinlich genau wurde auch die Knackwurst geteilt, die Pelle heruntergezogen, gleich große Stücke.

Trotzdem maulte der Kleine. »Eigentlich hätt ich ja wieder mal was Warmes essen wollen. Ich gehe auch 'rüber zu deinen Alten, setze das Zeug auf den Kocher, selber, mach dir keine Arbeit.«

»Linsensuppe, äh. Heute abend will ich was Festes. – Und das schmink dir ab, immer zu meinen Alten rennen, dich aufdrängen. Denen hat's zu reichen, wenn sie wissen: Da ist Besuch. Da kommen sie nicht durch die Tür.«

Später lief er selber über den Flur hinüber in die andere Wohnung.

Der Kleine, auf solche Weise unvermittelt allein mit dem Mädchen, zögerte, dann schob er sich näher heran, tastete neugierig unter die Decke. Seine Finger trafen auf bloße, eiskalte Haut. Aber das Mädchen lebte, sein Körper zuckte, zitterte unter der Berührung. Die Jeanshose schien über der Hüfte geöffnet, halb heruntergezogen.

»Hab ich's mir doch gedacht, daß dich die Lust treibt.«

Der Ältere stand unvermittelt in der Tür, er grinste, seine Stimme klang scharf. »Aber wenn's darum geht: Das ist mein Revier. Ich warne dich. – Übrigens: Heute abend, wenn's dunkel ist, kannst du gehn, ordentlich Scheine ziehn. Sie hat mir die Nummern für ihre Chipkarte gesteckt, den Code. Endlich.«

»Hast du sie geschlagen?«

6

Wie soll man sich das Mädchen vorstellen: Nadine Konrad, neunzehn? Wie die letzten Tage ihres Lebens? Kann man das überhaupt, oder verbietet sich nicht alle Vorstellung ihres Leides von selbst?

Sie hat Gewalt und Brutalität bisher nie kennengelernt. Die Mutter ist geschieden und gleich nach der Wende arbeitslos geworden, der Vater ist fern: Die drei Geschwister wachsen heran, und jedes hat seinen eigenen Kopf, da kann es schon Reibungen geben, Auseinandersetzungen, laute Worte. Aber nie Schläge. Freilich, das Leben ist kein Zuckerlecken, ihrs schon gar nicht, es fehlt am Geld vorne und hinten, Weihnachten zum Beispiel ist nie ein Fest großer Geschenke. Aber daß Nadine, gescheit, wie sie ist, nach ihrem Abi nicht studiert? Kommt überhaupt nicht in Frage. Es gibt Unterstützung, staatliche Kredite, irgendwie werden sie es schon gemeinsam schaffen. »Ach, Mutti!« Sie fallen einander in jenen Wochen der Entscheidung immer von neuem um den Hals.

Zwei Menschen mag sie besonders. Das ist neben der Mutter Martin, der ein paar Jahre ältere Freund. Schade nur, daß die Mutter ihn bei allem Wohlwollen nicht schrankenlos akzeptiert.

»Halt dich zurück, Mädchen«, sagt sie. »Du hast noch soviel zu schaffen, das ganze Studium. Heute bindet sich keiner so zeitig wie damals ich. Siehst ja, für die Ewigkeit ist nichts dabei herausgekommen.«

Schade auch, daß Martin ihr nicht nach Halle hat folgen können. Aber die bayrische Firma hatte nur eine Alternative: Entweder er wird entlassen, oder er wechselt seinen Arbeitsplatz. Also ging er nach München.

Nun weiß sie: Nächstes Jahr wird sie selber in München sein, dort weiterstudieren. Sie kann sich nichts anderes vorstellen, sie mag Martin, sie ist verrückt nach ihm, unheimlich verrückt. Die Trennung, die Wochen des Alleinseins, alles ist ein quälender, tiefer Schmerz, eine große Hoffnung aber auch, immer wieder im Wechsel. Wieso bloß? Aber was wird, wenn er eine andere findet, wenn er sie nicht mehr mag? Sie würde es nicht überstehen. Sie prescht durch die nächtliche Stadt, jagt auf ihrem Fahrrad zu diesem Telefonhäuschen am Park. Wenigstens seine Stimme hören, seine Beruhigungen vernehmen, erfahren, was ihn bewegt, was er heute erlebt hat. Was für ein Glück, denkt sie da, was für eine Freude, wozu quält sie sich. Sie hat doch jemanden, auf den sie sich ganz verlassen kann. Alles ist gut.

Es ist ihre erste Liebe.

Da reißt dieses halbe Kind die Tür des Telefonhäuschens auf, stürzt sich in ihr Leben. »Dein Geld her, gib es. Und keine Zicken. Ich hab ein Messer.«

7

»Los, erheb dich. Ich brauch den Schlafsack. Es wird ernst.«

Sie tauchte aus dem dumpfen Dämmer ihres wirren Schlafs und suchte sich im Halbdunkel des Zimmers zurechtzufinden. Eine Kerze brannte, es war offenbar Abend. Zwei Gestalten bewegten sich.

»Wir können hier nicht mehr bleiben. Es geht auf die Reise. Verstehst du?«

Sie versuchte den Kopf zu schütteln. »Nein«, schrie sie, »nein. Ich will hierbleiben!« Aber vielleicht nickte sie auch bloß, und kein Wort kam über ihre zuckenden Lippen.

Allmählich stieg der Schmerz wieder in ihr hoch und die Erinnerung. Der Kopf quälte sie bei der geringsten Bewegung, auch die rechte Hüfte, und ihr Leib brannte heiß im Schoß. Sie weinte, wenigstens war ihr so. Sie tastete vorsichtig mit einer Hand über ihr Gesicht, aber die Haut unter den Augen war ganz trocken.

Jetzt begriff sie: Der Ältere rüttelte sie, seine Hände klatschten ihr, links, rechts, abwechselnd ins Gesicht. »Komm, wach auf. Schluck die Tablette. Die reißt dir den Verstand schneller munter als fünf Tassen Kaffee.« Sie wehrte sich, kniff die Lippen zusammen, dann spürte sie, wie sie doch schluckte. »Na, siehst du. Wenn du weiter so gescheit bist, geschieht dir nichts. Das wird ein weiter Weg heute nacht.«

Später stiegen sie die Treppe hinunter, der Kleine trug das Fahrrad über der Schulter, in der Nachbartür auf dem Flur gegenüber standen der Mann und die merkwürdig kleine Frau, stierten neugierig. Sie kannte ihre Gesichter. Sie hatten sich im Zimmer über sie gebeugt, sie gemustert, ihre Decke zurückgeschlagen. Der kleinen, dicklichen Frau fiel das krause Haar ungekämmt ins Gesicht, der Mann hatte Tätowierungen an den Ober- und Unterarmen. »Haut ab, ihr Penner«, schrie der Ältere sie an. »Wir bringen unseren Besuch wieder weg. Was müßt ihr da glotzen.«

Auf der Straße mußte sie zwischen ihnen laufen, ihr Rad führen. Sie setzte die Füße Schritt für Schritt, langsam. Aber es klappte. Die kühle Novemberluft und vor allem die Tablette ließen sie wieder zu Kräften kommen. Sie kippte nicht mit ihrem Rad zur Seite. Sowieso stemmte sich der Ältere dagegen.

Der Ältere. Er gab an, was geschehen sollte. Er schlug sie, quälte sie. Der Kleine, schien's, lief nur mit. Aber er gehorchte, tat eifrig, was der andere wollte. Was hatten sie nur noch mit ihr vor, hatte ihre Qual kein Ende? »Hättest du mehr Geld auf deinem Konto gehabt, wir wären längst auf und davon. Nun mußt du bei uns bleiben.« Die Worte des Älteren fielen ihr ein.

Jetzt hob der die Hand, wies ihr das Klappmesser vor. »Wir werden Leuten begegnen. Wehe, du muckst dich.«

Sie spürte, wie ihr die Tränen wiederkamen.

8

Der Fall erregt, bewegt die Menschen der Stadt, noch ehe er ganz offenbar ist: Ein Mädchen ist verschwunden, eine neunzehnjährige Studentin. Merkwürdige Umstände: Sie fährt mit ihrem Fahrrad, Marke Hanseatic, im Dunklen durch die halbe Stadt zu einem einsamen Telefonhäuschen in der Nähe der Saale, telefoniert ausgerechnet von dort mit ihrem Freund in München, weil sie's billig kommt. Das Ganze ist ihr letztes Lebenszeichen. Zwei Tage drauf, am 20. November, melden ihre verstörten Internatsnachbarn sie als vermißt.

Und nun dieser Aufwand: An die hundert Polizisten in Feldausrüstung durchkämmen den Stadtpark und die Flußufer nach der Verschwundenen, vielleicht nach Teilen ihres Rades oder anderen Zeichen. Die Presse ist zu der Aktion eingeladen, die Fotografen schießen eindrucksvolle Bilder. Die stehen nun bedrückend auf den Zeitungsseiten. Da ist doch mit dem Schlimmsten zu rechnen, wo bleibt da noch Hoffnung?

Eine reichliche Woche danach werden die Lokalseiten der Zeitungen wieder intensiv betrachtet, als erste aufgeschlagen. Das Bild eines Jungen ist veröffentlicht, ein weiches, naives, kindliches Gesicht mit großen staunenden Augen und aufgeworfenen Lippen, auf dem Kopf eine Art Baseballkappe mit einem deutlichen eingedruckten Porträt. Diesmal stammt das Foto aus dem Videofilm einer Beobachtungskamera. Dieser Junge hat mit der EC-Karte des verschwundenen Mädchens am Bankautomaten Geld abgehoben, zweimal, erst vierzig, dann hundert Mark, nicht mehr, da ist sein Gesicht festgehalten worden.

Natürlich kennen verschiedene Leute den Jungen, Nachbarn, Schüler, es kommen rasch etliche Anrufe und Hinweise. Sowieso ist von nun an alles ganz unkompliziert. Es ist Marko Hentzschke, sechzehn Jahre, Schulabgänger aus der siebenten Klasse, derzeit in einer Berufsausbildungs-Förderungsmaßnahme, wohnhaft in der Südstadt. Nach zweimaliger vergeblicher Vorsprache bei den Eltern passen sie ihn ab, als er sich der elterlichen Wohnung nähert. Da hat er, wie sich herausstellt, gerade einen Ausflug nach Tschechien hinter sich und einen Aufenthalt in Dresden. Aber Heimat ist Heimat.

Am Tag darauf sitzen sie mit ihm in der engen Kabine eines Polizeihubschraubers – da trägt er schon Handschellen –, kreisen über dem Stadtwald im Norden, der Heide, fliegen hinüber zum westlichen Ausläufer, dem Lindbusch, gehen tiefer, fast bis in die Wipfel der Kiefern und Buchen hinein, kreisen weiter, spähen in die Tiefe. Da sagt der Junge plötzlich: »Hier war's, hier ist's passiert.« Sie blicken durch das streifige Gewirr der kahlen Äste, entdecken schließlich wie er den rotbraunen Sattel des zugescharrten Fahrrads, der da aus dem Laub ragt.

9

Sie hatten das Zelt am Ende einer sanften Kuhle zwischen zwei noch ziemlich belaubten Strauchgevierten aufgestellt. Sie waren in der Nacht froh gewesen, den versteckten, einigermaßen ebenen Platz gefunden zu haben. Das Mädchen, nach dem Gewaltmarsch völlig fertig, war sofort eingeschlafen, wie tot. Sie dagegen hatten noch ein paar Biere getrunken, gequatscht.

Am späten Morgen erschraken sie. Der Platz war gar nicht so sicher und weit weg von allen Menschen, wie sie's gedacht hatten. Ein Jogger verhielt ein Stück hin am Hang, sah auf sie herunter. Was machen die denn hier, dachte der vielleicht, zelten im November? Ob er sehr mißtrauisch wurde, mit anderen wiederkam, um nach ihnen zu sehen? Sollten sie inzwischen umziehen, sich im Tageslicht eine bessere Stelle suchen? Oder mußten sie überhaupt verschwinden?

Als dann niemand anderes sich blicken ließ, sie von nirgendwoher Stimmen hörten, gaben sie alle Gedanken an einen Umzug auf, sowieso waren sie träge und matt. Sie tranken nun von der Sangria, zwei große Anderthalbliterflaschen, billiges süßes Zeug, aber es »leierte ganz schön«, wie sie sagten.

Irgendwann schickte der Große den Kleinen davon, Buschwerk zu schneiden, ordentliche Zweige, mit denen man das Zelt noch ein bißchen schützen konnte. Er sah den Kleinen merkwürdig an, als er den Auftrag erteilte. Da wußte der: Er konnte sich Zeit lassen mit seiner Aufgabe, er sollte es wohl sogar.

Als er zurückkam, hörte er das Mädchen im Zelt wimmern, und Schulle grinste. Von dem Strauchwerk, das zur Tarnung der

Zeltleinwand dienen sollte, war nicht mehr die Rede. Sie tranken noch etwas von dem roten Gesöff, mit einem Schluck aus der letzten Bierdose ließ es sich ertragen. Sie schwiegen meist, hockten still. Einmal erzählte der Kleine von Stolberg, der alten Stadt im Harz mit ihren Fachwerkhäusern. Mit seiner Schulklasse war er mal dort gewesen, vor einem Jahr ein zweites Mal, aus eigenem Antrieb. Da gab's auch schönen Abriß, da könnte man auch unterkommen, weg von hier. Später sprach der Ältere von Colmar und dem Elsaß, dort hatte er sich ein paar Wochen aufgehalten, in der Gegend arbeiten wollen (»Aber die Stellen waren alle von Ausländern besetzt.«), vor allem aber erzählte er von Igor aus Odessa. Den hatte er unmittelbar nach seinem letzten Knast kennengelernt. Igor hatte ihn zu sich eingeladen, ihm seine Adresse gegeben. Mit ihm zusammen wollte er sonstwas anstellen. Die Ukraine, der Osten waren sowieso besser als Spanien oder Frankreich, wo einem ständig Deutsche über den Weg liefen.

Sie reichten sich wechselseitig die Flasche, tranken langsam, hingen ihren Gedanken nach. »Aber mit der da kommst du nicht mal zum nächsten Bahnhof«, sagte Schulle schließlich, wies zum Zelt.

»Außerdem mußt du noch die Tage rumkriegen, bis die Stütze fällig wird.«

»Eben.«

Wieder hingen sie ihren Überlegungen nach, dann meinte der Ältere, blickte vor sich ins Laub: »Es gibt drei Möglichkeiten.«

»Drei?«

»Ja. Entweder wir schleppen sie mit uns.«

»Was? Auch mit dem Rad?«

»Da können wir nur nachts unterwegs sein. Und wir kommen nur langsam voran.«

»Oder?«

»Oder wir lassen sie frei, schicken sie heim. Wir geben ihr das Schlafmittel, das sie will, damit wir Sicherheit haben und Vorsprung kriegen auf der Flucht.«

»Sie wird uns trotzdem an die Bullen verpfeifen. Nee, nie! Heimschicken? Nie!«

»Ja, auch wenn sie anderes verspricht, sie wird's tun, uns

verpfeifen. Und uns werden sie finden, und wir hocken wieder im Knast. Bewährung haben wir beide noch.«

»Dreierlei gibt's, hast du gesagt.«

»Oder ...«

Sie sahen beide wie auf Verabredung auf die Hände des Älteren. Er hielt sie über seinen angewinkelten Knien dicht zusammen, ballte sie allmählich zu Fäusten, die sich jäh gegeneinander drehten, eine kurze, knappe Bewegung vollführten, als wäre zwischen ihnen ein nasser Lappen, den es auszuwringen galt, oder der Hals einer Taube.

»Oder sie geht über den Jordan.«

Später, nach Minuten des Schweigens, fügte er hinzu: »Und du wirst es machen.«

»Ich? Nein.«

»Du hast sie angeschleppt. Du wirst auch dafür sorgen, daß wir sie wieder loswerden.«

10

Vor Gericht wird der Junge später aussagen, den Blick auf die Tischplatte vor sich gerichtet, nicht immer vollständige Sätze formulierend, und es wird einer der angespanntesten, stillsten Augenblicke während dieses ganzen Prozesses im Gerichtssaal sein: »Ich hab ..., hab sie erst zu drosseln ..., zu erdrosseln versucht. Ich nahm dazu den Strick, den mir Schulle, Herr Schulte, zuwarf. Ich versuchte es vielleicht fünf Minuten, von hinten. Ich legte den Strick über Kreuz. Aber es klappte nicht. Ich merkte es daran, daß sie noch atmete. Ihre Brust hob sich, ein paarmal. Da sagte Schulle, Herr Schulte: Stich sie ab. Und er warf mir das Klappmesser zu.«

Es waren insgesamt zehn Stiche, vier trafen die Brust, sechs den Hals, erklärt Tage darauf der Gerichtsarzt und erläutert die Stichkanäle.

11

Es ist Nachmittag, der Himmel ist matt, grau. Ein Novembernachmittag. Sie haben die Leiche des Mädchens unter Laub verborgen, das Fahrrad genauso zugescharrt. Der Kleine hat es nicht richtig zustande gebracht, der Aluminiumlenker ragte aus den Blättern heraus, da hat ihm der Ältere, Schulle, unwillig geholfen. Nun laufen sie zurück. Sie reden kaum miteinander. Sie haben sich versprochen: Über das Geschehene (»über die Nadine«) kein Wort, zu keinem. Da reden sie auch zueinander nicht darüber.

Sie verlassen diesen hohen Wald, den Lindbusch, noch bei Tageslicht, sie gehen nun häufiger durch nachgiebigen Sand, über vielfach genutzte, zermahlene Waldwege. Trotzdem, es ist jetzt einfacher zu laufen. Sie haben das Mädchen nicht mehr bei sich, das sie stützen, antreiben müssen, auch nicht das Fahrrad. Das Gepäck ist leichter, das Bier ist getrunken, dazu die Hälfte der süßen Sangria. Nur noch eine Anderthalbliterflasche liegt im Rucksack. Hinterm Heidebahnhof steigen sie in einen Bus, der bringt sie mitten in die Stadt. Drei Minuten vom Abrißhaus des Vaters entfernt steigen sie aus. Sie haben nun Hunger, Durst. Sie leisten sich jeder eine Bockwurst, dazu ein Büchsenbier am Stand vorm Kaufhaus. »Da sind wir wieder, glotz nich«, sagen sie eine halbe Stunde später zu Schulles Vater. »Und das Mädchen?« fragt der. »Die haben wir gut abgeliefert.«

Das Gericht, in seiner Betroffenheit, braucht später gerade nach dieser Aussage eine längere Verhandlungspause.

Danach ist die Reise nach Tschechien dran, damals, Tage nach der Tat. Da haben sie endlich Schulles Sozialhilfegeld bei sich. Trotzdem müssen sie sparen. Das Wochenendticket von der Bahn ist zwar billig. Aber die Übernachtungen kosten, und die Scheine sind bald dahin. Da soll der Kleine zurück nach Deutschland, neues Geld besorgen.

»Sollten Sie betteln?«

»Na ja, betteln. Und wegnehmen.«

»Überfallen, rauben?«

»Ja, rauben.«

Nach drei Tagen ist Hentzschke zurück in Halle, auch Schulle taucht dort plötzlich auf. Sind sie verabredet? Schulte hat eine Zeitung mit Bildern darin: Das Mädchen mit dem Fahrrad ist verschwunden, hundert Polizisten haben sie gesucht. Er weist die Seite dem Kleinen vor: Paß auf!

»Sie waren auch in dieser Bar, diesem ›Toulouse‹?« fragt die Vorsitzende Richterin. »Dort haben Sie angegeben. Sie haben ein

Mädchen umgenietet, hingemacht, so Ihre Worte. Das Mädchen, das überall gesucht wird. Wir kennen die Namen von ein paar Leuten, mit denen Sie so geredet haben.«

»Die Leute will ich sehen, die das erzählen. Wir hatten uns doch versprochen: Wir schweigen. Ich hab mich dran gehalten.«

In den ersten Dezembertagen soll es noch einmal einen Treff mit dem Kleinen geben. Aber es klappt nicht. Schulte findet nur einen Zettel: War umsonst da. Liegt der Zettel auf dem Linoleum im Abriß, oder ist er an die Flurtür angeheftet? Oder geschieht alles in einem Abrißhaus in Trotha, der nördlichen Vorstadt? Es sind etliche Adressen im Spiel. Als Schulte ein zweites Mal eine Zeitung in die Hand kriegt, steht da ein neuer, ganz anderer Bericht darin: Der Kleine ist verhaftet worden, man hat ihn nach dem Videobild aus der Sparkasse erkannt. Da ergreift den Älteren Panik. Warum ist er nicht längst auf dem Weg nach Odessa? Warum hat er plötzlich diese Scheißangst in sich gespürt, sich in einem fremden Land nicht zurechtfinden zu können? Warum hat er diesem dämlichen Heimweh nach Halle gehorcht? Bloß weil er sich da auskennt? Er muß weg, weg, weg.

Er fährt nicht per Anhalter, er benutzt wieder die Bahn, das ist das Sicherste. Er gelangt ins Sächsische, erst mal nach Borna. Er gelangt nach Rochlitz. Dort holt man ihn aus dem Abriß – woher sonst? –, nimmt ihn fest, wie eingangs erzählt.

12

Der Prozeß findet kein halbes Jahr nach der Tat statt. Wenigstens dreißig Zeugen sind zur Anhörung vorgesehen. Wird man sie brauchen? Rechnen die Richter mit allerlei Finessen der Verteidigung, Dutzenden Anträgen, mit wechselseitigen Schuldzuweisungen der Angeklagten? Immerhin gibt es ja keine unmittelbaren Zeugen der Tat.

Aber dann geht doch alles ziemlich glatt. Marko Hentzschke, den sie in den Zeitungen noch immer das Milchgesicht nennen, als erster befragt, erzählt ohne Hemmungen, was geschehen ist, im Telefonhäuschen, im Abriß, im Lindbusch. Er muß vielfach ermahnt werden, laut und vor allem deutlich zu sprechen, aber er erzählt, und die Richterin unterbricht ihn nicht, solange es angeht. Freilich, er berichtet ohne Gefühl, ohne Betroffenheit.

Nur ein einziges Mal zeigt er Erregung. Er soll nach vorn an den Richtertisch kommen. Es gibt da Widersprüche, Fragen. Wenn er, wie er erklärt hat, die Geschädigte von hinten drosselte, wie kommt da die Schlaufe im Strick vorn an den Hals zu liegen? »Nein«, sagt Hentzschke da, auch nach der zweiten, erst recht nach der dritten dringlicheren Aufforderung, »nein, ich komme nicht. Ich kenne die Bilder, ich kann sie mir nicht wieder ansehn.«

Und Dieter Schulte?

Bei ihm haben sie am meisten Sorge gehabt, daß er sich herauszuwinden versucht, seine Schuld abstreitet. Doch Schulte bleibt klar bei seinen früheren Erklärungen. »Wir sind in was reingeraten, das wuchs uns über den Kopf. Was soll man da groß reden. Es stimmt. Fast alles war, wie es der Kleine, Herr Hentzschke, ausgesagt hat.«

Dieter Schulte. Als danach sein bisheriges Leben erörtert wird, sitzen alle im Saal in großer Betroffenheit.

Schulte hat Tagebuch geführt, viele erstaunlich nachdenkliche Seiten, die werden nahezu vollständig verlesen. In denen nennt er Marko »einen ganz lieben Menschen« und hofft, daß sie bald in der Ukraine zur Ruhe kommen. »Wir haben es uns verdient.«

»Ich will das Heft weiterführen. Es gibt so viele wichtige Dinge in meinem Leben, die ich festhalten will, meine ganzen Zuchthausjahre. Irgendwann will ich das noch mal verarbeiten,« sagt Schulte und läßt sich kaum bremsen. »Waren Sie schon mal drin im Strafvollzug, wissen Sie, was Zuchthaus wirklich ist? Lassen Sie mich ausreden. Da gibt's 'ne Hackordnung, 'ne strenge, da mußt du vieles Normale über Bord werfen, Mitgefühl, Mitleid, sonst kommst du nicht durch. Ich bin im Knast groß geworden, ich kenne mich aus. In Untermaßfeld habe ich mit Handschellen in der Zelle geschlafen. Was ich hier darstelle, ist das Endprodukt von achtzehn Jahren Knast.«

Kurz danach fügt er hinzu, lacht: »Freilich, im Zuchthaus war nicht alles schlecht. Da hab ich meinen Beruf gelernt, ich hatte eine prima Ausbildung: Ich wurde Elektriker. Der Lehrmeister kam von außerhalb. Ich hab im Gefängnis Steckdosen gedübelt, in meinem bißchen Freiheit Leitungen gelegt. Ein Exknacki war für die Sicherheit verantwortlich. Irrsinn.«

»Aber sonst konnte Ihnen über den Weg laufen, wer wollte. Sie hatten auf alles einen Rochus«, fragt die Vorsitzende Richterin.

»Ich fühlte mich eben von allen verraten.«

Mit vierzehn »flog ich zum ersten Male ein«, sagt er. Da hatte er sich geprügelt, gestohlen. Und bezog selber Prügel. »Die Mutter trampelte mir auf dem Kopf herum, ernsthaft, sie war hysterisch. In der Besenkammer nahm sie mir Maß, da hörte keiner, wie ich schrie und sie ein Schlüsselbund auf mir regelrecht zerdrosch.« Später stellt sie den Antrag, ihn in ein Heim für Schwererziehbare aufzunehmen. Etliche Jahre darauf drischt Schulte sie samt neuem Mann und Wohnung zusammen. Die Mutter erstattet Strafanzeige, aber vor Gericht verweigert die ganze Familie die Aussage. »Wir wollten dem Sohn eine letzte Chance geben.«

Schulte hat die Mutter 13 Jahre lang nicht mehr gesehen, seinen leiblichen Vater 21 Jahre lang nicht. Er kann übrigens mit Leichtigkeit viele Daten und Zahlen nennen, die sein Leben ausmachen.

»Wenn Ihre Mutter heute vor Ihnen stünde, was würden Sie tun? Was empfinden Sie heute für sie?« fragt sein Verteidiger.

»Ich würde sie nicht schlagen, ihr auch nicht die Arme brechen. Aber ich würde sie erniedrigen, ich könnte sie sogar vergewaltigen. Ja, das wäre die optimale Strafe für sie.«

1987 wird er durch eine Amnestie vorzeitig aus der Haftanstalt Brandenburg entlassen. Mit Gleichgesinnten will er nach Hause. Unterwegs aber bleibt er hängen: in Berlin. Er trinkt unmäßig, füllt sich geradezu mit Alkohol ab, den er so lange entbehrt hat. Er ist schließlich noch keine zwölf Stunden in Freiheit, da schlägt er einen Homosexuellen, der ihm hoffnungsvoll Unterkunft für die Nacht gibt, in dessen Wohnzimmer nahezu tot: versuchter Totschlag, zwölf Jahre Haft. Diesmal legt er's mit großer Disziplin darauf an, nach verbüßten zwei Strafdritteln auf Bewährung entlassen zu werden. Es gelingt ihm. Im Juni 1996 kehrt er nach Halle zurück.

Das Land und die Heimat haben sich inzwischen total verändert. Er läuft verstört durch die Stadt, sucht nach Kumpels, nach den alten Wohnungen, vergeblich. »Die neue Freiheit war Streß.« Da kommt er doch auf das Angebot des Vaters zurück, den er im Zuchthaus wiedergefunden hat, zieht erst einmal zu ihm in den

Abriß, bricht jedoch bald die sowieso verlassene Nachbarwohnung auf, um nicht immer mit den Alten in denselben vier Wänden zusammensein zu müssen. Ende August bekommt er seine eigene Wohnung, sanierter Neubau in der Südstadt, ein Zimmer. Das Sozialamt zahlt die Miete, er erhält dazu 503 DM im Monat. Vom Sozialamt zugleich angebotene Arbeit schlägt er jedoch aus. Er hat auch seinen Stolz. Drei Mark pro Stunde? Darauf hat er keinen Bock, da kriegt jeder Ausländer mehr. Er läßt sich schließlich krankschreiben, er bekommt Medikamente, viele Medikamente. Zugleich nimmt er zehn Kilo ab. Beim Laternenfest lernt er eine Frau aus dem Nachbarblock kennen. »Ich hatte schon im Zuchthaus auf Annoncen geantwortet. Ich wußte, mir wird keine Frau auf dem Tablett serviert.« Nun ist er mit der neuen Bekannten keine drei Wochen zusammen. Es klappt wieder nicht, weiß der Teufel warum. Mitte November spricht ihn der Junge aus der Wohnung im Stock unter ihm an, redet von seinen Schwierigkeiten mit den Eltern: Marko. Da nimmt er ihn auf, kocht sogar für ihn, versorgt ihn mit Essen. Doch es fehlt an Geld. Bevor die neue Stütze vom Sozialamt fällig wird, müssen sie sich anderweitig Geld besorgen, eben »Scheine ziehn«.

»Immer wollen Sie sich hier in eine Opferrolle hineinreden. Sie haben im Leben nie eine wirkliche Chance geboten bekommen? Sie machen sich so oft Gedanken. Sie haben Verstand, Durchblick. Warum haben Sie sich nicht angestrengt, aus Ihrem Dilemma herauszukommen? Warum haben Sie sich auf die Rutsche gesetzt, von der Sie doch wußten, daß ihre Bahn nur nach unten führt? Sie haben nichts, aber auch nichts getan, das Zuchthaus zu meiden, Ihr Leben bewußt, menschenwürdig zu gestalten. Nein, Sie sind kein Opfer. Und die junge Nadine könnte noch leben.«

13

Was muß man unbedingt noch berichten?

Einer Zeitung gelingt es, Schulte ein Geständnis abzukaufen und zu veröffentlichen, noch ehe die Sachverhalte für die Presse freigegeben sind. Dreihundert Mark gehen dafür auf Schultes Konto ein. (Über mehr Geld darf er in der Haft nicht verfügen.)

Und: Die Nebenklägervertreter stellen Anträge über Anträge,

wollen zivilrechtliche Regelungen zum Schadensersatz gleich mit dem Strafprozeß erzwingen. Mindestens aber sind sie wie die Verteidiger bestrebt, sich in solchem Prozeß zu profilieren. Wollen sie den Prozeß ganz und gar torpedieren? Wenigstens erreichen sie, daß die Verfahren gegen Marko Hentzschke und Dieter Schulte voneinander getrennt werden. (Ein Jugendlicher kann nicht von einem Nebenkläger angeklagt werden.) Da erklärt Schulte, bald ein Urteil haben zu wollen. »Macht endlich Schluß mit dem ganzen Theater«, sagt er. Darauf der Staatsanwalt: In 30 Jahren Tätigkeit in diesem Hause hat er ein derartiges Verhalten von Rechtsanwälten noch nicht erlebt.

Was muß man noch berichten?

Daß Schulte seinen Vater beschuldigt, sich seinerseits an Nadine vergangen, sie »mal für eine halbe Stunde ausgeborgt« zu haben? (Sowieso ermittelt die Staatsanwaltschaft gegen den Vater und seine Partnerin wegen Beihilfe und unterlassener Hilfeleistung.)

Daß Schulte seinen Verteidigern verbietet, ein eigenes Plädoyer zu halten, für ihn gar um Milde zu bitten? Auf seinen ausdrücklichen Wunsch hin müssen sie sich den Erklärungen des Staatsanwalts anschließen. So ist auch sein eigenes Schlußwort: »Ich schließe mich den Worten des Staatsanwalts an.«

14

Gemeinschaftlich begangener Mord, Anstiftung zum Mord, schwerer Raub, räuberische Erpressung, mehrfache Körperverletzung, Nötigung, Vergewaltigung, Freiheitsberaubung mit Todesfolge und Computerbetrug – die umfangreichen Tatvorwürfe bestätigten sich sämtlich, wenn auch die Tatanteile der beiden Angeklagten unterschiedlich waren. Die Verbrechen waren heimtückisch. »Nadine hatte zu keiner Zeit die Möglichkeit, ihren Peinigern zu entfliehen und sich ihren Torturen zu widersetzen. Immer hoffend, man werde sie – wie versprochen – freilassen, ist sie arglos gewesen bis zum Schluß und hat nicht mit ihrer Tötung gerechnet.« Man hatte ihr ja sogar noch philosophische Bücher gebracht – zur Ablenkung –, die sie für ihr Lehrerstudium brauchte. Schließlich wurde sie regelrecht hingerichtet.

Dieter Schulte wird zu lebenslanger Freiheitsstrafe verurteilt, und seine Schuld wiegt so schwer, daß nach fünfzehn Jahren Vollzug nicht schon über eine Verkürzung seiner Strafe nachgedacht werden darf. Es wird aber auch keine Sicherungsverwahrung, wie gelegentlich erwogen, für ihn geben.

Das Urteil gegen Marko Hentzschke wird später gesondert gesprochen, Anfang Mai. Hentzschke war ein gefügiger bereitwilliger Vollstrecker, der dem Älteren beweisen wollte, daß er schon ein ganzer Kerl ist, hat der Staatsanwalt im Plädoyer erklärt. Marko Hentzschke wird zu neun Jahren Jugendhaft verurteilt, ein Jahr weniger, als die Höchststrafe für Jugendliche ausmacht, die der Staatsanwalt gefordert hat. Man rechnet ihm seine Geständnisbereitschaft an, seinen Beitrag zur Aufklärung des Mordes. »Die Tote könnte unter Umständen noch heute in ihrem Versteck liegen, wenn der Angeklagte die Polizei nicht zum Tatort geführt hätte«, erklärt die Vorsitzende der Kammer. Aber Marko Hentzschke, der wie zuvor Dieter Schulte das Urteil mit äußerlich unbewegtem Gesicht zur Kenntnis nimmt, hat die Tragweite seiner Tat wohl noch immer nicht begriffen. »Wie wollen Sie damit nur leben?«

Übrigens: Dieses zweite Urteil wird vom Bundesgerichtshof verworfen. Marko Hentzschke kommt nicht in den Strafvollzug, sondern wird über Jahre hinweg in die Psychiatrie eingewiesen. Die Richter in Karlsruhe sehen in ihm vor allem den psychisch Gestörten, den Kranken.

Tod im Taxi

1

Dieser Sommer ist lange Zeit nicht sonderlich warm. Heiße, geradezu hochsommerliche Tage hat wieder einmal nur der Mai gebracht, über Wochen hinweg, da scheint der Vorrat an strahlendem Sonnenschein und ausdauernder Himmelsbläue weithin aufgebraucht. Gott sei Dank, daß es wenigstens selten regnet oder gewittert, nur ein ziemlich gleichmäßiges lasches Grau den Himmel überzieht. Bei allem nimmt es nicht wunder, daß das Wetterthema viele Gespräche bestimmt. Hat Glück, wer seinen Urlaub in diesem Jahr frühestens für den August oder später eingeplant hat? Gibt es gar einen überraschenden Herbst?

Da ereignet sich in diesem Juli plötzlich ein Vorfall, der, viel diskutiert, auch in den Städten ringsum, alle Mutmaßungen über Sonnenschein und verregnete Urlaubswochen weit in den Hintergrund drängt.

Am zweiten Wochenende des Monats, Freitagnacht in der Stunde vor Mitternacht, bemerken drei nächtliche Passanten im Wohnviertel um die Pauluskirche in Halle, ein Ehepaar um die Fünfzig und ein Freund des Mannes, Merkwürdiges: Ein größeres Taxi kommt auf sie zu, gleitet gefährlich nahe an ihnen vorüber, ein heller Wagen, eines dieser längst auch hier in den neuen Ländern oft eingesetzten Mercedesmodelle. Seine Warnleuchten blinken ununterbrochen, und weil der Wagen so langsam und nahe an den drei mitternächtlichen Heimkehrern entlangfährt, können sie einigermaßen genau in das Innere des Taxis blicken, vor allem im nachhinein, von hinten. Da sehen sie die beiden Insassen gestikulieren, aufeinander eindrängen, miteinander ringen. Sich schlagen? Der Fahrer will wohl nicht so fahren, wie sein Gast es fordert? Oder will der eine dem anderen ans Geld?

»Natürlich«, sagt der Freund schließlich erregt, »die streiten sich um den Fahrpreis.« Sie haben am Taxikennzeichen die Herkunft aus der größeren Nachbarstadt entdeckt. Bei der Entfernung und den heutigen Preisen kommt da schon eine ordentliche Summe zusammen, und man kann ins Streiten geraten. Aber so handgreiflich?

Während das Ehepaar noch diskutiert, was man tun kann, hat der Freund auf seinem Handy bereits die Notrufnummer der Polizei gewählt. »Da kurvt ein Leipziger Taxi ganz merkwürdig durch die Stadt«, erklärt er dem Diensthabenden auf dem Polizeirevier. »Wir sind hier Ossietzky, Ecke Schleiermacher. Der Wagen hat die Warnleuchten eingeschaltet. Nein, nein, er fährt, er hat nicht angehalten. Aber die zwei da drin sind richtiggehend im Clinch, sie kämpfen am Steuer miteinander.«

»Will die Polizei was unternehmen?« fragt schließlich die Frau.

»Gleich, haben sie gesagt, gleich. Hoffentlich kann man sich auf sie verlassen.«

Danach stehen die drei, horchen in die Nacht. Irgendwoher klingt Gelächter, irgendwo grölen grob und laut singende Stimmen. Aber das befürchtete blecherne Scheppern oder Krachen bleibt aus.

Das Paulusviertel ist ein nobles Wohngebiet gewesen. Aber die vor bald hundert Jahren errichteten Villen und vielgeschossigen Bauten sind heruntergekommen, erst im letzten Jahrzehnt hat man wieder begonnen, sie zu sanieren und zu modernisieren. Und siehe da: Das Viertel hat seine Anziehungskraft nicht eingebüßt. Freilich: Die Straßenerneuerung hier hat noch nicht mithalten können, Schlagloch reiht sich an Querrinne, und die endlosen Kavalkaden der rechts wie links in enger Reihe geparkten Autos machen jede Durchfahrt durch das Viertel zusätzlich zu einem Abenteuer, dem man lieber ausweicht, auch als Polizist.

Die beauftragte Funkstreife quält sich eine Viertelstunde lang durch die maroden zugestellten Straßen, ergebnislos. Als die beiden Männer ihre Suche schon aufgeben wollen, entdecken sie den hellen Mercedes doch noch: in unmittelbarer Nähe des Wasserturms Nord. Es steht neben der Umfassungsmauer des Jüdischen Friedhofs, eine Tür ist geöffnet, die Warnleuchten blinken unverändert. Wie die beiden Streifenpolizisten vorsichtig näher treten, entdecken sie nicht nur das auswärtige Kennzeichenschild, sondern auch den Mann auf dem rechten Vordersitz. Offenbar seinetwegen läßt sich die Tür nicht schließen. Er hängt auf dem Beifahrerplatz, mindestens ohnmächtig, wenn nicht gar leblos, den Kopf halb unter dem Armaturenbord. Ist es der Fahrer, ein Fahrgast? Schon bei flüchtiger Betrachtung erkennen sie: Seine Kleidung ist blutbefleckt, deutlich zerstochen, auch sein Gesicht ist blutig. Sie bemerken im Schein ihrer Taschenlampe schließlich die Wunde im Nacken des Mannes. Das Taxameter, noch eingestellt, gibt einen Betrag von 119,60 DM an. Neben der rechten Vordertür, auf dem Bürgersteig, breitet sich eine dunkle Lache aus. Eindeutig Blut. Ist der Mann außerhalb des Wagens gestorben, später wieder gewaltsam auf den Vordersitz gezerrt worden?

Sie sichern Straße und Wagen, melden ihren Fund.

2

Natürlich handelt es sich bei dem Toten im gelben Mercedes um den Taxifahrer. Es ist Klaus Kurt aus Leipzig, vierundfünfzig Jahre alt, eigentlich bei einem Transportunternehmen als Lkw-Fahrer angestellt. An manchen Wochenenden verdient er sich ein ordentliches Zubrot mit solchen nächtlichen Taxieinsätzen. An diesem Freitag zum Beispiel ist man gern auf ihn zurückgekommen. So erzählt der Chef seiner Leipziger Taxi-Genossenschaft. Aber seine Auskunft ist nur die Bestätigung von manchem, was sie bereits wissen. Als sie, beispielsweise, den Kofferraum des Mercedes durchsuchten, haben sie dort den Ausweis des Opfers gefunden: Klaus Kurt, wohnhaft Leipzig-Gohlis. Eine Brieftasche des Toten oder andere Papiere haben sie freilich nirgends entdecken können. Demnach ist Raubmord das Tatmotiv?

Auch über Kurts letzten Fahrgast wissen sie, erstaunlich, bald einiges. Klaus Kurt hat auf seiner Fahrt zum Paulusviertel einmal in Halles Straßen angehalten, eine zufällig entlangpatroullierende Polizeistreife um eine Auskunft gebeten. Er hat da einen Ausländer im Wagen, hat Klaus Kurt erklärt, einen Polen oder Tschechen, der sich kaum verständlich machen kann. Nun suchen sie ein Spielkasino in der Stadt, eine Spielhölle, vielleicht auch bloß eine Spielhalle mit Automaten. Die beiden Streifenpolizisten haben dem Leipziger Taxifahrer den Weg zum hiesigen Kasino zu beschreiben versucht. »Aber so eine Spielbude mit Automaten, die gibt's auch gleich hier nebenan im Viertel.« Während sie so mit dem Fahrer reden, haben die beiden Polizisten genug Gelegenheit gefunden, den sprachunkundigen Fremden gründlich über die heruntergelassenen Wagenfenster zu betrachten. Nun liefern sie eine erste Beschreibung von ihm. Ziemlich jung war der Mann, zwischen 20 und Anfang 30, ein glattes Gesicht ohne Bart oder Piercing, das Haar war dunkel, na eben dunkelblond, und was den beiden Männern der Nachtstreife gleich aufgefallen war: Dieses dunkle Haar fiel gewissermaßen in der Mitte auseinander, der Mann im Taxi trug so was wie einen Mittelscheitel.

»Daß da ein Streit war zwischen den beiden, irgendeine Art Spannung, habt ihr davon was bemerkt?«

Nein, überhaupt nicht. Der Fremde sagte ja auch kein Wort.

»Wir haben dann noch gestanden und hinterhergesehen, wie der Fahrer mit seinem Taxi in der angegebenen Richtung zum Paulusviertel abbog.«

Die beiden Polizisten vom Streifendienst werden bald auch diejenigen sein, mit deren Hilfe ein erstes Phantombild vom flüchtigen Tatverdächtigen versucht wird.

Der Flüchtige ist ein Ausländer, wirklich ein Pole, vielleicht ein Tscheche? Da paßt ausgezeichnet ins Bild, paßt zu dem, was sie später bei der genaueren Untersuchung des gelben Mercedes, zwischen die Polster eines der Vordersitze gerutscht, gefunden haben: ein Portemonnaie. Es enthielt verschiedene fremde, vermutlich tschechische Münzen und einen vorgedruckten Zettel mit genauso fremden, offenbar auch tschechischen Wörtern. Nach einiger Zeit, nachdem ein Übersetzer ihnen ihre Vermutungen korrigiert hat, ist ihnen klar: Es ist zwar keine Rechnung, auch kein Versicherungsbeleg, es ist ein Pfandschein aus dem tschechischen Teplice.

Ein Tscheche also aus Teplice, ein junger Mann mit Mittelscheitel ...

3

Es hat in den letzten Jahren in den östlichen Bundesländern wenig Übergriffe auf Taxifahrer gegeben. 1995 wurde in Magdeburg ein Fahrer durch Kopfschuß getötet, ein Jahr darauf starb in Dresden ein Berufskollege an seinen Kopfverletzungen, die ihm ein brutaler Raubtäter mit einem Messer zugefügt hatte. Und nun das. Sechzehnmal, so wird die gerichtsmedizinische Untersuchung ergeben, sechzehnmal ist auf den Körper des fünfundvierzigjährigen Leipzigers Klaus Kurt eingestochen worden, offenbar innerhalb kürzester Zeit und mit erheblicher Kraft.

Sie bilden eine Untersuchungskommission aus zwölf Kriminalisten, die Soko Taxi. Sie alarmieren noch in der Tatnacht die Hundestaffel, aber die angesetzten Tiere liefern keine verwertbaren Ergebnisse, die Spuren verlieren sich in Nebenstraßen, an Zäunen des Paulusviertels. Nur eine führt in die Nähe einer beliebten Kneipe. Aber dort hat sich in der Nacht kein Mann zwischen 20 und 35 mit Mittelscheitel und fremdländischem Akzent blicken lassen. Auch in den wenigen anderen Gaststätten der Gegend ist kein Fremder aufgetaucht, der sich vielleicht rasch aufs Klo verzog, um sich die verschmutzten, möglicherweise blutbefleckten Hände zu säubern. Sie befragen bald die Angestellten des städtischen Kasinos und dieser kleinen Automaten- und Billardhalle im Wohnviertel, vergeblich. Am meisten setzen sie freilich auf die Taxifahrer der Stadt und der Umgebung. Unter ihnen hat sich die brutale Tat an ihrem Kollegen in Windeseile herumgesprochen. Schon am Sonnabendmorgen tragen die Antennen jedes Taxis einen schwarzen Trauerflor, auf der Straße am Jüdischen Friedhof häufen sich die niedergelegten Blumensträuße, und wenn auch keine Zeitung an diesem Wochenende schon über das Verbrechen im Viertel um die Pauluskirche berichten kann, die Zusammenhänge und Gerüchte sind bald stadtbekannt. Nein, da sind Gespräche über das Wetter nicht mehr von Bedeutung.

Als sie mit Hilfe der Taxifahrer versuchen, die letzte Fahrstrecke von Klaus Kurt zu rekonstruieren, ergibt sich eine erste Variante: Klaus Kurt hat diese seine letzte Fahrt am Leipziger Hauptbahnhof begonnen (sie können sogar sagen: es war exakt 22 Uhr 15), seine Gäste sind ein Ehepaar, das er nach Halle befördert. Wenige Minuten vor 23 Uhr hat ein Kollege in der Nachbarstadt dieses auswärtige Taxi gesehen und beobachtet, wie das Ehepaar ausgestiegen ist, allerdings nicht in dieser Gegend an der Pauluskirche, vielmehr in der Neustadt. Dann hat Klaus Kurt wohl nach Leipzig zurückkehren wollen. Wie viele Ortskundige bevorzugt er nicht die schnellere Route über die Autobahn, sondern nimmt die kürzere, am Hauptbahnhof vorbei, erst einmal über die

Dörfer. (Auf die Weise kann er Kilometer und Sprit sparen.) Dabei stößt er offenbar in der Eilenburger Straße auf den radebrechenden Ausländer, der mitgenommen, in die Innenstadt zurückgebracht werden will. Weshalb Kurt sich auf das Angebot einläßt? Weil es sein Job ist, Leute zu befördern, gleich wohin sie wollen? Jedenfalls ist sich ein anderer Kollege sicher, den jungen Mann mit dem Mittelscheitel in der Eilenburger Straße am Rotlichtschuppen gesehen zu haben, wie er da stand und winkte. Doch weil er zu dem Zeitpunkt selber Kunden an Bord hatte, konnte er nicht reagieren. Später aber, bei seiner Rückfahrt, hat niemand mehr am Rotlichthaus gewartet.

Also hat Klaus Kurt seinen Mörder dort einsteigen lassen? Man muß es annehmen. Keine Viertelstunde später ist dieses Zusammentreffen mit der Polizeistreife, bei der sich Klaus Kurt nach dem Weg zum Kasino oder zu einer kleineren Spielebude erkundigt, keine weitere Viertelstunde drauf stirbt er in seinem Taxi im Viertel an der Pauluskirche. Ist der Fundort der Tatort? Mit einiger Sicherheit nicht. Wahrscheinlich hat der Täter den Mercedes mit dem Toten noch ein Stück selber gefahren, um ihn an einer ruhigen Stelle zu parken, nicht mitten im Straßengewirr des Paulusviertels stehen zu lassen. Oder hat er das Taxi benutzen wollen, um rasch fortzugelangen, hinaus aus der Stadt, nur, er hat es nicht geschafft, diese auffälligen Warnblinkleuchten auszuschalten? (Unwahrscheinlich, solch technisches Unvermögen.)

Sie haben von vornherein einige Zweifel an diesem Tatablauf. Wenn Klaus Kurt dieses Leipziger Ehepaar in der Neustadt abgesetzt hat, hat er dort doch auch abkassiert. Danach stellt man das Taxameter wieder auf Null. Doch die Taxameteranzeige gab den Betrag von 119,60 DM an, als man den Mercedes fand. Wie hat Kurt mit seinem letzten Fahrgast innerhalb einer reichlichen Viertelstunde so weit und so viel fahren können, daß dieser Betrag zustande kam? Unmöglich. Da liegt doch viel näher, daß Kurt ihn von Leipzig an nach Halle kutschiert hat. Aber Tatsache bleibt: Sie haben erst einmal nur diese Zeugenaussagen, daß Klaus Kurt ein älteres Ehepaar bis in die Neustadt gefahren hat.

Und was ist mit diesem jungen Mann mit Mittelscheitel, der in der Nähe des Rotlichthauses wartete? »Hat der Täter etwa kurz vor der Tat noch einen Puff besucht?« fragt die Zeitung mit den großen Lettern Tage später. Natürlich fragen sich die Kriminalisten das auch. Aber im Rotlicht kann man sich an keinen Stundengast vom vergangenen Freitag erinnern, auf den die Beschreibung zutrifft.

Und die Vorgänge im Mercedes selbst? Hat der Täter den Wagen nach seiner Tat tatsächlich noch ein Stück weit durch die Stadt gefahren, oder ist das Entscheidende, die mögliche Auseinandersetzung ums Geld, die so unglücklich eskalierte, doch erst am Jüdischen Friedhof passiert? Oder war's ein von vornherein, schon in Leipzig kaltblütig geplanter Mord? Jedenfalls ist Klaus Kurt durch 16 Messerstiche ums Leben gekommen, seine Brieftasche (oder hatte er ein Portemonnaie?) ist verschwunden, und der Tat allein verdächtig ist Klaus Kurts letzter Fahrgast, der junge Mann, der Deutsch radebrecht. (Er ist übrigens, das scheint ihnen bald klar, kein gewiefter Täter. Weil er die eigene Geldbörse mit dem Pfandschein zurückläßt, zum Beispiel. Dazu diese nicht ausgeschalteten Warnleuchten. Oder flüchtete der Täter letztlich in übergroßer Panik, mußte er, etwa durch Leute, die näher kamen, seine sofortige Entdeckung fürchten?)

Der übrigens am meisten an der Raubmordvariante zweifelt, ist Detlef Sommer, der Chef der zuständigen Leipziger Taxi-Genossenschaft, der Klaus Kurt gern mit Sonderaufgaben betraute. »Auf Klaus war immer Verlaß, der war diszipliniert. Der wird sich an unsere Vereinbarungen gehalten haben. Leute, habe ich immer gesagt, wenn da einer im Wagen plötzlich verrückt spielt, euch ans Geld will, gebt es ihm, laßt nicht den starken Max raushängen. Geld ist immer ersetzbar, euer Leben nicht. Klaus war zudem kein Muskelprotz, er war klein von Statur. Nein, da müssen ganz andere Anlässe eingetreten sein, daß es zu diesem Kampf im Auto kam.«

4

Es gibt keine wesentlichen Neuigkeiten in den nächsten Tagen, es gibt nur Arbeit, Kleinarbeit, Zeugenbefragungen. Das gerichtsmedizinische Gutachten liegt vor. Danach sind nahezu sämtliche 16 Messerstiche in den Körper von Klaus Kurt von rechts unten erfolgt, also eindeutig von der Beifahrerseite aus. Alle mit erheblicher Gewalt ausgeführt, hätten einige von ihnen schon einzeln und allein den Tod des Taxifahrers bewirken können.

Und das Phantombild des Täters? Im Grunde liegen vier verschiedene vor, alle natürlich nach bestem Wissen und Gewissen gefertigt. Aber welches von ihnen kommt dem Original am nächsten? Nur dieser ominöse Mittelscheitel ist auf allen vier Varianten zu finden. Welches Bild sollte man veröffentlichen? Was würde es ernsthaft bringen?

Nein, auch das erhoffte Phantombild des Täters können die Zeitungen in diesen Tagen nicht veröffentlichen. Da gehen sie ihren eigenen Recherchen nach. Sie befragen zum Beispiel die Taxifahrer in den Städten ringsum nach ihren Erfahrungen. Da erzählt einer von körperlichen Auseinandersetzungen mit einem angetrunkenen Fahrgast. Als er's der Polizei melden konnte, half die ihm.

Doch die meisten Fahrer berichten von der Angst, die ständig mit ihnen fährt. »Ich habe meinen Job längst hinschmeißen wollen«, sagt ein Fahrer, »aber was soll ich sonst machen?« Andere reden von dem bundesweiten Notrufsystem, das seit Jahren diskutiert wird, für das aber das Geld fehlt. »Man sollte wie in England abgetrennte Fahrerkabinen einführen. Man kann ja nie wissen, was einer klammheimlich im Schilde führt, während er mucksmäuschenstill hinter dir sitzt.«

Andere Zeitungsschreiber recherchieren das Leben des Toten, mit aller Vorsicht. Klaus Kurt ist geschieden, seine frühere Frau anderthalb Jahrzehnte jünger als er. Sie wohnt noch im selben Einfamilienhaus wie vor der Scheidung. »Ein schmuckes Haus«, schreiben die Zeitungen. Weshalb ist die Ehe auseinander gegangen? Ist es wichtig? Elke Kurt ist aufs tiefste betroffen, kann das Weinen nicht zurückhalten. »Wieso hat es ausgerechnet Klaus getroffen?« fragt sie. »Er war einer der großherzigsten Menschen, die ich kenne.« Er kümmerte sich auch nach der Trennung noch intensiv um ihre gemeinsamen Kinder. »Vor allem für die beiden Großen ist er immer dagewesen.« Die achtzehnjährige Susanne, der zwanzigjährige Peter. Beide sind blind.

Auch die Fahrer von der Taxi-Genossenschaft haben dem ermordeten Kollegen nur Gutes nachzusagen. »Hoffentlich finden sie das Schwein bald, das das alles angerichtet hat«, fordern sie. Sie haben oft noch härtere Worte für den Täter. »Klaus war immer hilfsbereit, zu Späßen aufgelegt. Keiner hat verstanden, daß er sich scheiden ließ. Er hat gerackert wie ein Tier, die Woche über als Brummifahrer für die Bahn, an den Wochenenden bei uns. Sogar im Urlaub ließ er sich einsetzen. Er brauchte das Geld. Er wollte, nun allein, wieder auf die Beine kommen, sich einrichten. Und dann hatte er ja noch seine Kinder.«

Nein, entscheidend Neues von den Ermittlungen können die Zeitungen in diesen Tagen nicht melden.

5

Sowieso zieht ein anderes Ereignis plötzlich den Großteil der Aufmerksamkeit auf sich.

Noch in derselben Woche nach dem Mord an Klaus Kurt werden an einem Großmarkt vor der Stadt zwei Geldboten überfallen, während sie ihren Transporter mit Geldkoffern und -kassetten beladen, und kaltblütig erschossen, zwei Familienväter Mitte Vierzig. Der unbekannte Täter entkommt mit einer erheblichen Beute, wohl einer halben Million Mark. Oder waren an dem Überfall mehrere Täter beteiligt? Der allgemeine Aufschrei über das Verbrechen und die Berichte samt den sich anschließenden Vermutungen dominieren nicht nur die lokalen Zeitungsseiten, sogar die Nachrichten bundesweit. Da tritt das öffentliche Interesse an dem ermordeten Leipziger Taxifahrer erheblich zurück.

Dabei könnten die Kriminalisten von Halle, was den vermutlichen Mörder Klaus Kurts betrifft, mit einer spektakulären Mitteilung nicht wenig Aufsehen erregen: Sie haben von Anfang an eine heiße Spur. Sie haben ihr Wissen nur nicht an die öffentliche Glocke gehängt, um den Täter nicht zu warnen. Aber: Der letzte Fahrgast Klaus Kurts hat nicht nur sein Portemonnaie im Todestaxi zurückgelassen, sondern gewissermaßen seine vollständige Visitenkarte: Der Schein der Teplicer Pfandleihe enthält seinen vollen Namen und seine Unterschrift: Petr Cebe.

Da ist es ein Leichtes, die Ermittlungsbehörden im tschechischen Nachbarland um Rechtshilfe zu ersuchen. Von dort erfährt man bald: Dieser Petr Cebe ist zweiundzwanzig, in letzter Zeit selten zu Hause anzutreffen, den heimischen Behörden dennoch gut bekannt, mehrfach aufgefallen wegen Diebstahls, Körperverletzung und der unbefugten Benutzung eines Kraftfahrzeugs. Der Kriminalist, der in Teplice Rücksprache mit den dortigen Kollegen hält, bringt außer diesen Informationen auch zwei Fotos von seiner Dienstreise zurück. Das eine zeigt einen jungen Mann mit deutlichem Mittelscheitel. Auch auf dem anderen Foto trägt der junge Mann nicht gerade einen Bürstenschnitt. Unerwartet können sie, als sie mit diesen Bildern an die Öffentlichkeit treten, dazu ein drittes vorweisen: das Foto der Überwachungskamera einer Bank. Petr Cebe hat, bald nachdem er im Taxi die Brieftasche des Toten an sich nahm, mit dessen EC-Karte Geld abzuheben versucht (übrigens mehrfach, auch in Leipzig), hoffnungslos vergeblich natürlich, er kannte den Geheimcode ja nicht. Schon einmal hat ein jugendlicher Mörder in der Stadt mit der EC-Karte seines Opfers Geld abgehoben und ist dabei abgelichtet worden. Der – oder sein Kumpel – hatte allerdings seinem Opfer, einer Musikstudentin, den Geheimcode abgepreßt. Das damals veröffentlichte Foto hatte zur raschen Ergreifung des Täters geführt. Wird sich dieser Erfolg jetzt wiederholen, der Fall Klaus Kurt rasch abgeschlossen werden können?

Keine Woche nach der Tat bereits läuft die Fahndung nach Cebe an. Er wird mit internationalem Haftbefehl gesucht. Wo wird man ihm erneut auf die Spur kommen, wo hat er Unterschlupf gefunden? Wieder in Leipzig, von wo aus er – das nehmen die Kriminalisten mittlerweile mit Sicherheit an – an jenem Freitagabend zu ihnen nach Halle fuhr? Wo hat er dort eigentlich vor der Tat gewohnt oder sich wenigstens aufgehalten? Welcher der Hinweise, die nach der Veröffentlichung der Fotos in den Zeitungen bei ihnen eingehen, hilft entscheidend weiter?

Oder braucht es irgendeines Zufalls, Cebe zu fassen?

6

Kaufhäuser sind manchmal riesige, wenig übersichtlich angelegte öffentliche Warenlager. In dem Bestreben, zahlungswilligen Kunden Angebote in Überfülle zu machen, um sie zu zusätzlichen, unvorhergesehenen Käufen zu überreden, präsentieren die Häuser ständig neue Warenträger, wegen der ansehnlichen Mieten oft auf knapp bemessenem Raum. Da haben es die für die Sicherheit zuständigen Angestellten nicht immer leicht, die Übersicht zu behalten, Ladendiebe aufzuspüren, ihren Tricks zuvorzukommen. Das ist in Supermärkten nicht anders. Da helfen elektronische Diebstahlsmelder, reichlich installierte Kameras oder auch einfache Spiegel nur in beschränktem Maße. Ein gewisser Bestandsschwund muß immer einkalkuliert werden wie eben Verluste durch Überalterung oder Fäulnis auch.

Heinz-Werner Prause gilt im großen Supermarkt an der Regensburger Straße in Hannover als umsichtig und versiert. Er hat einen Blick, heißt es, für die Unauffälligen, Erfahrenen, die sich mit Gleichgültigkeit tarnen und doch bloß auf ihre Chance warten, ohne Geld gut einzukaufen. Dem jungen Mann mit dem dunklen Haar, das ihm zu beiden Seiten locker in die Stirn fällt, gilt seine Aufmerksamkeit an diesem Donnerstagnachmittag bald, er weiß nicht weshalb, er hat da wieder mal so sein Gefühl. Der junge Mann streift durch das zu dieser Tageszeit nur gelegentliche Gedränge in den Gängen, mustert da und dort die Auslagen genauer, stellt auch einzelnes, Flaschen oder Packungen, in seinen Warenwagen und packt es danach wieder zurück, merkwürdig unschlüssig. Als er schließlich durch die Kassenzone geht, hat er nichts weiter zu bezahlen als eine Flasche Wasser und ein paar Kekse.

Als der elektronische Diebstahlsmelder Alarm gibt, ist Heinz-Werner Prause erstaunlich rasch in der Nähe und bittet den eiligen jungen Kunden, doch einmal seine sich beulende Jacke zu öffnen. Da kommt eine Flasche Likör zum Vorschein, nicht einmal teuer, Irish Coffee, aber eindeutig an der Kasse vorbeigeschmuggelt. Der junge Mann muß ins Büro folgen, seine Personalien müssen festgehalten werden. Hat er freiwillig noch anderes Diebesgut vorzuweisen? Sonst wird man ihn untersuchen müssen, körperlich, versteht sich. Der junge Mann hat einige Schwierigkeiten mit der deutschen Sprache, er stottert wohl sogar, nicht nur wegen der Eile, mit der er sich zu verteidigen versucht. Er hat ja bezahlen wollen, nur plötzlich festgestellt, daß er zuwenig Geld mitgenommen hat. Solche und andere Ausflüchte bringt er hervor. Schließlich aber ergibt er sich, wie es scheint, gefaßt in sein Schicksal. Doch als der Warenhausdetektiv nicht nur seinen Namen und seine Adresse notieren, sondern dazu auch den Ausweis vorgewiesen haben will (er hat sich schon damit abgefunden, den Burschen laufen zu lassen, Prause selber darf das entscheiden; was ist denn vorgefallen, eine Bagatelle, und was wird daraus werden: Hausverbot und eine Sanktion, die nie beglichen wird), als Heinz-Werner Prause dann aber die Papiere des anderen vor sich liegen hat, ist es ein tschechischer Paß. Petr Cebe, geboren im Februar 1976 in Teplice, liest er, doch nach einem Einreisestempel sucht er vergebens. Und eine Aufenthaltsgenehmigung existiert erst recht auch nicht? Da weiß Prause, das ist kein Fall mehr bloß für ihr Haus, das ist nun eine Sache für die Polizei.

Keine Viertelstunde später übergibt er den jungen Burschen den Beamten der Funkstreife, die ihn in ihrem Wagen zur nahen Inspektion mitnehmen. Noch ist man dort ahnungslos, wen man da aufgegriffen hat. Erst als die Daten des Festgesetzten in den Computer eingegeben werden, erschrickt man: Dieses unscheinbare Bürschchen, das sich nicht widersetzt, alles mit sich geschehen läßt, wird seit zwei Monaten mit internationalem Haftbefehl gesucht, hinter dem ist sogar Interpol her. Cebe hat vermutlich einen Menschen getötet.

Noch am selben Septemberdonnerstag wird das »unscheinbare Bürschchen« einer Haftrichterin vorgeführt, noch am selben Abend wird Cebe in die Justizvollzugsanstalt überführt. Am nächsten Morgen spätestens weiß man es in Halle. Der Taximörder vom Paulusviertel ist gefaßt. In Hannover! In wenigen Tagen wird er ihnen überstellt. Nein, es gibt eigentlich keine Zweifel, daß sie mit diesem Cebe den Richtigen haben. »Kommt es zur Anklageerhebung, und wir gehen davon aus«, sagt der zuständige Staatsanwalt, »wird Cebe auf jeden Fall nicht in seiner tschechischen Heimat, sondern in unserer Stadt vor Gericht gestellt.«

7

Der Prozeß gegen Petr Cebe findet tatsächlich in Halle statt, im März des darauffolgenden Jahres, sechs Monate nach der zufälligen Verhaftung Cebes in Hannover, acht Monate nach der Tat. Der junge Mann aus Teplice hat den Mord in den Monaten seit seiner Inhaftierung nie gestanden. Wie wird er sich nun verhalten?

Die Zuhörer und die Leute von der Presse, die den Angeklagten im Gerichtssaal zum ersten Male vor sich sehen, staunen: Das ist ja noch ein halbes Kind, das da hereingeführt worden ist, ein schüchterner Teenager. Wie hat man den mal auf deutlich älter, gar bis Mitte Dreißig schätzen können? Sein Gesicht ist schmal, schmächtig, ohne großen Ausdruck, seine mandelbraunen Augen blicken naiv in die Runde. Fällt sein Haar tatsächlich von einem Mittelscheitel nach beiden Seiten oder bloß strähnig in seine Stirn?

Der Staatsanwalt läßt von Beginn an keinen Zweifel: Dieser so wenig auffällige junge Mann ist ein Mörder. In seiner Anklage faßt er den letzten Stand der Ermittlungen zusammen. Cebe hat in der Mordnacht kurz nach 22 Uhr den Mercedes von Klaus Kurt bestiegen, bereits am Leipziger Hauptbahnhof, nicht erst an diesem Eroscenter in der Nachbarstadt. Cebe war Kurts letzter Fahrgast, nicht dieses Ehepaar, das mit einem anderen Taxi nach Halle fuhr, beinahe zur gleichen Zeit. Dort in Halle, in der Nähe des Paulusviertels, erkundigt sich der Fahrer Klaus Kurt nach einer Disko mit Billard und anderen Spielen (nicht nach dem hiesigen Casino), zehn Minuten später, in der Adolf-von-Harnack-Straße, wird er mit sechzehn Messerstichen getötet. Aus Habgier. Petr Cebe will seine Zeche, den entstandenen Fahrpreis, nicht bezahlen, und er will darüber hinaus an Klaus Kurts Geld heran. Cebe zerrt den Toten oder noch Schwerverletzten auf den Beifahrersitz des Taxis, fährt mit ihm – noch zehn Minuten, fünf, drei? – durch die Stadt, bis er am Jüdischen Friedhof einen ruhigen Platz gefunden zu haben glaubt. Von dort flüchtet er, nimmt Portemonnaie und EC-Karte seines Opfers mit. Dafür läßt er seine Geldbörse mit tschechischen Münzen und diese Pfandbescheinigung mit seinem Namen zurück, gewiß unbeabsichtigt, aber für die folgenden Ermittlungen sehr nützlich. Die Tatwaffe freilich, ein festes Messer mit wenigstens zwölf Zentimetern Klingenlänge, wird nie gefunden. In den Tagen danach versucht Cebe insgesamt fünfmal, mit der entwendeten EC-Karte Geldbeträge an Bankautomaten zu ziehen. Da ihm der Geheimcode unbekannt geblieben ist, sind seine Versuche jedesmal erfolglos. Einmal liefert eine Überwachungskamera eindeutige Bilder von ihm, wie er zu manipulieren versucht.

Der Prozeß ist auf wenige Tage angesetzt. Die Zusammenhänge scheinen klar, die Indizien eindeutig. Am ersten Prozeßtag wird der Angeklagte angehört, die nächsten beiden sind den Zeugen und den Gutachtern vorbehalten. Petr Cebe antwortet schüchtern und leise. Auch in seiner Heimatsprache äußert er sich nicht fließend, sondern stottert zuweilen eindeutig. Jeder seiner Sätze wird von einer Dolmetscherin übersetzt, das macht das Verfahren zusätzlich langwierig, manchmal spannend. Er ist entsetzt über die Anklage, erklärt Cebe, er hat nicht viel Glück gehabt im Leben, hat keine feste Wohnung, hatte immer Schwierigkeiten mit den Eltern, aber er ist kein Mörder. Es ist ein Unfall gewesen im Mercedes, sie sind in Streit gekommen, nein, nicht wegen des Fahrpreises, Herr Kurt hat ihn nicht weiterfahren wollen. Herr Kurt hat auf ihn eingeboxt, das hat er nicht unerwidert gelassen. Später ist das seine Version: Er hat aus dem Taxi aussteigen wollen, aber die Tür der Beifahrerseite nicht öffnen können, sie war wohl verriegelt, so hat er über den Fahrer, Herrn Kurt, hinwegsteigen wollen. Das hat der vielleicht als Angriff aufgefaßt, sie haben sich ja nie richtig miteinander verständigen können.

»Und bei dieser Rangelei haben Sie unvermittelt nach Ihrem Messer gegriffen?«

»Das hatte ich irgendwie plötzlich in der Hand.«

»Und Sie haben wahllos zugestochen, in Notwehr? Von oben?«

»Ja.«

»Und wie erklären Sie sich da, daß nahezu alle Ihre Stiche den Leib Ihres Opfers von unten trafen? Sechzehn Stiche? Sind Sie sicher, daß Sie die Wahrheit reden?«

»Ich denke.«

»Sie sind mit Ihrem Opfer danach noch minutenlang durch das Stadtviertel gefahren. Weshalb?«

»Ich wollte Hilfe für ihn finden.«

Den Vernehmungen der Zeugen an den nächsten Tagen folgt Cebe ohne große Regung. Er hält die Hände im Schoß, den Blick gesenkt. Es gibt nur wenig bislang Unbekanntes noch zur Sache vorzutragen. Über das meiste hat die Presse längst informiert. Die beiden Streifenpolizisten, die dem Mercedes den Weg ins Wohnviertel an der Pauluskirche wiesen, erklären nun – zum Beipiel – genau, wie es war. »Wir hielten uns gerade in der Nähe der Moritzburg auf, da fragte uns dieser fremde Mercedesfahrer nach einer Disko mit Billard, wo auch Ausländer sind. Der Fahrer machte einen frischen Eindruck. Sein Fahrgast, der Angeklagte, studierte offenbar einen Stadtplan. Wir konnten keinerlei Spannungen, keine Auseinandersetzungen im Auto feststellen.«

»Na bitte«, erklärt der Verteidiger irgendwann später. »Mindestens da kann noch nicht von einer Tatabsicht die Rede gewesen sein.« Natürlich versucht er immer wieder, zugunsten seines Mandanten das Mordmotiv in Frage zu stellen. Daß Cebe an Klaus Kurts Tod schuld ist, kann und will natürlich auch er nicht aus der Welt schaffen.

Das Ehepaar und der Freund, die drei nächtlichen Heimkehrer, sagen aus, weshalb sie in der Nacht die Polizei informierten. Die Männer aus dem Funkstreifenwagen berichten, wie sie als erste am Jüdischen Friedhof eintrafen. »Der Tote lag nahezu kopfüber auf dem Beifahrersitz, den Kopf unterm Armaturenbrett. Seine Kleidung, sein Gesicht waren blutbefleckt.« Es gibt sogar einen Zeugen, der den Angeklagten in der Nacht, in der Nähe des parkenden Mercedes, hat fortrennen sehen. Der Zeuge hat Cebe zwar nicht direkt an diesem Auto hantieren, ihn auch nicht aussteigen sehen, aber Cebe hat solche Kleidungsstücke in der Tatnacht tatsächlich getragen: ein helles T-Shirt, eine knielange Hose. Diese vergeblichen Versuche am Bankautomaten kommen gründlich zur Sprache, die medizinischen Gutachten über den Zustand des Toten.

Als Cebe schließlich nach wie vor bei seiner Aussage verharrt, er habe nicht aus dem Taxi steigen können, daraus habe sich alles andere ergeben, läßt der Vorsitzende Richter den Mercedes aus Leipzig in den Hof des Gerichts holen und die Tatereignisse nachstellen. Cebe muß sich in dem Wagen gewissermaßen als Schauspieler betätigen. Ein Gutachter weist nach, wie leicht sich die Seitentür des Wagens öffnen läßt.

»Und wenn der Angeklagte in seiner Hektik den Griff trotzdem nicht gefunden hat?« fragt der Verteidiger. »Und wenn er die Geldbörse des Fahrers mit seiner eigenen verwechselt hat? Es ist doch wohl ziemlich das Dämlichste, das eigene Portemonnaie samt Anschrift und Unterschrift so ohne weiteres zurückzulassen. Genauso naiv ist es, den Toten neben sich, mit auffälligen Lichtsignalen durch das schließlich nicht gänzlich unbelebte nächtliche Wohnviertel zu fahren. Es war der reine Zufall, daß mein Mandant da noch fliehen konnte.«

Nach allem ist für den Staatsanwalt klar, und er sagt es unumwunden in seinem Plädoyer: Auch wenn, was im einzelnen im Taxi abgelaufen ist, nicht bis ins letzte aufgeklärt werden kann – das ist allein Täterwissen, und dieser Täter gibt nur verschleiernde Auskünfte –, die Zeugenanhörungen haben die Anklage Punkt für Punkt bestätigt. Petr Cebe hat aus niederen Beweggründen den Taxifahrer Klaus Kurt in der Nacht zum 11. Juli getötet, aus Habgier, um die Fahrtkosten nicht zu begleichen und um an das Bargeld seines Opfers zu gelangen. Wenn er auch mit ihr nicht umgehen, nichts mit ihr anfangen konnte: Die Geldkarte des Taxifahrers Klaus Kurt war für ihn eine glückliche Zusatzbeute.

Während der Staatsanwalt eine lebenslange Freiheitsstrafe beantragt, tritt der Verteidiger in seinem Plädoyer für eine zeitliche Begrenzung der Strafe ein. Für ihn sind die Ereignisse im Paulusviertel nach wie vor nicht beabsichtigt, vielmehr das Ergebnis einer »spontanen, panikartigen Reaktion«.

Das Urteil wird Tage später, Anfang April 1998, verkündet. Die Strafkammer folgt dem Antrag des Staatsanwalts: Lebenslänglich. Petr Cebe muß für wenigstens fünfzehn Jahre hinter Gittern seine Tat sühnen. »Als Sie zu Ihrem Opfer in Leipzig ins Taxi stiegen, taten Sie das zweifelsohne nicht mit dem Vorsatz, Klaus Kurt zu töten. Aber ihn um das Fahrgeld prellen, das wollten Sie wohl da schon. Doch als Ihr Opfer ernsthaft sein Geld verlangte, entschlossen Sie sich zur Tat, stachen Sie zu. Alles andere sind Schutzbehauptungen. Die Geldbörse haben Sie aus Versehen mitgenommen, Sie haben selbst genug Geld besessen und es Ihrem Opfer gezeigt? Klaus Kurt hat Sie in das Taxi zurückgezogen und dann geschlagen? Das alles ist widersprüchlich und herzlich wenig einleuchtend. Eindeutig sind dagegen die Stiche und die Stichkanäle. Und sie bedeuten: Sie stachen von rechts zu, vom Beifahrersitz, sechzehnmal, mit brutaler Tötungsabsicht.«

Petr Cebe, Jahrgang 1976, geboren im nordböhmischen Teplice. Mit fünfzehn verläßt er die Schule, bricht die sechste Klasse ab. Ein knappes Lehrjahr lang ist er Schuhverkäufer, schlecht und recht. Danach gerät er »in eine miese Truppe«, stiehlt gemeinsam mit anderen, schlägt sich mit ihnen herum. Schließlich begreift er, was er mit seinen homosexuellen Neigungen anfangen kann. Er wechselt über die Grenze ins reiche Nachbarland, fängt an (oder fährt fort), als Strichjunge Geld zu verdienen. Das sagt auch der Vorsitzende der Strafkammer: »Sie sind mittellos nach Deutschland gereist, um sich mit Männerbekanntschaften durchzuschlagen.«

Petr Cebe zeigt im Prozeß keine Reue, er entschuldigt sich zu keinem Zeitpunkt, auch nicht, als er das letzte Wort erhält. Oft hat er geschwiegen, »ein eisiges Schweigen«, selten hat er sich bewegt gezeigt, »eine erschreckende Gefühlskälte«. Er wird wortlos aus dem Saal geführt. Nur zuletzt verliert sein Gesicht die Starre, überkommt ihn ein Lächeln für die Kameras. So wird er erstaunlicherweise nicht wenigen Prozeßbeteiligten in der Erinnerung bleiben.

Im Erdloch

Die Landschaft ist eigenwillig. Fast ein Jahrhundert lang ist hier Kohle abgebaut worden, braune, satte, ertragreiche Flöze wölbten sich, streckten sich unter karger Erde. Bagger wühlten ihre Bänder schräg in den Boden, schrämten den Abraum weg, bargen den Reichtum darunter. Nun ist nur die geschröpfte Landschaft geblieben, Senken, Buckel, Tiefen, Hänge. Auf manchen Schrägen sind Baumreihen gepflanzt, ganze Wälder. Anderwärts soll sich Wasser stauen, Seen bilden, zwanzig Stockwerke tief. Es gibt Pläne über die Jahrzehnte weg.

So ist die Gegend hier. Die Dörfer leben viel von der Vergangenheit, den Gruben, den Kohlefabriken. Was für Tätigsein gibt es da noch? Die Jungen, die lebendig, rege sind, setzen sich ab, suchen den Wohlstand in der Ferne. Wer bleibt da zurück?

Töchter werden heutzutage früher flügge. Meine Güte, mit 13. Wann hat sie ihren ersten Freund gehabt? denkt Sabrina Zeidler. Hinter der Gartenanlage überm Abraum hat sie sich mit ihm getroffen, gezittert, als seine Hände nach ihrer Haut suchten. Und wann ist sie mit Jochen in die Abstellkammer hinterm Hof seiner Eltern gestiegen? Jochen sollte schon der Mann für immer sein. 19 war sie, als sie schließlich Karsten heiratete, und immer noch 19, als Manu kam, Manuela.

Wie schnell die Jahre seitdem vergangen sind. Waren sie turbulent, verrückt? Die Wende lag mittendrin. Sie hat ihre Arbeit verloren und doch neue, ganz andere gefunden, am Computer, eine Sekretärinnenstelle, und dann noch einmal eine andere in diesem Spieleshop, sie hat sich mutig von Karsten getrennt und mittlerweile eine irre Angst vor jeder neuen dauerhaften Bindung, nachdem zwei, drei ernst gemeinte Versuche gescheitert sind. Woran liegt es? An ihr? Sie ist 33, seit Jahren geschieden und Mutter zweier Kinder. Macht Manu sie im nächsten Sommer zur frühen Oma? Um Gottes willen.

Töchter werden heutzutage früher flügge. Der Satz geht ihr

nicht mehr aus dem Kopf, seit Manu diesen Freund hat, ihn mit nach Hause schleppt. Rüdiger, kein schlechter Kerl, hübsch, freundlich, intelligent, sie kann nichts Nachteiliges über ihn sagen, aber muß das denn sein? Eine Dreizehnjährige und einer mit 17? Wie soll sich eine Mutter da verhalten? Sie schmiert ihm Schnitten, sie setzt sich mit ihm an den Küchentisch, als wäre er ihr eigener Sohn. Doch die letzte Frage wagt sie Manuela nicht zu stellen: Schläfst du etwa schon mit ihm?

Dafür gibt sie der Tochter sogar Ratschläge. Gute, nützliche, überflüssige?

»Mama, Niko will immer bei uns sein.«

»Bei wem?«

»Bei Rüdiger und mir. Immer hängt er sich an uns dran, läuft mit uns, ans Wasser, ins Wäldchen. Oder wenn wir Eis essen.«

»Und ihr wollt allein sein!«

»Ja, Mama.«

»Soll dein Rüdiger ihn doch zur Rede stellen. Soll er's ihm sagen: Nur ihr beide wollt was unternehmen. Da braucht's keinen Dritten. Hat dein Rüdiger das schon mal versucht?«

»Ich hätt' ihm den Freund weggenommen, sagt Niko. Früher ist Rüdiger oft mit ihm zusammen gegangen. Nun nicht mehr. Nun hat er ja mich.«

Das Mädchen. Manchmal verharrt es vorm großen Schrankspiegel im mütterlichen Schlafzimmer, mustert sich kritisch, ist wenig mit sich zufrieden. Sie ist ein schwabbliger Pummel, denkt sie abfällig, sagt es auch, nicht nur der Mutter. Die Beine sind zu dick, die Oberschenkel vor allem, sicherlich grade von hinten. Nein, sie hat oft keine Lust, baden zu gehen. Erst recht die Schulsportstunden im Turndreß sind ihr ein Greuel. Dabei laufen ihr nun schon zwei Jungen nach. Es wird ihr Selbstbewußtsein stärken, ihre Sicherheit. Oder trauert dieser Niko wirklich nur eifersüchtig einer verloren geglaubten Jungenfreundschaft nach, interessiert ihn Manu nicht im geringsten?

Sabrina Zeidler mutet ihrer Älteren genügend Aufgaben zu. Sie muß reichlich im Haushalt zugreifen, im Haus, mitunter sogar kochen, wenigstens fürs warme Essen sorgen, sie muß sich außerdem um die fünf Jahre jüngere Schwester kümmern, Heike. Und was kann sie den oft sich selbst überlassenen Kindern als Ausgleich bieten? Einmal im Jahr eine Reise zu einem Onkel vorm Thüringer Wald, der sie nicht einmal kostenfrei aufnimmt. Aber anderer Urlaub ist bei ihrem Gehalt für drei Leute kaum drin. Soll sie ihrem Kind da eindringlich ins Gewissen reden, ihm seine frühe Freude nehmen, diese Freundschaft: Du hast noch so viel Zeit, nach einer Bindung zu suchen; warte, Kind, warte?

Nicht selten fühlt sie sich so hin- und hergerissen und ist zugleich gelähmt in ihrem Vorsatz, irgend etwas Ernsthaftes zu unternehmen.

Im Spätsommer verändert sich das Verhalten Manuelas urplötzlich, fast von einem Tag auf den anderen. Das Mädchen hat kaum Appetit, zu keiner Mahlzeit, verkriecht sich in seinem Zimmer, vermißt sogar den Fernseher nicht, taucht frühmorgens schon mit tränengerötetem Gesicht in Wohnküche und Bad auf, hat Schwierigkeiten in der Schule. Eine Mathematikarbeit ist völlig verhauen. Hat Manu unerwartet körperliche Beschwerden, Probleme mit ihrer Regel? Bleibt die etwa aus?

Nach einer Woche offenbart sich die Tochter, und es ist viel schlimmer: Jutta Schmieder, die Mutter von Rüdiger, will aus dem Dorf wegziehen, sehr bald, nach Westfalen. Ihre neue Bekanntschaft dort ist kein Strohfeuer, kein Spaß, sondern eine dauerhafte Hoffnung für sie alle, auch für Rüdiger. Und deshalb muß der Junge mit der Mutter mitziehen, natürlich. Wieviel Möglichkeiten für eine ordentliche Lehrstelle eröffnen sich ihm da, zum Beispiel ...

»Ach, Mami.«

Manuela wirft sich der Mutter an den Hals, läßt den Tränen, ihrem Schluchzen freien Lauf, und Sabrina Zeidler, bei aller Betroffenheit über den hervorbrechenden verzweifelten Schmerz ihrer Tochter, spürt doch Erleichterung. Es ist wie ein Krampf, der schwindet: So lösen sich die Probleme von selbst. Das Kind wird über seinen ersten Liebeskummer hinwegkommen, und es wird gut sein. Wer weiß, wie viele frühe Sorgen ihnen beiden erspart bleiben.

Trotzdem: Wie haben sie nur die nächsten vier Wochen überstanden?

Mitte Oktober wartet ein kleiner Möbelwagen vor der Wohnung der Schmieders. Nur ein kleiner Stapel Kartons und ein paar

Koffer haben darin Platz. Die Schränke und Sessel mitzunehmen haben sie wohl nicht nötig? Einige Nachbarn beobachten hinter ihren Gardinen die Wegfahrt im schwachen Morgenzwielicht. Jutta Schmieder und der Junge haben offenbar ihr Glück gemacht. Der Mann, der den Abtransport ihrer spärlichen Habe mit viel Gesten organisiert, trägt keine billigen Klamotten und verstaut Jutta Schmieder und ihren Jungen in einem schwarzen Auto mit silbernen Sternen auf Kühlerhaube und Heck.

Wenige Tage später erschrickt Sabrina Zeidler. An ihrer Wohnungstür klingelt es ungestüm: einmal, zweimal, mit einem kleinen Abstand dazwischen. Sie kann nur noch ihrer Tochter nachstarren, die davonrennt, aufschreit, an der Tür ihre Arme ausbreitet: Draußen steht der siebzehnjährige Rüdiger Schmieder, öffnet seine Arme genauso. Wieso das alles? Ist der Junge allein zurückgeblieben, seiner Mutter nicht gefolgt? Nein, antwortet Rüdiger Schmieder nach ein paar wortlosen Minuten. Er hat sich von Manu nicht richtig verabschieden können. Nun hat er es nicht allein ausgehalten ohne sie, vielleicht denkt sie sogar Schlimmes von ihm, das soll nicht sein, da ist er eben wieder zurückgefahren.

»Von Westfalen hierher? Allein?«

»Heute, ja, mit dem Zug.«

»Und was soll nun werden?«

Sabrina Zeidler ist in ihrer Spielothek manchmal Mädchen für alles, für die Küche zuständig, fürs Servieren, selbst für die Kontrolle der Automaten. Nach ihrer Sekretärinnenstelle ein Aufstieg, ein Abschwung? Aber mach was, wenn deine Firma radikal Stellen einsparen muß und du oben auf der Liste stehst. Nun ist sie jedenfalls täglich einige Zeit mehr als früher unterwegs zu ihrer Arbeit, und nicht selten muß sie Spätschichten einkalkulieren. Gut nur, daß sie sich einigermaßen auf Manuela und ihre Mithilfe im Haushalt verlassen kann.

Es ist mittlerweile Mitte November. Der unerwartete Besuch von Rüdiger Schmieder liegt nun schon wieder einen Monat zurück, und Manuela hat ihn, wie die Mutter glaubt, gelassen überstanden. Ob in jener Nacht etwas zwischen Rüdiger und Manu vorgefallen ist? Sie hat dem Jungen sein Bett auf der Wohnzimmercouch bereitet, und Manuela hat im Kinderzimmer geschlafen. Sie selber hat zwei Stunden wach gelegen, auf jeden Laut gespannt, und ist dann doch traumlos weggenickt. Hätte sie in jener Nacht statt Heike im Kinderzimmer übernachten sollen? Rüdiger ist noch den ganzen Tag über bei ihnen geblieben, die Schwester hat für Manu einen Entschuldigungszettel in die Schule mitgenommen: Manu hat Fieber, eine Erkältung, und am Abend ist der Junge wieder Richtung neuer Heimat verschwunden, zur Mutter. Seitdem hat es noch ein paar wechselseitige Telefonate gegeben, aber seit vierzehn Tagen herrscht Schweigen. Funkstille, wie Sabrina Zeidler mit Genugtuung feststellt. So lösen sich eben die Probleme, denkt sie zum wiederholten Male, man muß nur Geduld aufbringen. Was soll auch zwischen solchen jungschen Dingern die Monate überdauern?

Am 15. November erhält Sabrina Zeidler einen Anruf in ihrer Spielothek. Manuela ist am Telefon. Das geschieht relativ selten. Es braucht keine zusätzlichen Absprachen zwischen ihnen, erst recht keine Kontrollen. Gibt's diesmal etwas Besonderes? Nein, erklärt Manuela an diesem späten Novembernachmittag, nur daß sie noch einen Besuch bei einer Freundin machen will. Sie nimmt das Rad. Es dauert nicht lange, höchstens eine Stunde. Aber die Mutter soll Bescheid wissen.

»Du erlaubst mir das doch, ja, Mami?«

»Aber achte auf dich. Sei vorsichtig. Es ist längst dunkel, heute auch kalt und naß.«

Sabrina Zeidler hat Dienst bis acht Uhr, dann kommt die Ablösung für die Nachtschicht, auch so ein ganz junges Ding.

Zu Hause staunt sie, oder erschrickt sie gleich? Heike hat sich poppige Musik im Fernsehen angestellt, im Wohnzimmer. Genauso laut dröhnt das Kassettendeck der Schwestern im Kinderzimmer. Wie kann man solchen doppelten Lärm nur aushalten? Und von Manuela keine Spur.

»Hast du wenigstens schon was gegessen, Heike, wenigstens ein bißchen Obst?«

Als nach zwei Stunden gemeinsamem Warten – auch Heike bleibt auf, will auf keinen Fall ins Bett – die ältere Schwester noch immer nicht heimgekommen ist, sich auch nicht von irgendwoher sonst gemeldet hat, ruft Sabrina Zeidler bei verschiedenen Bekannten an, Eltern von Freundinnen ihrer Tochter, vergeblich, am Ende sogar bei Jutta Schmieder in Westfalen. Manu hat die

Nummer aufgeschrieben. Der erste Verdacht, daß dieser Rüdiger noch einmal zurückgekommen ist, das Mädchen umgarnt, vielleicht mitgenommen hat, wird er sich bestätigen? Aber ausgerechnet Rüdiger Schmieder antwortet ihr am Telefon.

»Was ist mit Manu? Sie hat gesagt, ich bin geflüchtet. Nun will sie mich nicht wieder sprechen.«

Als Sabrina Zeidler alles begriffen hat, ruft sie voller Angst die Polizei an, den Notruf.

»Bitte helfen Sie mir, bitte.«

»Befürchten Sie nichts Schlimmes. Ihr Kind wird sich schon wieder einfinden.«

Und wirklich, das Mädchen findet sich ein. Am nächsten Mittag, in ihrer Spielothek. Was hat Sabrina Zeidler denn Schlimmes erwartet. Und doch ...

»Manu, wie siehst du aus?«

»Ach, Mami.«

»Deine Jacke, die Jeans. So schmutzig.«

»Ich bin hergelaufen. Zweieinhalb Stunden.«

»Hergelaufen? Woher? Wo ist dein Rad?«

»Er hat mich festgehalten.«

»Wer?«

»Niko.«

»Was hast du mit Niko zu schaffen?«

»Niko hat mir gesagt: Da wartet Rüdiger. Aber es war Lüge. Er wollte mich selber treffen.«

»Wo ist dein Rad, dein Fahrrad?«

»Er hat das Hinterrad rausgebaut, Niko. Deshalb mußte ich laufen.«

»Und wo bist du gewesen, die ganze Nacht über?«

»In diesem Erdloch. Er hat mich gefesselt.«

»In einem Erdloch, mit Niko? Wo? Was hat er mit dir gemacht? Gefesselt?«

»Ach, Mami.«

Keine Stunde später ist ein Funkstreifenwagen der Polizei unterwegs nach Großkieritz, einem Ort in der Nähe. Die drei Männer darin wissen: In Großkieritz existiert eine Ausbildungsstätte für Jugendliche, dort werden Siebzehnjährige der Region an Tapeten, Holz und Metall auf einen möglichen Berufseinstieg vorbereitet. Manchmal buddeln sie auch Löcher für Baumsetzlinge auf den alten Tagebauhängen. Einer der Jungen in der Ausbildungsstätte ist vorläufig festzunehmen. Die drei Männer kennen den Grund für die vorläufige Festnahme nicht, sie kennen auch nicht das Gesicht des jungen Mannes, sie kennen nur seinen Namen: Nikolaus Kupfer.

Als der Wagen der Funkstreife nach einigem Herumirren auf das Gelände der Ausbildungsstätte gelangt – verschiedene Baracken stehen hier neben Haufen ausgelagerten Schrotts und einer verlassenen Werkhalle mit Dutzenden zerbrochener Fensterscheiben –, als sie auf dem Hof vorfahren, ist es gerade vierzehn Uhr, Ausbildungsschluß. Ein Dutzend Jungen wartet an einer Bushaltestelle, andere kommen dem Polizeifahrzeug auf Fahrrädern entgegen.

»Der Kupfer ist sonst ganz ordentlich«, erklärt schließlich ein Ausbilder den Männern von der Funkstreife. »Aber heute war er ziemlich nervös und unsicher. Er ist als einer der ersten verschwunden. Nach dem Mittag war er merkwürdig fahrig, kriegte sogar Nasenbluten. Weshalb sucht ihr ihn denn?«

»Irgendeine Auskunft. Habt ihr denn keine Bilder von denen?«

Da zeigt man ihnen an einer Pinnwand ein paar Aufnahmen von Versammlungen und einer Feier. Einer der Dutzendköpfe darauf gehört also zu diesem Kupfer: ein ovales Gesicht mit Stoppelhaaren und hervortretender Nase. Müssen sie sich's merken?

Als sie längst auf dem Rückweg in ihre Dienststelle sind, erfolglos, der Auftrag konnte nicht erfüllt werden, natürlich nicht, entdecken sie vor sich einen jugendlichen Radfahrer, der sich merkwürdig verhält. Einer dieser Siebzehnjährigen aus der Ausbildungsstätte vielleicht? Sein Haar ist kurz geschnitten, seine Nase auffällig spitz, scheint ihnen. Der Junge wendet sich öfter nach ihnen um, als sie ihm näher kommen, dann biegt er auf einen Feldweg ein, wohin ihm kein Auto folgen kann. Hinter einem Gebüsch wirft er etwas von sich, offenbar ein Päckchen, rast auf seinem Rad weiter.

»Wartet mal«, sagt der Leiter der Funkwagenbesatzung, »halt an.« Dann läuft er die 50 Meter bis zu diesem Gebüsch, sucht das weggeworfene Päckchen hervor. Es ist eine zusammengeknüllte

Decke, eine Art Schlafsack. Weshalb kann einem so ein Ding zuviel sein, daß man es wegwirft?

Wie oft bringt Polizeiarbeit trotz tage- oder wochenlangem Aufwand nur minimalen oder gar keinen Erfolg? An diesem Freitagnachmittag ist alles anders. An diesem Freitagnachmittag haben sie Glück: Als sie in die Stadt zurückkehren, begegnen sie diesem stoppelhaarigen jungen Radfahrer ein weiteres Mal. In der Nähe eines Supermarkts läßt er vor Aufregung – oder in Panik? – sein Fahrrad achtlos liegen, flüchtet zu Fuß weiter. Als sie ihn nach kaum fünf Minuten in einem Hinterhof stellen, seinen Ausweis verlangen, irgendeine Identifikation, ist es nur eine Bestätigung für ihre Vermutung: Ja, es ist dieser Nikolaus Kupfer, den sie festsetzen sollen. Als sie seine Taschen abklopfen, seine Kleidung durchsuchen, finden sie ein blankes Messer mit ziemlich langer Klinge sowie Schmuck, wie ihn Mädchen tragen.

Ob das alles von Bedeutung ist? Die drei Polizisten nicken einander zu, heben die Schultern. Damit sollen sich nun andere befassen.

»Hab keine Sorge, Manuela. Es kann dir nichts mehr geschehen. Erzähl uns nur noch einmal, wie alles passiert ist. Wir müssen es wissen.«

»Er hat mich vor unserem Haus abgepaßt, dort im Dunkeln, mit seinem Rad. Er hat gesagt, er soll mir Grüße ausrichten von jemandem, der auf mich wartet.«

»Niko Kupfer hat dir also Grüße ausrichten sollen. Du wußtest, von wem? Hast gleich genauer danach gefragt?«

»Rüdiger, sagte er, ist heimlich wieder zu uns gekommen von drüben, zu uns in die Stadt. Rüdiger, mein Freund. Nun hält er sich krank in einem Bunker versteckt, den er von früher kennt. Ein Doktor ist schon bestellt.«

»Du hast das alles geglaubt?«

»Rüdiger ist wiedergekommen, nur meinetwegen, er hat mich noch gern. Vierzehn Tage lang haben wir nicht miteinander telefoniert. Ich habe Mutti angerufen, ich bin noch mal eine Stunde unterwegs mit dem Rad, hab ich gesagt. Dann sind wir los mit den Rädern zum Grubensee. Dort ist der Bunker, hat Niko gesagt. Im Herbst hätten Rüdiger und er ihn entdeckt. Nun hat sich Rüdiger dort versteckt. Nach zwanzig Minuten Fahrt hat Nikos Rad hinten die Luft verloren, da haben wir die Räder den Rest Weg geschoben.«

Sie sitzen zu dritt in einem dürftigen Amtszimmer, eine Polizeipsychologin oder in Jugendfragen erfahrene Kriminalistin, so genau hat das Sabrina Zeidler nicht mitbekommen, sie selber und ihr Mädchen. Sabrina Zeidler, nach den Aufregungen der Nacht und ihrer Schlaflosigkeit im Grunde unendlich müde, verfolgt hellwach jedes Wort ihres Kindes, das nun mit vielen Einzelheiten erzählt, was ihm seit dem Abend gestern widerfahren ist.

»Ihr habt also die Räder den Rest Weg gemeinsam geschoben?«

»Erst schob nur Niko, ich fuhr Schritt. Aber dann schob ich auch. Das war leichter.«

Sabrina Zeidler schießen immer aufs neue die Tränen ins Gesicht, wenn sie sich die beiden vorstellt, in der Dunkelheit unterwegs zu diesem Marterplatz, Manuela gutgläubig, dieses naive Ding, an der Seite dieses anderen ...

Die beiden erreichen das ehemalige Tagebaugelände, sie bugsieren ihre Räder eine steile Böschung hinauf und laufen dort zwischen den halbhohen Bäumen der Neubepflanzung weiter. Plötzlich verharren sie. Weshalb? Wir sind da, erklärt Niko. Hier? Manuela muß ihr Fahrrad niederlegen, dazu ihre Brille und ihre gedrechselte hölzerne Amulettkette an Niko Kupfer übergeben. Warum das? »Das ist so Brauch, wenn wir in den Bunker gehen«, erwidert Niko.

Er schlingt ihr einen Schal um das Gesicht, verbindet ihr so die Augen und schiebt sie Schritt für Schritt voran, bis sie etwas wie Bretter unter ihren Füßen spürt, ein Stück Kiste. Da muß sie ihre Hände heben, und er faßt sie, für Sekunden schwebt sie, daß sie das erste Mal Angst überkommt. Ihre pendelnden Füße suchen hilflos, tasten, finden Leitersprossen, zwei, drei, schließlich doch keinen Halt mehr. Da läßt Kupfer sie fallen, daß sie am Boden einknickt, und kommt ihr nachgeklettert. Sie muß sich auf ein niedriges Podest legen, festgestampfte kalte Erde, notdürftig mit einem Wolltuch überdeckt. »Das ist das Bette«, erklärt Kupfer. Wo ist sie hier? fragt sie sich. Ist das eine Höhle, eine Grube? Und wo ist Rüdiger? Kann Rüdiger nicht wenigstens ein Wort sagen? »He, hallo, Rüdiger, antworte mir doch!« ruft sie. Doch sie erhält, von den merkwürdigen Umständen nun sowieso schon reichlich verunsichert, keine Antwort, nur Niko spricht: »Jetzt ist erst mal der Doktor da«, sagt er. »Und der soll auch dich untersuchen, ich habe ihm schon fünfzig Mark dafür bezahlt.« Sie fühlt Hände an ihrem Bauch entlangtasten, Finger, die über ihre Schenkel streifen. Minuten später, nach einigem Raunen, ruft Niko Kupfer deutlich von draußen, von oben herab in die Grube: »Du hast was an den Schenkeln, eine fremde Sache, hat der Doktor gesagt.« Da ist sie für Minuten verwirrt. Wie lange schon quält sie diese Vorstellung, um Bauch und Schenkel zu dick zu sein. Hat der Doktor nun dafür eine ärztliche Erklärung gefunden, kann er ihr Hoffnung auf Veränderung machen?

Aber sie hat kaum Zeit, darüber nachzusinnen. Wieder ist jemand unten im Schacht, in diesem Bunker, neben ihr, Niko. Sie soll die Hände hinter dem Kopf falten, befiehlt er, dann zieht er ihr nacheinander Schuhe und Jeans aus, streift ihr den Slip herunter, ist mit seinen Fingern an ihr, in ihr. Da endlich schreit sie, die suchenden Finger tun ihr weh, sowieso überflutet sie nun nackte Angst. Nichts ist da mehr von Gutgläubigkeit. Wie sie sich den Schal von den Augen reißt, erkennt sie im Dämmerlicht Niko Kupfer vor sich, mit herabgelassener Hose. Mit Schrecken begreift sie, was eigentlich vorgeht. Niko Kupfer hat sie reingelegt, ihr was vorgeschwatzt von diesem Doktor und Rüdigers Rückkehr und Krankheit, er hat sie übertölpelt. Er selber will was von ihr, Eindeutiges, nun gibt es für sie nur das: Sie muß aufstehen, sofort, weg, raus aus dieser Höhle, aus diesem Gefängnis. »Ich will das nicht«, schreit sie, »laß mich raus, fort!« Aber so sehr sie sich aufbäumt, hochreckt, Niko Kupfer ist stärker als sie, er legt sich auf sie, knüpft auch die Knoten der Augenbinde, dieses Schals, noch einmal kräftiger als zuvor.

Daß aus dem Geplanten am Ende nichts wird, sein Körper nicht mitmacht, versagt, läßt den Zorn und die Wut des Siebzehnjährigen wahrscheinlich nur wachsen. Er fesselt die Hände des Mädchens mit bereitgelegten Stricken. »Nun mußt du über Nacht in meiner Höhle bleiben. Deine Mutter weiß Bescheid, daß du gefangen bist. Ich habe ihr geschrieben. 1800 Mark sind das Lösegeld. Ich werde mich noch vor Mitternacht mit ihr in eurer Wohnung treffen. Dann ist sie dran, dann nehme ich sie.«

Er hat noch schlimmere Wörter.

Er hält plötzlich ein Messer in den Händen, im Zwielicht der Kerze nur unscharf zu erkennen, aber ein Taschenmesser ist es nicht, er wirbelt es herum, hält es ihr zentimeternah vors Gesicht. In panischer Angst liegt sie, während er danach unter ihrem T-Shirt noch einmal an ihr herumzutasten beginnt. »Ich will ein Kind von dir. Stell dich drauf ein.«

Als er geht, sind die Stricke um ihre Hände noch immer eng zusammengezogen, aber er hat ihr wenigstens den Schal nicht um die Augen gebunden, ihren Körper sogar in eine Art Schlafsack gehüllt. Daß er einen Deckel auf die Höhle legt, ihn mit einem Stein beschwert, als Letztes, begreift sie schon nicht mehr. Am Morgen soll sie ihn zurückerwarten, er wird Essen bringen und Tee. Wirklich?

Soll sie wieder schreien? Wer wird sie hören so weit weg von der Straße, von Häusern, von Menschen? Tief in der Nacht?

»Du hast gefroren da unten?«

»Es war kalt, eiskalt. Die ganze Nacht. Ich bin ein paarmal munter geworden. Ich habe geweint.«

Die Kriminalistin prüft, wie weit das mitlaufende Tonband besprochen ist. Dann wendet sie sich an Sabrina Zeidler: »Nikolaus Kupfer hat sich an diesem Abend mit Ihnen in Verbindung gesetzt? Er hat von Ihnen Lösegeld gefordert, Ihnen einen Drohbrief geschickt?«

Natürlich nicht. Alle diese Vorstellungen sind erfunden, ausgedacht.

»Erzähl weiter, Manuela. Es ist schließlich Morgen geworden, heute morgen. Was ist da geschehen?«

An diesem Vormittag ist Niko Kupfer zweimal aufgetaucht, das erste Mal sehr früh. Er bringt tatsächlich etwas zu essen und zu trinken mit und sieht Manuela bei ihrer Notdurft zu. Das zweite Mal, Stunden später, hat er wieder das Messer in der Hand – nein, es ist wirklich kein Taschenmesser – und verbindet ihr erneut die Augen. Diesmal vergewaltigt er sie tatsächlich und droht ihr: Am Mittag komme ich wieder. Er hat, sagt er, Bomben versteckt, hier in der Höhle. »Da gucke: solche«, sagt er und verweist auf einen gelben Plastebeutel. »Sogar in deinen Klamotten sind welche.« Die reagieren, sagt er, auf jede größere Bewegung.

»Wehe, du willst dich verpissen. Hau ja nicht ab. Da knallt's gleich.«

Aber Manuela Zeidler entkommt. Nach stundenlangem Bemühen gelingt es ihr endlich, die in Frost und Nässe zerbröselnden morschen Fesselstricke abzustreifen, die Höhlenbedeckung – diese zusammengenagelten Bretter – samt dem Beschwerungsstein darüber beiseitezuschieben, herauszuklettern. Draußen findet sie ihr Rad, von erstem Schnee leicht bedeckt, das Hinterrad ist ausgebaut, ein fremdes, andersfarbiges Hinterrad liegt daneben, gehört wohl Niko. Da fängt sie an zu laufen, an der Böschung entlang, schließlich auf der Straße, jedenfalls den Weg, den sie vom vergangenen Abend her kennt. Nach zweieinhalb Stunden erreicht sie die Spielothek, die Arbeitsstätte ihrer Mutter. Sie fällt ihr in die Arme. Die Mutter lebt, ist gesund, es ist ihr nichts passiert. Und ihr selber?

Kann man einem dreizehnjährigen Mädchen solche Geschichte glauben, so viel Naivität, so viel Arglosigkeit und brutale Gewalt dicht nebeneinander? Hat sie nicht wenigstens manches dazu erfunden, die Bombendrohung zum Beispiel oder die Forderung nach Lösegeld? Es gibt Bedenken. Oder hat man geheime Sympathien? Der tatverdächtige Niko Kupfer ist der Sohn eines früheren Polizisten. Da gibt es doch noch Verbindungen, mindestens Erinnerungen. Wirken die so lange nach?

Den Zweiflern stehen freilich eindeutige Tatsachen gegenüber. Zum Beispiel: Die Frauenärztin, die Manuela Zeidler untersucht, stellt Manuelas deutliche körperliche Versehrtheit fest; das Mädchen hat Blutungen, frische Einrisse am Unterbauch. Dazu fällt die zerschundene Haut rundum an den Handgelenken auf. Und Niko Kupfer, erst einmal vorläufig festgenommen, hat sich auffällig genug verhalten. Wo hat er sich gestern abend und heute vormittag aufgehalten? fragt man ihn bald. Er kann alles erklären, sagt er, gibt übersprudelnd, wortreich von sich aus Auskünfte. Gestern abend ist er mit Freunden zusammen gewesen, danach bei seiner Mutter zu Hause. Und heute morgen hat er die Ausbildungsstätte mit Genehmigung gegen neun Uhr verlassen, um eine Pizza zu essen. Genau zum Ausbildungsschluß hat er sein Fahrrad bestiegen, um rasch nach Hause zu gelangen. Aber was hat es mit dem

Bündel auf sich, das er unterwegs ins Gebüsch geworfen hat, was ist das für eine Art Schlafsack? Und wieso hat er unterschiedliche Räder in sein Fahrrad eingebaut, ein helles vorn, ein dunkles hinten? Wortreich schwadronierend hat Kupfer auch dafür eine Antwort, eine Erklärung. Wie viele Leute fahren, sagt er zum Beispiel, mit unterschiedlichen Rädern? Da geht ein Rad kaputt, da baut man ein anderes ein. Er weiß nicht mehr, mit wem er das Rad mal getauscht hat. Er hat da erheblichen Verschleiß.

Als man ihn schließlich mit dem Verdacht konfrontiert, Manuela Zeidler gewaltsam festgehalten und schließlich vergewaltigt zu haben, lacht er nur: Manu, die Verrückte, die ihm ständig nachläuft, die ihn bedrängt. Nun versucht sie's wohl auf diese Weise, ihn an sich zu binden oder ihn fertigzumachen. Na ja, er gibt's zu: Er hat einmal mit ihr geschlafen, vor Wochen, sogar in diesem Bunker. Aus Dummheit und weil sie ihm leid tat. Da werden sich wohl auch Spuren von ihr in dem Schlafsack finden. Aber daß sie ihn nun derart beschuldigt?

Von dieser ersten Begegnung an weiß man: Es wird nicht einfach sein mit diesem großmäuligen Burschen, und es wird viele überzeugende Beweise gegen ihn brauchen.

Am nächsten Morgen fährt man mit Manuela Zeidler hinaus an den Rand des Tagebaugeländes, läßt sich von ihr zu diesem vermeintlichen Bunker, der Höhle, führen. Es ist kalt. Etwas Schnee ist gefallen. Sie schieben den Kistendeckel zur Seite, leuchten in das Erdloch, sehen die primitive Leiter, die leere Lagerstatt, mitten auf dem Boden einen kräftigen Stein. Mit dem war der Kistendeckel wohl zuvor beschwert und gesichert? Manuelas Fahrrad, dem das Hinterrad fehlt, finden sie in dem Gelände ringsum nicht, auch nicht das einzelne fremde Hinterrad, das ein Stück seitlich davon gelegen haben soll. Wohl aber entdecken sie etliche der anderen Utensilien, die Manuela ihnen zuvor schon beschrieben hat: diese von ihr abgestreiften, zerrissenen Fesselschnüre und eine gelbe Plastetüte, die angebliche Bombe. Sie ist voller Sand. Die Kriminalisten sichern, was zu sichern ist, machen ihre Aufnahmen vom Tatort. Dann muß das Mädchen in das Loch hinuntersteigen, den Kistendeckel samt Stein zur Seite stemmen. Mit einer Videokamera dokumentieren sie, wie Manuela Zeidler das alles schafft.

Lehrer Rose ist der Verantwortliche für Kupfers Ausbildungsgruppe in Großkieritz. Was hat er über Kupfers allgemeines Auftreten und sein Erscheinen am vermutlichen Tattag zu sagen? Da erfahren sie: Natürlich, die Jungs hier sind allesamt keine Leuchten der Gesellschaft und keine Fleißkanonen, sonst wären sie nicht hier. Doch über Kupfer als Schüler und Auszubildenden gibt es wenig Nachteiliges zu berichten. Er ist pünktlich, ordentlich, bringt sogar eigene Ideen ein. Und was war Ende vergangener Woche? Kupfer war an dem bewußten Tag anders, eigentlich immerzu nervös, vor allem gegen Mittag. Er hatte es eilig wegzukommen. Während gerade er sich sonst unheimlich Zeit ließ, rannte er an dem Tag mittags als erster zu den Fahrradständern.

»Und noch etwas, jetzt erinnere ich mich«, sagt Lehrer Rose. »An dem Morgen traf Niko Kupfer mit ziemlich beschmutzten Sachen bei uns ein. Es fiel mir zufällig auf, weil wir unser Ausbildungsgelände gemeinsam betraten. Kupfers Jacke und Hose waren richtig dreckig, mit Erdbatzen beschmutzt. Ich sprach ihn daraufhin an. Da sagte er: ›Er hat sein Fahrrad reparieren müssen, die Fahrradkette.‹ ›Und da haben Sie sich so im Dreck wälzen müssen?‹ fragte ich ihn noch. Ich glaubte ihm nicht. Wahrscheinlich wollte er einen Sturz oder einen Unfall nicht gestehen, dachte ich, nahm es aber überhaupt nicht wichtig.«

Ziemlich bedeutsam wird danach auch die Aussage von Frank Heinemann. Heinemann ist ein Kumpel aus Kupfers Ausbildungsgruppe in Großkieritz. Ihm begegnen die Kriminalisten zufällig, als sie rundum Bekannte von Kupfer befragen. Da erzählt Heinemann plötzlich von einer unterirdischen Bude am Rande des ehemaligen Tagebaugeländes, einer Höhle, die er mit jemand anderem ausgehoben hat. Mit wem und wo? Niko Kupfer war's, der hat ihn dazu überredet, aber er selber hat es ganz lustig gefunden, irgendwo einen heimlichen Platz zu haben, wo man sich in seiner Freizeit treffen kann, zum Trinken und zum Kartenspielen zum Beispiel. »Niko hat gesagt, er hat so was schon früher gemacht und Erfahrungen darin, es ist ganz ungefährlich.« Sie haben in den ersten Novembertagen begonnen, erzählt Heinemann, sie haben sich die Schaufeln aus ihrer nahen Ausbildungsstätte ausgeborgt und losgeschlagen, jeden Tag wenigstens ein bis zwei Stunden, immer nach Schulschluß, manchmal sogar in der Pause. 14 Tage später haben sie eine Tiefe von bald zwei Metern erreicht. Auch die Breite war auf zwei Meter angedacht. »Niko wollte noch tiefer kommen. Batterien sollten Licht liefern, es sollte zwei Liegen geben und Vertiefungen zum Abstellen von unterschiedlichen Sachen: Flaschen, Gläsern, einer Spielbox.« Frank Heinemann hat die Grabungen nicht bis zum Schluß durchstehen können. Leider, sagt er bedauernd. Eine familiäre Verabredung und Krankheit haben es verhindert. Da blieb Niko allein der Rest der Arbeit. Am 14. November, als er Niko sein Krankenattest für die Ausbildungsstätte übergab, hat der ihm freilich erklärt: Die Polizei hat die Grube entdeckt und zugeschüttet. Da haben sie sich wechselseitig bedauert: So viel Knochenbrecherarbeit über zwei Wochen. Und alles umsonst.

Was bedeutet das alles? Zum Beispiel: Vor zwei Wochen hat diese Grube noch nicht existiert. Da hat sich Manuela Zeidler also noch nicht mit Niko Kupfer dort unten freiwillig treffen können. Und wenn Kupfer die Grube nur deshalb ausgehoben hat, um Manuela Zeidler auf dem halbhohen Podest zur Liebe mit ihm zu zwingen?

Wenige Tage nach der Anzeige von Mutter Zeidler sind sie sich sicher: Sie haben das Entscheidende im Fall zusammen, die wesentlichen Aussagen und Zusammenhänge, auch ohne das Geständnis des jugendlichen Täters. Aber das ist sicherlich nur eine Frage der Zeit.

So täuschen sie sich.

Für die Öffentlichkeit, die Zeitungen ist der Fall Manuela Zeidler eine willkommene Gelegenheit zu dramatischer Ausgestaltung und Schlagzeilen. Tagelang kommt die Geschichte nicht von den Seiten, dazu zeigt man Bilder des Erdlochs unterm ersten Schnee samt der zugehörigen Bretterabdeckung, man zeigt das Mädchen, vorm Erkennen gerade mal durch einen schmalen schwarzen Balken über den Augen geschützt, man weist die zerfetzten Fesselschnüre vor und die Bombenattrappe (eine zweite hat man in dem verschmutzten Schlafsack gefunden, dazu Teile einer Lichtanlage), und man zeigt Nikolaus Kupfer, sein Gesicht kaum abgedeckt, zwischen Polizeiarmen, vor Gefängnistoren.

Als Carla Leitmeritz aus Kosau die Zeitungen aufschlägt, Manuelas

Leidensgeschichte verfolgt, erschrickt sie, ist sie sich schließlich ganz sicher: Das ist doch alles schon einmal passiert, ganz ähnlich, vor genau einem Jahr, auch im kalten November. Und es ist ihrer Conny passiert. Die Ereignisse stehen Carla Leitmeritz nahe vor Augen, als seien sie erst gestern geschehen: Conny, ihre zwölfjährige Ziehtochter, ist tagelang vermißt, und sie suchen sie verzweifelt auf den Dörfern ringsum. Und der Täter, mit dem sie damals davongezogen war und der das naive Ding gepeinigt hatte, war genau derselbe, ja, ist dieser Nikolaus K., wie sie ihn in ihren Zeitungen nennen. Sie setzt sich aufs Rad, fährt in die nahe Stadt, sie wird schon Leute finden, die Bescheid wissen, notfalls die von der Zeitung, vielleicht gerät sie auch an die Mutter dieser Manuela. Das darf doch nicht noch einmal geschehen, daß der Bursche, dieser Niko, ungestraft davonkommt, eine Anzeige spurlos verschwindet, im Papierkorb, auf dem Postwege oder sonstwie, und der Kerl höhnisch grinsend an einem vorübergeht, auf irgendeinem Jahrmarkt oder wie damals auf diesem Volksfest.

Vor einem Jahr gibt es in Köchborn eine merkwürdige Clique von jungen Leuten, halben Kindern. Ältere und Jüngere kommen da zusammen, Mädchen und Jungen, Schüler und Schulabgänger, sie tönen sich ihr Haar in Streifen, mehrfarbig, oder kürzen es rigoros, sie tragen gemeinsame Erkennungszeichen, lassen sich tätowieren. Nein, nichts Rechtes oder anderweitig Politisches, sie wollen nur auffallen. Die zwölfjährige Conny fühlt sich unter ihnen pudelwohl, sorgt sogar dafür, daß man sich immer wieder trifft: auf dem Sportplatz, vor der alten Scheune, im Bad, im Wäldchen. Ihre Eltern wollen etwas Anständiges, Ordentliches aus ihr machen und verbieten ihr den Umgang. Dabei sind sie gar nicht ihre richtigen Eltern. Connys richtige Mutter Beate Fritzke lebt ein paar Dörfer weiter, hat Conny nach dem Tode ihres Mannes der Familie Leitmeritz nur übergeben, »ausgeliehen«, wie es mitunter im Dorfe heißt. Sie hat genug Pflichten und Schwierigkeiten mit den verbliebenen zwei Geschwistern, sagt Connys richtige Mutter. Nun träumt Conny manchmal ungehemmt: Sie möchte weg, auf und davon, was erleben, nicht immer aufs Wort und auf Vorhaltungen, gar Verbote hören müssen. Vielleicht genügt es aber auch, nur ein paar Tage lang auszureißen, allen einen Schrecken einzujagen? Und danach kommen die Alten, die Hilfseltern, zur Besinnung und lassen ihr manchen Willen und ihre Freiheit. Wenn sich nur jemand fände, der mit ihr mitgehen würde.

Dieser Jemand findet sich bald. Auch Nikolaus Kupfer, damals 16 Jahre und zwei Monate alt, trifft sich mit der Clique, und er kennt Connys heimliche Gedanken. Auch er möchte ja abhauen, weit weg. Seine Eltern sind geschieden, sein Vater, der einstige Polizist, das ist ein Kerl, aber die wechselnden Liebhaber der Mutter sind Waschlappen. Und wenn Niko anfängt, sich mit einem zu verstehen, ist schon wieder Sense, kriegt der Versuchsvater und gescheiterte Hausfreund von der Mutter den Laufpaß. Außerdem ist da eine Geschichte mit einem alten Trabi und noch größerer Ärger. Niko hat ihn billig erstanden – von legalem Berufsschulentgelt, von Geschenken? – und ist mit ihm heimlich gefahren, aber schließlich doch so oft, daß man ihm auf die Spur kommen mußte: Die Polizei stoppte ihn. Jetzt droht ihm ein Verfahren. Nein, da ist es das Beste, er zieht Leine.

»Kommst du mit, Conny?«

»Ja, immer. Aber wie machen wir's?«

»Du brauchst dich um nichts zu kümmern«, erwidert Nikolaus Kupfer großspurig. »Ich übernehme das alles, Geld, Essen, wie wir unterkommen. Du brauchst nur warme Klamotten zum Anziehen. Und dein Fahrrad.«

Am 25. November spät abends – es ist längst 21 Uhr – hört Carla Leitmeritz eine Stimme vorm Haus nach Conny rufen. Als sie nachsieht, erkennt sie Nikolaus Kupfer samt seinem Fahrrad auf dem gegenüberliegenden Gehsteig. »Conny schläft längst, hat sich früh hingelegt. Laß sie in Ruhe, fahr nach Hause.« Carla Leitmeritz wartet in der Haustür, bis sich der Junge trollt. Aber der gehorcht nur zum Schein. Keine zehn Minuten später bezieht er erneut Posten in der Nähe der Leitmeritzschen Wohnung, diesmal im Schatten eines Baumes, der das verräterische Lampenlicht fernhält. Von hier aus beobachtet er, wie Conny katzengleich durch ein Fenster und über ein Schuppendach die elterliche Wohnung verläßt. Sie trägt einen prall gefüllten Rucksack bei sich, ihr Fahrrad lehnt längst draußen vorm Zaun am Straßenrand. Wohin die beiden in der Nacht verschwinden? Wo hat der großspurige Niko Kupfer für Unterkunft gesorgt?

Am nächsten Morgen entdeckt Carla Leitmeritz die Bescherung:

Zimmer und Bett von Conny sind über Nacht unbenutzt geblieben, einige Kleidung fehlt im Schrank des Mädchens. Meine Güte, auch das Fahrrad ist verschwunden. Ist die Kleine etwa mit diesem windigen Burschen auf und davon? Aber wohin? Was wollen die beiden Dummköpfe in der Kälte und Dunkelheit ringsum anstellen?

In den folgenden fünf Tagen organisiert Carla Leitmeritz gemeinsam mit ihrem Mann, dazu der leiblichen Mutter von Conny, aber auch mit dem Vater von Nikolaus Kupfer, dem ehemaligen Polizisten, und etlichen Helfern ein geradezu flächendeckendes Suchsystem. (Natürlich: Auch Niko Kupfer bleibt seit dieser Nacht verschwunden. Und seine hilflose, zuckerkranke Mutter lamentiert, delegiert alle Verantwortung sofort an den Geschiedenen: »Wenn der Bursche wieder auftaucht, kannst du ihn gleich bei dir behalten. Ich komm' mit ihm nicht mehr klar.«) Jedenfalls: Mindestens fünf Leute fahren jeden Tag über die Dörfer, fragen in Kaufläden, Kneipen, an Bushaltestellen: Habt ihr dieses merkwürdige junge Pärchen gesehen? Sie haben ein Flug- und Suchblatt entworfen, es vervielfältigt, kopiert: »Gesucht werden ein Junge von 16, ein Mädchen von zwölf Jahren. Wer hat sie wo gesehen? Für den geringsten Hinweis sind wir dankbar ...« Über 300 solcher Blätter haben sie verteilt und oft zugesehen und gewartet, bis sie an Schaufensterscheiben oder in Schaukästen befestigt wurden. Wenn die beiden Kinder nicht vollends den Verstand verloren haben und ganz weit weg getürmt sind (»Polen« sagen sie ein paarmal und »ans Meer«), müssen sie sich doch noch in der Nähe rumtreiben. Tatsächlich will man die beiden zweimal an verschiedenen Tagen und an unterschiedlichen Plätzen gesehen haben: auf einem verlassenen Campingplatz und auf einem Bahnhof. (Übrigens haben Conny und Nikolaus Kupfer, tatsächlich noch in nächster Nähe herumstreunend, einmal ihre beiden Konterfeis in einem Fleischereifenster zwischen Würsten und Schinken hängen sehen. Da hätten sie sich nicht halten können vor Lachen, erklärt Niko Kupfer irgendwann später.)

Am fünften Nachmittag überrascht Hartmut Kupfer eine seiner beiden Stieftöchter bei einem heimlichen Telefonat. Als er ihr keine Ausflüchte läßt, erfährt er: Niko hat angerufen, sie soll ihm Eßwaren und Klamotten bringen, er und das Mädchen sind am Bahnhof der

Stadt. Dort gelingt es Hartmut Kupfer, Conny als erste zu überraschen und festzuhalten. Danach überlistet er auch seinen Sohn. Der wird von nun an bei ihm wohnen, er versteht sich ja erstaunlich gut mit seinen Stiefschwestern. Nikos Mutter ist sofort damit einverstanden, obgleich sie das Sorgerecht übertragen bekommen hat. Und Carla Leitmeritz hat wenig Vorwürfe für die allzufrüh flügge Ziehtochter, im Gegenteil. Sie haben das Mädchen bisher wohl wirklich zu streng gehalten.

So scheinen die Eskapaden der beiden im Alltag überwunden, nach und nach vergessen.

Einen Monat später hat die zwölfjährige Conny Fritzke unerwartet Sorgen und erschrickt: Ihre Regel bleibt aus. In ihrer Not und allmählichen Angst redet sie schließlich mit ihrer sieben Jahre älteren Stiefschwester Susanne. Als die in sie dringt, überwindet sie die Scheu, fängt sie an, von dem Vergangenen zu erzählen. Sie hat's zweimal mit Niko Kupfer gemacht, oder er mit ihr, damals auf ihrer Flucht, immer auf offenem Feld, an einem Wegrand. Das erste Mal hat sie es noch geduldet, auch wenn's grade da weh tat, Niko hat ja für sie gesorgt, Essen beschafft und die Übernachtungen in der Scheune. Das wollte sie nicht verlieren. Beim zweiten Mal aber war's ihr nicht mehr recht.

»Du hast dich gewehrt?«

»Wir aßen nur noch geklaute trockene Brötchen, und ich wollte nach Hause. Wo waren wir eigentlich? Niko sollte mich heimbringen. Aber er sagte: Wir geben nicht auf. Und du machst, was ich will.«

»Warum hast du nie was davon gesagt?«

»Ich hatte Angst. Und wer wird's mir glauben. Glaubst du mir?«

Die beiden Schwestern gehen gemeinsam zu einem Frauenarzt, der ihnen die Sorgen nimmt. Eine Regelstörung, stellt er fest, die medikamentös behoben werden kann. »Aber du sprichst mit Mutter, vertraust dich ihr an.«

Conny braucht Monate, bis sie sich überwindet. So erfährt Carla Leitmeritz von dem Geschehenen erst im April. Nun, noch mal ein halbes Jahr später, kann sie ihre Erregung kaum besänftigen: Wäre auf ihre Anzeige damals ernsthaft was passiert, hätte es nicht zu dieser neuen Geschichte im Erdloch kommen müssen ...

Er ist schon frühzeitig ein schwieriges Kind. Er ist aufsässig, er neigt zur Widerrede. »Verhaltensauffällig« ist ein Lieblingswort seiner Lehrer für ihn, die sehen, wie er sich mit Schulkameraden in den Haaren liegt, und die selber ihre erhebliche Mühe und Not haben, ihn in die notwendigen Schranken zu verweisen. Schon im ersten Schuljahr kommt er an eine Lernbehindertenschule, aber Rechnen, Schreiben und Lesen fallen ihm auch hier schwer, gelingen ihm selten altersgerecht. Dennoch schafft er es bis zur neunten Klasse ohne Wiederholung. Ein Wunder.

Manchmal hat er auch günstigere Phasen. Sowieso muß er sich, solange seine zuckerkranke Mutter noch als Putzfrau arbeiten geht, um seine jüngeren Geschwister kümmern, sie zum Beispiel aus dem Kindergarten abholen, daheim beaufsichtigen. Wenigstens da ist auf ihn einigermaßen Verlaß.

Den Vater, als er noch bei ihnen lebt, mag er, er läuft gern mit ihm an die Teiche, angeln. Und einem von Vaters Nachfolgern darf er beim Umbau des Hauses zur Hand gehen. Auch das gefällt ihm. Doch die Mutter hält es mit keinem Mann lange aus. Eine zweite Ehe reicht kaum länger als ein Jahr. Da nabelt sich auch der Junge von der Mutter ab. Als plötzlich die Rede von einer Heimunterbringung ist, entwickelt er ihr gegenüber regelrecht Haß. Sie hat ihm nichts mehr zu sagen, ihn nicht anzumeckern, erklärt er mit zornig geweiteten Augen. Dabei ist mittlerweile einiges zusammengekommen: Er schwänzt das berufsvorbereitende Jahr an der Berufsschule immer häufiger, und dann diese Sache mit dem Trabi: Die Mutter schützt ihn nicht vor der Polizei, im Gegenteil. Da haut er eben ab, er wird schon allein durchkommen. Fünf Tage schafft er es gemeinsam mit Conny, dann greift man sie auf, ohne zu erfahren, was in diesen fünf Tagen vorgefallen ist, ohne genauer nachzuforschen.

In der neuen Familie des Vaters, der ihn danach vor dem Heimaufenthalt bewahren will, läuft vieles besser. Er gehorcht, fährt regelmäßig zur neuen Berufsschule, er versteht sich mit den Stiefschwestern, der Stiefmutter. Doch auch in dieser ruhigen Familienatmosphäre überkommt ihn immer mal wieder sein Rappel, wie sie es nennen, rastet er aus, muß er sich, in sein Zimmer geschickt, austrotzen, beruhigen, austückschen, nicht selten bei lauter, stampfender Musik.

Nach dem berufsvorbereitenden Jahr gilt er als schwer vermittelbar. Der Psychologe des Arbeitsamtes hat bei ihm mangelnde Berufsreife festgestellt. So kommt er in diese vom Arbeitsamt finanzierte Ausbildungsmaßnahme in Großkieritz. Er hat allerlei Bekannte, aber nie einen richtigen Freund. (Er findet auch nie eine Beziehung zu gleichaltrigen Mädchen, fühlt sich ihnen sogleich unterlegen.) Offenbar hat Rüdiger Schmieder tatsächlich solch ein richtiger Freund werden sollen. Da kommt ihm nun dieses Weib dazwischen, Manuela Zeidler. Er will sich an ihr rächen und hat doch zugleich selber ein Auge auf sie geworfen, schon lange. Sie ist deutlich jünger. Ihr gegenüber, glaubt er, wird er bestehen. »Ich liebe dich«, sagt er zu ihr. Jedenfalls: Sie wird von nun an mit ihm gehen müssen. Freilich, eines Tages scheint er aufzugeben. Die Geschichte wird unerwartet vor Gericht bekannt: Er hat ein paarmal für Manuela Eis spendiert, umsonst, eine nutzlose Investition, sie gibt sich ja nun mit Rüdiger ab. Da will er das spendierte Geld von ihr zurück, schließlich sogar von Manuelas Mutter. Er randaliert mehrfach vor der Wohnung der Zeidlers, bis Sabrina Zeidler verschreckt ihr Portemonnaie zückt.

Dennoch: »Ich liebe dich«, sagt er weiter zu Manuela, wenn sich die Gelegenheit dazu bietet.

Als er noch bei seiner Mutter wohnte, hat er tatsächlich schon einmal solch eine Höhle ausgehoben. Er kannte Geschichten von derartigen Höhlen, eine wurde sogar mehrfach im Fernsehen gezeigt. Warum sollte er sich da nicht selber eine buddeln können, richtig mit Schlafplatz und Licht? Als die Grube fertig war, hat ihn dort keiner gefunden, und die Wände sind auch nicht zusammengestürzt.

Nun, auf dem alten Tagebaugelände, geht er beim Bau planmäßiger vor: Er wird sich ja nicht allein da unten aufhalten. Diesmal hat er sogar Hilfe beim Ausschachten und Wegschaffen der Erde: Frank Heinemann. Weil der ihn und Manu schließlich nicht überraschen darf, erklärt er ihm: Die Höhle ist entdeckt, die Polizei hat sie zugeschüttet. Danach verläuft alles fast so, wie er es sich ausgedacht hat. Er hat Manu ganz für sich, und sie kann ihm nicht entkommen. Er sorgt für sie, hat einen Schlafsack für sie beschafft und zwei Decken, damit sie in der Kälte nicht friert, er bringt ihr am Morgen Essen und Trinken. Nur daß sie derart widerspenstig bleibt, damit hat er nicht gerechnet. Ich hab schon eine hier drin gehabt, droht er da, die hat auch gezickt, die hat's nicht überlebt, Lisa. (Hat er das so, wortwörtlich so gesagt? Er wird es immer abstreiten. Aber diese Lisa gibt es tatsächlich, ein bißchen älter als er, ein Mädchen mit eigenem Motorrad und Lederjeans. Natürlich ist mit ihr nie etwas gewesen.)

Am Mittag des zweiten Tages erschrickt er: Als er vor seinem Versteck steht, findet er es leer, die Abdeckung ist zur Seite geschoben. Manuela hat sich befreien, hat flüchten können. Panik befällt ihn: Er muß alle Spuren beseitigen. Er rafft die Decken und die Batterien zusammen. Er hat nicht viel Zeit, er muß ja noch einmal zurück in seine Schule wegen des Alibis. So schafft er es nur, das kaputte Rad von Manuela Zeidler hundert Meter weit weg zu transportieren, dort über einen Hang zu werfen. (Trotzdem braucht es Wochen, bis es zufällig entdeckt wird.) In der Schule ist er nervös, der Schmutz an seiner Kleidung fällt auf. Er ist der erste, der bei Arbeitsschluß davonstürmt. Er muß ja noch die restlichen Spuren verwischen, aus der Höhle mitnehmen, was ihn verraten könnte. Die Fesseln liegen da noch rum, ist ihm eingefallen, wer weiß, was sonst noch. Doch kaum sitzt er auf dem Rad, sieht er die Funkstreife auf dem Hof vorfahren. Da weiß er: Sie suchen ihn, nur ihn, die Zicke hat ihn schon angezeigt.

Er streitet in der ersten Vernehmung jeden Verdacht ab, auch später, immer wieder. Diese Manu ist ihm nachgerannt bis in dieses Loch. Dort hat sie ihn auf sich gezerrt. Ich liebe dich? Er lacht höhnisch. Nie hat er's gesagt. Und in der Frühstückspause ist er nicht zur Höhle gefahren, sondern zu einem Imbißstand, und am Abend zuvor war er bei Freunden in Halle. Wie oft wollen sie es hören? Wie wollen sie ihm anderes beweisen?

Der Prozeß gegen Nikolaus Kupfer beginnt ein halbes Jahr später. Da ist nicht nur sein Verhalten gegenüber Manuela Zeidler angeklagt, sexueller Mißbrauch eines Kindes und Vergewaltigung, sondern auch, was er Conny Fritzke angetan hat. (Das Staunen darüber bleibt. Die Anzeige von vor einem Jahr ist spurlos verschwunden? Falsch abgeheftet? Einfach vergessen? Wie kann das geschehen?) Sogar ein dritter Fall ist aufgelistet: Mißbrauch der dreizehnjährigen Nicole, in einer Gartenanlage, in der großväterlichen Laube. Aber diese Cousine Nicole, weinend, aufgelöst, kann sich vor den Richtern nur widersprüchlich äußern. Da wird ihr Fall vom Prozeß abgetrennt, der Polizei zur Nachermittlung zurückgegeben. Manuela Zeidler und Conny Fritzke dagegen, über viele Stunden lang befragt, erzählen überzeugend, was vorgefallen ist. Da ist auch kein Widerspruch zu ihren früheren Aussagen festzustellen, und der gutachtende Psychologe bestätigt die Glaubwürdigkeit und den Wahrheitswert ihrer Erinnerungen. Außerdem gibt es eine Fülle glasklarer Sachbeweise und Aussagen, überzeugend belegter Handlungsabläufe. Vor allem: Die genetische Analyse ist unbestechlich. Die fremden Partikel auf Manuela Zeidlers Kleidung und Haut stammen von Kupfer.

Aber Niko Kupfers Verteidiger zeigen sich weder vom Ablauf der Verhandlung noch von den Argumenten des Staatsanwalts beeindruckt. Die Erdhütte ist wenige Tage nach ihrer Entdeckung mit Zustimmung der Staatsanwaltschaft zugeschüttet worden? fragt der feder- und stimmführende Anwalt: Welche Zusammenhänge sollten da nicht mehr erkennbar bleiben? Der Stein, mit dem die Holzabdeckung angeblich gesichert worden ist, findet sich nirgendwo bei den Asservaten. Sollte irgendein anderer, leichterer Stein den Eindruck erwecken, daß Manuela Zeidler ihn tatsächlich beiseite schieben konnte? Ist sie wirklich in dieser Höhle gefangen gehalten worden, wenn die äußeren Umstände gegen eine Flucht ohne fremde Hilfe sprechen? Hat auf diesem nachgestellten Polizeivideo, das ihr eigenständiges Entkommen belegen soll, nicht vielleicht ein Kriminalist sie aus der Höhle heraufgehoben? Die vernommenen Zeuginnen, die Kinder, sind sowieso nicht glaubwürdig. Und die frühwinterliche Kälte jener Nacht. Hätte sie nicht mindestens zu schweren gesundheitlichen Schäden bei Manuela Zeidler führen müssen?

Staatsanwalt und Richter sind entsetzt über solche Vorwürfe und Wertungen und halten nicht hinterm Berge. »Eine unbegreifliche Verhöhnung der Opfer und ihrer Leiden«, sagen sie. Und die Verleumdung der Polizeiarbeit als Manipulation und Verfälschung? »Was für ein ungeheuerlicher Verdacht!« Verlangt so etwas nicht selber nach Ermittlung und Anklage? »Ich werde die genaue Überprüfung und Auswertung des Protokolls dieser Verhandlung veranlassen«, erklärt der Staatsanwalt.

So erhält der Prozeß unerwartete Schärfen.

Was über allem noch mehr entsetzt, beinahe mehr als die verhandelten brutalen Taten, ist das Verhalten des Angeklagten selbst. Er ist großmäulig, frech, aufsässig. Er ist unflätig von Anbeginn. Er droht den Zeugen, er wird sie, wortwörtlich, abstechen, erwürgen, kaputtmachen, wenn er erst einmal wieder draußen ist: »Überlege dir hier gut, was du sagst.« Er bedenkt die alten Kumpels mit hämisch-höhnischem Grinsen. Er hat Beschimpfungen erst recht für das Gericht, sein Wortschatz kommt aus der Fäkaliensprache. Er sagt zum Staatsanwalt: »Was grienst du Mondgesicht so blöde?« Und zur Vorsitzenden des Gerichts: »Wenn wir uns wiedersehn, liegst du in einem Sarg.« Er ist kaum zu bändigen. Er muß vielfach zu Ordnung und Mäßigung gerufen werden. Noch während der Urteilsverkündigung bringt man den Schreienden, sich Wehrenden in Ketten aus dem Saal.

»Der Angeklagte vermag sich kaum in die Gefühle anderer Menschen hineinzuversetzen, er zeigt einen erheblichen Mangel an Unrechtsgefühl, an Einsichten. Wegen der außerordentlichen Störung seines Sozialverhaltens und dem darauf zurückzuführenden extrem aggressiv-mitleidlosen, keinerlei Folgen bedenkenden Handeln muß die besondere Gefährlichkeit des Täters bedacht werden. Eine solche Störung bedarf zu ihrer Beseitigung langer erzieherischer Beeinflussung, die erst beginnen kann, wenn der Betroffene zur Mitarbeit bereit ist. Deshalb ist die zu verhängende Strafe aus erzieherischen Erwägungen im Interesse des Angeklagten erforderlich, um die große Wiederholungsgefahr zu bannen und ihm später den Einstieg in ein von Gewalttaten freies Leben zu ermöglichen ...«

Es gibt für die Jugendkammer »keinen vernünftigen Grund, an den Ermittlungsergebnissen zu zweifeln«. Sie verurteilt Nikolaus Kupfer, zur Tatzeit ein Jugendlicher, zu acht Jahren Jugendstrafe. Die Verteidiger hatten auf Freispruch plädiert. Deshalb gehen sie für ihren Mandanten in Revision. Ein Jahr später bestätigt der Bundesgerichtshof die Höhe der ausgesprochenen Strafe.

Das ist ein Überfall

1

Die Kneipe, nur mäßig erhellt, ist vollgestopft mit Regalen, Bierkrügen, Pokalen. Zwei Spielautomaten klimpern unbenutzt, locken. Daneben hängen irgendwelche Urkunden, uralt, aber sauber gerahmt, auch Bilder von Sportmannschaften, genauso alt.

»Du kennst den Laden hier? Wußte ich gar nicht.«

»Eh ich rüber nach Leipzig bin, hab ich hier meine Abschiedsrunden gedreht. Da hab ich den Schuppen entdeckt. Hab zweimal ganz ordentlich was rausgeholt hier an den Automaten.«

»Heute aber nicht.«

»Es läuft eben nicht immer.«

Die beiden jungen Männer am Fenstertisch gleich neben der Tür sind um diese späte Mittagszeit die einzigen Gäste im Lokal. Seit einer Stunde sitzen sie hier, schwatzen, reden und nippen doch jeder erst am zweiten Bier. Und ein Mittagessen brauchen sie offenbar nicht. Dabei könnten sie hier billig und ordentlich essen: schmackhafte Hausmannskost.

Der Wirt langweilt sich seit langem, spült von neuem Gläser, blättert in einer bunten Zeitung. Der Kleinere von den beiden jungen Männern hat sich vor einer halben Stunde ziemlich erfolglos an einem der Automaten betätigt, da hat er noch reichlich Geld besessen. Nun reicht es offenbar nicht mehr zu einer anständigen Zeche.

Die beiden jungen Männer haben tatsächlich erhebliche finanzielle Probleme. Sie haben sich, seit sie die Gaststätte betraten, einer auf den anderen verlassen. Aber der Kleinere von ihnen hat sein bißchen Barbestand vor den Augen des anderen total verspielt (»Ernsthaft. Alles!«), nun hütet der Größere seine paar Fünfmarkstücke. Den fremden Wirt anpumpen oder gar austricksen? Manches kann man ja machen, das aber nicht.

Die beiden jungen Männer kennen einander gut, sie haben, sogar Schüler an derselben Schule, lange Zeit nur ein paar Häuserblocks voneinander entfernt in der Neustadt gewohnt, sich dann aus den Augen verloren. Daß sie sich nun wiedergetroffen haben, was für ein Zufall! Ausgerechnet in diesem Ärztehaus, in der einstigen Poliklinik.

»Du brauchst ein Attest fürs Arbeitsamt, und ausgerechnet deshalb kommst du zu uns rüber von Leipzig?«

»Meine Firma hat mich rausgeworfen, nun bin ich arbeitslos. Dachdecker – den Beruf hätt' ich nie lernen sollen. Der Arzt von meinen Eltern begreift das. Der kennt mich schon zehn Jahre.«

Noch keine Stunde in dieser ehemaligen Sportlerkneipe, und sie sind auf dem besten Wege, wieder gute Vertraute zu werden, richtige alte Kumpels. Sind sie sich wirklich anderthalb Jahre lang nicht über den Weg gelaufen? Es macht regelrecht Spaß, vor dem andern von seinen Sorgen zu sprechen. Und Sorgen, die haben sie beide genug, jeder auf seine Weise.

»Vor allem Schulden«, sagt Axel, der Größere, der aus der Neustadt, seit Wochen auch arbeitslos. Er hat mit geliehenem Geld ein Auto erstanden und einen Unfall gebaut. Und weil er angetrunken war, hat er sich auf und davon gemacht. Und nun muß er nicht nur für das Auto zahlen.

»Fahren ohne Fahrerlaubnis«, sinniert der Kleine, Steffen. »Ich kenn das. Und nun hast du Bewährung.«

»Wenn das alles wäre.«

Axel, der in der Neustadt geblieben ist, ist da noch in was anderes reingeraten. Sie haben, sie waren zehn, zwölf Mann, einen Ausländer gescheucht, einen Schwarzen. Der ist vor ihnen weg durch die halbe Stadt gerannt, schließlich durch eine Tür samt Scheibe gestürzt. Wochen lag er im Krankenhaus. Nein, er hat den Arm nicht gegen den Schwarzen gehoben, er hat ihn auch nicht getreten, er ist nur wie ein Blödsinniger mitgelaufen. Trotzdem: Seit einer Woche weiß er, seine Berufung in dieser Sache ist verworfen. Und nun muß er dem Schwarzen wie die anderen Schmerzensgeld zahlen.

»Da kommt was zusammen.«

»Man müßte einfach mal was Richtiges aufziehen. Was Großes, das sich lohnt. Wo's nicht bloß um Pfennige geht ...«

Hat Axel, der Größere, der Neustädter, in diesem Augenblick zum ersten Mal den Plan, denkt er die Worte nur spielerisch vor sich hin, nur so zur Probe: Das ist ein Überfall, he, Geld her!? Oder spricht er sie aus?

Damit das Schweigen danach nicht zu lange währt, will nun auch der Kleinere, Steffen, der Neu-Leipziger, mit seinen Bekenntnissen nicht hinterm Berge halten. In ein paar Wochen, bald nach Silvester, erwartet er wieder einen Prozeß, seinen vierten. Nur, diesmal geht's nicht um Kleinkram, Körperverletzung, ein bißchen Hasch, nein, diesmal wollen sie ihn richtig aufs Kreuz legen. Er ist weg aus der Neustadt, hat geheiratet, zwei Jahre ist das her, ist zu den Eltern seiner Frau ins Haus gezogen, damals. Da fand plötzlich seine kleine Schwägerin großen Gefallen an ihm, schmuste mit ihm, suchte seine Nähe. Und nun soll er deshalb vor Gericht. Sich verantworten.

»Wie alt ist die denn, deine Schwägerin, das Luder?«

»Dreizehn damals. Nun fünfzehn. Ich hab sie nie berührt, ich schwör's dir. Sowieso ist längst alles vorbei, wir sind rasch in die Stadt abgedampft, mein Weib und ich.«

Sie grübeln, sie schweigen. Wo es ausgesprochen ist, scheint alles plötzlich noch schlimmer. Wie sie da so im Dreck sitzen, beide, passen sie wirklich bestens zusammen. Nicht einmal eine ordentliche Zeche können sie sich leisten.

Man müßte mal richtig was aufziehen, was Großes, das sich lohnt. Die Worte, nur vage geäußert, plötzlich werden sie zum richtigen Plan: »Das ist ein Überfall, he, Geld her! Zack-zack.« Und bald muß alles geschehen, sehr bald.

»Ich hab übrigens schon Erfahrungen«, sagt schließlich Axel. »Wenn du einem einen Schlagring vorweist oder ein Messer, zittern sie alle. Und wenn's gar 'ne Pistole ist, die du hinhältst, so zum Schein? Ich hab ein paar Jagdgewehre, eins mit 'nem Doppellauf. Ich hab auch zwei Schreckschußpistolen, sogar 'ne Handgranatenattrappe. Kannst du dir alles, wenn du weißt, wo, im Versandhandel bestellen. Ich hab meinen Spaß dran, ich hab Waffen gerne.– Leisten wir uns nun doch noch ein Bier?«

So hat alles angefangen, in dieser Kneipe, mit diesem Zufall im Ärztehaus. Mit diesem Wiedersehen nach anderthalb Jahren ...
Sie haben also Waffen, und sie haben diesen vagen Plan. Aber sie haben ja auch Handys, sogar beide, Axel mittlerweile das dritte. Für zwei frühere hat er die aufgelaufenen Gebühren nicht zahlen können. Von nun an telefonieren sie fast jeden Tag miteinander. Sie treffen sich auch noch einmal zwischen den Feiertagen. Ja, sie sind sich

noch immer einig, mehr als zuvor. Sie wollen das Ding probieren. Und sie werden's anders machen als andere. Andere unternehmen, was sie machen, großspurig mit Autos. Die fallen rasch auf wegen ihrer Marke, ihrer Form, ihrer Farbe. Sie dagegen kommen still, leise, wendig. Sie kommen auf Rädern – auch Steffen besitzt ein Mountainbike. Er wird es mitbringen. Eins, zwei, drei werden sie auftauchen. Eins, zwei, drei sind sie wieder verschwunden. Der Bruder von Steffen, dem Leipziger, arbeitet noch in der Neustadt bei einer großen Wohnungsgenossenschaft. Von dem wird sich Steffen den Generalschlüssel besorgen. Der verhilft ihnen zum Keller einer leerstehenden Wohnung. Dort wird ihr Standquartier, ihr Depot sein. Dort werden sie die beiden Räder lagern, die schwarzen Trainingshosen, die sie brauchen, und die dunklen Pullover dazu, die schwarzen Laufschuhe. Am meisten Mühe bereitet ihnen die Beschaffung der vorgesehenen Gesichtsmasken. Man bekommt sie trotz der gar nicht so fernen Karnevalszeit in keinem Geschäft, in keiner Kaufhausabteilung. Schließlich schneidet Axel eine derbe schwarze Winterstrumpfhose zurecht. Er kann erstaunlich geschickt mit Nadel und Faden umgehen, daß die Stoffteile nach dem Einschneiden der Schlitze nicht auseinanderreißen.

Sie wissen nun auch schon genau, wo sie auftreten werden. Axel hat sich in mehreren Sparkassenfilialen der Stadt umgesehen. Einige arbeiten noch mit den altgewohnten Kassenschaltern, hinter denen reichlich Geld aufbewahrt wird, andere – vorwiegend die Großbanken – geben das Geld nur über elektronische Zählwerke heraus, immer exakt so viel, wie ein Kunde per Auszahlschein gerade angefordert hat. Solche Schalter und Bankenfilialen kommen für sie nicht in Frage, wohl aber die anderen, in denen Kassen und Bearbeitungsschalter noch voneinander getrennt sind.

Zwei Tage vor Silvester inspizieren sie ein paar solcher Sparkassenräume gemeinsam, spielen die interessierten Kunden, blättern in ausgelegten Sparangeboten, hantieren an den Automaten. Dann haben sie sich entschieden. Eine Filiale am Rand der Neustadt wird's sein. Die liegt am günstigsten, ruhig, etwas abseits. In den winkligen Straßen nebenan, zwischen den zahllosen Büschen und Bäumen neben den Parkplätzen, in den reichlich vorhandenen Anlagen sind sie rasch und ohne Spur verschwunden. Sie werden auch Pfeffer mitnehmen und streuen. Das kennen sie aus dem Fernsehen. Dadurch werden die Polizeihunde ihren Geruch nicht aufnehmen können. Die Waffen werden sie erst an dem Tag einstecken, an dem es ernst wird. Axel wird noch einmal anrufen, Bescheid geben, aber so ein Tag wie dieser, ein Donnerstag, könnte es sein, so ein ruhiger Vormittag jedenfalls. Steffen will sich bis dahin auch so eine Schreckschußpistole besorgen, vom nächsten Arbeitslosengeld. Pistolen verborgt man nicht.

2

Da war die Stadt in zwei Jahrzehnten hingesetzt worden. Hochhausscheiben auf dem Holperrasen des ehemaligen Flugplatzes und auf den Feldern ringsum bis hin zum Kanal. Platz für fast hunderttausend Leute. Aber was einmal heiß begehrt war, nun wurde es mehr und mehr verlassen. Auf dem Lande leben, in den Dörfern, im eigenen Heim – das war die neue Losung. Hinter immer mehr Fensterscheiben fehlten die Gardinen und die Anwohner. Schon war die Rede davon, die ersten Straßenzüge und Betonklötze dem Erdboden gleichzumachen. Rückbau hieß das neue, bedrückende Wort.

Gisela Weber zuckte bei solchen Nachrichten immer noch zusammen. Etwas freiwillig zu zerstören erschien ihr unmöglich. Sie hatte seit frühester Kindheit sparen gelernt, einfach gelebt. Da war der Umzug der Eltern in die ferngeheizte große Wohnung (fünf Zimmer mit immer trockenen Wänden!) in den siebziger Jahren ein riesiger Glücksumstand gewesen. Später hatte auch sie, Gisela, die älteste Tochter, nach ihrer Hochzeit dort eine Wohnung bekommen. Nun, noch einmal zwei Jahrzehnte später, galten ganz andere Maßstäbe, drängte es die Kinder weg bis hinunter nach Bayern.

Weihnachten und Silvester haben sie zusammengesessen, immer dieselben Gespräche um die Zukunft der Kinder geführt, ein bißchen hilflos. Aber so liefen die Dinge eben, und Eltern konnten oft nur zusehen.

Ziemlich nachdenklich kehrt Gisela Weber aus den freien Tagen um den Jahreswechsel an ihre Arbeitsstelle am Rande der Neustadt zurück, ins Parterre eines der Punkthochhäuser. Sie sind eine kleine Sparkassenfiliale mit einer ebenso kleinen, aber stabilen

Belegschaft, die sich seit vielen Jahren kennt und wechselseitig vertraut. Und so wird es wohl auch bleiben. Denn auch wenn manchmal Gerüchte hartnäckig die Runde gemacht haben von einer möglichen Konzentration auf Großbüros wie bei der Post, es hat sich alles zerschlagen, ihre Arbeitsplätze sind sicher.

Am 11. Januar, einem Donnerstag, ist Gisela Weber planmäßig vormittags an einer der beiden Auszahlkassen der Filiale eingesetzt. Diese Kassen neben den gläsernen Eingangstüren zum Haupraum sind mit Panzerglasscheiben gesichert. Mit den Kunden spricht man durch ein durchbrochenes Glasoval in Kopfhöhe, Bankanweisungen und Geldscheine werden durch die übliche Aussparung am unteren Glasende getauscht.

An diesem Morgen ist der allererste Stoßverkehr bald vorüber, die frühen Kunden, die auf das Öffnen der Sparkasse gewartet haben, sind längst abgefertigt, nun halten sich nur noch wenige Leute in Haupt- und Vorraum auf, am Schreibtisch, an den Schaltern, an den Auszugsdruckern.

Als sich Gisela Weber dem nächsten Kunden zuwenden will, erschrickt sie. Kein normaler Kunde, vielmehr eine dunkle Gestalt steht hinter der Glasfront, und Gisela Weber in ihrem Schock vernimmt eine leise, fast flüsternde Stimme: »Geld her, alles. Das ist ein Überfall. Ich bin bewaffnet«, und blickt in ein schwarz verhülltes Gesicht, zwei Augenschlitze, eine Mundöffnung mit eigentümlich hervorstechenden weißen Zähnen. Nicht schon wieder, denkt sie – vor einem halben Jahr hat schon einmal so ein Verrückter auf ähnliche Weise hier in der Filiale Geld gefordert – und weicht hinter eine Säule zurück, die die beiden Kassen zur Hälfte voneinander trennt. Aber sie kann dem dunkel Gekleideten natürlich nicht entkommen. Lauter sagt der nun – oder begreift sie seine Worte nur lauter? –: »Das Geld, hab ich gesagt. Ich hab auch 'ne Handgranate. Ich mach keinen Spaß!« Neben der dunklen Hand hinter dem Kassenschlitz liegt nun etwas Unerwartetes, Neues, etwas Rundes. Und da geht Gisela Weber, sie ist keine Resolute, immer das neue Dunklere, Runde im Blick, greift nach den Scheinen – »Alle!« –, schiebt sie durch die Öffnung, sieht einen dunklen Handschuh, der das Geld entgegennimmt, es packt, in einem weißbunten Beutel verstaut.

Als sie wieder zu sich kommt, sitzt sie auf einem Stuhl hinter ihrer Kasse, die Hände im Schoß. Wie lange hat alles gedauert? Wie lange ist sie ohne Bewußtsein, richtig ohnmächtig gewesen?

Das fragen auch die Kolleginnen, die sich um sie kümmern, das fragen später genauso die Polizisten, die das Gelände um Kassen- und Hochhauseingänge weiträumig absperren.

Wie lange das alles gedauert hat? Zwei, drei Minuten höchstens, aber was spielt das eigentlich für eine Rolle? Jedenfalls: Die Kassenuhr neben dem Eingang zu den hinteren Beratungsräumen zeigt noch nicht einmal ein volles Viertel nach neun an. Der große dunkel gekleidete Täter hat die gebündelten und die losen Scheine in seinen Beutel gestopft und ist sofort danach durch den Vorraum nach draußen ins Freie gestürzt und dort verschwunden.

War es ein Mann, eine Frau, war die Person jünger oder älter? Wie war sie bekleidet? Was heißt: dunkel?

Mühsam nach solchem Schreck, sich an einzelnes zu erinnern. Wie genau hat sie überhaupt gesehen, was sich abgespielt hat, obgleich sie doch selber ganz unmittelbar beteiligt war?

Gisela Weber sitzt mittlerweile in einem Sessel in einer der Beratungsboxen. Kolleginnen haben ihr ein Glas Wasser gebracht, auch Kaffee, aber sie hat kaum einen kleinen Schluck trinken können, obgleich ihre Kehle noch immer ausgetrocknet scheint. Man würde sie gern in Ruhe lassen, sogar nach Hause bringen, sagt einer der Polizisten, aber sie ist die hauptsächlich Betroffene, die Hauptzeugin, da muß man sie um einige Auskünfte bitten.

Gisela Weber nickt. Ein Mann, erklärt sie drauf, es ist mit Sicherheit ein Mann gewesen, der sie bedroht hat. Die Stimme, mit der gesprochen wurde, war nicht die einer Frau.

War's ein junger Mann, ein älterer?

Da hebt sie die Schulter, schüttelt den Kopf. Sie hat im Grunde doch nur diese Maske gesehen.

Aber die Waffe hat sie doch, ob sie wollte oder nicht, genau betrachtet? Hatte die einen langen Lauf, einen kurzen, war sie gedrungen, groß, steckten die Patronen in einer Trommel?

Da kann sie nur von diesem dunkleren, runden Gegenstand sprechen, offensichtlich eine Handgranate, die unversehens auf dem schmalen Podest neben dem Kassenschlitz gelegen hat.

Wo ist diese Handgranate übrigens abgeblieben und wo die Pistole? Hat der dunkel gekleidete Täter sie in seinem Beutel versteckt oder in einer Tasche seiner Bekleidung? Was war das, nebenbei gefragt, für ein Beutel? War er aus Plaste oder Tuch? Hat Gisela Weber irgendeinen Aufdruck erkennen können?

Da muß sie erneut die Antworten schuldig bleiben. Und einen zweiten Täter hat sie erst recht nicht beobachtet, nicht erkannt.

»Da ist noch ein zweiter gewesen?« fragt sie sogar erschrocken, begreift erst nachträglich den Sinn der Frage.

Ja, der hoch aufgeschossene Täter vor Gisela Webers Kassenschalter ist nicht allein gekommen.

Keine halbe Stunde, und sie haben ein ungefähres Bild von den Vorgängen dieses Vormittags. Zwei Täter sind an dem Überfall auf die Sparkassenfiliale beteiligt gewesen, ein größerer, schlanker und ein kleinerer, untersetzter. Offenbar hat es zwischen den beiden eine klare Aufgabenverteilung gegeben. Der Schlanke, Forschere hat das Geld am Schalter gefordert, der Untersetzte dagegen blieb im Vorraum, in dem sich die Geldautomaten und die Auszugsdrucker befinden, und hat den Ablauf von dort aus gesichert. Beide Täter, bekleidet mit dunkler Trainingshose und ähnlich dunklem Pullover, sind bewaffnet gewesen. Auch der Untersetzte hat mit einer Pistole hantiert. Niemand kann sich übrigens erinnern, daß der Untersetzte irgendwann ein Wort gesprochen hat. Sein Aussehen und die Pistole genügten als Drohung.

Und niemand hat ein Auto am Hochhaus an- oder abfahren hören? Die Täter haben kein Tatfahrzeug benutzt? Sind sie etwa zu Fuß zum Tatort marschiert?

»Nein«, sagt schließlich eine Frau um die Vierzig, selber Kundin an diesem Morgen. »Als die beiden Vermummten aus der Sparkasse heraus an mir vorbeistürmten, mich fast umwarfen, habe ich es ohne Zweifel gesehen: Sie sind auf Fahrräder gestiegen, Mountainbikes, die an der Mauer lehnten, ein rotes und ein blaues. Mit denen sind sie davongefahren.«

Aber wenn sie mit Fahrrädern in die nächste Straße gestürmt sind, dann stammen sie womöglich von hier aus der Neustadt, sind sie mindestens hier untergetaucht? Und sind noch ganz in der Nähe? Also braucht man vielleicht nur von Haustür zu Haustür zu laufen und zu fragen: Wer hat zwei Männer mit Moutainbikes hier entlangfahren sehen, wer kennt junge Leute mit solchen Rädern, eins blau, eins rot? Also braucht man nur ein paar Männer von der Hundestaffel anzufordern, daß ihre Tiere die Spuren aufnehmen, verfolgen?

3

Ein Arzt der Polizei hat sie noch in der Filiale untersucht, ihr eine beruhigende Spritze gegeben, sogar ein Polizeipsychologe hat sich um sie gekümmert, sich lange mit ihr unterhalten. Doch mehr als das alles hat ihr geholfen, daß sie sich daheim hat lang machen, ein bißchen hat schlafen können, auch wenn sie immer wieder hochgeschreckt ist, jedes Mal dieses schwarze, verdeckte Gesicht, diese Maske vor Augen.

Nun am Abend einigermaßen zur Ruhe gekommen, kann sie sogar schon wieder die drängenden Fragen ihres Jüngsten ertragen.

»Haben sie dir eigentlich gesagt, ob das eine richtig scharf geladene Pistole war, mit der der Kerl dich bedroht hat? Und die Handgranate, war das so ein Ei oder noch so eine alte mit Griff?«

»Peter, bitte. Merkst du nicht, daß Mutter solche Fragen weh tun?«

»Aber ich will doch nur wissen, ob Mutter richtig in Gefahr war. Das mußt du doch verstehen, Vater.«

Wie soll man solche Neugier bremsen? Den Jungen davonschicken oder vor den Fernseher?

Dabei stellt der Sechzehnjährige Fragen, die seine Eltern in den letzten Stunden selber immer wieder schmerzlich bewegt haben. Alles ist anders, wenn es keine Zeitungsmeldung mehr ist oder kein Polizeiruf auf dem Bildschirm, wenn es einen vielmehr selber und direkt betrifft. So haben sie schon einmal diskutiert, vor einem Jahr.

»Was nützt es, hinterher vielleicht zu erfahren, daß ein Täter Attrappen benutzt hat, Spielzeug oder bloß eine Schreckschußwaffe? Wenn du in so eine Mündung siehst, nimmst du immer nur das Schlimmste an.«

Die Diskussionen vor einem Jahr. Alles ist den Webers ja nicht neu. Schon einmal hat es Überfälle auf die Filiale gegeben, in der Gisela arbeitet, ausgerechnet auf ihre Filiale, auch bei Winterbeginn. Ein Mann, krank, einsam, ein Alkoholiker ohne

Arbeit, hat, ein Tuch vorm Gesicht, abends kurz vor Schalterschluß eine Spielzeugpistole durch den Kassenschlitz gehalten: »Das ist ein Überfall.« Da haben sie ihm gegeben, was er wollte. Vier Wochen später tauchte er noch einmal auf, wieder abends, ja, er war es, mit Sicherheit. Da hat ihn ein Mann, ein Kunde, verfolgt, ihn unterwegs gepackt, keine dreihundert Meter weit weg in einer Nebenstraße, zwischen den Autos auf einem Parkplatz zu Boden geworfen, daß man ihn festnehmen konnte. Nun hat der Alkoholiker längst sein Urteil: etliche Jahre Haft und einen unbegrenzten Aufenthalt in einer psychiatrischen Klinik. Der mutige Kunde von damals ist dafür öffentlich belobigt worden, vom Polizeichef und vom Oberbürgermeister der Stadt. Alles war, mit Fotos illustriert, sogar mehrfach in den Zeitungen zu lesen.

»Willst du dich wirklich solchen Gefahren aussetzen? Es gibt offenbar kleine Filialen, die, ein bißchen abseits gelegen, besonders gefährdet sind. Willst du dich nicht wenigstens in eine größere Zweigstelle umsetzen lassen?« So hat ihr Mann damals argumentiert. Wird er es noch einmal tun? Sie hat bei den Überfällen damals an keinem der Kassenschalter gestanden, war nicht einmal im Spätdienst eingeteilt. Damals hatte sie keinen Wechsel erwogen. Aber nun, mit der Gefahr direkt konfrontiert, den Pistolenlauf direkt auf sich gerichtet, wird sie bei ihrer Meinung bleiben?

Und wenn die Kerle am Morgen tatsächlich mit scharfen Waffen in die Filiale gestürmt sind? Vielleicht muß sie jetzt doch anders über ihre Zukunft denken?

»Wie ist das eigentlich?« fragt später der Sechzehnjährige, sitzt nun tatsächlich schon vorm Fernseher, zappt unentschlossen durch die Kanäle. »War euer Verrückter damals nicht zweimal hintereinander bei euch in der Kasse? Und wenn die beiden von heute morgen jetzt genauso denken wie der vor einem Jahr: Es hat so gut geklappt bei denen, machen wir's noch mal?«

Sie blicken einander an, erschrecken.

»Mal den Teufel nicht an die Wand«, sagt Hans Weber dann. »Das heute früh waren keine Verrückten wie der Alki damals. Die sind froh, erst mal unbehelligt davongekommen zu sein.«

»Glaubt ihr nicht, daß man sie rasch findet?«

4

Es ist nun schon Februar, ihr erster gemeinsamer Auftritt liegt vier Wochen zurück. Wo ist das redlich fifty-fifty geteilte Geld geblieben? Sie haben in der Zwischenzeit kaum einmal miteinander telefoniert, und wenn, dann nur kurz, das Nötigste: »Kein Bulle hat sich für mich interessiert.« Oder: »Ja, der Prozeß ist vorbei. Drei Jahre.« Drei Jahre? Schlimm. Sollen sie da nicht schnell noch mal zuschlagen? Wirklich?

Plötzlich ist Hektik an den Handys: Am nächsten Donnerstag, am ersten Donnerstag in diesem Februar, werden sie noch einmal starten: Alte Stelle, alte Zeit. Also: in der Neustadt. Also: bei Axel.

Am Mittwochabend sieht Steffen Wiedener in Leipzig ausgiebig fern, vor allem der Wetterbericht hat seine Aufmerksamkeit. Aber es gibt am nächsten Tag, heißt es, weder Schnee noch Regen, nur mäßige Kälte. Die ist zu ertragen, die hindert nicht. In der hinterlassen ihre Räder keine auffälligen Spuren.

Kaum daß seine Frau am nächsten Morgen die Wohnungstür hinter sich zugeklappt hat, kurz nach sechs Uhr, sie braucht eine reichliche halbe Stunde bis auf ihre Krankenhausstation, stülpt Steffen Wiedener den Kopf unters kalte Wasser der Dusche, reibt sich notdürftig trocken. Zehn Minuten drauf steht er an der Haltestelle der Straßenbahn. Am Bahnhofsmarkt kauft er sich ein belegtes Baguette, das ißt er im Zug, dazu trinkt er eine Flasche Milch. Er hat die Fahrzeiten von Straßenbahnen und Städteverbindungen ziemlich genau im Kopf. Er braucht immerhin wenigstens anderthalb Stunden bis zur Wohnung von Axel in der Nachbarstadt. Schneller ist das nicht zu bewerkstelligen. Diesmal benötigt er siebzehn Minuten mehr. Wieso? Er könnte den Weg von der Straßenbahn in die Neustadt rascher hinter sich bringen, aber er darf nicht auffallen, hat Axel gesagt. Schon gar nicht durch überflüssiges Rennen.

»Ich habe dir verboten, zu mir raufzukommen. Warum stehst du trotzdem vor der Tür?«

»Was soll ich unten vorm Haus warten? Außerdem will ich mir deine Gewehre ansehn. Du hast's mir versprochen.«

»Aber doch nicht heute.«

Axel Rieger bewahrt seine Jagdwaffen in einer Truhe auf, auch eine Kleinkaliberbüchse. Wohin läuft er mit denen eigentlich schießen? Nun darf Steffen wenigstens die Flinte mit dem Doppellauf in die Hand nehmen, anlegen.

Zehn Minuten später sind sie auf unterschiedlichen Wegen durch die Stadt unterwegs. Die Tür des Hochhauses, ihr gemeinsames Ziel, ist angelehnt, als Steffen, der Kleine, eintrifft. Auch die Tür zu den Kellerräumen ist nicht verschlossen. Im dritten Keller hinter der Zwischentür rechts ist Axel schon dabei, sich umzuziehen: der Trainingsanzug, die schwarzen Laufschuhe, der dunkle Pullover. Hier warten auch, was sie sonst brauchen: die beiden Mountainbikes, das mit dem blauen Rahmen, das mit dem roten, die Waffen, die Beutel für das Geld, die selbstgeschneiderten Strickmasken. Wenn alles gut geht, werden sie den Keller in spätestens einer halben Stunde genauso zurücklassen, wie sie ihn eben vorgefunden haben, bloß um etliches reicher. Aber was soll nicht gut gehen?

»Guck mal. Wir werden auch den Polizeifunk abhören können.«

»Das klappt wirklich mit diesem Ding? Sieht aus wie ein Scanner. Ich werd verrückt. Wer hat dir bloß den Tip gegeben?«

Sie verschließen den Keller, sie halten einander die Türen wechselseitig auf, daß sie mit den Rädern ohne Schwierigkeiten und Umstände hindurchgelangen. Dann fahren sie los. Achthundert Meter, tausend? Kurz vor der Sparkasse streifen sie sich ihre Strumpfhosenteile über die Gesichter, die Strickmasken mit den Schlitzen für Augen und Mund. Sie tasten nach dem Metall in ihren Hosentaschen. Alles ist bereit. Sie deponieren die Räder in den vorgesehenen Halterungen vor den Scheiben mit der großflächigen Sparkassenwerbung. Dann stürmen sie in das Innere der Kasse: »Das ist ein Überfall.« Steffen Wiedener steht zwischen den Glastüren, die Vor- und Hauptraum trennen, hält die Schreckschußpistole schräg gesenkt. Axel Rieger tritt wie abgesprochen an die Schalter: »Los, los, Geld her.« Vor vier Wochen hat es hier keine Zwischenfälle gegeben, warum sollten sie da die Sparkasse wechseln?

An diesem ersten Donnerstag im Februar hat Gisela Weber Spätschicht. Hinter dem Kassenschalter bedient diesmal Else Kottwitz. Noch ein halbes Jahr später wird auch sie immer noch sagen:

»Jedesmal, wenn ich laute Geräusche hinter meinem Rücken vernehme, irgendwas Ungewöhnliches, schrecke ich zusammen, erwarte ich Schlimmstes.«

5

Es gibt Gerüchte. Immer gibt es in solchen Fällen Gerüchte. Die Täter gehören zur Mafia, die Täter sind ehemalige Sparkassenangestellte, die Täter sind Söhne eines früheren Sparkassenchefs oder zwei Burschen aus einem Hochhaus in der Nähe, seit Wochen plötzlich verschwunden, die Täter haben sich nach Dresden abgesetzt, nach Hamburg, nach Österreich, nein, in die Tschechoslowakei.

Warum sich der Gedanke immer mehr festnistet, daß man es mit zwei nicht ganz jugendlichen Tätern zu tun hat? Else Kottwitz, nach dem zweiten Überfall, hat unumwunden erklärt: »Das sind keine Leute über die Dreißig, das sind auch keine Kinder, das sind Burschen Anfang der Zwanzig. Ich kenne mich aus. Ich hab Söhne im selben Alter, die bewegen sich genauso. Ihr könnt's mir glauben. Bloß: Meine klauen nicht.«

Auch darüber spekulieren die Gerüchte: Die Polizei hat nach dem zweiten Überfall in der Neustadt Boote der Wasserschutzpolizei eingesetzt und die Ufer der Saale abgesucht. Haben die Täter Verbindung zu einer der einheimischen Schiffsreedereien (Wo liegen deren Schiffe jetzt eigentlich im Winter?), oder haben sie ihre Beute in wasserdichten Beuteln im Uferdickicht verborgen? (Ausgerechnet um diese Jahreszeit?) Oder haben die Täter Unterschlupf in einem der Boots- und Gartenhäuschen am Flußufer gesucht? Auch das verwundert: Gleich nach dem Überfall ist der hiesige Polizeihubschrauber eingesetzt worden. Hat man gehofft, die zwei radelnden Mountainbike-Fahrer bei irgendwelchen Irrfahrten durch die Neustadt oder auf der nächsten frischen Tat entdecken zu können? Wieviel haben die beiden Kerle übrigens erbeutet, einhunderttausend, zweihunderttausend Mark?

Gisela Weber kann bei diesen Zahlen nur lächeln. Natürlich, in Fernsehkrimis wechseln in solchen Fällen immer Millionen, in Beuteln oder Koffern davongetragen, den Besitzer. Bei ihnen in ihrer Filiale geht es dagegen um deutlich geringere Beträge. Gott sei

Dank hat keiner sie gezwungen, den großen Tresor hinter den Schaltern zu öffnen.

Gisela Weber, sonst keine eifrige Zeitungsleserin, verfolgt in diesen Wochen die täglichen Berichte auf den Lokalseiten gründlich. Wenn unter ihren Kolleginnen und Bekannten auch die Gerüchte und Vermutungen wechseln, wenn keiner Genaues, jeder eigentlich gar nichts weiß, niemand zu einer Gegenüberstellung oder neuen Befragung gebeten wird – die Zeitungen werden doch über den neuesten Stand der Ermittlungen berichten können. Denn das kann doch nicht sein, daß die Polizei wochenlang keine heiße Spur, keinen Tatverdächtigen findet. Sind sie nicht Hauseingang für Hauseingang abgelaufen, haben sie nicht gefragt, was für junge Leute da wohnen und wer von denen Moutainbikes besitzt, entweder ein blaues oder ein rotes? Mußten nicht die Fahrradhändler Auskünfte über die Mountainbikekäufer der letzten Jahre abgeben? Haben sie nicht ihre Listen einschlägig Vorbelasteter aufmerksam durchgesehen? Haben nicht wenigstens ihre Hunde erfolgreich geschnüffelt?

Gisela Weber glaubt ihre Unsicherheit nach dem Überfall gründlich überwunden, ihre Selbstsicherheit wiedergewonnen zu haben. Da kommt sie an diesem ersten Februardonnerstag mittags zu ihrer Arbeitsschicht im Punkthochhaus. Schon von ferne sieht sie die rotweißen Absperrungsstreifen, die um die Filiale gespannt sind. Dann steht sie vor einem der Leute vom Sicherheitsdienst und wird abgewiesen. Heute ist die Filiale wieder ganztägig geschlossen, sagt der Mann entschieden, auch für die Angestellten vom Spätdienst. Heute hat sie arbeitsfrei, dienstfrei, versteht sie?

Da fühlt sie plötzlich: Sie hat nichts überwunden, ihre Unsicherheit nicht und nicht ihre Angst. Alles ist noch ganz gegenwärtig.

Noch einmal genau vier Wochen später verbreitet sich die Nachricht in Windeseile über die Telefone, liest man am nächsten Morgen auch in der Zeitung: Diese Mountainbikefahrer, die »radelnden Bankräuber«, haben sogar ein drittes Mal zugeschlagen, zwei Kilometer weit weg in der Neustadt, hinter dem Kiessee, an einer Stelle, wo genauso viele Büsche und Bäume unübersichtlich herangewachsen sind. Aber ja, es sind dieselben Täter, alles Äußere spricht dafür, alle Umstände, die ganze Art des Überfalls, die An- und Abfahrt mit dem Rad, die Farbe ihrer Räder.

Nun sind wenigstens sie im Punkthochhaus nicht mehr das Ziel der Räuber, denkt da Gisela Weber. Wie lange kann ein solcher Gedanke ein Trost sein?

6

Wie viele Ermittlungsvorgänge laufen ins Leere, bleiben trotz erheblichem Aufwand ohne Ergebnis, müssen eingestellt werden? Manchmal erfährt man von eindrucksvollen Aufklärungsquoten, da werden dann Zahlen zwischen achtundvierzig und siebzig Prozent genannt, je nach Straftatbeständen. Wie sehr die Zahlen die Leute überzeugen? Jugendliche Autoknacker haben mitunter zwischen sechzig- und achtzigmal zuschlagen, ehe man sie faßt. Und wie viele Übergriffe bekennen sie dann, wie viele kann man ihnen nachweisen? Oder diese Sprayerbanden. Und diese unterschiedlichen Arten von Beschaffungskriminalität. Über eintausend eindeutig Drogenabhängige leben mittlerweile in der Stadt, sagen die Statistisken. Woher besorgen sie sich das Geld für ihre Events, doch nicht bloß auf ihren Betteltouren an öffentlichen Plätzen, in Bahnhofstunneln oder auf dem Markt?

Nein, die Vielzahl der Straftaten darf keine Entschuldigung für mangelnde Ermittlungserfolge beim »radelnden Duo« sein. Die sind doch in der Nähe ansässig. Die unternehmen doch so was nicht von Leipzig oder Naumburg aus. Oder doch? Aber dann haben sie doch irgendwo in nächster Nähe einen Unterschlupf, eine Ausgangsposition? Kann man die nicht aufspüren?

An einer Tafel in den Gängen des Polizeipräsidiums hängt in diesen Wochen ein Zeitungsausschnitt. So etwas geschieht selten. »Räuber-Duo stellt Polizei vor Rätsel«, heißt die Titelschlagzeile. »Bereits die dritte Tat nach demselben Strickmuster. – Doch Fahndung bleibt erfolglos.«

Den Artikel muß ein Außenstehender, vielleicht ein persönlich Betroffener angeheftet haben. Das Blatt hängt über Tage, und niemand nimmt es ab. Sie wissen ja alle im Haus: Der Artikel hat recht. Der Tatplan, nach dem die Täter jedesmal vorgegangen sind, ist einfach, immer derselbe. Offenbar hat der Erfolg sie übermütig werden lassen, und sie haben ihre Vorgehensweise dummdreist wiederholt. Hat man eigentlich keine Posten in Zivil aufgestellt, die Gauner zu fassen? Freilich: Es gibt so viele Sparkassen- und Bankfilialen in der Stadt ...

In diesen Tagen wird ein Prozeß gegen einen jungen Mann geführt, der vor zehn Jahren den ersten spektakulären Überfall nach der Wende auf eine einheimische Bankfiliale unternommen hat, mit einem Maschinengewehr bewaffnet, mitten in der Stadt, kaum fünfzig Meter neben dem hiesigen Landgericht, das ihn schließlich verurteilt. Nach zehn Jahren Unterschlupf, nach zehn Jahren mit einer veränderten Identität, hat man Dieter Setzepfand auf Mallorca gefaßt, mittlerweile ein umtriebiger Unternehmer, ein braungebrannter Sonnyboy Anfang Dreißig. Seine Lügen und seine Tränen haben ihn nicht vor einer kräftigen Strafe bewahrt. Sollen seine radelnden Nachfolger – Setzepfands Komplize parkte damals seinen Mercedes kurz hinterm Stadtturm – genauso lange auf ihre Bestrafung warten dürfen?

»Dunkel war die Kleidung der maskierten Täter in allen drei Fällen. Im Dunkeln tappt auch die Polizei auf der Suche nach ihnen.« Das sind keine wohlwollenden Zeitungssätze. »Sechs Angestellte befanden sich in der Bank, diesmal freilich nur eine Kundin, als das Gangster-Duo seine Pistolen hob. Ähnlich wie bei den früheren Überfällen haben einige Beteiligte einen Schock erlitten und mußten medizinisch und psychologisch betreut werden.«

Es ist inzwischen März. Einen ordentlichen Winter hat es wieder einmal nicht gegeben, wohl spürbare Kältegrade, aber keinen ausdauernden Schnee.

An einem dieser unangenehm naßkalten und nebligen Märzmorgen erhält Kriminalkommissar Hunger den Anruf, den er erhofft, aber ernsthaft nicht so bald erwartet hat.

»Komm. Wir haben sie, denk ich mal.«

»Wen?«

»Die beiden Mountainbikefahrer.«

»Wo?«

»Nochmal die Filiale von der vergangenen Woche. Sie sind plötzlich durch den Nebel gekommen.«

Minuten später schon ist Hunger unterwegs in die Neustadt. Er kennt den Tatort genau: die Sparkasse hinter den Anlagen an den Schulsportplätzen, vom Donnerstag vergangener Woche. Nun haben die beiden Täter – es sind doch wohl dieselben – noch einmal in derselben Filiale zuschlagen wollen, sechs Tage später, heute ist Mittwoch. Ist ihnen keine Sekunde lang in den Kopf gekommen, daß man sie mittlerweile erwarten könnte? Oder haben sich Trittbrettfahrer an den Fall gehängt?

Es ist wirklich ein ziemlich nebliger Morgen. Der Fahrer hat einige Mühe, in dem Karree der Häuserblöcke rasch voranzukommen. Das Wohnviertel hier draußen ist nicht direkt von der Stadtmagistrale aus zu erreichen, man muß eine Westumfahrung nehmen. Wer sich das einmal ausgedacht hat?

Aber dann ist alles ganz einfach und überschaubar. Die zivile Fahndergruppe erwartet Hunger. Sie haben genau den Augenblick abwarten können, erklären sie, als die Täter, mit allem ausgerüstet, Masken, Pistolen und Plastebeuteln für das Beutegeld, in die Sparkasse stürmen wollten. Nun steht der eine der Täter mit gespreizten Beinen vor der weißgetünchten Sparkassenfront, der andere liegt seitlich auf dem nassen Boden. Ihre Mountainbikes sind nebenan in den dafür vorgesehenen Halterungen geparkt.

»Haben sie Widerstand geleistet, euch etwa mit ihren Waffen bedroht?«

»Ach wo. Die waren nur überrascht, sie ließen sich sofort festnehmen.«

»Ihre Klamotten habt ihr sichergestellt?«

»Wir haben sogar ihre Namen. Natürlich haben sie keine Ausweise bei sich. Aber den einen kannten wir schon. Dem sind wir schon mindestens zweimal begegnet. Und der andere ist aus Leipzig.«

»Na, dann wollen wir den Herren mal ihre neue Unterkunft zeigen.«

Mittlerweile haben sich ein paar Dutzend Leute neugierig angesammelt, frühe Kunden aus der nahen Kaufhalle. Aber sie haben bald nichts mehr außer ein paar weißroten Absperrbändern zu bestaunen.

7

Manchmal hat Gisela Weber gehofft, daß man ihr diesen Zeugenauftritt ersparen wird, dann wieder hat sie sich Mut eingeredet: Sie muß diesen Kerlen wenigstens einmal von Angesicht zu Angesicht gegenübersitzen. Aber schon draußen auf dem Gerichtsflur, als sie mit ein paar anderen Zeugen wartet, ist ihr Mut rasch verflogen. Warum tut sie sich das an, warum hat sie sich nicht krank schreiben lassen, sie ist doch krank, krank vor der neuen Aufregung.

Sie hat noch nie vor einer Gerichtsbank gestanden, kein Gerichtsgebäude von innen gesehen, schon gar nicht als Betroffene. Nun sitzt sie plötzlich in einer Enge, die sie zusätzlich bedrückt, die von allen Seiten auf sie einstürmt. Fünfzig, hundert Leute in dem kleinen Saal! Schließlich begreift sie die Worte des Richters, der ihr begütigend zuredet: »Sie haben nichts zu befürchten, Frau Weber. In zehn Minuten ist alles vorbei, versuchen Sie sich nur in aller Ruhe an das Geschehene von damals zu erinnern.« Aber wie soll sie ruhig bleiben, wenn die Minuten von damals wieder in ihrer Erinnerung aufsteigen, wenn sie sogar noch dazu aufgefordert wird, sich an jede Einzelheit zu erinnern?

»Nein«, sagt sie, sie erkennt die Angeklagten nicht wieder, die trugen ja damals schwarze Gesichtsmasken. Sie hat für die beiden bislang nur ein paar seitliche Blicke zustande gebracht. Sie wird ihnen auch während ihres gesamten Zeugenauftritts nicht ins Gesicht sehen können. Außerdem, sagt sie dann leise, fast flüsternd, außerdem hat sie von dem zweiten Täter erst nachträglich erfahren. Damals gab es für sie nur den einen, der plötzlich mit seiner Pistole vor ihr am Schalter stand und etwas Schwarzes auf das Podest vor der Glasscheibe legte. »Das ist eine Handgranate«, so seine Worte ungefähr, und da trat sie hinter ihrer schützenden Säule hervor und reichte ihm die gebündelten Geldpakete und die losen Scheine.

»Die Münzen auch?« fragt der Richter.

Sie weiß es nicht mehr, sie kann sich auch nur ungenau an den Beutel erinnern, in dem das Geld verschwand, reichlich elftausend Mark, sie hat die Summe erst im nachhinein erfahren.

Als sie bald darauf entlassen wird (»Nun können Sie alles vergessen, endgültig.«), hat man kaum mehr von ihr zu hören bekommen, als man ohnehin schon weiß. Sie wird sich später auch nur undeutlich erinnern können, was man sie im einzelnen gefragt und was sie geantwortet hat. Nicht einmal die Angeklagten hat sie richtig verstanden, die sich bei ihr entschuldigen wollten. »Wir wollten Sie nicht verletzen. Entschuldigung.« Der kleine Untersetzte und der große Schlanke. Nur das weiß sie noch ganz sicher: Als eine Kollegin aus der Sparkasse sie am Arm nimmt, durch die engen Reihen aus dem Saal führt, ist sie froh, allem ein zweites Mal entkommen zu sein.

Ist Gisela Weber eine wichtige Zeugin? Sie ist eine von wenigstens zwanzig. Hätte man auf ihre Anhörung verzichten können? Mindestens ist sie die erste in einer langen Reihe. Und macht nicht gerade ihr Auftritt deutlich, welche psychischen Folgen ein Verbrechen bei seinen Opfern hinterlassen kann?

Der Prozeß gegen die vermummten Mountainbike-Fahrer, die Sparkassenräuber aus der Neustadt findet schon ein Vierteljahr nach ihrem letzten mißglückten Überfall statt. Die Erinnerungen an die dreisten Wiederholungen desselben Tatmusters sind noch frisch. Da interessiert der Prozeß weithin. Vier Terminstage sind angesetzt, auf einen wird am Ende verzichtet werden können, aber an jedem der anderen ist der Gerichtssaal mehr als dicht besetzt.

Der Vorsitzende Richter der Kammer ist für seine forsche Verhandlungsführung bekannt. Die Täter sind geständig, auch beim vierten, vergeblichen Versuch sind sie mit voller Montur erschienen. Mountainbikes, Masken, Pistolen und Handgranatenattrappe liegen nun dem Gericht vor, zusätzlich hat man in einem Keller weitere Beweismittel gefunden. Was soll da noch passieren?

Freilich, Untersuchungsergebnisse sind das eine, ein Prozeß ist etwas anderes. Doch die Täter sind auch da geständig, geradezu kooperativ.

»Eigentlich sollte Steffen an die Schalter«, sagt zum Beispiel Axel Rieger. »Aber der hatte Angst. Da übernahm ich das. Dabei: Alles überblicken, von hinten sichern, das schien mir schwieriger. Die Handgranate sollte ja bloß Dekoration sein. Doch die Attrappe wirkte, die Angestelle kam hinter ihrem Pfeiler hervor und gab mir das Geld. Die Pistole war eine Gaspistole. Im Lauf waren Platzpatronen, im Magazin Pfefferpatronen.«

»Wußten Sie eigentlich, daß Sie während der Tat gefilmt wurden?« beginnt der Richter einen seiner gelegentlichen Späße.

»Wir rechneten damit«, erwidert Rieger.

»Aber in die Kamera gelächelt haben Sie trotzdem nicht.«

Und Steffen Wiedener?

»Mein Bruder hätte mir die Generalschlüssel für die Neustädter Keller nie freiwillig gegeben. Da hab ich abgestritten, daß er ihn bei mir vergessen hatte. So gelangte ich zu dem Schlüsselbund, und die Sache mit dem Keller war danach meine Idee. Aber an einen der Schalter traute ich mich nicht, ich hätte dort bloß rumgestottert.«

»Sie haben für Ihr Alter eine stattliche Vorstrafenliste, sechs Eintragungen mit zweiundzwanzig Jahren. Diebstahl, Körperverletzung, ein andermal haben Sie jemanden angefahren und verletzt liegengelassen. Schließlich hatten Sie Ihren letzten Prozeß im Januar, zwischen dem ersten und dem zweiten Überfall. Hat Sie da nichts nachdenklich gemacht, zurückgehalten?«

»Wir rechneten ja bei dieser Sache überhaupt nicht damit, gefaßt zu werden. Und ich brauchte das Geld.«

»Was haben Sie übrigens mit Ihrer Beute angestellt? Rund 31 000 Mark sind aufgelistet, keine kleine Summe.«

»Wir haben sie geteilt, fifty-fifty.«

»Da bleiben 15 000 für Sie. Wieviel hat Ihre Frau davon abbekommen, wieviel haben Sie in den Haushalt gesteckt?«

»Ich zog erst los, wenn meine Frau aus der Wohnung war, arbeiten in ihrer Klinik. Da hat sie nie was gemerkt. Da konnte ich ihr auch kein Geld geben.«

»Was haben Sie dann mit Ihrem Anteil angestellt?«

»Ich bin in die Kneipen, aus Langeweile, aus Frust. Dort fing ich zu spielen an. Ich hab daran ziemlichen Spaß. Da ist dann alles schnell draufgegangen. Schon als wir das zweite Mal auf unsere Mountainbikes stiegen, besaß ich keine Mark mehr von dem Anteil vier Wochen zuvor.«

Auch Axel Rieger hat sein Geld durch die Finger rinnen lassen. Noch nie zuvor hatte er soviel Scheine auf einmal besessen. Da gibt er Kneipenlagen aus, hält Kumpels frei. Außerdem hat er Schulden. Fünftausend Mark Schmerzensgeld muß er dem Schwarzafrikaner zahlen, in monatlichen Raten, dazu gibt es noch andere Monatsraten. Er hat sogar bei der Richterin vorgesprochen, um eine Halbierung der monatlichen Leistungen zu bewirken. Und dann sind da noch die Schulden für drei Handys. Und »private Schulden, über die ich nicht sprechen möchte«. Dazu gehört wohl das havarierte Auto. Insgesamt siebenundzwanzigtausend Mark.

»Wieviel von Ihrer Beute haben Sie verwendet, solche ›Außenstände‹ zu begleichen?« fragt der Richter.

Natürlich nicht eine Mark.

»Die Angeklagten haben keinerlei Lehren aus ihrem früheren Verhalten gezogen«, erklärt der anklagende Oberstaatsanwalt am dritten Verhandlungstag in seinem Plädoyer. »Sie machen Schwierigkeiten in ihrer Kindheit oder mit ihren alkoholabhängigen Eltern für ihr eigenes Fehlverhalten verantwortlich. Sie sind äußerst uneinsichtige Rechtsbrecher, in ihrem Wohnumfeld früh bekannt. Fehlte irgendwo Wäsche auf der Leine, wurde der junge Wiedener als erster verdächtigt. Nun werden sie erneut schwer straffällig, genau zu der Zeit, als sie sich vor Gericht für zurückliegende Straftaten zu verantworten haben oder auf den Widerruf ausgesprochener Urteile hoffen. Wie können sie da mit Nachsicht rechnen. Wer absolut nicht hören will, muß fühlen.«

Das Gericht sieht die rasche Folge der Taten, es berücksichtigt aber auch die Geständigkeit der Täter. Von der Schlüsselbeschaffung oder dem Kellerdepot für Kleidung und Werkzeug hätte man ohne die Aussagen der Täter so schnell nichts gewußt.

Freilich, die beiden sind nun keine Jugendlichen oder Heranwachsenden mehr. Die Richter verurteilen Axel Rieger zu elf Jahren Freiheitsentzug. Darin sind die nun nicht mehr auf Bewährung ausgesetzten drei Strafjahre wegen der Verfolgung und schweren Verletzung des Schwarzafrikaners enthalten. (Natürlich hatte sich Rieger damals mit seinen Fäusten nicht zurückgehalten.) Und Stefan Wiedener erhält neuneinhalb Jahre. Er hat dazu noch die Jahre aus seinem Leipziger Urteil zu erwarten. Dessen Revision wird wohl keinen Erfolg haben.

Am meisten berührt dieses Urteil die Richter der Jugendkammer vom selben Landgericht. Hätten sie vor gut einem Jahr im

Schwarzafrikaner-Prozeß nicht so viel Hoffnung und Vertrauen in Axel Rieger investiert und damals eine Strafe ohne Bewährung gegen ihn ausgesprochen, Rieger hätte erst einmal über Jahre hinweg nicht die Gelegenheit zu neuen Rechtsverletzungen gefunden.

»Wer rechtzeitig hört, muß nicht fühlen.« Auch das hat der Staatsanwalt gesagt. Aber wer hört schon rechtzeitig auf solche Sprüche?

Pension Storch

1

Dieser Sommer ist verregnet wie viele Sommer der letzten Jahre. Aber wann gibt es die schon mal noch: richtige heiße Sommer und knackige Winter? Vergangenes, unsere Erinnerung, ist immer schöner als Gegenwärtiges, sagt Hubert Storch. Das begreift man erst mit den Jahren.

Hubert Storch hat mittlerweile gelernt, auf vieles zu verzichten, sich auf Gegebenes einzurichten. Nun ist ihm nur noch sein Haus mitten in der Stadt geblieben, nahe am Markt, nein, eigentlich bloß die Wohnung im ersten Stock. Er ist dreiundsiebzig geworden, ein alter Mann, er hat den Schlaganfall überlebt, aber die Lähmungen fesseln ihn an die Wohnung. Da sind ihm Winter und Sommer gleich. Er spürt und verfolgt sie nur durch die Fenster, die er mal aufsperren muß und mal schließen. Das nahe Haus gegenüber ist schon vor einem Dutzend Jahren renoviert worden, schon vor der Wende, neidvoll blickt er manchmal auf die sauberen Balkengevierte des Fachwerks drüben. So hätte er die Stockwerke des eigenen Hauses auch herrichten lassen können, wenn er die Kraft und die Lust dazu gehabt hätte. Und natürlich vor allem das Geld. Sein Haus hätte mindestens genausoviel hergemacht mit dem hölzernen Storchenpaar an der Giebelseite. Doch für wen? Die Kinder und Enkel sind über die ganze Welt verstreut, bis hin ins ferne Australien. Da reicht es höchstens einmal im halben Jahr zu einem Kärtchen oder einem Brief. Sie brauchen ihn alle nicht mehr. Er ist allein. Seine Frau ist längst an Krebs gestorben.

Aufs Bett und auf die Krücken angewiesen, bringt er's trotzdem nicht fertig. ohne Aufgaben zu leben. Als er's noch vermochte, hat er unten im Parterre den Antiquitätenhandel betrieben. Uralte Grafiken. Stadtansichten. Zinngeschirr und Porzellane, er kam an sie ran und hat sich mit ihrem Verkauf über Wasser gehalten. Nun vermietet er seine paar überflüssigen Räume in den oberen Stockwerken. Und er hat Hella und die Jungsche, Grit, die ihm im Wechsel die Zimmer sauber halten und für ihn selber das Nötigste herbeischaffen, Essen und Gewaschenes, Getränke, Bettzeug. Dazu kommt zweimal am Tag, morgens und abends, eine Schwester, die ihn umbettet, wäscht.

Manchmal schafft er's bis zum Sessel am Fenster und blickt hinunter auf den kleinen Platz zwischen den Häusern, verfolgt, was für Leute da unten ihre Autos parken und wer in die nahe Apotheke läuft. In dem renovierten Fachwerk gegenüber, in dem »Haus zu den zwei Tauben«, geschieht am wenigsten, aber immer ereignet sich etwas auf dem nahen Marktplatz, den er nicht mehr sehen, nur noch hören kann.

Um zwei Ecken herum liegt er, ein ungleiches Vieleck mit fünf Türmen mitten darin und der berühmten Rolandsfigur, mit Eßbuden und unterschiedlichen Bühnen, mit Lautsprechern, Ansagen, Versammlungen. Manchmal liest er von ihnen am nächsten Tag in der Zeitung oder sieht gar Berichte davon noch abends im Fernseher, der seinem Bett gegenüber aufgebaut ist.

»Pension zu den Störchen, Zimmer zu billigsten Preisen.« So ein Schriftband wird er draußen am Haus anbringen lassen. Warum hat er's nicht schon längst veranlaßt? Sein Körper ist zerbrochen, malade, aber sein Geist ist noch rege. Immer wieder hat er frische Ideen.

Hubert Storch riecht den nahen Herbst durch die geöffneten Fenster. Er sieht ihn in seinem Fernseher vorm Bett, der Tag und Nacht läuft: Stürme in Spanien, Überschwemmungen in Italien, Kämpfe auf dem Balkan. Und draußen vorm Haus scheint wieder einmal die Sonne, trocknet das regennasse Pflaster.

Es ist ein Sonntag im späten August. Noch vier Monate, dann geht ein ganzes Jahrtausend zu Ende. Was für eine ferne Jahreszahl ist das einmal in der Kindheit gewesen.

Noch höchstens vier Stunden, und Hubert Storch wird nicht mehr am Leben sein.

2

Diana Schäfer ist es nicht gleich, ob es warmer Sommer ist oder früher kalter Herbst. Wer auf der Straße lebt, achtet auf Hitze und Eis, Wind und Regen. Schon einmal hat sie einen eisstarren Winter im Abbruch hinter sich gebracht. Mal friert man zu dritt unter dünnen Decken, mal kampiert man bei Freunden, Kumpels, mal rückt man nahe zu Fremden. Aber lieber dort unterkommen als in der eigenen notdürftigen Bude, die das Sozialamt bezahlt. Nun geht der Sommer schon wieder mit viel Regen zu Ende. Wo wird sie dann sein? Nein, bei ihrer Mutter wieder anklopfen, sich einkratzen, kommt nicht in Frage. Wichtig ist sowieso nur der nächste Tag, wichtig ist: Stoff haben für den nächsten Schuß.

An diesem Sonntagmittag im August ist Diana Schäfer ein paarmal zwischen Obermarkt und Wasserturm unterwegs. Sie steigt in eine der Straßenbahnen, fährt in Richtung Osten der Stadt und kehrt doch nach kaum zwei Stationen schon wieder zurück. Unstet, gehetzt, hin- und hergetrieben wiederholt sie das Spiel mehrfach. Die Bahnen sind um diese Zeit spärlich besetzt, es sind auch nicht immer die Kerle darin, auf die sie aus ist. Sowieso geben sich die paar jungen schwarzen Burschen, die sie anspricht, durch die Bank als hartherzig, abweisend. Selbst wenn sie eine gute Abnehmerin der gewissen Portionen ist, weshalb soll man ihr etwas schenken? Und ungewissen Kredit geben heißt doch schenken. Nein, die jungen Herren über die glückverheißenden weißen Pulver und Päckchen lächeln nicht einmal, wenn sie sie abblitzen lassen. Hat sie nicht wenigstens andere Ware, Tauschware?

Diana Schäfer spürt allmählich das Zittern ihrer Hände, ihr Mund ist hohl, trocken. Wenn sie nicht bald zu einigem Stoff kommt, wird das ein schlimmer Nachmittag.

Da sind unvermittelt Locke und Striptease im Wagen. Striptease, der Zweimetermann, der lächelnde Riese. Weiß der Teufel, nach welchem Vorfall der zu seinem Namen gekommen ist. Striptease ist verläßlich, hat gute Ware, deshalb geht sie gerne zu ihm.

»Striptease, ich bin abgebrannt, kahlgefressen. Ich hab keinen Schein für dich, nichts sonst. Aber du hast was für mich, ja. bitte? Bitte, Striptease, ja. Bitte.«

Als sie Minuten drauf am Obermarkt aus der Bahn stürzt, mit dem weißen Zeug in der Tasche, sieht der Platz schon ganz anders aus, freundlicher, friedlicher. Hat Striptease ihr das Päckchen nun wirklich großmütig geschenkt? Sie kann's kaum fassen. Vielleicht will er morgen doch dafür kassieren, sogar einen großen Schein?

»Hallo«, sagt sie, mustert die Truppe auf den Denkmalstufen, acht, neun Jungen und Mädchen. Bello hockt dabei, albert mit seinem Köter herum, läßt ihn endlos nach einem richtigen Knochen schnappen. Und Tina, die gleich auf sie zukommt, hat ihr Haar kürzen lassen, mit Blau und Rot eingefärbt. Wer weiß, wer ihr das gestern oder heute morgen gemacht hat. So lange haben sie einander nicht gesehen.

»Du hast was bei dir, ja?« fragt Tina. »Ich seh's dir an. Da fällt auch was für mich ab. Du hast's mir versprochen.«

Sie laufen vom Denkmal über den fast leeren, sonntags verödeten Platz, sind schon nahe bei den Untergrundtoiletten, als sich Diana endlich nachgiebig zeigt. »Ein bißchen was kann ich dir lassen, nicht viel«, nickt sie, »bin total abgebrannt. Aber ich hab was gekriegt. Ich soll's bezahlen, wenn ich Geld hab.« Da hängt die andere mehr als zuvor wie eine Klette an ihr. »Du bist ein Engel, Lady Di, ein richtiger Engel. Ich hab's immer gewußt.«

Aus der Männerabteilung kommt ein Bursche, jünger als sie, steigt die Treppe herauf, schließt sich langsam und grinsend die noch weit offene Hose, zwei andere starren ihm hinterher, ein Älterer, ein Jüngerer. Aber im Frauenbereich auf der Gegenseite sind sie allein. Sie kennen sich hier aus. Sie verschließen die Kabinentür, niemand soll sie überraschen. Diana hockt sich auf die Brille, zerrt sich den Schal vom Hals, breitet ihn über ihren Schoß, einen Pappdeckel darüber, fingert das Plastepäckchen vom lächelnden Riesen zwischen Pulli und Rock hervor, läßt das Pulver auf die Pappe gleiten. Für sie eine Zigarette, der Rest bleibt Tina. die mit weit offenen Augen die Prozedur verfolgt.

Sie kennen einander seit letztem Winter näher, über ein halbes Jahr. Sie haben sich wechselseitig schon ein paarmal aus der Patsche geholfen, sich mit Stoff versorgt oder dem anderen einen Schein zugeschoben. Wann hat Tina sie zum ersten Mal so genannt: Lady Di? Aber Tina war's, auf jeden Fall. Und nun heißt sie bei vielen so, und manchmal steht sie vor einer Spiegelscherbe und starrt auf ihre kurzen verklebten blonden Haare und auf ihre kräftige Nase: Wieviel Ähnlichkeit ist da mit der toten Engländerin?

»Laufen wir noch ein Stück, Geld machen? Lieber jetzt als abends.«

Manchmal schon haben sie gemeinsam in belebten Straßen gestanden, auf Märkten, sich den Vorübergehenden aufgedrängt: Haben Sie nicht mal 'n paar Mark? Fünf Stücke wenigstens könnten die Knauser schon abdrücken oder einen Schein, mit Leichtigkeit. Aber wieviele brachten Verständnis auf für ihre Sorgen? Sie hatten sich auch schon Handtaschen besorgt, von alten Frauen, die auf Parkbänken dösten oder im Supermarkt ihre Rollwagen für Minuten unbeaufsichtigt ließen, sie kannten Parkplätze, auf denen wenigstens drei, vier Wagen immer unverschlossen auf ihre erfolgreiche Revision warteten. Und wie leicht konnte man manchmal über Hinterhöfe in fremde Wohnungen steigen.

An diesem nun schon späten Augustmittag stoßen sie nur auf wenige Passanten, die bereit sind, auf ihre aufdringlichen Bitten ihre Brieftasche zu öffnen und nach einer kleinen Spende zu kramen. Dafür geraten sie in ein einladendes, an diesem Wochenende verlassenes Studentenwohnheim am Postplatz, mitten in der Stadt. Sie steigen vorsichtig durch die Gänge, über die Treppen. gelangen schließlich im ersten Stock vor einen unverschlossenen Glasschrank: Was für ein Schatz! Hunderte Kassetten, Hunderte CDs. Sie räumen ab, was sie können, lassen die Beute in zwei Plastebeutel gleiten.

Stunden später sind sie ernüchtert. Selbst der gutmütige Striptease in der Straßenbahn in die östliche Vorstadt hebt die Hände: Was soll er mit dem alten Zeug, Cordalis und Jürgens.

Gegen einundzwanzig Uhr stehen die beiden Mädchen wieder am Markt. Eigentlich hat Diana Schäfer die jüngere Tina längst loswerden wollen, so dicke haben sie's nun auch nicht miteinander, daß sie so viel zusammen veranstalten. Ladv Di ist jetzt mit Mambo verabredet, vor diesem Blumenladen am Markt. Aber der Heini kommt einfach nicht. Hat er die Hosen voll? Geht ihm der Hintern auf Grundeis? Der Feigling!

Nach knapp zwanzig Minuten erzählt Diana Schäfer plötzlich: Mit diesem feigen Mambo wollte sie eigentlich ein Ding drehn, das hilft ihnen für Wochen aus der Not. Nun muß Tina ihr beistehen. Sie, Diana, hat's eben entschieden. Da liegt, nicht weit weg von diesem Blumenladen hier, eine Pension, Tina kann das Haus sehen, ein alter Mann vegetiert darin, vermietet manchmal Zimmer.

»Der kann sich kaum noch allein bewegen, aber er hat Kohle, massenhaft Kohle, man muß sie nur finden, und Werte, wenigstens zwei Fernseher. Ich hab dort gewohnt. Der Alte schuldet mir noch

Geld, mindestens zweihundert Mäuse. Guck mal: Ich hab sogar noch 'nen Schlüssel für seine Bude.«

»Wie kommst du dazu?«

»Warum sollt ich dem Alten seinen Schlüssel zurückgeben? Ich war mit Mambo hinterher schon mal drin in der Bude. Es ist alles ganz leicht. Der Alte ist malade, kommt kaum noch aus seinem Kahn.«

Wie lange braucht es, Tina, die Sechzehnjährige, zu überzeugen? Was haben sie heute nicht alles angestellt, zu Stoff oder Geld dafür zu gelangen? Und was haben ihre Versuche eingebracht? Sollen sie da auf die günstigste Gelegenheit von allen verzichten? Der letzte Schuß liegt schon wieder acht Stunden zurück. Wie lange noch, und sie wird nach dem nächsten jiepern.

»Und wenn der Alte dich wiedererkennt, wenn der merkt, wer ihm seine Klamotten rausklaut? Hast du keine Angst?«

»Ach, der erkennt mich doch nicht.«

»Und wenn doch?«

»Er kann sich, hat er gesagt, an mich nicht erinnern. Ich hab dem Alten zuviel gezahlt für die Woche, die ich bei ihm gewohnt habe. Er muß mir das Geld zurückgeben. Seit Monaten streiten wir uns schon darum.«

»Und wenn er sich wieder querstellt?«

»Da müssen wir ihm eben ein Kissen aufs Gesicht drücken.«

»Bist du verrückt? Ich hab keine Lust, Jahre im Knast zu hocken. Wir haben's immer geschafft, zu Geld und Stoff zu gelangen, ohne Gewalt.«

Spricht Diana Schäfer von diesem Kissen tatsächlich bereits, ehe sie die Pension, diese fremde Wohnung, betreten? Und ist dieser alte Mann, Hubert Storch, an diesem Abend tatsächlich ihre einzige Hoffnung, zu Geld zu gelangen?

Jedenfalls: Es ist leicht, die Haustür neben dem ehemaligen Antiquitätenladen zu öffnen. Natürlich: Diana Schäfers Schlüssel paßt. Noch immer ist der Laden hinter den großen dunklen Glasscheiben mit Angeboten gefüllt. Vasen, Schalen aus Glas und Porzellan, Bilder in Öl, Grafiken, alte Plakate. Hat sich niemand darum gekümmert, hat niemand wenigstens eine Bestandsaufnahme gemacht?

Die beiden Mädchen haben kein Interesse an diesen möglicherweise unerwartet wertvollen Gegenständen, dem Ladengerümpel. Sie steigen über die dunkle Treppe in den nächsthöheren Stock. Diana voran. Sie kennt sich ja aus. Hier oben stehen alle Türen offen. Aus einem der Zimmer tönen Stimmen, eindeutig Fernsehstimmen.

»Den hat seine Nachtschwester schon besucht. Verstehst du?«

»Nein.«

»Da kommt keiner mehr heute abend. Der ist nun allein.«

»Wie meinst du das?«

»Daß wir freie Bahn haben.«

»Und wenn nun noch jemand Fremdes in einem der Zimmer kampiert?«

»Da müssen wir uns eben beeilen, ehe er kommt.«

Sie laufen langsam über den Flur, nähern sich der offenen Tür, aus der die Stimmen dringen, blaß und wechselnd das flackernde Fernsehlicht bricht. Diana Schäfer, voran, erkennt den alten Mann im Bett, sieht einen Kopf mit wenigen Haaren, eine Brille über den offenbar geschlossenen Augen. Sie tritt auf ihn zu, wendet sich um. Ihre Zeichen für Tina bedeuten: Der Alte schläft, kriegt nichts mit. Aber sie irrt sich wohl. Tina sieht die großen Augäpfel, schreit plötzlich, macht wilde Armbewegungen: Der ist doch munter, sieht alles, schreit sie.

Da hat Diana Schäfer plötzlich dieses Kissen in der Hand – seit wann?, – stülpt es über den Kopf des alten Mannes, drückt es mit ihren Armen zu beiden Seiten seines Schädels herunter, fühlt seine Kraft, seine Gegenwehr, seine Lebensangst. Storchs gesundes Bein tritt nach oben, sein gesunder Arm schlägt um sich sein Kopf will unter dem Kissen hervor. »Hilf mir, los hilf!«, ruft sie da, schreit: »Tina, ich schaff's nicht allein!« Sogleich stürzt Tina herbei, wirft sich dem strampelnden Bein entgegen, daß eine Ente, dieses Uringefäß, ihren Inhalt über sie gießt. »Pfui, äh«, schreit sie, greift nach dem Bein, hat ein zusätzliches Kissen am Wickel, reicht es Diana, während sie sich auf die Beine des alten Mannes hockt. Dann wirft sie sich über Dianas Rücken, die mit ihrem ganzen Körper auf dem Bauch und dem Gesicht des Mannes liegt, ihn herunterzupressen versucht. So liegen sie, drücken zu zweit, eine über der anderen, endlos, wie ihnen scheint, und voller Angst, denn während sie so liegen und pressen, werden ihnen die weit geöffneten Fensterflügel bewußt und das Licht im Zimmer: Wenn da draußen nun jemand vorbeikommt, etwas bemerkt, ein dumpfes Röcheln etwa des alten Mannes oder gar ein Schreien, wenn jemandem aus den Wohnungen gegenüber ihr merkwürdiges Ringen auffällt, dann kann das ihr Ende sein, ihre Entdeckung. Und so pressen sie nur heftiger, härter, eiliger, versuchen das Aufbäumen des Mannes unter sich abzuwehren. Denn: Hubert Storch, der halbseitig Gelähmte, hat noch erstaunlich viel Kraft in den gesunden Teilen seines Körpers, sein Kopf sucht mehrfach unter den Kissen hinweg zur Seite zu entkommen. »Ich bring dich um«, wiederholt da Diana Schäfer ein paarmal die Worte mit heiser krächzender Stimme, und: »Ich krieg dich still.« Sie wird doch wohl noch genug Muskeln in ihren Armen haben, auch wenn sie ein Mädchen ist und seit Jahren nicht von den Joints und Drops wegkommt.

Und dann ist doch unvermittelt Schluß. Der alte Mann unter ihnen, Hubert Storch, 73, leistet keinen Widerstand mehr, liegt ruhig. »Da war nur noch so ein komisches Glucksen im Bauch«, werden sie später diesen Augenblick beschreiben. Die beiden steigen vom Bett und ihrem getöteten Opfer herunter, sie atmen noch erregt von der langen Anstrengung, sie japsen, sie hecheln. Diana Schäfer greift nach Hubert Storchs Handgelenk. Tina macht sich an seinen Augenlidern zu schaffen. Dann sind sie sicher: Sie haben es wirklich geschafft. Der alte Mann ist tot. Sie fallen sich in die Arme, sie lachen, sie weinen, alles in einem, vor Erleichterung, vor Erschöpfung. Wie lange hat das Ganze gedauert, zehn Minuten, eine Viertelstunde? Viel zu lange. Mit solchen Gedanken stehen sie matt neben dem Toten.

Dann überkommt sie nüchterne Geschäftigkeit. Tina Rockstroh schließt die Fensterflügel, läßt die Rollvorhänge herab. Diana Schäfer läuft durch alle Zimmer. Aber ehe sie etwas berühren, müssen sie ihre Hände sichern, damit sie keine Fingerspuren hinterlassen. Sie haben eh schon genug angefaßt. Diana Schäfer findet ein Paar Stoffhandschuhe, genau ihre Größe. Tina Rockstroh muß sich mit ein Paar Socken begnügen, die sie überstreift und die ihre Hände tapsig machen. Dann endlich können sie von Schrank zu

Schrank, von Kommode zu Kommode, sie öffnen die Türen und Fächer, wühlen in den Inhalten: So viel alte Klamotten, was sollen sie damit? Und die Münzsammlung im Flur? Im ersten Augenblick glauben sie mit ihr den großen Reibach machen zu können, aber dann, nach genauerer Musterung, winkt Diana Schäfer ab. Bis auf einige Stücke mit alten Adlern nimmt ihnen das Zeug wohl keiner ab.

Sie verspüren inzwischen Hunger, aber der Inhalt des Kühlschranks erregt eher ihren Abscheu als ihr Interesse: Joghurt und welke Möhren, Wurstreste. Doch die paar Flaschen Alkohol werden sie mit Sicherheit mitnehmen: Weißen und Braunen, gute Marken. Sie durchwühlen Berge von Papier und Büchern. Weshalb eigentlich? Aus einem Schrankfach stürzen ihnen Videos und Fotografien entgegen. Nicht wenige zeigen nackte Frauen in eindeutigen Posen. »Guck mal, das Schwein«, sagen sie. Für die Videos haben sie Verwendung.

Und wo hat ihr Opfer sein Geld gebunkert? Der Geizhals hat doch seine Mietgelder fast stapeln können. Oder sind ihnen schon andere zuvorgekommen?

Schließlich greift Diana Schäfer unter das Kopfkissen des Toten und holt ein Portemonnaie hervor. Daß sie darauf nicht früher gekommen ist! In den verschiedenen Fächern stecken wenigstens fünfhundert Mark, nicht gerechnet die zahllosen Münzen.

Als sie sich schließlich zum Verlassen der Pension vorbereiten. richten sie den Toten in seinem Bett einigermaßen her, daß es aussieht, als schliefe da jemand in aller Ruhe, legen die Kissen zurück, die sie gebraucht haben. Dann verstauen sie, was sie interessiert, in zwei blaue Müllsäcke aus der Küche, im größeren stecken der Fernseher, ein Videorecorder und allerhand Kassetten, im kleineren sind die Münzen und die Flaschen mit dem Alkohol, aber auch eine Schreckschußpistole, unerwartet hinter Büchern in einem Regal aufgespürt, und die EC-Karte ihres Opfers.

Sie wischen die Gegenstände und Schranktüren ab, die sie angefaßt haben, sie sind dabei eher pingelig als oberflächlich: Daß sich ja nirgends ihre Fingerlinien finden! Wie sie die Treppe hinuntersteigen, erlischt das Dreiminutenlicht. Da läuft Tina Rockstroh im Dunkel noch einmal nach oben, schaltet die Beleuchtung wieder ein, wischt beim zweiten Heruntergehen mit einem Handtuch ihre letzten möglichen Spuren auch da weg, von diesem Geländer.

Sie spüren bald, daß sie mit ihrem großen Müllsack nicht weit kommen. Er ist ungefüge und zu schwer. Da entdecken sie in der Nähe der Pension, am Rande des kleinen Platzes, neben dem Haus mit den Tauben, die Container. Zehn Meter hin stehen sie da wie bestellt. Die Mädchen hieven den großen blauen Plastesack mit den elekronischen Geräten in einen der Müllsammler. Sie werden ihn morgen abholen, vielleicht werden ein, zwei kräftige Jungen dabei helfen.

Sie laufen durch die schmale Schlippe auf den Marktplatz, mischen sich unter die Wartenden an den Straßenbahnhaltestellen. Sie wollen zum Hauptbahnhof. Sie kennen auch dort genügend Leute, bei denen sie sich mit Stoff eindecken oder tauschen können, mindestens kennen sie die Plätze, an denen die Dealer stehen, auch spät abends. Während der Fahrt teilen sie ihre Beute. Jeder erhält die gleiche Menge Scheine. Diana Schäfer bekommt dazu den Revolver und die antiken Münzen. Tina Rockstroh gehören der Schnaps als Anteil und die EC-Karte. Sie reden fast nicht mehr miteinander. Nur soviel: Am Mittwochabend wollen sie sich wieder treffen, am Denkmal. Bis dahin kümmert sich Diana Schäfer um den großen blauen Müllsack und seinen Inhalt.

Sie trennen sich, noch ehe sie den Bahnhof erreicht haben.

3

»Wieviel hast du noch vom Geld?«

»Alles weg. Umgesetzt. Und du?«

»Sie haben den Alten gefunden, Storch, gleich am nächsten Morgen. Sie haben das Haus abgesperrt mit ihren weißroten Bändern, den ganzen Platz. Da konnten wir nicht mehr ran an den Container, den Sack rausholen. Nun wird unser Zeug wohl abtransportiert. entsorgt. Der schöne Fernseher. Der hätte was gebracht. Und die Kassetten ...«

»Die EC-Karte ist auch wertlos. Ich hab keinen Schein ziehen können. Die war schon vorgestern gesperrt.«

»Kennst du die Nummern vom Code?«

»Hast du das wirklich vergessen? Die waren doch aufgeschrieben auf einem Zettel im Portemonnaie.«

»Hat längst nicht so viel gebracht alles, wie wir's uns dachten.«

»Vier Schuß.«

»Hast du jetzt Angst?«

Die Mädchen sitzen am Markt auf der niedrigen Umrandungsmauer am Italiener, abseits von den anderen, die wieder die Stufen unterm Denkmal bevölkern. Auch Bello ist dabei, der diesmal seinen Köter über den Platz hetzt, einen Knüppel wirft, daß der Hund hinter ihm herhechelt. Die Grünzeughändler und die Eßbudenbesitzer haben ihre Stände bereits abgebaut, es ist Abend, ein warmer sonniger Sommerabend. Dieser Mittwochabend. Wie vereinbart. »Wenn jeder die Klappe hält, passiert keinem was. Da brauchst du nicht Angst zu haben. Hast du die Klappe gehalten?«

»Und du?«

Sie versuchen sich das erste Mal richtig und voll in die Augen zu sehen. Aber ihre Blicke flackern rasch, brechen.

Tina Rockstroh, nach einigem Schweigen, zieht plötzlich eine Flasche aus ihrer Jeanskluft hervor, Braunen, Weinbrand, läßt einen Schluck in sich laufen, hält die Flasche schließlich der anderen entgegen: »Du auch, Lady? Ich brauch das jetzt.«

»Wie kann man bloß so'n Zeug schlucken, Braunen. Stammt noch von dem Alten, ja? Du sollst mich übrigens nicht so nennen. Wenigstens du nicht. Lady Di. Soll ich kaputtgehen wie die?«

»Wir gehen alle kaputt.«

»Spinnst du?«

Sie kneifen die Augen zusammen, blicken in die Sonne, sinnieren. Ist der Satz ernst gemeint? Sie sagen manchmal so vieles dumm dahin.

»Ins Apothekenfenster haben sie ein Plakat gehängt: Wer kann Angaben machen über Sonntagabend, wer hat wen gesehen? Ein Bild ist drauf von dem Alten.«

»Im Bett?«

»Ja.«

»Vielleicht setzen sie sogar noch eine Belohnung aus.«

»Das heißt, ich sag's dir: Sie haben nichts. Keine Spuren, keinen Anhaltpunkt, keinen Namen. Niemand hat uns gesehen.«

»Wenn sie den Fernseher finden, haben sie was: Den haben wir beide angefaßt. Hast du die Kiste abgewischt? Nee, nur angetatscht, von allen Seiten, wie ich. Ich sage dir: Die kriegen uns. Es ist alles nur eine Frage der Zeit.«

»Nu mach dich nicht verrückt. Wir werden nichts mehr anzufangen versuchen mit der EC-Karte, wir werden uns nicht mehr zusammen sehen lassen. Wir sind still und quatschen nicht blöde, zu keinem. Da wirst du's merken: Nichts passiert.«

Tut ihnen mittlerweile leid, was geschehen ist? Der alte Mann tot, und alles Geld schon ausgegeben. So schnell. Oder haben sie einfach Angst, entdeckt zu werden? Später wird Diana Schäfer einmal erzählen, daß sie schon am dritten Tag, zwei Tage nach der Tat, drauf und dran war, der Mutter das Geschehene zu beichten. Sie kann nachts nicht mehr schlafen, sie sieht den alten Mann im Bett neben sich, unter sich, sie spürt, wie er sich wehrt, sich windet, sie tritt. Da läuft sie doch zur Mutter. Aber die Mutter hat einmal, nach einem Film im Fernsehen, wo Ähnliches passiert war, ein Mann unter den Händen anderer, viel Jüngerer starb, gesagt: Wenn ein Kind von mir mal so was macht, kenn ich es nicht mehr, nie mehr. Es ist für mich dann genauso gestorben. Da hat sie vor der Mutter nicht reden können, das Verhältnis zu ihr nicht für immer zerbrechen wollen.

Und Tina, Martina Rockstroh, die drei Jahre Jüngere? Martina Rockstroh treibt sich nach der Trennung von Diana Schäfer nachts ziellos in der Stadt herum, trifft eine Bekannte, die sie mit zu sich nach Hause nimmt, Altbau am Bahnhof, eine ganz ordentliche Wohnung. Einige Zeit sitzen sie dort, schwatzen, da flieht Tina plötzlich ins Bad, läßt die Wanne vollaufen, fast überlaufen, schließt sich ein, will allein sein, ganz allein, will mit keinem sprechen und badet, badet, tut ernsthaft nichts anderes als baden, von Mitternacht bis fast zum frühen Morgen, daß die Freundin Angst bekommt: Die wird sich doch nichts antun, so vollgedröhnt, plötzlich eine Heulsuse. Und sie bestellt ein Taxi und läßt die andere zu ihrer Mutter bringen, wo Tina bis zum nächsten Abend durchschläft. »Wo hast du das viele Geld her?« fragt schließlich die Mutter, die in den wenigen Klamotten des Mädchens gestöbert hat. Da sagt Tina Rockstroh: »Schwer erworben. Laß ja deine Pfoten davon.«

Aber hätte sie nicht lieber mit der Mutter geredet? Wieso hat sie sich so gehen lassen, mitgemacht, plötzlich auch ein Kissen zur Hand genommen und alles andere? Wie soll sie's allein ertragen?

So sitzen sie beide nebeneinander auf diesem niedrigen Mauerrand, blicken hinüber, wo der Hund immer noch dem derben Knüppelstück hinterherhechelt, das Bello, wie sie ihn nennen, über den Platz wirft, haben jede ihre eigenen Gedanken und kneifen die Lider zusammen vor der sinkenden Sonne. Ja, es ist das beste, wenn sie sich nicht mehr zusammen blicken lassen, kein Pärchen mehr sind, das leicht auffällt.

Diana Schäfer erhebt sich als erste. »Also, fang keinen Unsinn an mit dieser EC-Karte. Und halt weiter die Klappe, dann passiert keinem von uns was.« Was soll die andere noch sagen? Es ist sowieso alles nur eine Frage der Zeit.

4

Ende November, ein reichliches Vierteljahr später, erhält die Staatsanwaltschaft einen Brief aus der Untersuchungshaftanstalt im Osten der Stadt. Eine Anja König, die ihren Prozeß wegen wiederholten Diebstahls und Drogenmißbrauchs erwartet, bittet um ein Gespräch und erklärt, in der Mordsache Hubert Storch entscheidende Hinweise geben zu können. Erhofft sie sich in ihren eigenen Angelegenheiten ein wohlwollendes Urteil, oder gibt sie nur an wie Dutzende vor ihr auch? Uneigennützig wird sie nicht sein. Freilich, die Zusammenhänge um den Tod des vormaligen Diplomingenieurs, Antiquitätenhändlers und Pensionsinhabers Hubert Storch sind bisher alles andere als geklärt. Man weiß zwar nach der gerichtsmedizinischen Sektion, daß der halbseitig gelähmte Hubert Storch in seinem Bett erstickt wurde, daß sich die Tat in den späten Abendstunden jenes Augustsonntags ereignete und daß es sich ganz offensichtlich um Raub handelte – die Krankenschwester, die den Leichnam Storchs am folgenden Morgen entdeckte, bemerkte auch gleich das Fehlen von Fernseher, Videokassetten und Portemonnaie samt Geld –, aber wer der Täter oder die Täter sind, dafür gibt es kaum vage Anhaltspunkte: Irgendwelche Leute aus dem Milieu? Storch, obgleich schwerstbeschädigt, hat so etwas wie eine Pension geführt, zweifelhaften

Leuten gegen Geld Unterkunft gewährt. Hat einer von denen die Situation ausgenutzt? Aber an wen sollen sie sich halten? Nicht einmal diese verschwundene Schreckschußpistole ist irgendwo aufgetaucht. Und nun will ihnen diese einschlägig Vorbestrafte die Täter gewissermaßen auf dem Tablett servieren?

Aber so ist es. Anja König, sofort vorgeladen und vernommen, gibt ihnen die ersten entscheidenden Hinweise. Martina Rockstroh und Diana Schäfer haben sich an ihre Übereinkunft, eisern gegenüber jedermann zu schweigen, nicht halten können, die Last der Tat war für beide zu groß, und unter Drogeneinfluß wurden sie mitteilsam. Schon im September hat Diana Schäfer von dem Geschehen in der Pension Storch Anja König gegenüber gesprochen, freilich ohne ihre Mittäterin preiszugeben. Der begegnet die König in der Haft, in derselben Zelle: Martina Rockstroh. Als die beiden über gemeinsame Bekannte, auch Diana Schäfer, sprechen, kommt es wie nebenbei zutage: Die Mittäterin vom August ist Martina.

Übrigens erhalten sie bei der Staatsanwaltschaft, fast auf den Tag genau, einen zweiten, ebenso klaren Hinweis. Eine Frau Heinrich erscheint auf einem der Polizeireviere der Stadt, gemeinsam mit ihrer Tochter. Auch dieser Simone Heinrich gegenüber, erfahren die erstaunten Polizisten, hat sich Diana Schäfer über ihre Tat geäußert, auch bereits im September, in einer Disko, »bei persönlichen Gesprächen«. Nun, nach einem handgreiflichen Streit von der Mutter aus einer Wohnung Drogenabhängiger herausgeholt, einer Auseinandersetzung, in die auch Diana Schäfer verwickelt ist, beichtet Simone Heinrich der Mutter ihr Wissen um das zurückliegende Geständnis der anderen.

Und warum haben die beiden, Anja König und Simone Heinrich, über so viele Wochen geschwiegen, eiserner als die Täterinnen selbst? Der Fall führt in ein Milieu unterschiedlichster Abhängigkeiten und eigener Moral.

Diana Schäfer, infolge dieser angedeuteten Handgreiflichkeiten seit zwei Tagen einsitzend (sie steht übrigens anfangs unter erheblichem Drogeneinfluß und ist nicht ansprechbar, wird sogar als suizidgefährdet eingestuft), und Martina Rockstroh, schon seit Wochen in Haft. werden bald auch mit dem anderen, umfassenderen Tatvorwurf konfrontiert. Sie sind beide geständig. Martina Rockstroh unumwunden, Diana Schäfer mit Verzögerungen. Es ist, als ob eine schwere Last von ihnen fällt, weil sie endlich darüber sprechen können. Sie haben, sagen sie, Hubert Storch nicht töten wollen, sie wollten nur an seine Werte und sein Geld. Aber als er sich dann wehrte, ist es gekommen, wie's kam.

Martina Rockstroh, sechzehneinhalb, und Diana Schäfer, zur Tatzeit zwanzig Jahre und fünf Monate alt, haben früh nachteilige Lebenserfahrungen machen müssen. Dianas Vater, fünfzehn Jahre im Ausland tätig, an der Seine, auch im Irak, hat seine Tochter immer mit ungewöhnlichen Geschenken überraschen können. Aber nach der Wende auf einmal arbeitslos und tagtäglich zu Hause, wird er zum Ekel, er trinkt, streitet, prügelt sich herum, hadert mit seinem Leben. Die Folgen: Scheidung und eine Mutter, die ihrer Tochter nicht mehr Herr wird. Selbst ein Heimaufenthalt ändert nichts. Auch Martina Rockstroh kennt Heimaufenthalte, Schulschwänzereien, auch sie hat geschiedene Eltern. Mutter und Lehrer haben ihr nichts mehr zu sagen. Als man ihnen schließlich Drogen anbot, haben beide nicht widerstanden. Erst Stroh und Hasch, bald das harte, teure Heroin, geraucht und gespritzt. Und womit die Dealer, die Ware bezahlen? Da war die kriminelle Laufbahn vorgezeichnet.

Diana Schäfer und Martina Rockstroh sind auch vor Gericht weitgehend geständig. Sie nennen viele Einzelheiten der Tat, die noch kein Polizist ermittelt hat. (Zum Beispiel: Den blauen Beutel im Abfallcontainer hat seinerzeit niemand entdeckt. Ist er von der Müllabfuhr entsorgt worden, oder hat ihn jemand Neugieriges zuvor aufgespürt?)

Aber die Anklage lautet nicht auf Raub mit Todesfolge, sondern auf Mord. Und so spielen die Kissen, mit deren Hilfe Hubert Storch zu Tode gebracht wurde, in den Befragungen keine geringe Rolle. Wann hat man sich entschieden, sie ans Bett des Opfers mitzunehmen? Hat nicht schon auf der Straße festgestanden, als Martina Rockstroh einwilligte, anstelle des nicht erschienenen Mambo mit Diana Schäfer in die Pension hinaufzusteigen, daß man notfalls den Tod Hubert Storchs ins Kalkül ziehen müsse, um an den Fernseher und ans Geld zu gelangen? Hat das nicht mindestens im Vorraum vor Hubert Storchs

Schlafzimmer ihre Entscheidungen bestimmt? Und der Satz »Ich bringe dich um«, an den sich Martina Rockstroh wohl erinnert, den gesprochen zu haben Diana Schäfer aber konsequent abstreitet? Die urteilende Kammer hat keinen Zweifel, daß er gesprochen worden ist.

Ja, man ist sich sicher: Es war Mord. Aus Habgier und um die andere Straftat zu ermöglichen, den Raub, haben sich die angeklagten Mädchen heimtückisch die Arglosigkeit ihres wehrlosen Opfers zunutze gemacht.

Neun Monate nach ihrer Tat wird Diana Schäfer zu acht Jahren Jugendstrafe, Martina Rockstroh zu siebeneinhalb Jahren verurteilt. Man berücksichtigt dabei, daß eine verminderte Steuerungsfähigkeit der drogenabhängigen Angeklagten in ihren Entschlüssen zur Tatzeit nicht mit letzter Sicherheit zu verneinen ist. Dazu wird eine Unterbringung beider in einer Erziehungsanstalt angeordnet. Die Staatsanwaltschaft beantragt Revision hinsichtlich der verminderten Steuerungsfähigkeit, die Angeklagten wollen eine Revision des Strafausspruchs. Beide Anträge werden vom Bundesgerichtshof verworfen. Die Strafen sind rechtsgültig.

5

Das Haus an der Schlippe hinterm Markt, das Haus mit dem hölzernen Storchenpaar und der merkwürdigen Pension ... Es ist inzwischen leer, unbewohnt, eine Immobilie, zum Verkauf bestimmt, die keinen Käufer findet. Über den Giebel hinweg, unter den Störchen, zwischen blinden Fensterreihen, hängt eine schmale Bahn inzwischen hoffnungslos angeschmutzten Leinenstoffs mit Telefonnummer, Fax und Adresse des möglichen Kaufvermittlers. Hinter den Schaufensterscheiben im Parterre, auf einem Podest, steht Geschirr, liegen ein paar grafische Drucke. Die muß noch Hubert Storch dort hingeordnet haben.

Auch die zwei, drei Fachwerke nebenan verrotten ständig mehr, sie werden höchstens im Parterre für ein, zwei Läden genutzt. Möglich, daß sich nach Jahren doch noch ein Großinvestor findet, der einen kleinen Glaspalast dafür hinsetzen darf? Bei der supergünstigen Lage! Für die Häuser nebenan hat es in der Vergangenheit immer mal wieder entsprechende Anfragen gegeben.

Wie in einer griechischen Tragödie
Ich habe sie alle im Schlaf getötet

1

So sehe ich ihn noch in Jahren vor mir, ich weiß es: hilflos, den Kopf schräg zur Seite gewandt, den wunden Blick hinter den großen Brillengläsern den Kameras und Apparaten entgegengehoben, die nun auf ihn zugereckt werden, Dutzende neben- und übereinander. Blitzlichter blenden, Kameras arbeiten, das ist der Augenblick, auf den sie wenigstens ein halbes Jahr gewartet haben. Nun haben sie ihn vor ihren Linsen, endlich, endlich, das Monster, den Unmenschen, den Axtmörder. Und er wartet, daß die stählernen Fesseln abgenommen sind, die zähe Prozedur beendet ist und er die Hände abwehrend, abschirmend vor sein Gesicht heben, er sich überhaupt abkehren kann: in diese schmale Ecke zwischen geöffneter Saaltür und Wand flüchten, ihnen nur noch den Rücken entgegenstrecken ... Und so steht er dann auch, den Kopf an die Saalwand gelehnt, ein kleiner, schmaler gelber Pullover, über den die Blitzlichter zucken.

2

Er mochte die hohen Häuser nicht, die städtischen Mietbauten, eng aneinandergestellte Blöcke, die sich Licht und Luft nahmen, erst recht nicht die Steinscheiben der Neustadt, übereinandergepackte, immer gleiche Wohnscheiben mit höchstens armbreiten Balkons. Dabei hatte er es seit jeher mit allen Sorten Häusern zu tun. Monat für Monat. Die Baubetriebe hatten ihn nicht als Lehrling nehmen wollen, damals gleich nach der Schule. War er ihnen zu spillrig, zu schwach, trauten sie seinen schmalen Händen nicht zu, daß sie zupacken konnten? Da war's ein Glück, daß der Vater ihn noch bei den Klempnern unterbrachte. Der Vater hatte reichlich Verbindungen in den Dörfern und städtischen Vororten ringsum.

Und nun war er vierzig, zweiundvierzig, erfahren in der Arbeit, und überall in der Stadt und auf den Dörfern fanden sich die Spuren seiner Hände.

»Hans ist ein Fuchs, eben schon über zwanzig Jahre im Beruf«, sagte Hubert G. aus seinem letzten Betrieb. »Ich wollte auch seinem Sohn einen Lehrvertrag geben. Wie der Vater, so der Sohn, dachte ich, ordentlich, fleißig, verträglich. Und wenn er Dachdecker werden will, noch was von richtiger Händearbeit hält, kann er bei mir anfangen.«

Der Sohn, der Älteste, Karsten. Er machte früh aus der Ehe eine Familie. Da war die Mutter zwanzig, der Vater fünfundzwanzig. So mußte es auch sein, das waren die richtigen Abstände. Claudia und er träumten beide nicht bloß von einem einzigen Kind. Doch sie ließen sich Zeit. Erst im Wendejahr kam Michael, fünf Jahre darauf Martin. Schon längst sollte da ein Mädchen drunter sein. Das erschien dann weitere drei Jahre später. Die, Annett, vergötterten alle, zumal die Jungen (auch wenn sie mit dem Baby noch nicht viel anzufangen wußten), vor allem aber der Vater. Er brachte ihr Plastepuppen zum Greifen und fürs Baden, auch Rasseln, was er alles nicht sollte, es existierten noch genug, zurückbehalten von den älteren Geschwistern.

Einmal lassen sie sich ein Bild von allen machen, ein richtiges farbiges Profifoto: Sie alle im Studio, wie selbstverständlich hingeordnet, eine glückliche Familie. Die Mutter, vorn links sitzend, hat die Arme um die kleine Annett gelegt, die Jungen stehen rechts hintereinander, ganz hinten der Älteste, Karsten, daneben der Vater. Alle sind locker, heiter. Besonders den kleineren Jungen scheint die Sache großen Spaß zu machen.

Das Bild geht monatelang durch alle Zeitungen, freilich unvollständig: Das Porträt von Hans Greiner ist wegretuschiert.

3

Hubert G., Unternehmer:

»Ich hatte Hans am Mittwoch das letzte Mal hier auf meinem Bauhof gesehen. Wir erledigten gemeinsam die Lohnabrechnung fürs regionale Büro. Danach bat er mich um einen freien Tag. Er wollte mit einem seiner Söhne zum Arzt. Ich erkundigte mich nicht weiter. Warum sollte ich Hans den Tag nicht zugestehen?

Daß er aber auch am Freitag nicht erschien, weder in unserer Zentrale noch auf einer unserer Baustellen, brachte uns ein paar unerwartete Nacharbeiten ein. Doch ich konnte mich erst am Dienstag ernsthaft um die Angelegenheit kümmern. Da war ich dann doch schon ernsthaft in Sorge. Vier Fehltage, noch dazu ohne die geringste Erklärung, das hatte es noch bei keinem unserer Mitarbeiter gegeben. Und nun ausgerechnet bei Hans? Ich versuchte ihn ein halbes Dutzend Mal vergeblich übers Handy zu erreichen. Da schickte ich einen unserer Wagen mit zwei Kollegen los. Sie sollten herausfinden, was Sache war. Etwa ein Unfall? Eine Stunde später kamen sie zurück, erzählten: Hans wohnte nicht schlecht in seiner neuen Siedlung. Aber seine Doppelhaushälfte lag verschlossen, die Rolläden ringsum waren heruntergelassen. Niemand reagierte auf Klingeln oder Klopfen. Die Nachbarn hatten die Greiners seit Tagen nicht gesehen, weder Hans noch die Kinder.

Da informierte ich die Polizei.«

»Einmal fuhr ein fremder Wagen im Bauhof vor. Ein Mann aus Erfurt oder Nürnberg stieg aus, gab sich als mehrfacher Hausbesitzer zu erkennen. In einem seiner Häuser wohnte Hans Greiner, sagte er, und war mit der Miete deutlich im Rückstand. Ob ich ihm nicht helfen könnte. Ich lachte nur: ›Das ist Ihre Privatangelegenheit. Ich hab keinen Nerv, auch noch anderer Leute Zahlungsrückstände einzutreiben. Ich hab genug mit meinen eigenen Außenständen zu tun.‹

Ich bin dem Mann im grauen Mercedes nicht noch mal begegnet. Aber ich habe Hans nach einiger Zeit nach seinen Mietzahlungen befragt. Da erklärte er, er sei wieder voll auf dem laufenden.

Ich hätte es nicht bei dieser Auskunft bewenden lassen dürfen. Ich hätte nachhaken müssen. Ich wußte doch, daß Hans manchmal Geldprobleme hatte. Ein- oder zweimal hatten wir ihm nicht seinen ganzen Lohn auszahlen dürfen. Aber hätte ich etwas bei ihm erreicht? Was sein Leben nach der Arbeit betraf, ging keinen etwas an. So immer sein Standpunkt. Und ist das nicht die Ansicht der meisten? Ich weiß nicht, ob ich mir Vorwürfe machen muß ...«

4

Heiner B., Ingenieur:

»Ich besitze ein paar Doppelhäuser hier im Osten, die ich vermiete. Ich komme nur in Abständen hierher. Da ist man froh, wenn alles einigermaßen glatt läuft, keine ernsthaften Havarien und Schäden auftreten, die Leute pfleglich mit dem Inventar und den Außenanlagen umgehen und vor allem die Mieten pünktlich gezahlt werden. Mit Herrn Greiner hatte ich da immer meine Schwierigkeiten. Dabei war er anfangs freundlich und umgänglich, und ich dachte: Einen Handwerker vor Ort zu haben, wenn du selber ein paar hundert Kilometer entfernt wohnst, ist nicht das Schlechteste, da hast du immer jemand, der nach dem Nötigsten sieht. Seine vier Kinder werden das Haus schon nicht so schnell herunterwohnen. Aber daß alles so schmerzhaft enden würde ...

Ich war schon eine halbe Stunde vor dem vereinbarten Termin vor Ort. Vielleicht konnte ich noch einmal mit Herrn Greiner reden, das Schlimmste abwenden, obschon ich froh war, daß das Gericht die Zwangsräumung entschieden hatte. Ich klingelte erfolglos wie offenbar schon andere vor mir. Das Haus lag leer, ruhig. Da werden sie den Auszug schon allein bewerkstelligt, längst eine andere Wohnung gefunden haben. Nur die sauber weggestellten Gartengeräte und ein zurückgebliebener Kinderroller ließen mich ein bißchen stutzig werden. Und eine Nachbarin, die bald danach auftauchte, erklärte: Bei den Greiners hat sich tagelang nichts gerührt. Nur Greiners Firmen-Kombi hat noch am vergangenen Tag in der Nähe geparkt, der aber ist nun auch verschwunden. Und von einem Umzug hat sie nicht das geringste bemerkt.

Kurz vor acht, ein paar Minuten vor dem vereinbarten Termin, kam dann der Gerichtsvollzieher. Er hatte den Schlüsseldienst und einen Umzugswagen gleich mitgebracht.

›Die Leute hier‹, sagte ich, ›wohnen seit über einem Jahr in diesem Haus. Sie haben freiwillig noch nicht einen Pfennig Miete an mich bezahlt. Ich bekam, was ich bekam, höchstens über Pfändungen. Da habe ich endlich diese Räumung beantragt. So leid mir tut, was nun geschieht, es geht wohl nicht anders.‹

›Sie brauchen sich nicht ausgerechnet bei mir zu entschuldigen‹, erwiderte der Gerichtsvollzieher. ›Da gibt es wohl auch noch andere Schulden.‹

Die Tür ließ sich leicht öffnen, es gab keine zusätzliche Sperre von innen, wie ich plötzlich vermutet hatte. An dem Schlosser vom Schlüsseldienst vorbei betrat der Justizangestellte als erster den Hausflur. Er hatte noch einmal ohne Ergebnis die Klingel betätigt.

Ich folgte ihm. Es roch etwas abgestanden. Hier war seit Tagen nicht gelüftet worden. An der Flurgarderobe hingen Jacken, etwas tiefer auch Kinderanoraks. Die Tür zum Wohnzimmer war nur angelehnt. Ich schob sie zurück, betätigte den Schalter der Lampe. Ich sah die Frau gleich, ihr Gesicht war blutüberströmt, ihr Hals eine rote Masse. Aber sie lag ruhig, wie hingebettet. Über sie war eine Wolldecke gebreitet.

Ich stand starr. Solchen Anblick kannte ich nur vom Fernsehen. Tote nach Explosionen oder irgendwelchen irrsinnigen bewaffneten Auseinandersetzungen hatten solche entsetzlich zertrümmerten Gesichter.

Der Justizangestellte war in diesem Augenblick gefaßter als ich. Er lief durch das Zimmer, an dem Tisch mit den zwei Flaschen und dem umgefallenen Glas vorüber, und berührte die Stirn der Frau. Wozu eigentlich? Dann sagte er: ›Ich fürchte, da gibt es noch mehr Tote im Haus.‹ Aber wir gingen nicht in die anderen Zimmer. Wir drängten die Möbelpacker und den genauso neugierigen Schlosser vom Schlüsseldienst zurück, hinderten sie am Eintreten. Für die Geschehnisse hier waren nun andere zuständig.«

5

Walter B., 61:

»Ich arbeite seit dreißig Jahren als Staatsanwalt. Nie habe ich angenommen, daß ich kurz vor Ende meines Berufslebens noch einmal mit einem derartigen Vorfall konfrontiert werden könnte. Diese Tat ist die brutalste in den letzten dreißig Jahren in unserer Region. Ein Mann löscht seine Familie aus ...«

Greiner sagte später aus: Er tötete zunächst seine Frau, die auf der Wohnzimmercouch lag, dort eingeschlafen war. Er benutzte dazu die größte Axt, deren er auf seiner Arbeitsstelle hatte habhaft werden können. Sie hatte einen Stiel von 62 Zentimetern Länge, die Schneide war 13 Zentimeter breit. Greiner vollführte damit zwei massive Hiebe, der eine traf den Kopf seiner Frau, der andere durchtrennte ihre Halswirbelsäule. Danach, in der oberen Etage, wo die Kinderzimmer lagen, tötete er seine drei Söhne auf ähnliche Weise, zunächst den ältesten. Den jüngsten erstickte er mit einem Bettkissen, der Bruder im Bett daneben sollte nicht aufwachen. Er schob sogar den Pulli des Kleinen hoch, horchte den Körper des Kindes ab, ob das Herz noch schlug. Für den Zehnjährigen brauchte er dann wenigstens sechs Hiebe.

Am Morgen schreckt ihn das Rufen der anderthalbjährigen Tochter aus seinem dumpfen Sinnieren. ›Papa‹, ruft sie. Sie liegt im Ehebett. Da legt er sich zu ihr, beschäftigt sich vielleicht eine halbe Stunde mit der Kleinen, schmust mit ihr, bis sie einschläft. Danach entschließt er sich: Er will ihr die vermeintlich schwere Zukunft ersparen, erstickt auch sie unter einem Kissen.

Und warum das alles, warum diese unfaßbare Tragödie?

In einem der beiden Computer, die es im Hause gab, fanden wir eine Mitteilung, einen Abschiedsbrief. ›Kein Geld, keine Wohnung‹, so hieß es sinngemäß dort, ›so kann ich nicht weiterleben. Ich will nicht, daß meine Familie auf der Straße lebt. Ich will meine Familie und mich nicht dieser Schande aussetzen. Ich liebe meine Familie. Man möge mir verzeihen, was ich tat.‹

Da hatten wir unter Umständen schon das Entscheidende: In der bevorstehenden Zwangsräumung und in den offensichtlichen Schulden der Familie mußten wir den Ausgangspunkt für diese Katastrophe suchen. Hatte es denn keinen Ausweg gegeben, niemanden, der half, helfen wollte?

Inzwischen hatten wir längst die Fahndung nach Greiner ausgelöst. Offensichtlich hatte er sich mit seinem Firmen-Kombi abgesetzt, der in dieser Nacht von dem Parkplatz in der Nähe verschwunden war. Gegen Mittag entdeckte jemand den Wagen am Steilufer eines Sees in der Nähe. Aber wir kamen zu spät. Vielleicht war es auch ein Irrtum gewesen. Am Abend half ihm ein Ingenieur, den festgefahrenen Kombi auf einem Wiesenweg wieder flott zu machen. Der informierte, als er begriff, wem er geholfen hatte, die Polizei. Keine Stunde später hatten wir Greiner. Er hockte auf dem Fahrersitz seines Wagens, hatte sich mit einer Rasierklinge die Pulsadern geöffnet, das Blut war über die Sitzpolster geflossen. Aber er lebte. Mit dem Notarztwagen brachte man ihn ins Krankenhaus.

Die Tötungen waren in der Nacht auf Sonntag erfolgt. Greiner hatte sich Mittwochnacht abgesetzt. Er hatte sich noch drei Tage in dem Totenhaus neben den Leichen seiner Familie aufgehalten.«

6

Prof. Alexander N., Institut für Gerichtsmedizin:

»Ich habe mit dem Angeklagten mehrfach gesprochen, das erste Mal gleich nach seiner Verhaftung, morgens in der Klinik. Noch ganz unter dem Druck der Ereignisse, lag er vor mir, er hatte viel Blut verloren. Die Ärzte sollten nichts unternehmen, verlangte er, lassen Sie mich sterben, ich habe meine Familie getötet. Annett sitzt am Bett, sagte er noch, seine Jüngste. So empfand er es, eine Pseudohalluzination.

Beim zweiten Gespräch, im Haftkrankenhaus, hat er mir alle meine Fragen beantwortet, vier Stunden lang, freilich immer nur kurz, mit einer Art passiver Aggressivität: Geben Sie sich keine Mühe, ich werde mich doch umbringen. Aber er hat mir genau die Abfolge seiner Taten geschildert: ›Ich habe sie alle im Schlaf getötet.‹

Im April traf ich auf einen völlig veränderten Greiner. Er rechtfertigte sich ständig. Ich begriff: Er hatte die Wende als negativen Einschnitt in seinem Leben empfunden. Er war mit den Veränderungen danach nicht zurechtgekommen, mit den neuen Normen und Gewohnheiten. Wäre das neue System nicht gekommen, sagte er – ja, er sagte: System –, wäre nichts von dem geschehen, was geschehen war. ›Und du‹, fuhr er mich geradezu an, ›bist ein Teil des neuen Systems. Ich mußte machen, was passiert ist, weil die Situation für uns ausweglos war.‹

Als er aus dem Krankenhaus in den Strafvollzug überstellt wurde, erklärte er mir: Nein, er denke nicht mehr daran, sich umzubringen. Es sollte nun doch zu dem Prozeß kommen. Er wollte dem gefaßt entgegensehen. Aber er bewältigte die Entscheidung nicht, er zitterte ständig am ganzen Körper.

Manchmal sah er in mir den Arzt, besonders in der Zeit, nachdem er diese größere Menge Tabletten geschluckt hatte. Ich könne seine Leiden nachvollziehen, meinte er. Er entschuldigte sich für manches aggressive Verhalten zuvor. Er sprach auch erstmals gegenüber einem anderen Menschen von den Depressionen, die ihn gelegentlich heimgesucht hatten, über Tage und Wochen hinweg, ›kurioserweise seit einem halben Jahr nicht mehr‹. Ihretwegen hatte er nie einen Arzt aufgesucht.

Aber das sind allesamt keine Störungen von Krankheitswert. Auch lassen sich keine schweren seelischen Abartigkeiten beim Angeklagten feststellen. Es gibt bei allen fünf Tötungen keinen Anhalt, daß seine Einsichts- oder seine Steuerungsfähigkeit eingeschränkt oder gar aufgehoben waren. Hans Greiner wußte immer, was er tat.«

7

Dieses Foto der glücklichen Familie ... Als es aufgenommen wird, sind die Finanzprobleme Hans Greiners schon erheblich. Claudia Greiner weiß, daß es ihnen immer wieder an Geld fehlt, daß sie mit der Miete im Rückstand sind, aber wie hoch ihr Schuldenberg ist, ahnt sie nicht. Hans hat alle Fäden in der Hand, Hans wird es schon richten, er ist das Familienoberhaupt, zuständig für die Finanzen.

1994 beziehen sie eine neue Wohnung, die Familie ist gewachsen. Gibt es da schon diese Klempnerarbeiten, die er in eigener Regie und Verantwortung durchführt? Er muß Material kaufen, vorfinanzieren, und plötzlich platzt ein Auftrag, oder der Kunde ist zahlungsunwillig, sogar pleite. Sie haben sich einige Möbel für die neue Wohnung angeschafft, außerdem sind die Raten für das Auto, den Kombi, fällig. Und für die negativen Folgen eines Gutachtens muß er materiell einstehen. Behält er noch die Übersicht? Oder läßt er sich verleiten, zu unnötigen Krediten etwa? Vertraut er zu leicht?

Der Mensch muß sauber seine Arbeit verrichten, der Mann für seine Familie sorgen, ein Vater für seine Kinder. So hatte er's von den Eltern gelernt. Aber nun gelang es nicht immer. Schulden gehörten plötzlich zum Leben. Jeder sah zu, daß er zu Geld kam. Und die Menschen lebten härter im Umgang miteinander, rücksichtsloser, sie dachten, aufs Materielle orientiert, viel öfter nur an sich. Er auch?

Er führt eine gute Ehe, die Kinder wachsen ordentlich heran, schließlich kommt noch das Mädchen. Kinder haben Wünsche: Keinem soll es am Nötigsten fehlen. Ein paarmal fahren sie für eine Woche in Urlaub an die Ostsee. Da begreift Greiner plötzlich: Er hat sein halbes Leben lang fleißig gearbeitet, Woche für Woche, nun droht ihm der Ruin. Er kommt und kommt nicht von seinen Schulden herunter. Er wird für seine Familie nicht mehr ordentlich sorgen können. Zum ersten Male hat er diese Vorstellung: Er geht durch eine Straße, und die Hochhäuser kippen von beiden Seiten auf ihn herab. Und nirgendwo ein Davonkommen: Am Ende der Straße steht eine hohe, unübersteigbare Wand.

Aber noch hat er Hoffnung, redet er es sich ein: Er wird es schon schaffen, er ist kein Versager. Es ist nicht weiter schlimm. Er wird sich, zum Beispiel, noch weiter selbständig machen.

Er ist ruhig, verschlossen, er trägt alles allein mit sich aus. Weshalb soll er sein Herz auf der Zunge spazieren führen. Dabei möchte er sich bestätigt sehen: Was er tut, tut er richtig. Zu einer Schwester, die ihn beleidigt, bricht er die Beziehung dauerhaft ab. Er kann sehr nachtragend sein.

1998 steht plötzlich die erste Zwangsräumung ins Haus. Bei den Behörden kennt man Greiner schon. Aber er findet einen neuen Vermieter, eine neue Wohnung, diese Doppelhaushälfte in der Neubausiedlung. Von soviel Platz für die Familie hat er einmal geträumt. Freilich, die Miete ist höher, fünfzehnhundert Mark monatlich plus Nebenkosten. Da bleibt ihnen samt Kindergeld nur die gleiche Summe zum Lebensunterhalt: für eine sechsköpfige Familie. Glaubt er wirklich, das alles zu schaffen, oder läßt er sie sehenden Auges in die Katastrophe gleiten?

Er muß Material für seinen Nebenerwerb kaufen, manches läßt er sich auch aufschwatzen. Die unbezahlte Rechnung einer Weingroßhandlung wird ihm der Staatsanwalt vor Gericht besonders vorhalten. Aber da ging es um billige Säfte. Doch so kommen immer neue Schulden hinzu.

Im Sommer kündigt ihm der neue Hausbesitzer enttäuscht: Greiner hat noch keine Miete bezahlt. Zwei Monate darauf erhält Greiner die Kündigung ein weiteres Mal übers Gericht. Im November soll er die Wohnung räumen. Nimmt er die Mitteilung vom Gericht nicht ernst? Der Pfänder hat ihn aufgefordert, sich von der Schuldnerberatung helfen zu lassen. Man rät ihm auch, einen Räumungsschutzantrag zu stellen. Er lehnt jede Hilfe ab. Wozu sie nur alle so auf ihn eindrängen: Er wird es allein schaffen. Am Telefon sagt er: Es gibt keine Probleme, er hat eine andere Wohnung in Aussicht.

Doch Ende Februar des folgenden Jahres weiß er längst: Nun wird ihre Doppelhaushälfte in der Siedlung zwangsgeräumt, es gibt keine Ausflucht mehr. Er hat sich inzwischen verschiedene Wohnungen angesehen, eine, die in Frage kommt, liegt im Nachbardorf.

Am ersten Sonnabend im März sucht er sie noch einmal auf. Da erfährt er: Es wird nichts mit dieser Wohnung, aus was für Gründen auch immer, er hat sich etwas vorgemacht. Eine andere Familie wird sie beziehen. Tief getroffen fährt er zurück. Er läuft wieder auf diese Wand zu, und die Häuserfronten stürzen auf ihn herunter. Vom kommenden Mittwoch an werden sie alle auf der Straße liegen, obdachlos.

Er kommt zu Hause an, er kann nichts von allem mit seiner Frau besprechen, er kann es den Kindern nicht sagen. Sie sollen ihn nicht für einen Versager halten. Also tut er, als sei alles in Ordnung. Am Nachmittag fängt er an, mit seiner Frau und den größeren Kindern die Schränke und Regale leerzuräumen, die ersten Koffer und Kartons zu packen.

In der frühen Nacht sitzt er im Wohnzimmer, seine Frau ist auf der Couch gegenüber eingeschlafen. Es ist still im Haus, eine bedrückende, entsetzliche Stille. Es müssen schlimme Stunden für ihn gewesen sein. Er läuft diese Straße entlang, und vorn ist die Wand. Es ist alles kaputt, denkt er, es gibt kein Zurück.

Er hat schon zweimal versucht, seinem Leben ein Ende zu setzen, mit untauglichen Mitteln, allein. Diesmal werden sie alle gemeinsam gehen, und es wird sicher sein, er wird es besser machen. Er hat sieben Jahre lang keinen Tropfen Alkohol angerührt, nun sucht er zusammen, was er finden kann, in der Küche, in den Schränken: zwei kleine Flaschen, Amarettolikör, Wodka. Er trinkt sie aus, Schluck für Schluck. Wie hoch ist die Hürde, die er überspringen muß? Irgendwann geht er zu seinem Auto, dem Kombi, holt die schwere Axt mit der breiten Schneide.

Am nächsten Tag, Sonntagnachmittag, rührt er die bereitgelegten Tabletten in ein Glas Wasser, trinkt es aus, legt sich aufs Ehebett neben die Tochter. Aber am Morgen erwacht er wieder. Später beginnt er nach seinen Rasierklingen zu suchen. Doch sie erweisen sich als stumpf. Mit den gekauften neuen schneidet er sich an einem Acker zwischen Maisfeld und Wiesenweg tief die Ader ein. Aber man findet ihn, der Arm ist abgebunden, und die Notärzte können sein Leben retten. Nicht einmal dazu hat er den Mut, denkt er, nicht einmal das schafft er, er ist ein Versager. »Laßt mich sterben«, sagt er. »Ich habe meine Familie getötet.«

8

Die Beisetzung der Opfer, die Überführung Greiners aus dem Haftkrankenhaus in den Vollzug – die Medien berichten über Monate hinweg von dem Fall. Ende August soll der Prozeß beginnen. Aber der Angeklagte kann unerwartet nicht vorgeführt werden. Er hat die verschriebenen Beruhigungstabletten über Tage gezielt gesammelt und am Morgen vorm ersten Termin alle auf einmal eingenommen. Bloß um den Verhandlungen aus dem Weg zu gehen? Der Prozeß muß neu angesetzt werden. Es wird darüber Dezember.

»Zehntausende Menschen«, sagt der Staatsanwalt im Dezember, »müssen in diesem Lande oft weitaus mehr Schulden loszuwerden versuchen. Knapp fünfzigtausend Mark, da bestand für Sie kein Grund zur Verweiflung. Es gab ja auch Hilfsangebote. Warum haben Sie sich nicht mit Ihrer Familie besprochen, mit Ihren Verwandten, Ihrer Frau?«

Der Staatsanwalt, im Prozeß, beantragt eine lebenslange Freiheitsstrafe. Aber das Gericht verurteilt Greiner zu dreizehn Jahren und sechs Monaten Haft. Fünf Tötungsdelikte im Zustand verminderter Schuldfähigkeit liegen vor, befinden die Richter, nachdem ein erweiterter Selbstmord geplant war. Und der Alkohol potenzierte, er hemmte nicht. Auch kein Totschlag »im schweren Fall« ist zu konstatieren, auch nicht bei der anderthalbjährigen Annett, und nirgendwann eine feststellbare Heimtücke.

»Schicksalhaft spitzte sich für den Angeklagten seine Situation an diesem Wochenende zu. Sie alle, Frau und Kinder, plötzlich ohne Behausung auf der Straße, und er völlig unfähig, sein Versagen zu gestehen, auch unfähig, die unaufhaltsam wachsenden Schulden zu tilgen. Die Situation nimmt ihm die Freiheit, anders zu entscheiden. Wie in einer griechischen Tragödie wird er bei seiner pathologischen Persönlichkeitsstruktur unausweichlich in den Untergang getrieben, und die von ihm geliebten Personen sollen nicht in einer elenden Welt zurückbleiben.«

9

Noch einmal, ein letztes Mal, drängt sich der Pulk der Fotografen, richten sie ihre Kameras und Apparate, läßt sich der kleine Mann im gelben Pullover die Handschellen in der Öffentlichkeit anlegen. »Daß Sie die Verarbeitung Ihrer Taten schaffen, das wünschen wir Ihnen.« Bleiben die Worte des Vorsitzenden Richters im Ohr?

Dreizehneinhalb Jahre – natürlich hat er mit mehr Jahren gerechnet. Aber was ist ein Jahr da oder dort? Es hat dreihundertfünfundsechzig Nächte. Und in jeder werden die Bilder kommen ...

Der gestohlene Friedhof

Die Bestände des Museums der bildenden Künste zu Leipzig haben eine wechselvolle Geschichte hinter sich. Ende des 2. Weltkrieges wurde das Museumsgebäude total zerstört. Nach dem Krieg erhielten die zum Glück rechtzeitig ausgelagerten Kunstschätze eine neue Heimstatt im ehemaligen Reichsgericht. Da dieses nun wieder Sitz einer Institution der Justiz werden soll, ist der Bau eines neuen großzügigen Bildermuseums in Leipzigs Innenstadt vorgesehen. Bis zu dessen Einweihung und Eröffnung werden Teile des Bilderfundus in einem der früheren Handelshäuser, im Handelshof, ausgestellt.

Wertvolle Gemälde und Grafiken sind da zu sehen, die aus dem vorwiegend in der ersten Hälfte des 19. Jahrhunderts erworbenen Kunstbesitz des einheimischen Großkaufmanns und Wollhändlers Maximilian Speck von Sternburg stammen. Diese Sammlung wurde unter Mitwirkung von Specks Nachfahren 1997 in eine Stiftung überführt und bleibt so der Stadt Leipzig erhalten. Zu der Stiftung gehören auch Bilder von Caspar David Friedrich, das »Seestück bei Mondschein« und der »Friedhof im Schnee«, beide in den Jahren 1826 –1828 gemalt.Wer erinnert sich da noch, daß der »Friedhof« einmal Gegenstand eines sensationellen Bilderdiebstahls war und für die Kunst- und Nachwelt auf immer verloren schien?

Aufregung um einen Dreiteiler

1

Am 4. Februar 1988, genau dreizehn Uhr zehn, beginnt Emma Leiserings halbe Schicht. Man weiß: Das Museum der bildenden Künste ist im ehemaligen Reichsgericht untergebracht.

Emma Leisering arbeitet im Bereich Malerei der deutschen Romantik. Ein paar Tage zuvor hat sie ihren achtundsechzigsten Geburtstag gefeiert, ziemlich allein, nur mit ein paar alten Frauen, Bekannten aus der Nachbarschaft. Die Söhne und Enkel, verstreut übers Land, haben sich nicht sehen lassen, keiner; nicht einmal alle haben Grüße geschickt. Auch keine Kollegin hat sie besucht. So lebt eben jeder sein eigenes Leben.

Emma Leiserings Leben gehört sowieso, wie sie sagt, den Bildern. Seit über drei Jahrzehnten im Museum angestellt, ist sie nun froh, als Rentnerin noch aushelfen zu können, wenigstens dreimal in der Woche einen halben Tag. Da hat sie ihre Verpflichtungen und Ablenkungen, keine Langeweile. Sie sieht nicht auf den schmalen Lohn, sie kommt mit Geringem aus. Das Museum hat wenig Geld, sich großartig Aufsichtspersonal zu leisten.

Am 4. Februar 1988 betritt Emma Leisering eine knappe halbe Stunde nach zwölf – vorzeitig wie immer – ihr Museum. Da bleibt noch Zeit für einen Schwatz mit Hilde an der Kasse, die auch die Garderobe versorgt, und mit etlichen Kolleginnen, die ähnlich vorzeitig eintreffen. Nur Irma Kogler, die die Romantiker vormittags betreut, hastet mit ein paar schnippischen Worten davon. Nichts ist los gewesen, sagt sie noch, Besucher sind kaum erschienen, wer kommt schon an so einem langweiligen kalten Tag.

Emma Leisering tut danach, was sie immer als erstes tut. Sie läuft im Ostflügel durch alle Räume, inspiziert gewissermaßen ihr ganzes Reich: Hat sich etwas verändert, hat wer was liegen lassen, hat die Kogler auf irgendwas nicht aufgepaßt, die alte Schlampe? Ist wenigstens ordentlich saubergemacht und gebohnert?

Als sie in den Raum mit den Bildern von Caspar David Friedrich gelangt, stutzt sie bald, wendet sich um, blickt zurück: Da ist doch was mit dem »Friedhof« passiert. Als sie direkt vor das Bild hintritt, erschrickt sie. Das ist doch überhaupt nicht der »Friedhof«, das ist sonstwas, gar nichts Gemaltes, irgendwas Gefälschtes, Gedrucktes.

Sie will den Rahmen anfassen, die Bildfläche betasten, da fällt ihr ein: Sie darf keine Spuren vernichten. Ist, der das getan, vielleicht noch in der Nähe?

Sie rennt durch die Säle, mustert eilig die Wände. Doch keine weitere Veränderung fällt ihr auf, auch kein Besucher. Und nichts sonst scheint gestohlen. Da schreit sie plötzlich auf, ohne es eigentlich zu wollen. Ganz laut kommt es aus ihrer Kehle, sie hat gar nicht gewußt, daß sie noch so brüllen kann. »Erwin, hörst du, sie haben den ›Friedhof‹ geklaut!«

Der »Friedhof im Schnee«! Tatsächlich. Sie haben den »Friedhof« geklaut. Er ist gestohlen, durch eine plumpe Fälschung ersetzt, ach was, etwas Zusammengeschnippeltes, Geklebtes. Als Emma Leisering und Erwin Kühn, der Abteilungsleiter für die Aufsicht, wieder im Friedrich-Saal stehen, die Wand anstarren, begreifen sie es. Und der Dieb und Fälscher war so frech, noch etwas mit Großbuchstaben drauf zu schreiben: DREITEILER.

Oder war er ein Spaßvogel? Ist alles vielleicht nur ein Spaß? Und morgen hängt das Bild wieder da?

2

Sie wohnen eng, eine Neubauwohnung, Platte, wie das so heißt, aber wenn sie aus der einen Fensterfront sehen, blicken sie auf bewaldete Kalkberge und begrünte Hügel; auf der anderen Hausseite dagegen streckt sich das Land weit, fast eben hinter der nahen Autobahn.

Jena. Das neue Wohnviertel im Süden. Hohe Steinscheiben, wuchtig und fremd in die Landschaft gesetzt.

Die Kunzes haben lange Zeit mitten in der Stadt gewohnt, im Altbau; da war der Umzug willkommenes Ergebnis eines lange zuvor gestellten Antrags. Freilich, damals in den Siebzigern war die Welt noch in Ordnung, die Ehe der Eltern noch nicht geschieden. Nun beherrscht die Schwester Nadine die Wohnung mit Mann und zwei Kindern, für die Mutter ist eins der schmalen ursprünglichen Kinderzimmer übriggeblieben, und wenn der Bruder Klaus mal über Nacht bleiben will, muß er mit einer Liege im Flur vorliebnehmen, ist er das nächtliche Hindernis für alle, die schlaftrunken den Weg zur Toilette suchen. Gott sei Dank hat er seine eigene kleine Einraumwohnung, nicht mal weit weg in derselben Straße, auch in den

Lobedaer Bauten. Und oft schläft er bei Anka Breuer, einer guten Freundin, seiner Verlobten.

Anka Breuer hat manchmal hierorts außerordentlich seltene Ware anzubieten, Elektronik, einen Fernseher, Plattenspieler, sogar Videorecorder vom Feinsten. Wer weiß, wie sie an die Ware herankommt. Aber man kann ja nicht mit leeren Händen dastehen, wenn man übersiedelt. Seit anderthalb Jahren läuft ihr Antrag auf Ausreise. Anka Breuer hat viele Verwandte drüben im Westen, da wird man's ihr nicht ewig abschlagen können. Familienzusammenführung heißt das Zauberwort, das Unmögliches manchmal ermöglicht.

Nadine Liebig, geborene Kunze, macht sich zu allem ihre eigenen Gedanken. Der Handel von Anka Breuer scheint ihr gefährlich, sicherlich verboten, doch das couragierte Mädchen fühlt sich eben sicher mit seinem Ausreiseantrag. Auch der Bruder hat einen gestellt. Er will seiner Anka ernsthaft folgen. Oder hat er eigene, andere Pläne?

Nadine Liebigs Verhältnis zu ihrem Bruder ist über die Jahre hinweg immer schwieriger geworden. Doch kann sie ihm die Wohnung verbieten, seine Besuche bei der Mutter? Kann sie der Mutter ernsthaft raten: Triff dich mit Klaus nicht hier, geh zu ihm in seine eigenen vier Wände?

Klaus ist frühzeitig ein schwieriger Junge geworden. Immer hat er durchzusetzen versucht, was er wollte, was ihm genehm war, auch mit seinen kräftigen Händen, eben mit Gewalt. Ein Wunder, daß er noch Schule und Lehre ordentlich beendete, Elektromechaniker wurde bei Zeiss. Aber schon da hatte er nur falsche Freunde, und der Vater war längst auf und davon, lebte mit seiner jüngeren Liebsten. Die Scheidung der Eltern hatte damals beide mitgenommen, den Bruder noch mehr als sie. Klaus hatte den Vater vergöttert, auf ihn und seine Anweisungen noch einigermaßen gehört. Von nun an aber brauchte er auf überhaupt keinen mehr zu hören, trieb er sich bloß noch mit seinen fragwürdigen Kumpels herum. Er war über allem ein hübscher Kerl, ein ewig lächelnder Mädchentyp, dem man seine Probleme und seine Gefährlichkeit überhaupt nicht ansah.

Und dann dieser Schreck kurz vor Weihnachten 1981: Klaus verhaftet. Ein paar Monate später der Prozeß: Klaus hatte sich durch das halbe Strafregister hindurchgearbeitet. Er hatte Sachen aus dem Werk mitgehen lassen, Linsen und optisches Gerät, hatte Kumpels beklaut, sich herumgeprügelt, Fahrzeuge aufgebrochen und benutzt, natürlich ohne Führerschein, eins ganz zu Schrott gefahren. Aber wieso haben sie nie etwas davon bemerkt? Oder haben sie die Anzeichen nur zu gern übersehen? Jedenfalls drischt Klaus in der Untersuchungshaft zusätzlich einen Mitgefangenen krankenhausreif, den Schweinehund, den Verräter, der sie angeblich auf dem Gewissen hat. Nach allem kommen viereinhalb Jahre Haft heraus, natürlich ohne Bewährung, und der Bruder sitzt sie bis zum letzten Tag ab. Er ist renitent, hält sich nicht an die Anstaltsordnung. Da werden die Gesuche um vorzeitige Haftentlassung selbstverständlich abgelehnt.

Schließlich doch wieder frei, bringt ihn die Mutter im alten Werk unter, wo sie selber seit Jahrzehnten arbeitet. Die halbe Stadt verdient dort ihr Brot. Aber er hat zu überhaupt nichts mehr Lust, will vor allem nicht mehr hier im Osten leben. Das Land gefällt ihm nicht, die Bonzen nicht, erst recht nicht die Arbeit, die brutalen Normen. Und sie haben ihm viereinhalb Jahre seines Lebens geklaut, wo sie andern erst einmal Bewährung gaben.

Als es erneut zu Aussprachen kommt, Meister und Brigadier ihm ins Gewissen reden, sogar eine dieser öffentlichen Brigadeversammlungen seinetwegen vorschlagen, Humbug, die alte Leier, hat er es satt, kündigt er. Von nun an lebt er auf Kosten seiner Freundin und von den heimlichen Zuwendungen der Mutter. Der wird er's dutzendfach zurückgeben, wenn er erst drüben ist, reichlich Moos verdient. Er wird auf öffentlichen Veranstaltungen auftreten, als Bodybuilder Geld scheffeln. Bodybuilder sind gefragt. Er trainiert täglich Kraftsport, hat schon in der Gefängniszelle damit begonnen. Soll er ihnen mal zeigen, was er inzwischen so draufhat?

Er zeigt sich gern, wirft Nicki und Hemd ab, rückt Tisch und Stühle beiseite, stellt sich in Positur. Seine prallen Muskeln schwellen. Vor allem die Mutter sieht es voller Freude. Vielleicht wird doch noch was aus dem Jungen, er ist doch nicht schlecht; was ihn wirklich interessiert, betreibt er mit Leidenschaft.

Auch am Abend des 5. Februar 1988 ist genügend Anlaß, sich zu produzieren, Bernd und Siglinde sind gekommen, Freunde der Schwester. Man redet ein bißchen, man trinkt etwas, auch Hartes, Schnäpse. Nur Klaus hält sich zurück: Prozente sind nicht gut für seinen Sport.

Genau das ist schließlich das Stichwort für seinen Auftritt.

Zwischendurch sieht man fern, auch Nachrichten, diesmal nicht die Tagesschau, sondern den Osten, die Aktuelle Kamera. Hat's die Mutter bestimmt? Erst gibt es das Übliche, Empfänge, Gäste und Produktionserfolge.

Dann stutzen sie. Die Polizei bittet um die Mithilfe der Bevölkerung. Dreiste Gauner haben am vergangenen Tag im Leipziger Museum, im ehemaligen Reichsgericht, ein kostbares Bild von Caspar David Friedrich mitgehen lassen, einen Millionenwert, »Friedhof im Schnee«. Es gibt kein Zeichen gewaltsamen Eindringens im ganzen Haus, dem Reichsgerichtsgebäude, die Räuber haben sich vielleicht als ganz normale Besucher getarnt. Die Kamera fährt durch die Räume, gleitet über Bilder, auf einen leeren hellen Wandfleck mit ein paar Schrauben. Hier hing der »Friedhof« noch Tage zuvor.

»Das wart doch ihr«, sagt da Siglinde Beyer, platzt mit ihrer Behauptung einfach so heraus.

»Wer: ihr?«

»Na, deine Anka und du, ihr wart doch gestern am Vormittag in Leipzig. Das traue ich euch zu, das ist eure Handschrift.«

»Erzähl nicht solchen Stuß. Wir waren einkaufen, uns ein bißchen umsehen. Was sollen wir mit solch einem Bild – ein Wert von einer Million. Wer nimmt uns so was ab, wo sollten wir's loswerden. Quatsch nicht so dummes Zeug.«

»Bei Wittenberg haben sie eine Kirche ausgeräumt, drei Kilometer von der Autobahn entfernt. Keine anderthalb Stunden drauf war die Beute in Westberlin, verschwunden, vergessen, unauffindbar. So macht man das, wenn man's vorhat. Ihr habt doch auch eure Verbindungen nach drüben.«

»Anka kann dir 'nen Tuner besorgen, Videokassetten, Disketten, aber kein Bild.«

Der Abend endet rasch, mit einiger Verstimmung. Keine neue Flasche Wodka kommt mehr auf den Tisch, das Gespräch plätschert mit Mühe und unter vielen Pausen dahin. Wenigstens spielt man einen Krimi im Fernsehen. Da kann man sich ablenken. Aber gleich danach verabschiedet man sich. Auch Klaus geht.

Doch die Erinnerung an diesen jähen Verdacht bleibt, vor allem bei Schwester Nadine. Wieso hat die Freundin dem Bruder das zugetraut, was ahnt Siglinde, was weiß sie? Solchen Verdacht greift man doch nicht aus der Luft. Nadine Liebig spricht mit niemandem darüber, so sehr es sie drängt, auch nicht mit der Mutter. Aber über Wochen hinweg verfolgt sie jede Nachricht über den Diebstahl, sie kauft sich sogar Leipziger Zeitungen. Freilich: Schon nach vier, fünf Tagen gibt es keine Mitteilung mehr über die Ereignisse. Sowieso war es erstaunlich, daß man so viel und so offen darüber berichtet hatte. Das gestohlene Bild bleibt verschwunden. Niemand weiß etwas von dem oder den Tätern. Nur soviel steht fest: Der Täter ist nicht mit Gewalt in die Räume eingedrungen, er hat sich entweder am Abend vorher einschließen lassen, oder er ist tatsächlich als normaler Besucher gekommen.

3

»Der ›Friedhof im Schnee‹ ist eins der drei Gemälde von Caspar David Friedrich, die wir besitzen. Es ist vom Format her das kleinste, aber es ist das wertvollste.«

Franz Rheinsberg, klein, agil, ein Mann um die Mitte der Vierzig, schwitzt, wischt sich unentwegt mit dem Handrücken die Schweißperlen von den Schläfen, öffnet den Kragenknopf hinter dem Schlips. Hoffentlich, denkt er, haben die eingesetzten Leute von der Sonderkommission Glück und Geschick bei ihren Recherchen, hoffentlich findet dieser Hauptmann trotz seiner peinlichen, unerbittlichen Fragen oder gerade deshalb die Täter, sonst, fürchtet Franz Rheinsberg, sonst ist es um ihn geschehen.

Er sieht sich schon abgehalftert, versetzt, abgeschoben, ein kleiner Agitprop-Mann in einem Landkreis, bestenfalls noch Chef eines Burgmuseums in den hintersten Bergen. Es gibt da Beispiele. Er war ja nie ein richtiger Kerl vom Fach, nun werden sich manche, die ihm seinen Aufstieg mißgönnten, über seinen Kummer die Hände reiben.

»Können Sie das etwas genauer ausführen, Genosse Rheinsberg, was das heißt: Das Bild ist wertvoll.«

Franz Rheinsberg öffnet nun auch den zweiten Hemdknopf vorm Hals. Wenigstens in solchen Fragen fühlt er sich ziemlich sicher.

»Der finanzielle Wert vom ›Friedhof‹ läßt sich schwer einschätzen. Solche Summen sind nur bestimmbar, wenn man sie mit den unterschiedlichsten internationalen Auktionen vergleicht. Außerdem erhöht sich der Wert eines Bildes durch die Anzahl seiner Leihgaben. Wir haben den ›Friedhof‹ in Japan, London und der Schweiz gezeigt.«

»In den letzten Jahren, behauptet man, gab es auf dem Kunstmarkt eine regelrechte Preisexplosion.«

»Seit 1970, ja. Das kann man wohl sagen. Und sie betraf gerade Caspar David Friedrich. Friedrich ist der größte deutsche Landschaftsmaler. Da gibt es keinen Zweifel. Seine Bilder erreichen absolute Spitzenwerte. Ein Aquarell von 1826 brachte es bei einer Auktion in München auf 234 000 DM, ein durch Brand stark beschädigter Friedrich erzielte noch 200 000 DM. Verstehen Sie, Genosse Hauptmann: D-Mark, nicht unser Geld. Und am 4. Dezember 1987 wechselte in Monte Carlo ein etwa doppelt so großes Bild wie der ›Friedhof‹, nämlich die ›Winterlandschaft mit Kirche‹, für sage und schreibe knapp viereinhalb Millionen seinen Besitzer.«

»Muß man in diesen Höhen auch die Summe für den ›Friedhof‹ ansetzen?«

»Wäre man gezwungen, ihn zu ersteigern, man müßte gut und gerne zwei bis zweieinhalb Millionen Mark hinblättern. Geht man von der Monte-Carlo-Versteigerung aus, ist ein Mindestpreis von einer Million für den ›Friedhof‹ nicht übertrieben. Dabei gelten solche Werke auf dem Kunstmarkt überhaupt als unersetzlich. Und sie sind illegal auch unabsetzbar. Jeder weiß ja: Das Bild gehört dem Leipziger Museum. Deshalb verstehe ich nicht, was die Täter mit dem ›Friedhof‹ wollen. Sie können ihn nicht verkaufen. Es sei denn, sie haben, und das nehme ich stark an, in fremdem Auftrag gehandelt. Nicht auszudenken, wenn der Friedrich schon irgendwo im Tresorkeller eines reichen Kunstliebhabers hängt, im Ausland. Oder irgendwo bestimmt ist für den Transport nach Übersee.«

»Der Friedrich war nicht besonders gesichert?«

Nun stürzt der Schweiß geradezu in Strömen über Rheinsbergs Schläfen. Natürlich ist das der entscheidende Punkt, der ihm das Genick brechen kann. Er hat die Sicherheit vernachlässigt, sie werden es ihm überall vorwerfen. Aber ist es seine Schuld, daß er kein Geld hat? Kein Geld für ausreichend Wach- und Aufsichtspersonal, kein Geld für Überwachungskameras, erst recht nicht für eine ordentliche, allumfassende Alarmanlage? Der Friedrich gehörte von seinem Wert her zur sogenannten Kategorie I ihres Museumsbestandes, aber nicht einmal diese Kategorie lag geschlossen an ihrem Sicherheitssystem.

»Jeweils eine Frau nimmt die Aufsicht in einer Abteilung wahr, mehr gibt der Finanzplan nicht her. Mit dieser Frau Leisering von der Nachmittagsschicht, die den Verlust entdeckte, haben Sie ja schon gesprochen.«

Soll er dem anderen sagen, daß sie ab und zu mal, im engsten Kreise und von etlichen Schnäpsen beflügelt, davon geträumt hatten: Wir verhökern ein paar dieser Stücke, natürlich an den Klassenfeind, natürlich gegen D-Mark, schon zwei, drei Grafikblätter genügen, und wir installieren dafür eine pikobello Alarmanlage, natürlich auch vom Klassenfeind, aber wir leben dafür mit unseren Werten wie in Abrahams Schoß. Soll er's dem Hauptmann sagen? Schon der Gedanke, laut geäußert, war Verrat, Verbrechen. Kunst war allzeit Eigentum des Volkes, war Staatsbesitz, Heiligtum, durch Gesetze geschützt.

»Jedenfalls konnten die Täter das Bild entfernen, ohne daß es das geringste Alarmzeichen gab. Und gegen diese Fälschung austauschen.«

»Was heißt Fälschung. Das ist keine Kopie oder etwas Ähnliches. Das sind drei Stücke Pappe, die zusammengesetzt auf den ersten Blick an die Motive vom ›Friedhof‹ erinnern. Zur Not könnte man alles noch eine Collage nennen. Dabei haben sie sich noch ihren Jux gemacht, mit Faserstift Friedhofskreuze über die Felder verteilt und diesen Hohn daruntergesetzt, dieses eine Wort, diese Großbuchstaben, die uns am meisten aufregen: DREITEILER.«

»Spricht das nun mehr für Profis oder für Dilettanten?«

»Wenn ich das wüßte, wäre mir wohler. Waren Berufsknackis am Werk, Leute mit Auftrag, sehen wir den ›Friedhof‹ nie wieder. Was für ein Verlust an Weltkultur. Waren's Dilettanten, wird das Bild vielleicht für immer geschädigt. Sie haben es aus dem Rahmen getrennt, vielleicht simpel in einem Beutel oder Sack transportiert. Was haben wir stets für Aufstände gemacht, wenn ein Bild auf eine internationale Ausstellung ging; Verpackung, Versicherung, alles war höchstrangig eingestuft. Bloß bei der alltäglichen Sicherung, da sind wir Piefkes, arme Leute, da sind unsere Brieftaschen leer, da sparen wir am falschen Fleck. Begreife das, wer will. – Nein, sich das vorstellen zu müssen: Die Banditen haben das Bild in aller Eile aus dem Rahmen getrennt, simpel in einen gewöhnlichen Beutel verstaut, in einer Sackleinwand wegtransportiert ...«

4

Später, nach der Aufklärung der Zusammenhänge, wird Hauptmann Jeske mit zwiespältigen Gefühlen an diesen Fall zurückdenken. War es sein größter, sein bedeutendster, sein glücklichster oder sein unglücklichster Fall?

Unterschlagung, Betrug, Scheckfälschung – in solchen Dingen kennt Jeske sich aus. Da hat er im Laufe von Jahren mittlerweile Dutzende auch geschicktester Ganoven und Trickser aufs Kreuz gelegt, auseinandergenommen, zum Geständnis gebracht. Achthundert Mark, zweitausend, bitte, mein Freund, verdien dir die Scheine anständig, aber nicht durch krumme Touren. Das ist sein Alltag. Nun aber geht es um Kunst, nicht größer als ein Aktenstück, 31 mal 25 Zentimeter im Geviert, man hat sie vielleicht in einer Aktentasche oder einem schmalen Koffer mit sich genommen, und sie ist Millionen wert. Was fängt einer an mit soviel Geld oder wenigstens mit einem größeren Bruchteil davon?

Ilse Jeske hat ihrem Mann zu Beginn ihrer Ehe die Reproduktion eines französischen Bildes geschenkt: Tänzerinnen in leichtem lockerem blauem Tüll. Er hat die Mädchen damals über ihr Doppelbett gehängt, sie eine halbe Ehe lang geduldet. Sie haben seine Vorstellung von Kunst geprägt. Aber bitte: Wenn seine Frau so was mochte, seinetwegen. Er liebt höchstens seine Fotografien. Nichts anderes ist ihm in seiner Wohnung an die Wände gekommen. Nun sitzt er öfters auf einem der wenigen Besucherstühle im Museum, starrt auf die Farbfelder an den Wänden, auf die Motive, immer wieder viel hoher Himmel über flachem Land. Was macht denn nun die Kunst von so etwas aus: die Farben, die Stimmungen, das Alter, das Gerede darüber?

»Du knipst doch ganz schöne Bildchen, da wird dir die Kunst nichts Fremdes sein.«

Sein Vorgesetzter, locker, jovial, wie Vorgesetzte manchmal sind, hat ihn mit diesen Worten auf den Fall angesetzt.

Und nun kümmert er sich eben um diesen Diebstahl. Dabei haben sie sich gleich selbst gehörig unter Erfolgszwang gesetzt, sind sie wie selten schnell in die Öffentlichkeit gegangen. Wozu nur? Nun erwartet jeder, daß sie von einem Tag auf den anderen die Täter greifen. Das Museum empfängt in vierzehn Tagen einen halben Wäschekorb voll Post, private Briefe, kollektive Beschlüsse, Postkartenwünsche: Soll der »Friedhof« bald wieder im Museum hängen, heißt es aufmunternd, fordernd, erwischt die Halunken.

Im Februar 1988 hat Siegfried Jeske jedenfalls eine Kommission von alles in allem gut zwanzig Mann unter sich. Sonderkommission heißt das. Mindestens ihr Leiter hat alle Befugnisse, er kann mit jedem reden, mit dem er reden will, er kann notfalls noch weitere Polizeikräfte hinzuziehen.

Freilich, Siegfried Jeske begreift rasch: Sie können ihm die doppelte Anzahl von Leuten geben. Wenn der Zufall nicht hilft, werden sie allesamt wenig Erfolg haben. Und die Befugnis, mit jedem über alles zu reden, findet schon seine Grenzen beim Museumsleiter. Sicherheitsfragen sind ein diffiziles Thema. Da schweigen sich viele andere mit aus.

Jedenfalls stellen sie fest – zum Beispiel: Am 4. Februar sind bis zur Entdeckung des Diebstahls siebzehn Eintrittskarten verkauft worden. Sechs oder acht Personen haben dabei ihre

Wintergarderobe abgegeben, an überzeugende Einzelheiten kann sich die Frau an der Kasse nicht mehr erinnern. Ein junger Mann mit Bart, eine Frau mit zwei lauten Kindern sind in verschiedenen Abteilungen durch Fragen oder Lärmen aufgefallen. Alle anderen Beschreibungen sind austauschbar oder nichtssagend. Der »Friedhof im Schnee« ist am Abend zuvor von Marga Grigoleith, der Aufsicht, mit Sicherheit noch bei der letzten Kontrolle gesehen worden (sagt die Grigoleith wenigstens, »da war's noch im Rahmen«). Die Vorgängerin von Emma Leisering, die den Austausch entdeckte, Irma Kogler, »die Schlampe«, hat nichts bemerkt.

Sind irgendwo Täter mit Gewalt eingedrungen? Kein Fenster, keine Tür, kein Gitter weist irgendwelche Spuren eines gewaltsamen Öffnens auf, auch nicht in fremden Stockwerken, anderen Bereichen. Nur zwei Kellertüren, die üblicherweise durch Sicherheitsschlösser verschlossen werden, sind defekt, aber schon seit Monaten. Niemand hat die Schlösser seitdem ersetzt.

Und die Fälschung, diese Collage, der DREITEILER? Nichts kann man so genau wie sie beschreiben. Es sind wirklich drei Teile, ausgeschnitten aus Reproduktionsdrucken und Bildbänden, alles auf die Breite von 25 Zentimetern gebracht, zunächst mit Duosan-Rapid, dann mit Zweikomponentenkleber auf weißen Zeichenkarton aufgeklebt. Das obere Stück, 18 Zentimeter von Friedrichs »Hünengrab im Winter«, hängt sogar als Original gegenüber, ein Teil der »Klosterruine im Riesengebirge« soll, nur ein paar Zentimeter breit, Schnee andeuten. Und die »Greifensteine im sächsischen Erzgebirge« geben das Unterteil ab mit Ästen, Gestein und Laub. So sollte offensichtlich ein täuschend ähnlicher Eindruck erweckt werden. »Die fehlenden Kreuze, beide Spaten und Gräser als signifikante Merkmale des Originals wurden mit braunem Faserstift aufgezeichnet«, schreibt ein Gutachter später. »Teile des Grases, die Gerätestiele und Kreuze wurden mit Graphitstift, manche auch mit schwarzem Fettstift nachgetönt. Auf der Rückseite der Collage, am Rande des Zeichenkartons, ist mit braunem Faserstift vermerkt: *Speck von Sternburg 1945*, d. h. abgekürzt: *1945 Sp. v. Stern.*«

Und was bringt das alles, diese Fülle pingelig recherchierter Details?

Als Siegfried Jeske in Dresden und Berlin ähnliche Museen besucht, sich die Sicherheitsvorkehrungen und Alarmanlagen vorführen läßt, erschrickt er: Meine Güte, wieviel kann einer, wenn er's nur drauf anlegt, in Leipzig wegschleppen, ohne daß es gleich ein anderer merkt?

Natürlich sucht Jeske auch Kontakte zum Kunsthandel. Er begreift langsam: Da gibt es ebenfalls Unterschiede, verschiedene Interessenslagen. Was dem einen strikt verboten ist, macht der andere ganz legitim. Offenbar existieren geduldete, geradezu staatlich geförderte Handelskanäle ins nahe D-Mark-Land ... Rühren Sie lieber nicht daran, rät ihm ein wohlwollender Händler.

Bei allem stößt Siegfried Jeske auf keinen brauchbaren Namen, keinen verwertbaren Fingerzeig. Nein, ein CDF, ein Friedrich, ist nirgendwo ins Angebot gekommen, erst recht kein solch spektakuläres Stück, keiner hat davon gehört.

Da weiß Jeske: Das ist wirklich nicht sein Fall. Wenn es hier auch um die höchste gestohlene Summe geht, mit der er bisher zu tun hatte, dies ist nicht sein Fall. Es hat andere Sachen gegeben, die er aufgedeckt hat, auf die er stolz ist: Einem ist er 1985 auf sein geheimes Westkonto gekommen, einem anderen ein Jahr drauf auf die Art, wie er seine Schecks unterbrachte. Aber CDF sind und bleiben nur drei Buchstaben, bleiben dieser verfluchte DREITEILER.

Nach zwei Monaten wird die offizielle Sonderkommission – oder was von ihr noch übrig ist – aufgelöst. Da haben Presse und Medien längst ihre Berichterstattung eingedämmt, schließlich ganz unterlassen.

»Brechen Sie Ihr Schweigen!«

1

»›Friedhof im Schnee‹ – sagt dir das was?«

»Willst du mich hochnehmen? Ein Bild von Friedrich, dem Romantiker. Mein ewig ungelöster Fall. Das Ding wurde hier in Leipzig geklaut und ist nie wieder aufgetaucht. Eine Million wert, wenigstens.«

»Vielleicht kannst du ihn jetzt lösen.«

Zwei Tage später sitzt Siegfried Jeske im Besuchsraum der Leipziger Haftanstalt. Ihm gegenüber ein Mann Anfang der Dreißig in der normalen Häftlingskleidung, aus Brandenburg hergebracht.

»Sie sind zum zweiten Male verheiratet, Huschke, Sie haben zwei Kinder?«

»Das werden Sie ja wissen, alles steht in den Akten. Auch daß ich zum fünften Male einsitze. Vorsätzliche Körperverletzung, verbrecherischer Diebstahl. Was weiß ich, wie Sie das alles nennen: Beeinträchtigung der öffentlichen Ordnung, asoziales Verhalten.«

»Sie sind nicht aufsässig gewesen in der Haft, Sie haben zwei Berufe erlernt, Möbeltischler und Kranfahrer. So was ist selten.«

»Ich will raus, sobald es geht. Ich hab Sehnsucht nach meinen Kindern.«

»Zwei Jahre wird das noch dauern. Zwei Jahre und zwei Monate, wenn ich die Akten richtig gelesen habe.«

»Einmal wird jeder vernünftig. Was wollen Sie eigentlich von mir? Ich hab noch nie mit Ihnen zu tun gehabt.«

Ja, was will er von dem andern? Soll er's ihm so direkt sagen: Sie haben den Mund nicht halten können, Huschke, Sie haben ein bißchen angegeben. Da ist so eine Sache, haben Sie gesagt, wenn sie die von mir wüßten. Wenn die wüßten, daß ich da drinhänge. Ein Millionending. Und das hat uns nun einer gesteckt, ein Kumpel von Ihnen, Huschke, weil er sich was für sich selber davon verspricht. Und nun verspreche ich mir von Ihnen, daß Sie mir die Sache aufklären helfen. Es ist nämlich *meine* Sache.

Natürlich kann er's ihm nicht so sagen.

Aber wie soll er's anfangen? Er glaubt dem Huschke ja, daß er langsam vernünftig werden, verantwortlich sein möchte als Familienvater. Aber er wird ihm die zusätzliche Strafe nicht ersparen können. Also, wie soll er's anfangen?

»Sie haben bei soviel Vorstrafen in unterschiedlichen Haftanstalten eingesessen, in Volkstedt, in Bautzen, in Brandenburg?«

»In Volkstedt war's am besten. Natur ringsum, frische Luft.«

»Aber in Brandenburg hatten Sie auch genug Gelegenheit zu anderem. Sport zum Beispiel, Kraftsport. Sie haben's genutzt.«

»Sie wissen aber Bescheid. Sie werden mich nicht ins Blaue hinein befragen. Also: Was wollen Sie?«

2

Norbert Huschke packt manchmal der Zorn, wenn er zurückdenkt, über das Auf und Ab seines Lebens nachsinnt: Alles hat mit dem Alten angefangen. Er hat ihn fast ein Dutzend Jahre lang nicht mehr gesehen, aber zu verdanken hat er ihm das meiste. Wenn der ein bißchen anders gewesen wäre, wenn der sich wenigstens etwas um seine Kinder gekümmert, ihnen ein bißchen Liebe gezeigt hätte, wäre wohl vieles anders gekommen.

Aber der Alte säuft, faulenzt, prügelt und setzt höchstens noch Kinder in die Welt. Sieben sind sie zu Hause mit ein und derselben Mutter, aber niemand weiß, wieviel Halbgeschwister daneben existieren. Die Mutter hat blaue Flecke, ein paarmal gebrochene Rippen und Glieder, die Geschwister genauso, der Alte wird dafür zur Verantwortung gezogen, sitzt auch ein paarmal Monate in Haft deswegen, aber am Ende treibt es sie doch wieder alle zusammen in ihre gemeinsame Hölle.

Nur er, Norbert, hat schließlich genug davon, rennt immer von neuem weg, treibt sich in Waldhütten und Bungalows herum, wird wieder eingefangen, lebt bei der Großmutter, schließlich im Kinderheim. Ist dort ein Schwererziehbarer. Da lernt er erst richtig, sich mit Geschick und Gewalt durchzusetzen. »Du bist ja der Schlimmste von allen«, sagt die Mutter, als sie ihn einmal mit dem ältesten Bruder besucht, da ist der schon achtzehn. »Kannst du dich nicht zusammenreißen, willst du genauso werden wie dein Alter?« Der Bruder gibt ihm zum Abschied verachtungsvoll nicht einmal die Hand, er, der sich nach wie vor am meisten vor dem Alten duckt.

Der Schock nach dem Besuch hält nicht lange vor. Eine Bewährungsstrafe ein halbes Jahr drauf nutzt Huschke nicht, da muß er ins Jugendhaus. Dort schließt er die zehnte Klasse ab. Norbert Huschke ist ja nicht gerade dumm, vielmehr von leichter Auffassungsgabe und nicht ungeschickt. Er bastelt gern, hat flinke Finger, er zeichnet sogar, malt ordentliche Bilder mit Pinsel und Farbe. Als er aus dem Jugendhaus entlassen wird, 1977, ist die Ehe der Eltern endlich geschieden, der Vater auf und davon. Nun könnte doch alles anders werden. Warum nicht?

Er bemitleidet sich gern, schiebt anderen die Schuld an Dingen und Umständen zu, die zu ändern er selber nicht die Kraft aufbringt. So bleibt es dabei: Der Alte hat ihm das Leben verbockt. Wenn der nur zeitig ein bißchen Zuneigung aufgebracht hätte ...

Ein Wunder, daß Huschke bei solchem Hin und Her Familie hat. Aber es hängt mit Evelin zusammen. Die hat ihn nicht aufgegeben wie seine Erste, Evelin hat zu ihm gestanden, die Trennung nicht vollzogen, die ihre Eltern von ihr verlangten, im Gegenteil. Sie hat das zweite Kind nicht abtreiben lassen, sie hat es geboren, als er wieder im Knast hockte. Und Rückfällige haben nun weiß Gott nicht mit geringeren Strafen zu rechnen.

Er sitzt zu dieser Zeit in Brandenburg ein, er trifft dort den *Kleinen.* So nennen den alle, Klaus Kunze. Sie sind im selben Haus untergebracht, im selben Kommando. Der könnte ein richtiger Freund fürs Leben werden, denkt Huschke manchmal. Er hat ja keinen. Er ist so vielen Kerlen begegnet, Schlägern, Schleimern, Kumpels, aber in der Not haben die sämtlich nur an sich gedacht.

Doch der Kleine ist anders. Er fühlt es, auf den kann man sich verlassen. In einem langen gemeinsamen Jahr werden sie miteinander ziemlich vertraut, sie treiben beide Kraftsport, haben auch sonst ähnliche Interessen. Der Kleine liest Bücher, besonders über Kunst, Malerei, er, Huschke, beschäftigt sich mit der Antike. Der Kleine ist jünger, noch nicht verheiratet. Sie erzählen sich die Geschichten ihres Lebens, auch da ist vieles ähnlich. Bloß daß die Mutter vom Kleinen sich mehr um ihn gekümmert hat, eine Frau mit Verstand und Herz.

Als der Kleine im Juli 1986 entlassen wird, versprechen sie sich's in die Hand: Sie werden einander schreiben, sich wechselseitig besuchen. Freilich gehen bloß zwei Karten zwischen ihnen hin und her: Herzliche Grüße, altes Haus! Zu Silvester, zu Ostern. Es ist wohl doch wieder nichts mit der großen Freundschaft.

3

Da klingelt es eines Sonnabendnachmittags im Januar 1988 überraschend an Huschkes Wohnungstür in der Halleschen Neustadt. Huschke geht, öffnet, wer kommt sie schon besuchen. Da steht der Kleine draußen im Treppenaufgang und grinst, bis sie einander in die Arme fallen. »Komm rein, sieh dir mein gutes Stück an, meine Frau, und die Kinder. Natürlich, wir sind auf nichts vorbereitet, aber einen Schluck irgendwas werden wir schon finden.« – »Ich bin auf der Durchfahrt«, erwidert der Kleine. »Will doch einfach mal sehn, ob's dich noch gibt.«

Es gibt sie noch, beide, sie leben noch, es ist nichts Schlimmes passiert inzwischen. Aber Huschke schämt sich. Der Kleine sieht es wohl gleich: Es geht ihnen nicht allzu gut. Doch wenn der Ernährer, der Familienvater lange Zeit nicht da ist, die Frau allein mit den Kindern bleiben muß, blickt alles ringsum recht ärmlich in die Welt, ziemlich zusammengestoppelte Möbel. Auch für Kraftsport ist kaum noch Zeit.

»Komm mich doch mal in Jena besuchen, wir machen uns zwei ordentliche Tage, ein schönes Wochenende. Deine Frau wird's schon gestatten. Oder bring sie gleich mit samt den Kindern«, sagt der Kleine. So verabschieden sie sich.

Schon vierzehn Tage drauf borgt sich Norbert Huschke ein Motorrad, eine AWO, und fährt allein nach Jena-Lobeda zu seinem Freund, dem Kleinen, und seiner Verlobten Anka Breuer. Auch die beiden wohnen in einem gewöhnlichen Plattenbau, aber bei ihnen sieht's ein bißchen gepflegter, fast wohlhabend aus. Elektronik steht da zum Beispiel, vom Feinsten.

»Erschrick nicht«, sagt Klaus Kunze, »es hat alles seine Richtigkeit. Nix zappzerapp. Meine Anka, Gott sei Dank, hat ihre Verwandten und bekommt viele Geschenke. Man kann ja schließlich nicht ganz ohne dastehen, wenn man drüben neu anfängt. Wir haben den Antrag gestellt. Ihr nicht?«

»Das schon«, erwidert Huschke. »Aber wir haben wenig Hoffnung.«

»Man muß es nur geschickt anfangen, immer wieder auf Familienzusammenführung pochen, zum Beispiel. Na, wir werden noch drüber reden. Wir werden über manches reden.«

Erst einmal fahren sie zu der Gruppe, in der der Kleine tatsächlich Krafttraining betreibt. Sie spielen sogar nebenan in der Sporthalle eine halbe Stunde Fußball. »Du mußt in Form bleiben.«

Wieder zu Hause, sind sie allein, die Freundin, Anka Breuer, ist bei Bekannten in der Nähe. Da stellt Klaus Kunze ein Bild in einem Rahmen in die Schrankwand und sagt: »Sieh dir das mal genau an. Was siehst du?«

»Eine Collage. Keine gute.«

»Das Original hängt im Museum in Leipzig. Nicht mehr lange.«

»Wie soll ich das verstehen?«

»Sie haben drei Caspar David Friedrichs in Leipzig. Den ›Friedhof im Schnee‹ werd ich gegen meine Collage austauschen.«

»Du bist verrückt! In fünf Minuten hat man's bemerkt. Außerdem haben die doch Alarmanlagen. Willst du nachts einsteigen?«

»Es ist alles ganz einfach. Ich hab das Bild schon in meinen Händen gehalten, es ist mir geradezu von der Wand in die Arme entgegengefallen. Und nichts ist passiert.«

»Wenn du wenigstens eine Kopie hättest. Oder eine anständige Reproduktion.«

»Es gibt nichts Entsprechendes. Ich habe alle möglichen Buchhandlungen durchgekramt. Ich habe mich gründlich umgetan, das kannst du mir glauben. Sowieso ist vormittags kaum

Besucherverkehr, und das angestellte Personal, alte Tanten, ist betriebsblind, da reicht so eine Collage für ein paar Stunden. Ich hab auch keine Zeit, auf eine Kopie zu warten. Etwa von dir. Ich rechne jeden Tag mit der Ausreise. Da muß das Bild mit.«

Norbert Huschke erschrickt, wird bleich, rot, ängstlich, interessiert, alles in schnellem Wechsel. Er begreift: Der Kleine hat schon vieles bedacht. Am meisten beeindrucken Huschke die Handschuhe. Der Kleine faßt den Rahmen nur mit braunen Handschuhen an: Nicht die geringste Spur hinterlassen von Anfang an! Schließlich verläßt er das Wohnzimmer, kommt aus dem Schlafzimmer nebenan mit einem dreiviertellangen beigefarbenen Mantel bekleidet zurück. »Mit dem wird der Transport vorgenommen, erst der Collage, danach des echten Bildes«, sagt er und schlägt eine Stoffhälfte zurück. Da sieht Huschke: Das Innenfutter ist in Höhe des Hosenbundes aufgetrennt, exakt im Einschnitt hängt ein einfacher Einkaufsbeutel. Anstelle der Henkel sind ihm Gummibänder eingenäht, die durch die Schulterpolster gezogen sind. »Außerdem werd ich eine Kordmütze tragen und eine Brille.«

»Und welche Rolle hast du mir bei allem zugedacht? Du erzählst doch nichts zum Spaße.«

»Erst dachte ich immer: Die Sache machst du ganz allein. Dann wurde mir klar: Um jedes Risiko auszuschalten, jeden Zusammenstoß, brauche ich einen zweiten Mann, der mich absichert, Signal gibt, wenn sich jemand nähert. Dann kann ich abbrechen, das Ganze verschieben. Und als ich so nachzudenken begann, bist du mir eingefallen. Du kannst ein paar kleine Geschenke für zehn Minuten Hilfe gut gebrauchen, ein bißchen Elektronik. Und du bist verläßlich. – Heute abend sind wir bei ein paar Kumpels, die auch ausreisen wollen, Geburtstagsparty. Da denken wir an nichts. Aber morgen sagst du's mir dann: Ja, ich hab's mir überlegt, ich mach mit.«

4

Hauptmann Jeske erfährt das nicht alles beim ersten Gespräch. Manches erfährt er überhaupt nicht. Wenigstens dreimal sitzt er mit dem neuerlich angeschuldigten Norbert Huschke zusammen, über viele Stunden hinweg, fährt Kaffee auf, Zigaretten. Aber schon am zweiten Abend begreift Huschke: Es wird ihm wieder einmal nichts anderes übrig bleiben, als ja zu sagen, wie an jenem Sonntag beim Kleinen. Er wird es gestehen, mit der Sache herausrücken. Er ist wieder einmal schwach geworden, hat in der Zelle geprahlt: Was er nicht alles an Geheimnissen mit sich herumschleppt, das Wissen um diesen Kunstdiebstahl zum Beispiel in Leipzig. »Traust du mir gar nicht zu, Schneider, was?« Und nun hat dieser Schneider gesungen und erhofft sich dadurch Vergünstigungen. Und er, Huschke, wird, nach allerlei Herumgedruckse und Hinundherwenderei, den Kleinen mit Sicherheit ans Messer liefern, weil er genauso Vergünstigungen erwarten wird wie dieser Schneider und eine geringere Strafe im unvermeidlich kommenden Prozeß. Die Sache hat ihre selbstverständliche, unausweichliche Logik.

»Herr Huschke, es geht um ein paar Millionen«, betont Jeske etliche Male, und er hat kein schlechtes Gewissen wegen seiner Übertreibung, seiner Aufschneiderei. Oder rechnet er einfach um: die mögliche Westmillion in ein paarmal soviel Ostmillionen? »Vielleicht ist Ihnen das gar nicht bewußt gewesen, aber soviel ist das Stück Kunst nun mal wert. Wo ist es? Brechen Sie Ihr Schweigen.«

»Ich habe diesen ›Friedhof‹ nie in meinem Leben gesehen.«

»Herr Huschke, Sie wollen mich doch wohl nicht auf den Arm nehmen.«

»Wirklich, Sie können's mir glauben, Herr Kommissar, ich habe das Bild nie in den Händen gehalten.«

Und dann beginnt er zu erzählen. Natürlich kennt er den Kleinen, wenigstens ein Jahr lang waren sie die besten Kumpels in Brandenburg, natürlich hat er an jenem Sonntag wieder mal mit Handschlag seine Zustimmung zu einer Riesendummheit gegeben, natürlich war er in Leipzig mit von der Partie.

»Eben an diesem 4. Februar holten sie mich in der Neustadt ab, mit dem Wagen seiner Mutter, ja, mit ihrem Polski Fiat.«

»Fräulein Breuer war bei dem Unternehmen dabei?«

»Ja, die war dabei, die Freundin vom Kleinen. Im Auto gingen wir noch mal die Lageskizze vom Museum durch, die der Kleine, Herr Kunze, angefertigt hatte.«

»Im Beisein von Fräulein Breuer?«

»Die Anka hörte alles mit. In Leipzig lief sie vereinbarungsgemäß in die Stadt, angeblich, um Einkäufe machen. Herr Kunze und ich trennten uns gleichfalls. Wie besprochen betraten wir das Museum einzeln, wie einander Fremde, kauften uns jeder seine Einlaßkarte. Ich sollte auffallen, die Aufmerksamkeit auf mich ziehen. Ich versuchte es, ging zum Beispiel langsam, hustete, lief wieder zu anderen Bildern zurück.«

»Sowieso war niemand außer einer einzigen Aufsicht in den Räumen.«

»Genau. Als ich zum ›Friedhof‹ kam, hing da freilich schon die Collage, Herr Kunze hatte den Tausch längst erledigt. Ich hob eine braune Folie auf, die er wohl liegengelassen hatte. Ich wollte jeden Nachweis von Fingerabdrücken ausschließen. Später, auf dem Parkplatz, als ich meinen Besuch in aller Gelassenheit beendet hatte, war der Polski Fiat bereits verschwunden. Zornig fuhr ich zum Hauptbahnhof, dann mit dem Zug zurück nach Halle, zog mich zu Hause um und stürmte mit dem Motorrad nach Jena. Wir stritten uns, versöhnten uns. ›Hast dir viel Zeit gelassen‹, sagte Kunze. Ich blieb bei ihm über Nacht, fuhr gleich von Jena aus zur Schicht, zur ersten nach meiner Krankschreibung.«

»Und das Bild haben Sie sich nicht wenigstens mal zeigen lassen?«

»Mit dem Bild ist alles in Ordnung, es ist gut untergebracht, hat Kunze gesagt. Wirklich, ich habe es nie gesehen, auch später nicht. Ich habe auch Herrn Kunze nicht wiedergesehen.«

»Und Ihre Abfindung, Ihr Lohn? Was haben Sie bekommen?«

»Nichts. Ich habe für meine Mitarbeit bei der Tat wirklich nichts bekommen, kein bißchen versprochene Elektronik. Ich wurde danach sowieso bald in anderen Zusammenhängen wieder verhaftet ...«

Wo ist das Bild?

1

Sie sitzen auf der schmalen Terrasse vor einem dieser Cafés über dem Tal, Anna Kunze trinkt Tee, ihr Sohn einen Saft. Der Herbst ist noch einmal mit viel Sonnenschein gekommen, da sind sie an diesem Wochenendnachmittag hinausgefahren, an den Hängen entlanggewandert. Wann ist das schon einmal passiert, und wann wird es wieder geschehen? Wenn der Junge über Nacht doch seine Ausreise bekommt, ist er in ein paar Tagen für sie verschwunden und unerreichbar fern. Dann wird dieser Ausflug, zu dem sie ihn überredet hat, die letzte gemeinsame Erinnerung sein. Sie hat sich um ihn immer mehr gekümmert als um die Schwester, die einfacher gestrickt war, weniger Schwierigkeiten machte, bei der alles selbstverständlich lief, der Mann sich zur rechten Zeit einstellte und die Kinder; sie hat ihn deshalb vielleicht sogar mehr geliebt als das Mädchen, ihm immer mehr nachgesehen und zugesteckt. Wie wird sie leben, wenn er gegangen ist? Im Haushalt der Tochter ist sie schon lange wenn auch nicht überflüssig – das nicht –, so doch bloß geduldet. Alle warten darauf, daß ihr Zimmer eines Tages frei wird.

»Du bist anders geworden in den letzten Wochen, Junge«, sagt sie plötzlich, während sie einem Motorrad nachstarrt, das mit Getöse überm Fluß die Hangstraße hinaufschießt.

»Wie anders, Mutter? Was redest du dir ein?«

»Ich kenn dich, ich täusche mich nicht.«

Das ist es ja auch, weshalb sie ihn zu diesem Ausflug überredet hat: Irgend etwas bedrückt den Jungen. Möglich, wenn sie nicht mit ihm zu Hause in der Wohnung herumhockt, daß er dann aus sich herausgeht, von seinem Kummer erzählt.

»Die Ungeduld macht mich wahnsinnig. Vielleicht ist es das. Daß sie mich endlich hinauslassen. Über anderthalb Jahre läuft mein Antrag nun schon. Zwei Monate nach meiner Entlassung damals habe ich ihn gestellt.«

»Und wie steht es mit dir und deiner Anka? Habt ihr euch wieder mal bis aufs Messer gestritten?«

»Zur Zeit gibt es zwischen uns keine Probleme. Nur eitel Freude und Sonnenschein.«

»Soll's so bleiben. Ich wünsche es dir. Was wird eigentlich, wenn nur deine Anka die Ausreise erhält? Hast du mal darüber nachgedacht? Sie hat drüben genug Familie, zu der läßt man sie vielleicht. Aber wen hast du? Hättest du Anka geheiratet, gehörtest du längst auch zu ihnen.«

»Mutter, willst du mir Angst machen? Außerdem: Anka läßt mich nie im Stich. Sie würde auf mich warten.«

»Hat sie dir das so gesagt?«

Eine Stunde später, schon auf der Heimfahrt im Wagen, in diesem Polski Fiat, den er oft genug schon selbst hat benutzen dürfen, rückt die Mutter unvermittelt mit dem heraus, was offenbar der eigentliche Anlaß für ihren umständlichen Ausflug ist. Ihr Anliegen trifft ihn freilich wie ein Blitz aus heiterem Himmel und läßt ihn zugleich herzlich lachen.

»Was meinst du«, fragt Anna Kunze ihren Jungen, »wenn ich mit dir zusammenziehe, mich wenigstens polizeilich bei dir anmelde? Mutter und Sohn in so engen vier Wänden – es wird hoffentlich niemand etwas dagegen haben. Aber die Wohnung gehört danach mir, wenn du dich auf und davon machst, mir ganz allein, und Nadines Probleme wären genauso gelöst.«

Klaus Kunze liebt seine Mutter, wenigstens hat er immer gewußt, was er an ihr hat. Was soll er sich da sperren, wenn sie mit diesem Trick endlich wieder zu einer eigenen, wenn auch kleinen Wohnung kommen will?

Aber die gute Alte, wie er sie manchmal bei sich nennt, kennt ihn natürlich nur zu gut, er hat es vor ihr nicht verbergen können: Ja, er hat Sorgen. Nicht wenige. Er hat Streit mit Anka, häufiger als früher, und manchmal glaubt er, daß sie's absichtlich darauf anlegt, sich mit ihm zu überwerfen. Er erschrickt, wenn er anfängt, weiter darüber nachzudenken.

Dabei ist das nicht einmal alles, und das andere ist womöglich noch viel bedrückender: Norbert Huschke ist verhaftet worden, seine Frau hat es ihm aus der Halleschen Neustadt geschrieben, und sie weiß nicht, weshalb.

Weiß er's denn, ahnt er's? Was fürchtet er?

Er schreckt mitunter nachts aus dem Schlaf, hört Stimmen, nahes Klingeln und Klopfen. Das ist ihm lange nicht passiert. Anfangs, mit Zwanzig, in der ersten Knastzeit, nachdem sie ihn frisch eingebuchtet hatten, ist er manchmal so hochgeschossen, hat er lange nicht wieder einschlafen können. Jedes Klicken, jeder Hall, jeder Laut bezog sich auf ihn und weckte ihn von neuem. Soll das erneut beginnen?

Immer wieder beruhigt er sich. Norbert Huschke, das Rindvieh, hat ein neues, ein anderes Ding gedreht und ist deshalb hops gegangen. Es hat nichts mit ihnen beiden zu tun, nichts mit dieser großen Sache vom vergangenen Februar, die noch immer nicht zu Ende ist. Vielleicht hat Norbert getrunken, sich geprügelt, ist benebelt durchs falsche Fenster gestiegen. Das ist ihm ja in der Vergangenheit schon ein paarmal passiert. Nun haben sie ihn deshalb wieder einziehen lassen – seine Schuld. Nein, mit diesem Museum in Leipzig, mit CDF hat das alles nichts zu tun. Nein, nein.

Kunze versucht zu schlafen. Aber nach Minuten sind die Gedanken aufs neue da. Und wenn Norbert nun plaudert, sich großtut, wenn sie ihn in die Mangel nehmen und er schwach wird, er ist ja so ein Weichei? Nun, Herr Huschke, was belastet denn sonst noch das gute Gewissen, was können Sie uns außerdem noch berichten? Sie beherrschen die harte wie die weiche Tour, sie beherrschen überhaupt ein Dutzend Touren. Auf welche fällt Norbert am Ende herein?

Aber wenn Huschke gequatscht hätte, wären sie doch längst schon hier, hätten sie ihn aus seinem Bett, seiner Wohnung geholt, ihm in seiner Straße aufgelauert ...

Tage drauf – die Ungewißheit verschwindet einfach nicht – leiht er sich wieder den Polski Fiat seiner Mutter, fährt mit ihm nach Halle-Neustadt und besucht mit aller Vorsicht Evelin Huschke. Er ist selber ein Riesenrindvieh, er weiß es plötzlich. Hat er nicht Anfang des Jahres Huschke den Leipziger Museumskatalog geliehen, damit Norbert sich anschaulich auf die bevorstehenden Ereignisse vorbereiten konnte? Hat der den Katalog je zurückgegeben? Natürlich nie. Was hatte er Huschke sonst noch überlassen, und was hatte der damit angefangen? Vielleicht Zeichen hineingelegt ausgerechnet zwischen die

Blätter mit den Bildern von CDF, Eselsohren dort hineingekniffen?

Nein, sagt Evelin Huschke, bei der Haussuchung haben sie keine Bücher mitgenommen, nicht einmal Interesse dafür bekundet. Sie weint, lamentiert – nun sitzt sie mit den kleinen Kindern wieder allein da, mittellos, verhilft sich höchstens zu ein bißchen Geld als Putze. Währenddes durchwühlt Kunze die Schränke und Regale: Da ist der Katalog, das mögliche gefährliche Indiz, Gott sei Dank unversehrt. Huschke ist, erfährt er noch, tatsächlich im Suff, wenn auch nicht durchs falsche Fenster, so doch durch fremde Türen gestiegen, eine Wette war's, und sie ließen »hochwertige Importgüter« mitgehen. Bei Delikat einsteigen oder gar im Intershop? Na ja, jeder ist eben seines eigenen Unglücks Schmied, denkt Kunze.

Wieder zurück in Jena, gibt es für ihn neue Sorgen. Anka spielt verrückt. Sie glaubt, den todsicheren Tip erhalten zu haben, erwartet in den nächsten Tagen ihre Ausreisepapiere. Nun dreht sie durch, verkauft, ach was: verhökert in aller Eile ihre Elektronik, und ihm bleiben nur der Rest und das große Staunen. Soll er doch zu sich ins Zimmer schleppen, was sie übrigläßt, diesen großen Spiegel zum Beispiel aus ihrem Bad.

»Das kann doch nicht wahr sein. Das können die doch nicht machen. Die können dich doch nicht allein nach drüben lassen, mich zurückbehalten. Wir sind doch eine Familie.«

Eben nicht. Die Mutter hat's ihm doch schon angedeutet.

Und wenn sich Anka mit dieser angeblichen Zusage etwas vormacht?

Das Schlimmste aber: Sie will gleich das Bild mitnehmen, den »Friedhof im Schnee«. »Da ist es in Sicherheit und weg«, sagt sie. Doch wieviel Erfahrung hat sie im Umgang mit Bildern? Außerdem ist es *sein* Bild, sein Risiko, aber auch sein Reichtum.

Was, wenn man's unterwegs bei ihr während einer Gepäckkontrolle entdeckte? Wie wollte sie's denn überhaupt transportieren?

Da stürzt sie sich auf die Sessel im Zimmer, stülpt sie um, tastet sie von unten her ab. Ihre Hände greifen hart in die Polster und darunter, und er sieht ihren Blick, ihr Entsetzen, da ist schließlich nichts mehr von Liebe drin, nur Wut und blanker, verzehrender Haß: »Du hast das Bild schon weggebracht, unser Bild. Du hast es dir allein unter den Nagel gerissen, du Gauner, du Schwein! Wo ist es? Wo hast du es diesmal versteckt?«

Frauen sind was für die Unterhaltung, nichts für die Gefühle, außerdem sind sie austauschbar, hat er immer gedacht. Nun begreift er: Anka ist mehr, ist vielleicht wirklich Liebe gewesen, aber die ist eben zerbrochen, an der Gier, am Geld. Dieser tobende Vampir, der ihn am liebsten zerreißen würde, ist das seine Anka? Nun hat sie ihr wahres Gesicht gezeigt. Gott sei Dank hat sie keine Ahnung, wo sich der Friedrich wirklich befindet. Sein Mißtrauen war also nicht unberechtigt.

Er sitzt von nun an immer wieder stundenlang allein in seiner kleinen Wohnung, sinniert oder stellt sich vor den großen Spiegel, diese unerwartete Zuwendung aus Ankas Bad. Er steht dann, nackt, beobachtet sich, macht seine Übungen. Noch hat er Kraft, Muskeln, Ausdauer. Er wird sich nicht unterkriegen lassen. Er wird vor allem nicht trinken, keinen Schnaps, höchstens, ganz selten mal, ein Bier. Nein, ihn macht keiner fertig, auch Anka nicht, die vielleicht daran denkt, sich wieder mit ihm zu versöhnen, des Bildes, ihrer Geldgier wegen. Noch immer hockt sie ja hier.

Doch nein, mit ihr ist Schluß, auch bald mit allem anderen. *Er* wird seine Ausreise erhalten, und er wird weg sein, weit weg, weg auch von diesen Ängsten, daß sie doch noch kommen, ihn abholen. Zwei Wochen noch, denkt er, höchstens drei. Weihnachten rückt näher, da geben sie sich großzügig, da lassen sie noch einen Schub über die Grenze.

2

So geht das Jahr 1988 allmählich zur Neige. Aber weder ihn noch Anka Breuer erreicht die ersehnte Nachricht, ein entsprechendes Papier. Da muß er sich langsam überlegen, wie und wo er die Feiertage verbringt. Bei der Mutter, mit der Familie der Schwester?

Doch er braucht keine Zeit mehr für solche Überlegungen, das übernehmen rasch andere für ihn. Exakt am 23. Dezember stehen sie vor seiner Tür, weisen ein ganz anderes Papier vor.

»Sie sind Herr Kunze? Sie sind verhaftet. Packen Sie ein paar Sachen zusammen. Es kann länger dauern.«

»Was soll ich gemacht haben, ein Gemälde gestohlen, einen Caspar David Friedrich, aus einem Museum? So was ist doch Millionen wert, was soll ich damit? Ich protestiere gegen diese unsinnige Verhaftung.«

»Natürlich können Sie Haftbeschwerde einlegen. Wir fürchten nur, sie wird Ihnen nichts nützen. Es wird Aussagen geben, die gegen Sie sprechen. Und Fingerspuren am Tatort, die Sie hinterlassen haben.«

Er möchte lachen, ihnen seinen Hohn entgegenschleudern. So führen sie ihn nicht aufs Glatteis. Immer hat er mit Handschuhen gearbeitet, wo sollen da Fingerabdrücke herkommen?

Er legt tatsächlich Haftbeschwerde ein, aber die wird natürlich verworfen. In der Zwischenzeit bringt man ihn nach Leipzig, dort kommt er auch ins neue Jahr, hört er fern die Böller krachen, überfällt ihn in der Silvesternacht plötzlich die Gewißheit, daß alles wieder einmal umsonst war.

Als er am 11. Januar 1989 zum ersten Male Hauptmann Jeske gegenübersitzt, weiß er schon: Norbert, natürlich der, hat geplaudert, von ihrer kurzen Reise nach Leipzig im Februar erzählt, und es gibt ein Stück Klebestreifen mit einem Teilfingerabdruck von ihm. Irgendwann hat er doch einmal geschludert, hat er die Gummihandschuhe vergessen. Und Hauptmann Jeske hat noch eine Hiobsbotschaft: Auch Anka Breuer ist verhaftet und geständig, Anfang Februar des vergangenen Jahres mit ihm bei dieser Leipzigreise im Auto gesessen zu haben.

»Sie wollen unser Land verlassen, Herr Kunze, Sie haben schon lange die Ausreise beantragt. Der ›Friedhof im Schnee‹ sollte wohl der Einstand für Sie drüben sein, das Startkapital bringen, ach was, die Sicherheit für viele Jahre, für ein gutes, sorgloses Leben. Von ordentlicher, ausdauernder Arbeit halten Sie nicht viel. Sie haben es gerade mal ein halbes Jahr in dem Betrieb ausgehalten, in dem Ihre Mutter Sie unterbrachte. Sie glänzten zudem oft durch Abwesenheit, durch mangelnde Arbeitsqualität, Sie haben bald gekündigt. Sie lassen sich lieber aushalten, von Ihrer Mutter, von Ihrer Freundin.«

»Ich protestiere. Für die Unterstützung, die ich von beiden

Frauen erhielt, habe ich immer Gegenleistungen erbracht, Arbeit im Haushalt, für die Familie. Freilich nie für die Gesellschaft.«

»Herr Kunze, ich weiß, wir haben mit Ihnen den Täter, und ich weiß, Sie werden uns noch sehr genau sagen, wie alles geschehen ist. Aber viel mehr als das interessiert mich: Wo ist das Bild, wo ist der ›Friedhof‹? Sie werden eine lange Strafe absitzen müssen, Sie werden sich viele Jahre nicht um Ihre Beute kümmern können. Was, wenn sie zerstört wird, für ewig verloren ist, ein Kunstwerk, ein einmaliges Stück deutscher Kultur? Sie würden Ihr Leben lang dafür zahlen müssen. Belasten Sie jetzt nicht schon die Jahre nach Ihrer Strafverbüßung. Sagen Sie mir: Wo ist das Bild?«

»Ich habe Ihnen nichts zu sagen.«

So reden sie stundenlang, von einer Mittagspause unterbrochen. Gegen Abend aber wirft Klaus Kunze das Handtuch, resigniert er, nennt er das Versteck. Der Friedrich ist in einem Sesselpolster in der Wohnung seiner Mutter verborgen. Dort finden sie das Bild noch in derselben Nacht, in eine Babydecke gewickelt, nach erstem Augenschein wenig oder gar nicht beschädigt.

»Mir wurde von den Kriminalisten klargemacht«, heißt es später in den Protokollen, »welche Verantwortung ich für das Bild hatte und daß ich keine Kontrolle mehr darüber besaß während meiner Haft. So gab ich das Versteck preis, um das Bild in Sicherheit zu wissen, nicht wegen des Schadensersatzes. Den hätte ich sowieso nie zahlen können. Am 23. Dezember wußte ich schon, daß von mir Teilfingerabdrücke gefunden worden waren. Das war aber noch kein Beweis für meine Täterschaft. Ich habe darum nach meiner Inhaftierung jede Tatbeteiligung abgestritten. Nun weiß ich, daß ich mich erst durch die Preisgabe des Verstecks extrem selber belaste.«

3

»Ich will nun sagen, wie das Ganze geschehen ist. Am Anfang war alles nur Zufall. 1987 war ich in Leipzig zur Herbstmesse. Da ging ich, weil die Messehallen überfüllt waren, lieber in dieses Museum für bildende Kunst. Ich bin ein Laie, aber Kunst hat mich schon immer interessiert, vor allem die Bilder der Romantik. Ich lief durch die Ausstellungsräume, die wenigen Aufsichtskräfte waren ältere Frauen, Kameras waren nirgendwo installiert. Ich griff nach verschiedenen Gemälden, auch nach dem ›Friedhof‹. Wie schwer ist so ein Bild? wollte ich wissen, da fiel es mir fast aus dem Rahmen entgegen. Das war der Augenblick, von dem an ich mit dem Gedanken spielte, mir ein derartiges wertvolles Gemälde anzueignen. Ich kannte ja aus Fernsehsendungen die Preise, die man für sie erzielte. Ich entschied mich schließlich für den ›Friedhof im Schnee‹. Das Bild hatte ein handliches Format, es war einfach zu transportieren, und ich hatte es ja fast schon in den Händen gehalten. Das ›Seestück im Mondschein‹ gefiel mir zwar besser, aber wie hätte ich dafür eine Collage als Ersatz fertigen sollen? Ich hätte sie malen müssen, doch das hätte nie geklappt.

Ich wußte um die Herkunft des Bildes aus der Sammlung des Kaufmanns Speck von Sternburg, so stand es ja auch auf der Rückseite des Originals, und so schrieb ich es auch auf die Rückseite meiner Collage mit braunem Faserstift: Speck von Sternburg 1945, das heißt abgekürzt: 1945 Sp. v. Stern.

Wie ich die Collage angefertigt habe, wissen Sie schon. Es war noch vor Weihnachten 1987, in der Wohnung meiner Freundin Anka Breuer. Ich trug zur Vermeidung von Spuren auch da immer diese beigefarbenen Gummihandschuhe, die ich mit den Arbeitsresten, ich meine: mit dem Klebstoff, den Pflasterrollen und den Stiften, später in einer Mülltonne entsorgte. Auch die Gegenstände, die ich im Museum benutzte, wurden auf ähnliche Weise vernichtet, das heißt, ich habe sie vornehmlich verbrannt. Der weite Mantel mit dem eingearbeiteten Beutel sollte zugleich meine schmale Figur verdecken. Ich trug dazu eine Kordmütze und die Brille des Bruders meiner Freundin, ein schwarzes Metallgestell, ferner eine weiße Kordhose, ein Safarihemd, eine hellbraune wollene Krawatte und Lederhalbschuhe, Slipper. Auch die habe ich verbrannt, nur das Safarihemd erhielt Herr Huschke auf seinen besonderen Wunsch.

Daß der schließlich zur Tat benutzte Polski Fiat meiner Mutter wenige Tage später umlackiert wurde, hatte nichts mit der Verschleierung von Tatzusammenhängen zu tun. Der Termin war schon Monate vorher mit der Werkstatt abgesprochen.

Die Tat verlief im übrigen nicht wie vorgesehen. Anka Breuer und ich holten Norbert Huschke in Halle ab. Er mußte sich seinen Schnurrbart zur Tarnung abrasieren, alte Sachen überziehen; dann sagten wir seiner Frau, er habe schnell was in Leipzig zu erledigen. Am Abend sei er zurück.

In Leipzig parkten wir am ›Alten Amtshof‹ in der Nähe des Museums. Anka ging einkaufen. Fünfundvierzig Minuten später wollten wir einzeln wieder am Auto sein. Norbert Huschke und ich liefen zum Museum. Wir kauften jeder eine Eintrittskarte, Norbert wollte einen richtigen interessierten Rundgang vorspielen, aber er sollte immer zu mir Blickkontakt halten, um mich notfalls optisch oder akustisch warnen zu können.

In meiner Aufregung wartete ich Norbert jedoch nicht ab, ich sah ihn nur einmal neben der Aufsicht stehen, ich lief gleich auf mein Ziel zu. Ich war sicher, unbeobachtet zu sein, zog mir die Gummihandschuhe über und nahm die Collage aus dem Mantelfutter. Ich hob das Gemälde, das auf der Grundplatte nur lose mit zwei Schrauben festgehalten war, einschließlich des Schmuckrahmens ab und erledigte den Wechsel mit der Collage auf einer Glasvitrine am Fenster.

Unterwegs, auf dem Weg zurück, hatte ich eine nicht einkalkulierte Situation zu bewältigen: Das Original mit dem Keilrahmen war schwerer als die Collage, so daß der Beutel im Mantelfutter bis zum Mantelsaum absackte. Das Bild beulte den Mantelstoff sichtbar aus. Da steckte ich die Hände in die Taschen und faltete den Mantel weit hinterm Rücken zusammen, stellte so Hose und Safarihemd gewissermaßen zur Schau. Ohne auf Norbert Huschke zu warten, verließ ich das Museum und fuhr mit Anka nach Jena zurück. Norbert hat es mir sehr übelgenommen, daß er sich allein um seine Rückfahrt kümmern mußte.

In Jena habe ich dann Mantel, Mütze und Schuhe beseitigt. Ich will das jetzt genauer beschreiben: auf einer Müllkippe, einer wilden Müllkippe, einen Kilometer von meiner Wohnung entfernt. Ich goß Spiritus auf das Zeug und zündete es an.

Zuvor, kurz nach dem Mittag, war ich zur Wohnung eines

Freundes gefahren, Withold Zanussi. Ich war mit ihm seit unserer Schulzeit befreundet. Er hielt sich zur Zeit im Ausland auf, ein Arbeitseinsatz beim Trassenbau in der SU, aber ich besaß die Schlüssel zu seiner Abstellbox. Dort brachten wir immer unsere gemeinsam benutzten Kraftsportgeräte unter, Stangen, Scheiben, die Bank. Ich entfernte in der Box mit Hilfe von Sandpapier die aufgebrachte Inventarnummer 1733 vom Keilrahmen des Gemäldes sowie den Besitzvermerk des Museums der bildenden Künste. Ich schliff später auch die mit Schreibmaschine beschriebenen Aufkleber ›CD Friedrich‹ und ›London 1973‹ von den Rahmenseiten ab. Das in Windeln eingeschlagene Bild versteckte ich schließlich im untersten von vier Fächern eines in der Box stehenden niedrigen Schränkchens. Ich legte es dort auf eine Babydecke.

Im April 1988 wollte mein Freund auf Urlaub kommen, da wurde mir das Versteck unsicher, und ich holte das Gemälde in meine Wohnung. Ich klebte es unterm untersten Schubfach meines Kleiderschrankes mit vier Zentimeter breitem Klebeband fest. Es befand sich da noch im selben Zustand wie zuvor, in diese Windel eingeschlagen.

Im Oktober 1988 veränderte ich das Versteck noch einmal. Ich hatte von Norbert Huschkes Verhaftung erfahren, da vertraute ich meinem Kleiderschrank nicht mehr. Ich wählte einen Schalensessel aus braunem Kunstleder als neue Unterbringungsmöglichkeit. Ich entfernte Rücken- und Sitzpolster, legte den Sessel verkehrt herum auf den Boden, also mit den Beinen nach oben. Ich lockerte die Metallklammern an der Sesselstirnseite und zog sie heraus. Dadurch lag der Hohlraum dahinter frei, fünfzehn Zentimeter hoch, groß wie die Sesselgrundfläche, mit Schaumstoff ausgeschlagen. Ich hob die Bodenbespannung leicht an und schob den Friedrich hinein. Die Windel hatte ich mittlerweile zusätzlich mit Klebeband umwickelt. Mit ähnlichen Streifen befestigte ich sie schließlich an der Auflagefläche des Sessels und sicherte die Klebelaschen zusätzlich mit einigen Reißzwecken.Danach steckte ich die Metallklammern zurück in die vorhandenen Löcher in Holz und Stoff und schlug sie mit Hammerschlägen fest. Da war der Originalzustand des Sessels wiederhergestellt.

Einen Monat darauf verkaufte meine Freundin Anka Breuer wegen ihrer bevorstehenden Ausreise eine Polstersitzecke an meine Mutter Anna Kunze. Wir brachten die Möbel in deren Wohnung, dadurch wurde es dort ziemlich eng. So beschlossen wir, die beiden breiten Sessel gegen meinen schmaleren Schalensessel auszutauschen. Sowieso schien es mir günstiger, wenn der Friedrich sich nicht mehr in meiner Wohnung befand. Nun kam er also in die einstige Elternwohnung, in der meine Mutter mit meiner Schwester und ihrer Familie, Mann und Kindern, lebte.

Beim Transport stellte ich fest, daß sich die Klebebänder innen gelöst hatten. Sie hatten das Gewicht des Bildes nicht ausgehalten. Nun lag der Friedrich auf der unteren Sesselbespannung. Deshalb entfernte ich die Bespannung noch einmal und überlegte, wie ich das Bild gründlicher sichern konnte. Es war ja jetzt meiner direkten Kontrolle nicht mehr ausgesetzt. Ich mußte ausschalten, daß es beim Saubermachen oder beim Spielen der Kinder entdeckt wurde. Ich fertigte aus rotem Übergardinenstoff, den ich in breite Streifen schnitt, einen derben, festen Beutel und brachte ihn unterm Sesselboden an. Ich sicherte ihn zusätzlich durch ein größeres Holzschneidebrett, das ich mit dem Sesselrahmen verband. Das gab auch nach unten einen besseren Schutz. Danach kam das Bild in den Beutel, den ich vollständig verschloß. Am Ende befestigte ich die Metallklammern auf die schon beschriebene Weise. Ich war sicher, daß das Bild danach auch bei ungeschicktester Handhabung des Sessels nicht bemerkt werden konnte.

Einmal freilich erzählte meine Schwester, daß in der Vorweihnachtszeit, Anfang Dezember, der Adventskranz in der Wohnung zu brennen anfing. Er stand auf dem Tisch neben meinem kunstledernen Schalensessel. Aber meine Schwester entdeckte den Brand rechtzeitig und konnte den Adventskranz löschen. Bild und Sessel blieben jedenfalls unbeschädigt.«

4

Sie holen das Bild, wie schon gesagt, noch in der Nacht nach Kunzes Geständnis aus der Wohnung seiner Mutter und finden es im wesentlichen unbeschädigt. Bei der Identitätskontrolle stellen sie auch die zwei Merkmale fest, die für seine Echtheit sprechen: ein – wie es überall heißt – Krakel-E am linken Bildrand und ein Pinselhaar im Malgrund, die beide eindeutig noch von Caspar David Friedrich stammen.

Der Prozeß gegen Klaus Kunze und Norbert Huschke findet im Sommer 1989 statt. Was man ihnen vor allem übelnimmt – außer der Tatsache etwa, daß Klaus Kunze die Tat über viele Monate hinweg, offensichtlich über ein Jahr lang exakt geplant hat –, ist der Umstand, daß er das Bild in die BRD verbringen wollte. Das wird als strafverschärfendes Vergehen gegen das damalige *Kulturgutschutzgesetz der DDR* gewertet, sogar im *schweren Fall*. So wird Klaus Kunze – auch als Rückfalltäter – zu insgesamt zwölf Jahren, Norbert Huschke wegen seiner Beihilfehandlungen zu fünf Jahren Freiheitsentzug verurteilt. Da Huschke auch noch anderwärts straffällig geworden ist, ergibt sich für ihn eine Gesamtstrafe von acht Jahren. Sein Revisionsantrag und ein Kassationsbegehren werden abgelehnt. Doch ist mit Sicherheit anzunehmen, daß beider Strafen später, im einheitlichen Deutschland, deutlich reduziert worden sind, schon wegen des Wegfalls dieses einstigen Kulturgutschutzgesetzes.

Und Anka Breuer?

Auch gegen sie ist ein Ermittlungsverfahren eingeleitet, auch sie ist verhaftet worden: genauso wegen Beihilfe zum verbrecherischen Diebstahl. Aber Klaus Kunze hält sie aus allem heraus, und sie streitet ab, was abzustreiten ist, auch Norbert Huschkes Angaben: Sie habe, was da besprochen worden ist, im Auto auf der Fahrt nach Leipzig etwa, nie ernst genommen. So wird am Ende tatsächlich das Verfahren gegen sie eingestellt. »Da die Angeschuldigte weder von der Vorbereitung eines konkret beabsichtigten Diebstahls und dessen Ausführung noch vom Transport des Diebesgutes oder dessen Aufbewahrung Kenntnis gehabt hat, kann sie keine Ratschläge dafür erteilt oder aktive Hilfeleistungen am Tage des Ereignisses erbracht haben. Weitere Beweismöglichkeiten für ein strafrechtlich relevantes Tun der B. sind ausgeschlossen.«

Sie wird aus der Haft entlassen und kann sogar eine Entschädigung für ihre Zeit hinter den Gittern beanspruchen.

»Sollten Ihnen finanzielle Einbußen entstanden sein, müßten Sie innerhalb von drei Monaten nach Erhalt dieser Mitteilung einen entsprechenden Antrag zur Berechnung der Entschädigung stellen, der den Nachweis tatsächlich eingetretener Vermögensschäden oder Einkommensausfälle zu enthalten hat.«

Als man darüber entscheidet, ist Anka Breuer freilich schon nicht mehr in Jena. Man hat ihrem Ausreiseantrag nunmehr rasch entsprochen.

Was man sonst noch berichten kann? Als der »Friedhof im Schnee« im Museum wieder ausgestellt wird, verbreitet sich die Kunde davon über die Stadt Leipzig hinaus wie ein Lauffeuer. Tausende stehen danach täglich in langen Reihen an, um sich von der Existenz des Bildes durch eigenen Augenschein zu überzeugen.

Eine Rose für die Tote

Ein perfektes Verbrechen?

1

»Na, Schwester Ines, was hat der Urlaub gebracht außer der Bräune? Neue Liebe, neues Glück? Wo waren Sie doch gleich? Auf Mallorca, bei diesen Wilden von Palma?«

»Was Sie immer gleich annehmen, Oberschwester. Da bin ich zwei Wochen auf der Insel und muß gleich verkommen. Wir haben die Ballermänner nicht mal von ferne gesehen, wir waren mehr im Norden. Pollenca, wenn Ihnen das was sagt.«

»Aber die Sangria hat Ihnen geschmeckt?«

»Natürlich. Doch wir haben sie ordentlich aus Gläsern getrunken, nicht aus Eimern mit ellenlangen Strohhalmen. Und die neue Liebe ist die alte. Ich hab keinen Anlaß, mich neugierig anderwärts umzutun.«

»Dann hab ich das sicher verwechselt, und unsere Ulrike reist jetzt solo umher. Die ist übrigens noch immer nicht aufgetaucht. Da müssen Sie wohl gleich hart ran am ersten Tag nach dem Urlaub, Ines. Ulrike war für den OP eingeteilt. Nun müssen Sie sie vertreten. Also dann: Die Ärmel hoch und avanti, avanti.«

Irgendwann mal, heißt es, in einem früheren Leben, war die Oberschwester mit einem Italiener liiert. Von daher stammt ihre ungebrochene Neigung für die südländische Sprache.

Ines Weiland ist froh, als der erste Arbeitstag nach dem Urlaub, dieser Montag, vorüber ist und die Spätschicht, die Ablösung, eintrifft. Vier Stunden im OP, das zweite Mal erst dort eingesetzt, und alles ohne Vorbereitung und Vorwarnung, auch wenn man als Auszubildende bloß einfache Handreichungen zu erledigen hat – das kann tatsächlich ganz schön hart sein.

Am Nachmittag, während der Heimfahrt im Bus, schläft sie schon vor der zweiten Haltestelle ein, noch als die Wagenschlange am S-Bahn-Übergang wartet. Am Abend telefoniert sie mit Knut, ihrem Freund, mit dem sie auf Mallorca, in Pollenca war: Ich bin hundemüde, nimm's mir nicht übel. Aber ich besuch dich heute nicht mehr, ich bin total kaputt. Tatsächlich sieht sie nur noch eine halbe Stunde gelangweilt fern, durchblättert ein paar Zeitschriften, dann legt sie sich ins Bett.

Am nächsten Morgen ist sie glücklich. Andere sind für den Dienst im OP eingeteilt. Wenngleich: Ulrike Kändler erscheint auch an diesem Tag nicht zur Arbeit. Das ist völlig ungewöhnlich. Sie sind zwar alle keine Musterkinder, irgendwann trödelt jeder einmal oder hat Pech, ein Bus steckt im Stau, und man hat gerade den allerletzten bekommen, oder die S-Bahn ist schon losgefahren, als man noch durch den Tunnel hetzt. Doch daß jemand den zweiten Tag dem Krankenhaus, der Station fernbleibt, ohne den geringsten Versuch, sein Wegbleiben zu erklären, zu entschuldigen, das hat es jahrelang nicht gegeben. Auf einer Station wie ihrer muß sich jeder auf den anderen verlassen können, damit man notfalls eilends umzudisponieren vermag. Was ist mit Ulrike Kändler? Liegt sie krank zu Hause?

Am Frühstückstisch gibt es neue Nachrichten. Die Oberschwester hat natürlich mit Ulrike Kändler zu telefonieren versucht. Seit knapp vier Wochen hat die ein eigenes Telefon. Sie hat ihre Nummer auf einen großen Zettel geschrieben und im Schwesternzimmer neben dem Dienstplan ausgehängt, die Zahlen genauso offiziell den üblichen Stellen gemeldet.

Nun ertönt ununterbrochen das Besetztzeichen.

»Also ist sie zu Hause und telefoniert unentwegt.«

»Oder sie hat den Hörer nicht aufgelegt und treibt sich sonstwo herum.«

»Ulrike treibt sich nicht herum. So was glaube ich nicht. Vielleicht ist ihr irgend etwas passiert. Haben Sie denn schon ihre Eltern angerufen? Möglich, sie liegt krank bei ihnen.«

»Gewiß habe ich auch bei denen anzurufen versucht, erst zu Hause, dann auf Arbeit. Wenigstens die Arbeitsstelle der Mutter kennen wir ja.«

»Und?«

»Ihre Eltern sind in Urlaub gefahren, vergangenen Sonnabend. Irgendwo in Schwaben stecken sie jetzt, im Schwarzwald. Mehr konnte man mir nicht sagen.«

»Kaum sind die Alten weg, brennt die Kleine durch.«

»Aber Ulrike doch nicht. Die hat seit Jahren ihre eigene Wohnung. Weshalb sollte sie da durchbrennen?«

Was bedeutet das alles?

»Denken wir nach: Wem fällt was ein, wo wir sie finden können?«

Sie sind keine schlechte Station, keine schlechte Truppe. Es geht manchmal förmlich zwischen ihnen zu, aber meistens sind sie sehr verträglich, sogar lustig. Freilich, sie merken es jetzt, wo es vielleicht drauf ankommt: Sie reden wenig übers Private. Sie wissen, was der andere auf Arbeit kann, was ihm zuzumuten ist, wo man ihm ein bißchen auf die Finger sehen muß. Aber was jeder tut, wenn er zu Hause ist? Sie reden über die Konzerte in der Eissporthalle, über neue Bands, über Kinderkrankheiten, manchmal auch über Schwiegermütter. Doch was wissen sie wirklich voneinander?

Ines Weiland gießt sich etwas heißes Wasser in ihren Kaffee nach. Sie mag ihn nicht so stark wie die meisten. Ulrike ist ein Jahr älter als sie, ein halbes Jahr länger auch schon auf Station. Sie sind die beiden Jüngsten hier. Hat sie das einander näher gebracht? Haben sie über ihre Freunde gesprochen oder darüber, wie's war mit ihnen zusammen? Sie hätte gern mal die andere dazu gehört. Aber Ulrike war immer die Ältere gewesen, hatte die wenigstens hervorgekehrt.

Nun fällt es ihr plötzlich ein: Ulrike ist zuletzt mit Guido zusammen gewesen. Der Name hat sie erheitert. Wie kann ein Junge bloß so heißen. Aber was kann einer für die Einfälle seiner Eltern. Ulrike war fast ein Jahr mit Guido befreundet, dann ist nichts mehr zwischen ihnen gelaufen. Nichts Ernstes jedenfalls. Aber Guido ist immer dagewesen, wenn sie ihn brauchte. Wenn irgend etwas in der Wohnung zu erledigen war. Wenn ein paar Handgriffe nötig wurden.

Ja, fällt ihr ein: Guido arbeitet in einem kleinen Betrieb im Süden vor der Stadt, wohl eine Dachdeckerfirma. Der muß doch aufzufinden sein. Vielleicht hat Guido noch einen Schlüssel zu Ulrikes Wohnung. Möglich, man kann dort Genaueres erfahren.

Guido Jahn hat den Weg in den Vorort oft zurückgelegt, manchmal zu Fuß, von der Straßenbahn kommend oder von der S-Bahn-Station, manchmal mit dem Motorrad. Dreimal auch mit einem Taxi. Er weiß es genau, und er erinnert sich der Umstände: Dreimal hat er sich mit der gutmütigen Ulrike gestritten, ohne jedes laute Wort, ohne Heftigkeit, wegen dieser blöden Wohnung, aber es gab, schien's, eben nichts Gemeinsames mehr. Doch kaum hatten sie sich getrennt, nahm er ein Taxi und fuhr wieder zu ihr, und sie erwartete die Versöhnung, gierig wie er selber. Noch an der Tür fiel sie ihm um den Hals.

Aber eine vierte Taxifahrt hatte es nie gegeben. Warum nicht?

Er hat ihr nach allem den Trockner auf dem Balkon angebracht und den Zwischenboden im Flur. Auch als die Badtür klemmte, hat er sich nicht zweimal bitten lassen.

Und diesmal?

»Frau Schilf, Sie haben doch Ihre Zweitschlüssel fürs ganze Haus. Ich soll mal nach Ulrike sehen, man hat mich angerufen. Sie ist den zweiten Tag nicht zur Arbeit gekommen, da denken ihre Kolleginnen sonstwas. Ich hab schon geklingelt, aber sie hat nicht aufgemacht. Versuchen wir's mal zusammen?«

Hilde Schilf ist weit über die Vierzig. Sie hat, überglücklich, nach ihrer Arbeitslosigkeit noch eine Art Hausmeisterposten ausgerechnet hier im Vorort gefunden, in diesem Altneubau, in dem elf Mietparteien wohnen. Sie sorgt für Sauberkeit in Treppenhaus und Keller, für die Einhaltung der Hausordnung, für die Abfuhr des Mülls, für dringliche Reparaturen. Die kann sie oft sogar geschickt selber ausführen.

Jetzt nimmt sie das Bund mit dem Generalschlüssel und steigt mit Guido Jahn ins erste Stockwerk hinauf. Es ist Mittagszeit, ihre Suppe steht auf dem Herd, sie hat das Gas vorsichtshalber kleingestellt. Sie will erfahren, was im ersten Stock los ist. Sie muß ja über alles Bescheid wissen. Sie öffnet die Tür ohne Schwierigkeiten. »Nanu, das Schloß ist nicht einmal verschlossen, nur eingeschnappt.«

Hilde Schilf schlägt die Tür zurück, läßt den jungen Mann vorangehen, vor ihr eintreten. Freilich: Was soll ihnen schon Überraschendes begegnen?

Guido Jahn fällt gleich das eingeschaltete Deckenlicht hinter der offenstehenden Küchentür auf. Er hebt ungewiß den linken Arm, weist auf das Kücheninnere, als ob Hilde Schilf sich dort umtun sollte, geht selber weiter, öffnet die Wohnzimmertür. Da sieht er als erstes die Unordnung auf dem Tisch. Eine Kassette steht dort, ist geöffnet, Ulrikes Geld- und Dokumentenkassette, etliche Papiere sind herausgekramt, ringsum verstreut, dazu ein paar einzelne Groschen, ein Fünfziger. Während er noch über den ungewohnten Anblick staunt, blickt er sich im Zimmer um und entdeckt das Mädchen, das am Boden liegt, genau zwischen Clubtisch, Sessel und Anbauwand. Ihr langes Haar bedeckt Kopf, Hals und Schulter, dazwischen schlängelt sich eine Telefonschnur, der Hörer scheint ihr bequem an Ohr und Kopf zu liegen.

»Frau Schilf, Frau Schilf!« ruft Guido Jahn da seine Begleiterin herbei. Aber er achtet nicht darauf, ob sie seinem Rufen folgt. Er beugt sich vielmehr über Ulrike, knickt seine Knie ein, läßt sich auf sie fallen, tastet mit zitternden Händen nach dem Hals des Mädchens, nach der Schlagader, spürt sie nicht.

»Die ist ja tot, ganz kalt«, sagt er erschrocken, glaubt es wohl noch nicht.

Er sieht danach der Frau zu, die sich wie er niederbeugt, dem Mädchen das Haar von der Stirn streift, daß das Blut zu sehen ist, noch ein paarmal zärtlich über das Gesicht streicht.

»Ich rufe die Polizei an«, sagt er dann.

Er benutzt nicht das Telefon aus der Wohnung. Er trägt ein Handy in der Jeansjacke bei sich.

2

»Mutti, komm mal, komm ganz schnell.«

»Laß mich. Was ist denn schon wieder. Ich hab keine Zeit.«

»Du mußt wirklich mal kommen. Da ist Polizei vorm Haus. Sie sperren den Eingang ab mit solchen Bändern, rotweißen, genau wie damals, als sie die Straße aufrissen.«

»Polizei macht das?«

»Ja. Zwei Wagen stehen vor unserem Eingang. Eben kommt noch ein dritter.«

Da läßt Helga Schubert doch ab von ihrer Küchenarbeit, läuft hinüber ins Wohnzimmer, starrt aus dem Fenster. Auch ein Fotograf ist draußen, entdeckt sie, schießt seine Bilder, während am zuletzt gekommenen Wagen die rückwärtige Tür geöffnet, ein flaches Behältnis herausgezogen wird, natürlich ein Sarg, Helga Schubert kennt solche Vorgänge aus den Krimis im Fernsehen. Aber wieso geschieht das nun ausgerechnet vor ihrer eigenen Wohnung?

»Geh nach draußen, Britta, rüber zu Tante Seifert. Vielleicht weiß die, was los ist. Ich muß in der Küche bleiben.«

Doch noch ehe die Zwölfjährige über den Flur schlüpfen, an der Tür gegenüber klingeln kann, wird sie zurückgeschickt. Alle sollen in ihren Wohnungen warten, sich für Aussagen bereithalten.

»Sie sind Hannelore Kruse, siebenundvierzig Jahre alt ...«

»Wir sind vor zwei Jahren hier eingezogen, alle. Da war das Haus gerade renoviert. Wir kamen aus der Stadt, ein paar Familien von Dörfern ringsum. Wir sind zwölf Mietparteien. Von den früheren Mietern hat's keinen wieder hierher getrieben.«

»Sie kennen sich gut?«

»Was heißt heutzutage gut. Wir grüßen uns, wir heben uns die Post auf und die Zeitungen, wenn wer mal verreist ist. Ein kleiner Schwatz. Sonst hat jeder genug mit sich selber zu tun.«

»Mit Ulrike Kändler war das nicht anders?«

»Ihren Vornamen höre ich durch Sie jetzt zum ersten Male. Sie zog später ein als die meisten. Sie kamen zu zweit, ein Freund und sie. Aber es war wohl nichts mit den beiden auf Dauer. Kein ganzes Jahr später packte er seine paar Klamotten und ließ sich nicht mehr sehen. Dann kam öfter ein neuer, aber immer nur zu Besuch. Seit Monaten blieb auch der weg.«

»Fräulein Kändler hatte häufig Besuch, Gäste, junge Leute, Männer?«

»Was soll ich da sagen? Junge Leute waren immer mal da, und es war manchmal laut. Sie hörten Disko-Musik, tanzten wohl auch. Bei jungen Leuten sind die Abende heutzutage nicht leise.«

»Und in der Nacht vorgestern?«

»Ich habe meinen Enkel für ein paar Tage bei mir, da bin ich reichlich beschäftigt. Seine Mutter ist zur Weiterbildung, und er ist erkältet, kriegt auch einen Zahn. Zwischen zehn und zwölf hat er nichts wie geheult, da hab ich kaum auf was anderes hören, nicht mal fernsehen können. Ein-, zweimal war's mir, als seien da laute Geräusche nebenan. Hilferufe? Ach wo. Oder doch? Aber nicht deutlich. Fräulein Kändlers Schlafzimmer liegt neben meinem Wohnzimmer.«

»Sie sind Käthe Rollberg, vierundfünfzig ...«

»Ob ich Ulrike kenne? Natürlich. Vielleicht am besten von allen im Haus. Ein paarmal hat sie sich bei mir ausgeweint. Sie war fröhlich, lebenslustig, aber sie hatte auch nahe am Wasser gebaut. Doch ich bin keine, die hinter der Tür steht und immerfort guckt und horcht. Jeder lebt sein Leben, Ulrike auch. Warum sollte sie nicht zur Disko gehen, Freunde empfangen? Wenn's freilich zu laut wurde mit der Musik aus den Boxen, hat schon mal wer aus dem Haus an die Heizung geklopft, da haben sie auch meist drauf gehört, und das Lärmen wurde leiser. So war's auch, wenn sie bei einer Freundin war drüben im Nachbarhaus.«

»Sie sind mit Ulrike Kändler verwandt?«

»Ich bin ihre Tante. Deshalb zog sie ja auch damals hierher zu uns. Wo wer Blutsverwandtes wohnt, da bist du nie allein. So haben wir alle gedacht. Doch so richtig gebraucht hat sie mich nie, trotz allem Ausweinen. Na, weshalb auch. Ich war nicht ihre Mutter. Erst hatte sie diesen Guido, später den Heiko. Vor drei Monaten hat sie sich dann eine Katze gekauft, weil sie sich so einsam fühlte, seit auch das mit Heiko auseinandergegangen war. Die habe ich hin und wieder versorgt. Freilich, manchmal war ich traurig. Ulrike sagte, sie wollte ausziehen, und ich hatte ja doch manche Abwechslung durch sie.«

»Sie wollte ausziehen?«

»Na ja, die Wohnung ist nicht billig, und so ein Mädchen allein, was verdiente sie denn schon bei ihren Doktors? Keine

Welt. Das war ja auch ein Grund, daß Guido damals nicht mit ihr zusammenziehen wollte. So eine teure Wohnung vor der Stadt, und jeden Tag so eine weite Anfahrt zu seiner Arbeit. Da wollte er sich nicht beteiligen. Aber sie hing an dieser Wohnung. Es war ja ihre erste. Außerdem kam sie nicht aus ihrem verfluchten Vertrag heraus.«

»Trotzdem hat sie sich diese Sitzgarnitur zugelegt?«

»Komisch, die kam ausgerechnet noch am Sonnabend. Na gut, wer eines Tags umzieht, schleppt die allemal wieder mit. Ihre Großeltern haben die alte Couch übernommen, sich wenigstens um die gekümmert. Ihr Opa wartete ja auch, bis die Möbelfirma die neuen Möbel brachte. Er allein nahm sie entgegen. Ich war da überflüssig.«

»Sie sind Birgit Häßler, vierunddreißig Jahre alt. Was können Sie zu den Ereignissen der fraglichen Nacht am Wochende sagen?«

»Wenn Sie mich so fragen und wenn ich nun weiß, was da passiert ist, so muß ich sagen: Ich bin an dem Abend vorgestern schon um zehn ins Bett gegangen, aber ich wachte bald auf. Das muß nach Mitternacht gewesen sein, da war plötzlich ein Schrei in der Nacht, ein ganz ängstlicher Schrei. Ich klopfte meinen Mann munter, ich fragte ihn: Hast du das Schreien auch gehört? Aber er sagte nur: Das ist der Junge, unser Junge, der hat wieder Alpträume. Ja, der redet manchmal laut im Schlaf und wälzt sich herum. Aber diesmal war alles anders. Ich dachte erst: Der Schrei ist so gedämpft gekommen, die Rolladen vor den Fenstern sind runtergelassen, der Schrei ist von draußen gekommen, doch dann wußte ich bald: Ich hatte mich geirrt. Aber nun, wo ich erfahren habe, was in der Nacht im Haus passiert ist, bin ich ganz sicher: Ich habe die Laute von oben, aus der Wohnung über uns gehört. Es war kein tolles Schreien, nein, es war mehr ein Wimmern, es waren unterdrückte Laute. Ja, es war ein Krächzen, als ob wer abgemurkst wurde.

Ich habe auch meine Tochter befragt, die ist achtzehn, die hat gesagt: Da hat nicht ihr Bruder im Traum geschrien, das war ein langgezogener Hilferuf, ach was, ein erschrockenes, ersticktes Japsen. Außerdem hat sie zuvor Schritte und Trapsen in der Wohnung über uns gehört. Wir sind 96 ins Haus gezogen, wir kommen mit jedem aus, nur nicht mit diesem Guido, der bei Ulrike, dem Mädchen, das nun tot ist, manchmal in den Zimmern über uns wohnte. Dieser Guido hat meinen Mann ein paarmal regelrecht bedroht, ihn wild beschimpft, es ging um den Keller und was jeder im Gang abstellte und um die laute Musik. Dabei war er nicht einmal ein ordentlich gemeldeter Mieter. Aber nein, das kann ich nicht sagen, daß dieser Guido in dieser Nacht in der Wohnung über uns war. Der war ja sowieso schon lange nicht mehr Mode.«

»Sie sind Herbert Deichfuß, zweiundsechzig Jahre alt und der Großvater von Ulrike Kändler ...«

»Wer tut so was? Die Kleine ist zweiundzwanzig, hat alles noch vor sich, ein ganzes Leben, Kinder, Reisen. Und nun? Nein, ich begreif's nicht. Mit dem Telefonkabel erdrosselt. Dabei hat sie das Telefon noch keine vier Wochen und war glücklich: Nun seid ihr mir alle ganz nah, hat sie gesagt, nun kann ich euch immer erreichen.

Ja, ich bin Ulrikes Großvater, und ich kann mich um vieles kümmern, ich hab ja Zeit. Ich mußte vorzeitig in Rente gehen, was blieb mir übrig, schon vor fünf Jahren. Meine alte Firma war pleite, abgewickelt. Ganz plötzlich rief Ulrike an. Opa, die Couchgarnitur kommt schon morgen, hast du Zeit, sie für mich anzunehmen, sonst muß ich absagen, alles verschieben. Aber natürlich hab ich Zeit, hab ich ihr geantwortet. Für dich immer.

Die Fahrer kamen an dem Tag schon mittags, genau um zwölf. Sie halfen mir noch, die alte Liege auf meinem Hänger unterzubringen. Ich schaffte sie dann am Nachmittag auf die Mülldeponie. Ich muß die Quittung dafür noch haben. Danach war ich noch einmal in Ulrikes Wohnung. Ich hatte gleich mittags bei ihr angerufen. ›Es hat alles geklappt‹, sagte ich ihr, ›das grüne Leder sieht herrlich aus, und es sitzt sich prima, du wirst zufrieden sein.‹ Am Nachmittag rief ich sie noch einmal an, da war's weit nach drei. ›Ach, Opa, du bist ja immer noch da. Schließ ja die Balkontür, lehn sie nicht bloß an, daß das Kätzchen nicht raus kann, und fahr nach Hause. Ich komme jetzt auch.‹

Ich mochte die Kleine sehr. Sie war meine einzige Enkelin, die noch in der Stadt lebte. Alle anderen sind ausgeflogen. Da fällt schnell alle Liebe und Zuneigung nur einem zu.

Am Donnerstag habe ich sie das letzte Mal gesehen. Ich kam aus dem Garten. Ich habe ihr fünfzig Mark gegeben. ›Ach Opa‹, sagte sie, ›ich brauch das doch nicht. Ich habe genug in der Sparbüchse für die Couch.‹ Aber sie nahm's dann doch.

Ich hab fast geheult, als das damals mit diesem Guido wieder auseinanderging. Wenn Sie den kennenlernen, sagen Sie's vielleicht auch: So ein ordentlicher Kerl, groß, stattlich, hübsch. Ich dachte: Das ist ein Mann fürs Leben. Aber was geht in so jungen Leuten vor, was mögen sie, was nicht? Guido war bei einer Dachdeckerfirma, obgleich er das nie gelernt hatte, er mußte früh aus dem Haus. Er wollte, daß sie mitten in die Stadt zogen. Aber Ulrike erklärte: Sie kommt nicht aus ihrem Mietvertrag raus, der läuft über Jahre.

Jedenfalls: Als ich Ulrikes Wohnung verließ – meine Frau holte mich ab, sie mußte die Couch ja auch bewundern –, waren die Zimmer tipptopp aufgeräumt, gab es keinerlei Unordnung, keine aufgerissenen Schränke.

Nein, ich begreife das nicht. So ein junges Ding und hatte alles noch vor sich ...«

3

Dieser Sommer gehört nicht zu den ausgesprochen heißen, trotzdem hat er nicht wenige Sonnentage, die Leute fliehen in die Freibäder oder in ihre Gartenlauben, sobald sie's können, oder sie sind irgendwo im Urlaub, mit ihren Kindern in den Ferien. Da müssen nicht wenige Dienstleistungseinrichtungen oder Betriebe mit eingeschränkter Besetzung auskommen und sich nach der Decke strecken. Auch die öffentlichen Dienste, Verwaltungen, selbst die Polizei.

Dennoch haben sich wieder mal einige Straßenbauunternehmen entschieden, gerade die Sommermonate mit ihren langen hellen Tagen für ihre umfangreichen Aktivitäten zu nutzen: Es gibt Sperrungen über Sperrungen in der Stadt, vor allem auf den Ausfallstraßen nach Norden und Westen, einseitige Verkehrsführungen und in der Folge zähe Staus. Und kommt noch irgendein komplizierter Unfall dazu, ist das Chaos in den Straßen vollkommen. Einmal sind gleich zwei Schwerlasttransporter in eine Kollision verwickelt, ein andermal drohen kurz nacheinander zwei Häuserfronten, verlassene Ruinen, auf die Hauptstraße nach Süden niederzubrechen. Haben sie zu furchtsam und übersensibel reagiert, als sie den Verkehr zusätzlich auch im Süden noch umleiteten?

Hauptkommissar Jülich läßt sich erst am Nachmittag an den neuen Tatort vor der Stadt fahren. Vorher ist es ihm einfach nicht möglich gewesen wegzukommen. Er kann sich nun einmal nicht zerteilen. Dieser Sommer ist für sie sowieso immerfort heiß, mag das Thermometer auch Temperaturen wie im April anzeigen oder es tagelang regnen.

Vor Wochen erst ist diese Statistik öffentlich geworden, nach der ihre Stadt, ausgerechnet sie, hinter der Mainmetropole Frankfurt die meisten Delikte pro Bevölkerungstausend vorzuweisen hat, nicht nur im Osten Spitzenreiter ist, deutlich vor Leipzig und Berlin, sondern sogar weit vor Hamburg oder Köln rangiert. Die Zahlen, zentral vorgelegt, haben sie unentwegt zu bitteren Diskussionen und Stellungnahmen herausgefordert, eine endlose Kette von Auseinandersetzungen bewirkt. Wenigstens ist ihre Aufklärungsrate nicht gleichermaßen katastrophal. Nun haben sie auch schon ihre tausend Drogenabhängigen, halbe Kinder noch die meisten. Und dann die Toten dieses Sommers, beinahe Woche um Woche, Schlag auf Schlag. Ein verschmähter Liebhaber erschlägt seine Freundin. Das haben sie rasch klären können. Doch das Mörderpärchen vom Supermarkt ist immer noch flüchtig, und was dem Opfer widerfahren ist, dessen Leiche die Nachbarn drei Wochen nach dem vermuteten Tod im ältesten Altbau der Stadt aufgespürt haben, weil der Geruch des Toten nicht mehr zu ertragen war, steht auch noch in den Sternen.

Ihr Wagen rückt langsam im Stau voran, Meter für Meter, bis es plötzlich minutenlang überhaupt nicht mehr weitergeht.

»Soll ich nicht doch das Signal setzen?« fragt Hans Meißner, der Jülich fährt. »Dann sind wir im Nu über die Straßenbahnschienen davon und aus der Stadt heraus. Ist doch Wahnsinn, dieses Geholper und Geruckel zwischen dem allen.«

Aber der Hauptkommissar schüttelt den Kopf und sagt, sich zu Meißner vorbeugend: »Laß mal. Mitunter ist's ganz gut, wenn du keine Privilegien in Anspruch nimmst, sondern alles so durchstehen mußt wie jeder andere neben dir.«

Er hört seinem Satz nach, findet sich wieder einmal penetrant pädagogisch, lächelt. Dabei mag er solche Stotterfahrten. Sie sind unerwartete Ruhepausen ohne festes Ende, ohne große Ablenkung, sie geben Zeit zum Nachdenken. Wann hat er die schon einmal, zu Hause selten, hinter seinem Schreibtisch überhaupt nicht. Da herrscht, was auch geschieht, immer nur Hektik.

Zwei Männer streiten sich auf der Gegenfahrbahn, Fußgänger beide. Die haben Sorgen, denkt Jülich, während er ihnen zuhört. Dann erinnert ihn die salbadernde, nicht zu stoppende Stimme des einen auf merkwürdige Weise an den Mann von heute morgen, an den Doppelmörder, den er stundenlang verhört hat und der ihm, unfähig oder nicht willens, knapp und klar zu antworten, mit endlosen Ausflüchten und phantasiereichen Darstellungen immer wieder zu entkommen suchte. Dabei ist alles klar, die Fakten und Spuren sind erdrückend, es ist wohl nur noch eine Frage der Zeit, wann der andere aufgibt, sich zu seinen Taten bekennt. Heute oder morgen? Oder in vierzehn Tagen? Ob er ihn sich am Abend noch einmal vornimmt?

Jülich hat plötzlich das Gefühl, nichts versäumen und keine Stunde, keine Minute verstreichen lassen zu dürfen.

»Na los, Hans«, sagt er unvermittelt, »setz schon das Signal.«

Wenige Minuten darauf liegt die Stadt hinter ihnen.

Setzepfand hat Bereitschaft, hält sich noch am Tatort auf, öffnet dem Hauptkommissar die Tür. Der tritt in den Flur, sieht die schmale Garderobe, an der nichts weiter als eine rosa Jacke hängt, die angelehnten Türen in die Zimmer nebenan. Er zieht mehrfach ungewollt die Luft tief durch die Nase, schnüffelt schließlich mit Bewußtheit. Dieser merkwürdige Geruch. Er fällt ihm gleich auf. Woran erinnert er ihn?

»Links ist das Schlafzimmer«, sagt Setzepfand, »das Bett ist unbenutzt, rechts liegen Küche und Toilette. Einmal wurde Kaffee gekocht, sonst spielte sich alles im Wohnzimmer ab. Die von der Technik haben sich Mühe gegeben, alles so zu hinterlassen, wie wir's heute morgen vorgefunden haben.«

»Wer war da, Reinhard und Sölle?«

»Ja, die Zwillinge.«

»Die geben sich wirklich jedesmal Mühe. Und die Tote? Seit wann liegt sie in der Gerichtsmedizin?«

»Noch am Vormittag wurde sie abgeholt. Wir haben gesagt, daß es wieder mal eilt.«

»Ist nicht sowieso alles ziemlich eindeutig? Das Mädchen ist erdrosselt worden?«

»Vermutlich mit dem Kabel vom Telefon. Zuvor oder danach hat sie noch wenigstens einen schweren Schlag auf den Kopf erhalten, vermutlich mit einem gläsernen Aschenbecher. Ihr Haar war blutverschmiert.«

Hauptkommissar Jülich geht langsam durch die Wohnung, sieht die aufgeklappte Blechkassette auf dem Tisch, die Papiere darum herum. Daneben steht eine schmale Porzellanvase mit einer einzelnen hellroten Rose. Jülich mustert die Einrichtung an den Wänden: ein Fernseher, die beiden Boxen eines Kassettendecks in der Schrankwand. Ein paar Fächer sind halb herausgezogen, eine Schranktür steht offen. Dann fällt sein Blick auf die grünen Sessel, die Couch, und er begreift, was ihm die ganze Zeit aufgefallen und in die Nase gestiegen ist: dieser eigentümliche durchdringende Geruch von frischem, eben erst bearbeitetem Leder.

»Die Garnitur ist wohl noch ziemlich neu«, sagt er fragend, zeigt auf die Sitzmöbel.

»Am Tag ihres Todes sind die gekommen. Der Großvater hat sich darum gekümmert, daß sie aufgestellt wurden. Die Kleine hat nicht mehr viel davon gehabt.«

»Der Großvater? Habt ihr mit ihm schon gesprochen? Wohnt der auch hier?«

»Er ist der einzige von der Familie, der sich zur Zeit in der Stadt aufhält. Die Eltern der Toten sind im Ausland oder im Schwarzwald. Andere Leute machen eben im Sommer Urlaub.«

Der Hauptkommissar schweigt, überhört die offensichtliche Anspielung, läuft ziellos weiter, blickt in das Schlafzimmer, tritt hinein: ein breites Bett, ein paar Kissen im Halbrund auf einem geblümten Überwurf, alles ordentlich hingebreitet. Die Möbel keine Erbstücke, wahrscheinlich nach der Wende erworben wie die Einrichtung im Wohnzimmer. Das Mädchen – was war sie, Lernschwester, gerade zweiundzwanzig geworden? Sie mußte wohlhabende Verwandte oder Bekannte gehabt haben, die sie unterstützten.

»Was, denkst du, war das Motiv, dieses Mädchen nachts in der eigenen Wohnung umzubringen? Hat ihr letzter Besucher sie zu vergewaltigen versucht?«

»Wir haben kein Zeichen dafür gefunden, die Tote war vollständig und ordentlich bekleidet. Aber die Wohnung ist offensichtlich durchwühlt worden. Und wir haben lediglich ein paar Pfennige Geld gefunden, nicht ein Markstück, keinen Schein.«

»Dafür Sparbücher, Kontoauszüge?«

Jülich tritt vor den Platz zwischen Couch und Clubtisch, wo alles passiert ist, ein schmales Stück Teppichboden, nicht mehr. Er starrt auf das herausgerissene Telefon, das dort noch liegt, mustert die verschlungenen Wendungen des Kabels.

»Heutzutage kennt jeder die Höhe seiner Bankbestände und Einnahmen über seine Auszüge, holt sie beinahe Tag für Tag aus den Druckern seiner Bank, als könnten sich seine Bestände dadurch verdoppeln. Was habt ihr in der Richtung entdeckt?«

»Für das Sparbuch hat sich keiner interessiert, wir haben's tatsächlich gefunden. Es gibt unregelmäßige Einzahlungen darauf und eine große Abhebung, erst vor kurzem. Aber das kann mit dem Kauf dieser Couchgarnitur zu tun haben.«

»Und sonst nichts Auffälliges, Besonderes?«

»Höchstens ein privates, kleines Telefonbuch, so eine Auflistung von Namen und Nummern, weniger Adressen. Merkwürdig ist das schon: Wir wissen, die Tote hat ihren Telefonanschluß vor höchstens vier Wochen hierher in die Wohnung gelegt bekommen, aber ihre Liste der Anschlüsse ist bereits endlos. Entweder hat sie die Telefonnummern seit Jahren gesammelt, oder plötzlich ist so eine Art Telefonitis bei ihr ausgebrochen.«

»Kann ich das Heft, oder was das ist, mal sehen?«

»Das haben die Zwillinge von der Technik schon mitgenommen. Aber ich kann dir ein bißchen davon erzählen. Viele Doktoren sind darunter, erstaunlich viele, auch Nummern aus Leipzig, Berlin und kleineren Städten ringsum. Ein Name ist mir besonders aufgefallen. Wendland, Knut Wendland. Du erinnerst dich? Den haben wir uns damals bei den Brandüberfällen auf die Vietnamesenwohnungen mehrfach zur Brust nehmen müssen. Zu fünf Jahren hat man ihn seinerzeit verdonnert, in ihm einen der Rädelsführer gesehen.«

»Und der ist schon wieder draußen?«

»Die Zeit vergeht. Aber wie gelangt er ins Telefonverzeichnis einer jungen, hübschen Lernschwester?«

»Das möchte ich auch gern wissen. Hoffentlich werden wir eines Tages nicht mit dieser Liste von Namen hausieren gehen müssen.«

»Wir haben mit etlichen Familien im Haus geredet. Viele wollen von Schmerzlauten, sogar gequälten Schreien, Todesschreien in der Nacht gehört haben, alles zwischen zwölf und eins. Es wird sich damit, fürchte ich, wenig anfangen lassen: kein Name, kein Gesicht. Aber da ist noch eine Frau, ich habe erst vorhin mit ihr gesprochen. Sie ist eben von ihrer Arbeit gekommen. Sie hat vorgestern abend Briefe geschrieben, ihr Kassenbuch geführt. Exakt fünf nach neun waren Stimmen im Treppenflur, sagte sie, Ulrike Kändler und ein junger Mann, beide lachten. ›Ich laufe wie auf Eiern‹, sagte Ulrike Kändler, wortwörtlich. Sie sind nicht mit einem Auto gekommen, Ulrike Kändler hatte ihr Rad dabei, das stellten sie noch im Keller ab, offenbar gemeinsam. Sie hat den andern, ihren Gast, vielleicht am S-Bahnhof abgeholt, ich habe das überprüft, zeitlich könnte es genau hinkommen.«

»Und er hat ihr die rote Rose geschenkt und sie dann umgebracht.«

»Ja, so. Wenn es auch komisch klingt, wie du's so sagst, aber: So kann es gewesen sein.«

Sie blicken sich beide an. Dann sagt Jülich: »Komm, machen wir Schluß hier.«

»Eigentlich hatte ich nur noch auf dich gewartet. Ich wußte, du kommst. Es würde dir keine Ruhe lassen.«

Sie laufen zu ihren Wagen, sehen die Gesichter an den offenen Fenstern. »Mich drückt viel mehr dieser andere, dieser Doppelmörder«, meint der Hauptkommissar noch, bevor sie sich trennen. »Da habe ich übergenug zu tun. Ich hätte nichts dagegen, wenn du dich in die Sache hier besonders hineinkniest. Du steckst ja schon ziemlich gründlich drin.«

4

Oberkommissar Setzepfand ist knapp über die Vierzig, gut verheirateter Familienvater, Besitzer eines früh von den Eltern ererbten Häuschens in einer Vorstadtsiedlung. Vor Jahren, unmittelbar nach der Wende, hat er wenig Zukunft für sich in der Polizeiarbeit gesehen. Ein paar Chancen bei Betriebswachen und in privaten Sicherheitsdiensten boten sich ihm an, dann übernahm man ihn doch in die neue Polizei, und da nicht wenige andere mittlerweile fehlten, rückten neue Kräfte von unten nach. Und so fand sich auch Setzepfand bald an ansehnlicherer Stelle, jedenfalls nicht mehr als gleicher unter gleichen, nicht mehr im Fußvolk, vielmehr mit einiger Verantwortung bedacht. Freilich, er wechselte die Aufgaben, war einmal für die Eindämmung der bestürzend wachsenden Jugendkriminalität stellvertretend zuständig, ein andermal sogar im Bereich der Brandbekämpfung eingesetzt, und als zeitweilig jemand in einen der Landkreise abgestellt werden mußte, verfiel man ausgerechnet – oder: natürlich? – auf ihn. Konnte man alles mit ihm machen?

Er hat manchmal solche Perioden des Selbstzweifels, der Unsicherheit. Gewiß spielt da die Erinnerung an den Prozeß gegen das Suppenhuhn, wie sie ihn genannt haben, eine Rolle, gegen Schuppan und seine Truppe. Dem Rotlichtmilieu verwachsen, hatten es die Suppenhühner seinerzeit zu Raubüberfällen, Autoschiebereien, einer Entführung am hellichten Tage und sogar zu einer Schießerei mit der Polizei gebracht. Aber die Richter hatten sich in ein Debakel manövriert, ihr Prozeß war mehr oder weniger unter einer Fülle von Anträgen der Verteidiger geplatzt, nur gegen zwei Mann aus Schuppans Truppe konnten damals Urteile gefällt werden, der große Rest der Anklagen ging an die Polizei zurück zur gründlichen Nachermittlung. Und er war zu der Zeit der verantwortliche Leiter der vielfach gescholtenen Untersuchungskommission.

Dieser Mißerfolg ist nie auszubügeln gewesen, er hängt Setzepfand seit Jahren an, belastet ihn vor allem in seinem Selbstverständnis. Dabei: Er ist ein gewiefter Ermittler, er ist geschickt, einfühlsam, genau in seinen Recherchen. Er kann Dinge in Erfahrung bringen, wo andere längst das Handtuch werfen, sich die Zähne ausbeißen.

Hat er nun plötzlich die Gelegenheit, sich gewissermaßen zu rehabilitieren, seinen Ruf aufzubessern, alle wieder von sich zu überzeugen, am meisten sich selber? Der Fall Ulrike Kändler hat nicht nur in der Stadt auf Grund einer die Zusammenhänge rasch dramatisierenden Presse Aufsehen und Erschrecken erregt. Wieder ist ein junges Mädchen getötet worden, noch dazu in seiner eigenen Wohnung. Das muß doch rasch aufzuklären sein!

Auch Herbert Setzepfand ist zunächst dieser Meinung. Da werden doch nicht so viele verschmähte Liebhaber in Frage kommen, mit denen man erst einmal im Treppenhaus turtelt, lacht, herumalbert und denen man dann die Tür weist, weil sie zu aufdringlich werden. Guido Jahn, paßt nicht vielleicht gerade er in dieses Raster? Über ein Jahr läuft alles gut zwischen Ulrike und ihm, nun schickt sie ihn davon, als er für sie nicht mehr bloß die Maler- und Tischlerarbeiten erledigen will: Da ist inzwischen ein anderer, Heiko! Wie kann es sein, daß Jahn sich so nüchtern und kalt verhält, als er sie tot neben ihrer neuen Ledercouch findet? Hat vielleicht er ihr die Rose auf dem Tisch gebracht, kennt er die Vorgänge dieser Nacht aus eigener Anschauung? Aber man darf nicht voreingenommen sein. Wie zeigt ein junger Mann seine Betroffenheit neben der Leiche seiner früheren Freundin?

Herbert Setzepfand schickt seine Mitarbeiter los, Nachbarn zu befragen, Personal aus dem Krankenhaus, Leute aus dem Adressenheft. Nicht wenige vernimmt er selbst. Man wird doch wohl bald eine sichere Spur entdecken können ...

»Sie sind der Kommissar von damals?«

»Sie erkennen mich wieder?«

»Sie immer.«

»Ich hoffe, Sie tragen mir nichts nach. War eine ziemlich schlimme Zeit vor Jahren für Sie, Wendland.«

»Einer lebt mal schlimm, mal gut.«

»Meist kann er's selber mitbestimmen, wie die Zeit ist, gut oder mies. Ich hoffe, Sie leben jetzt in besseren Zeiten.«

Knut Wendland, nun Mitte der Zwanzig, grinst. Er ist hagerer geworden, dabei wirkt sein Gesicht voller, nicht nur, weil er das Haar nicht mehr kurzgeschoren trägt.

»Sie kommen mir immer noch moralisch, wollen mich erziehen. Weshalb stehen Sie hier an der Betriebspforte? Warten Sie auf mich? Haben Sie Sehnsucht nach meiner Vergangenheit, oder treibt Sie ein neuer Verdacht?«

Kann Setzepfand so ohne weiteres sagen: beides?

Er nickt ungewiß, weist mit schrägem Kopf auf einen Gaststätteneingang gegenüber: »Trinken wir einen Kaffee? Oder meinetwegen auch ein Bier? Ich lade Sie ein.«

Er hat selten Gelegenheit, mit einem dieser zahllosen Straffälligen von früher zusammenzutreffen, es sei denn, sie sind erneut auffällig geworden oder mit einer Straftat in Berührung geraten. Wie nennt er sie eigentlich: seine Knaben, seine Kameraden, seine schweren Jungs? Oder seine Kunden?

Wendland hat vielleicht drei Jahre abgesessen, ist danach auf Bewährung entlassen worden. Hat er nun die Kurve gekriegt? Wenigstens hat er offenbar Arbeit, liegt nicht auf der Straße.

»Ich will ziemlich viel vergessen, die alten Dummheiten genauso wie die Jahre im Bau. Waren nicht gerade schön und charakterfördernd. Jedenfalls: Warum soll ich nun ausgerechnet mit einem der Bullen von damals ein Bier kippen gehen?«

»Schade, Wendland. Da bleibt nur der Dienst, bleiben die Fragen: Sie kennen dieses Mädchen?« Er zieht das Foto aus der Brusttasche, hält es dem andern vors Gesicht.

»Das ist das Zeitungsfoto, die tote Krankenschwester oder was sie war. Viele haben sich über den Fall bei uns unterhalten. Wollen Sie mir den anhängen?«

»Ich hab Sie gefragt, ob Sie sie kennen, nicht bloß aus der Zeitung.«

»Na ja. Ich hab sie tatsächlich ein paarmal gesehen, meinetwegen in 'ner Disko.«

»Sie hat sich Ihre Handynummer notiert, Wendland. Da muß schon mehr Interesse dahinterstehen als bloß der Zufall, ein bißchen Begegnung in der Disko.«

»Ich war selber erstaunt, daß sie meinen Anschluß wollte. Das war in 'nem Café am Theater. Wenn's denn unbedingt sein muß, sagte ich, bitte.«

»Sie haben sie nie zu Hause besucht?«

»Wie sollte ich. Da war nichts zwischen uns. In diesem Café war sie sowieso mit einem anderen, einem jungen Kerl, vielleicht war er noch Student. ›Das ist der Doktor‹, sagte sie, ›mein Doktor.‹«

»Fräulein Heinecke, Sie waren mit Ulrike Kändler lange befreundet?«

»Was heißt befreundet. Wir haben dieselbe Schule besucht, dieselbe Klasse. Ich war so verrückt, Ulrikes wegen sogar in denselben Chor zu laufen, acht Straßenbahnhaltestellen weit weg. Dabei, sie hatte eine gute Stimme, ich überhaupt nicht. Das stellte sich bald heraus. Da blieb ich weg, was sie mir übelnahm. Nun hatte sie keinen mehr, der mit ihr abends nach den Proben nach Hause fuhr. Da ließ auch sie bald Chor Chor sein. Wir wohnten damals sogar in derselben Straße.«

»Sie sind, Fräulein Heinecke, auch später oft mit Ulrike Kändler zusammen unterwegs gewesen. Wohin junge Leute so rennen: in Tanzveranstaltungen, Diskos, ins Kino.«

»Was heißt häufig. Manchmal ja, manchmal nein. Einmal hatte sie einen Freund, manchmal ich. Aber dazwischen, wenn sich's ergab, waren wir beide wie verrückt miteinander zusammen. Als ob uns was gefehlt hätte, eine ohne die andere. Ich lernte in einer Bank, sie bei ihren Doktors, aber wir verloren uns nicht aus den Augen, hielten uns sozusagen an der langen Leine.«

«Sie kannten die Freunde von Ulrike Kändler?«

»Guido, ja. Guido vor allem. Guido ist groß, blond, gutmütig.

Ich hätte mich selber in ihn verknallen können. Aber man kommt doch einer Freundin nicht in die Quere. Die werden sich mal heiraten, habe ich immer gedacht. Doch dann war auf einmal Schluß. Na, ich hatte gerade meinen Bernd.«

»Sie kennen auch Heiko Scholz?«

»Heiko kam für Ulrike bald nach Guido. Manchmal hab ich gedacht: Die sind ja wie Zwillinge. Heiko ist genauso groß, blond. Bloß so gutmütig wie Guido war er nie. Ulrike hat sich nur in Heiko verknallt, weil sie Guido nicht mehr hatte. Auch das hab ich gedacht.«

»Wieso war er anders?«

»Heiko wollte gleich alles oder nichts. Aber Ulrike hatte wohl Hemmungen, sich bei ihm so festzulegen. So schnell.«

»Sie haben sich deshalb oft gestritten?«

»Nein, nie. Heiko war auf einmal bloß nicht mehr da. Und Ulrike sprach nicht einmal mehr von ihm.«

»Kannten Sie weitere Freunde von Fräulein Kändler?«

»Sie war ein fröhlicher Mensch, offen, leicht anderen zugetan. Sie konnte rasch Fremde sympathisch finden, das Gute in ihnen sehen. Da waren auch andere ihr schnell zugetan.«

»Es gab da einen, den nannte sie den Doktor, ›meinen Doktor‹?«

»Ich finde das ja nicht gut, sich mit Arbeitskollegen einzulassen. Dienst ist Dienst, und Privatleben ist privat. Aber sie hatte da keine Hemmungen. Sie kannte ein paar Ärzte, trank mit ihnen einen Kaffee auch mal außerhalb, nicht nur in der Klinik.«

»Und einer war ein naher Freund, vielleicht sogar ihr Geliebter?«

»Das weiß ich nicht. Aber ich glaub's nicht. Freunde für sie waren wohl bloß Guido und Heiko. Danach fühlte sie sich ziemlich einsam. Einmal hat sie davon gesprochen. Aber da war ich selber neu verknallt, in Silvio, mit dem ich nun vielleicht dauerhaft zusammen bin, und ich hatte keine Zeit für sie, keine Lust, ihr zuzuhören.«

»Sie arbeiten, Herr Scholz, Herr Heiko Scholz, nach wie vor in der Autowerkstatt, in der Sie gelernt haben?«

»Ja. Die Leute dort haben mich behalten, sie sind mit mir

offensichtlich zufrieden. Ich habe keine Probleme mit meiner Arbeitsstelle wie viele andere heutzutage.«

»Sie wohnen noch bei Ihren Eltern?«

»Ich bin ihr einziger Sohn. Ich bin jetzt fünfundzwanzig. Meine Schwester, ein paar Jahre älter, ist längst verheiratet und ausgezogen, sie hat schon Kinder. Wenn ich mich einmal fest binden sollte, sehe ich keine Schwierigkeiten, mich abzunabeln, eine eigene Wohnung zu beziehen. Aber jetzt tut's mir noch gut, bei den Eltern zu wohnen, auch ihnen.«

»Sie wollten schon mal heiraten, hatten entsprechende Pläne?«

»Ich weiß nicht, was Sie meinen. Ich war weder verlobt noch dauerhaft gebunden.«

»Sie kennen Ulrike Kändler?«

»Natürlich. Wir waren längere Zeit befreundet.«

»Wann haben Sie sich von ihr getrennt?«

»Getrennt, getrennt ... Wir sind vielleicht seit drei Monaten nicht mehr zusammen. Aber wir sind nicht im Bösen auseinandergegangen.«

»Wann haben Sie Fräulein Kändler zum letzten Mal gesehen?«

»Ich weiß nicht genau. Das ist vielleicht vier Wochen her. Wir sind uns in der Stadt begegnet, an einem Sonnabend, ja, ein Sonnabend war's. Da war Markt in der Stadt, im Zentrum, wie üblich. Plötzlich standen wir nebeneinander am Blumenstand, einfach so. ›Hoi‹, sagte ich, ›wie geht's dir?‹«

»Sie haben Ihrer früheren Freundin einen Blumenstrauß gekauft, Rosen?«

»Warum nicht. Wir sind sogar in eine Gaststätte gegenüber gegangen, die hatte unlängst erst eröffnet, dort haben wir einen Kaffee getrunken.«

»Und beim Erzählen haben Sie erfahren, daß Fräulein Kändler noch immer allein lebt und sich einsam fühlt ...«

»Na ja, nicht so genau. Aber wir haben schon über uns gesprochen. Doch wenn Sie auf was Bestimmtes anspielen, eine mögliche Hoffnung in mir: Da liegen Sie falsch, völlig falsch. Ich kannte ja Ulrike und unser Verhältnis zueinander nur zu gut. Da lief nichts mehr zusammen, nie mehr.«

»Sie fahren einen Opel Corsa?«

»Ja. Vor zwei Jahren habe ich mir den gebraucht gekauft.«

»Nachbarn haben einen Corsa zwei Tage vor dem Tod Ulrike Kändlers in der Straße vor ihrem Haus parken sehen. Es war mit Sicherheit Ihr Wagen, ein hellblauer Corsa. Sie haben in der Vergangenheit oft dort in der Straße gegenüber geparkt.«

»Warum soll ich's leugnen, ich war dort. Ich könnte sie doch wieder mal besuchen, hatte Ulrike gesagt.«

»Warum erzählen Sie uns da, daß Sie Ulrike Kändler zum letzten Male vor vier Wochen gesehen haben?«

»Es stimmt doch. Wir hatten uns nicht für einen bestimmten Tag verabredet. Ich kam einfach mal so vorbei, wie wir gesagt hatten. Ist sie da, ist's gut. Treff ich sie nicht, soll's eben so sein. Nun war sie nicht da.«

»Aber zwei Tage später sind Sie erneut vorbeigekommen, Ulrike Kändler umzustimmen, sie aufs neue zu einer engen Beziehung aufzufordern? Wo waren Sie am Abend und in der Nacht vor drei Tagen, Herr Scholz, in der Nacht, in der Ulrike Kändler erdrosselt wurde?«

»Sie sind Doktor Schneider?«

»Ja, Doktor Ralf Schneider.«

»Sie sind vierundzwanzig und haben schon Ihren Doktortitel?«

»Ich hab Glück gehabt, seinerzeit sofort ein Dissertationsthema bekommen, vor allem einen aufgeschlossenen Doktorvater. Suizide in der ostdeutschen Gesellschaft und ihre Motive, ich bin dazu rasch an die notwendigen Unterlagen und Statistiken gelangt. Ich finde, ich habe schließlich nützliche Ergebnisse aufgelistet. Leider sind diese – wie immer noch üblich – einer interessierten Öffentlichkeit wenig zugänglich geworden. Aber ich kann mich dafür mit vierundzwanzig Jahren schon Doktor nennen. Doch das wollen Sie sicherlich gar nicht alles wissen.«

»Sie sind verheiratet, Herr Doktor?«

»Ja, seit fünf Jahren. Meine Frau und ich, wir haben zwei Kinder, Sven und Maria, ein Pärchen. Auch da habe ich meinen persönlichen Plan schon sehr zeitig eingehalten.«

»Sie haben kollegiale Beziehungen zu nicht wenigen anderen Frauen.«

»Ich weiß nicht, was dieser Satz soll. Der Beruf bringt es mit sich, daß man besonders mit Frauen zusammenkommt.«

»Zu den Frauen, zu denen Sie Kontakte hatten, gehörte auch die Lernschwester Ulrike Kändler. Können Sie die Beziehung zu ihr etwas näher charakterisieren?«

»Ich habe das Mädchen gemocht, es vielleicht gelegentlich bevorzugt, bevorteilt, ihr Chancen verschafft. Wer sucht nicht Menschen Gutes zu tun, die er mag? Die ganze Gesellschaft lebt von solchen Zuneigungen.«

»Sie mögen es, Rad zu fahren. Andere joggen, Sie nutzen die wenigen ausgebauten Radwanderwege, die in unserer Stadt existieren. Sie sind einige Male mit Ulrike Kändler durch den nahen Heidewald gefahren, stundenlang.«

»Was ist daran von Übel? Wir haben zufällig entdeckt, daß wir ähnliche Interessen, gleichgeartete Vorlieben haben. Da haben wir gemeinsam diese Wanderwege erkundet.«

»Sie haben Ulrike Kändler auch zu Hause besucht?«

»Herr Kommissar! Ich kann wohl trennen, wer von mir abhängig und wer mir gleichwertig zugeordnet ist. Nun ja, wahrscheinlich spielen Sie darauf an, ich weiß nicht, wer Ihnen das zugetragen hat, daß ich Ulrike Kändler ein paarmal per Rad nach Hause begleitet habe. Ja, ich erinnere mich: genau zweimal. Ich habe mich jedesmal an der Haustür von ihr verabschiedet. Ich habe ihre Wohnung nie betreten, erst recht nicht an dem Abend, auf den es Ihnen ankommt. Ich habe mich da nachweislich ganz woanders aufgehalten.«

Herbert Setzepfand erschrickt am Ende des Gesprächs. Es ist ziemlich schroff verlaufen, ganz anders, als er wollte. Hätte er seine Antipathie gegenüber solchen jungen Aufsteigern nicht unterdrücken können?

5

Ermittlungsarbeit unterliegt immer erheblichem Druck. Da erwartet die Öffentlichkeit, angetrieben von einer stets auf neue Sensationen versessenen Presse, rasche Aufklärung. Auch erhoffen sich Vorgesetzte und Staatsanwälte aus ähnlichen Gründen bald sichtbare Ergebnisse, ein deutliches Vorankommen, die überzeugende Auswertung der Spuren, erst recht eindeutige Verdächtige. Und dazu setzt man sich oft zusätzlich selber unter Druck. Man braucht die Bestätigung der eigenen Leistung, Beweise für ihre Qualität allen möglichen Leuten und Stellen gegenüber.

Oberkommissar Herbert Setzepfand spürt diesen Druck in besonderem Maße. Wie viele andere hat auch er geglaubt, den Täter bald präsentieren zu können, den – vermutlich – jungen Mann, der Ulrike Kändler in ihrer kleinen Wohnung erst mit einem Aschenbecher auf den Kopf geschlagen, danach mit diesem Kabel und schließlich mit bloßen Händen erdrosselt hat. (Diese Feststellungen haben die Gerichtsmediziner getroffen, diese Reihenfolge ermittelt, man hatte auch fremde Hautpartikel am Hals des Opfers gefunden. Manchmal wird allerdings – zum Beispiel auch später im Prozeß – von einer anderen Reihenfolge die Rede sein.) Der Täter jedenfalls ist dem Mädchen vertraut, sie scherzt mit ihm im Hausaufgang, sie läßt ihn ohne Vorbehalte in ihre Wohnung. Wie kann sie ahnen, daß er durchdrehen, sich auf sie stürzen wird, als sie erklärt: Du bist lieb und nett, aber weiter ist nichts, da ist außerdem ein anderer?

So kann man sich doch die Ereignisse jener Nacht vorstellen? Es ist die nächstliegende Tatvariante. Und es gibt gewiß nur wenige, die Ulrike Kändler auf solche Art vertraut waren. Die müssen doch rasch zu ermitteln sein. Wer von ihnen hat für die Tatzeit kein Alibi?

Oder hat man sich ganz andere Tatmotive vorzustellen als Eifersucht, einen jäh ausbrechenden Haß? Ulrike Kändler hat von ihrem Großvater eben erst einiges Geld erhalten. Wo ist das abgeblieben? Die Blechkassette aus der Schrankwand hat auf dem Wohnzimmertisch gestanden, offen, mit zurückgeklapptem Deckel, ihr Inhalt ist über die Tischplatte verstreut, aber Geld ist kaum dabeigewesen, bis auf ein paar Pfennige. Doch wie viele Scheine haben sich möglicherweise am Abend vor der Tat in der Kassette befunden? Wer hat angenommen, daß sie einiges Geld enthielt, wer wußte vielleicht von noch ganz anderen Geldquellen Ulrike Kändlers? Oder hatte jemand Geldforderungen an sie, die sie nicht erfüllen konnte oder wollte?

Haben sie es demnach mit einem Raubüberfall, mit räuberischer Erpressung zu tun? Ist Geld der Anlaß für Ulrikes Tod gewesen?

Sie versuchen allen möglichen Varianten nachzugehen, aber es ist wie ein Drehen im Kreis. Plötzlich sind schon zwei Wochen vergangen, sie haben Protokolle über Protokolle aufgehäuft, aber im Grunde sind sie kein Stück vorangekommen. Sie haben Dutzende Nachbarn und Anwohner verhört, manche mehrfach, und Dutzende Verwandte, Bekannte und Kolleginnen Ulrike Kändlers befragt, auch von denen manche mehrfach. Das besondere Interesse des Oberkommissars hat nicht bloß Guido Jahn, sondern genauso Heiko Scholz gegolten, den ehemaligen Freunden der Toten. Den *ehemaligen* Freunden? Wenn nun ihre Neigung zu Ulrike Kändler überhaupt kein Ende gefunden hatte, höchstens nach außen hin? Wenn Eifersucht sie quälte? Gefühle sind oft etwas Merkwürdiges. Man will sie unterdrücken, aber sie haben ihr nicht zu verhinderndes Eigenleben.

Jahn und Scholz sind sich übrigens wirklich ziemlich ähnlich, nicht nur äußerlich. Und sie haben beide für die Tatnacht kein eindeutiges Alibi. Scholz hat sich kurz vor acht Uhr an jenem Abend von Freunden verabschiedet, später, vor Mitternacht, hat Licht in seiner Wohnung gebrannt. Aber: Hielt er sich darin auf? Und Guido Jahns Nachbarn haben vorm zeitigen Zubettgehen nebenan Musik oder Fernsehstimmen vernommen. Ist das überzeugend? Zwei so junge Kerle hocken ausgerechnet sonnabends allein in ihren Zimmern?

Neben den beiden kommt plötzlich auch dieser verheiratete, offensichtlich weitherzige junge Doktor entscheidend in ihr Blickfeld, der mit Ulrike durch den Stadtwald Rad fuhr und sie bis vor die Haustür begleitete. Doch soll er, Vater zweier Kinder, am Beginn einer Karriere, eben Stationsarzt geworden, derart ausrasten, sich vergessen?

So tappen sie von einer Vermutung zur nächsten. Sie kennen eine Fülle von Einzelheiten, sie haben einige Leute, die eventuell für die Tat in Frage kommen, aber nichts paßt so entscheidend zueinander, daß es sich zu einem konkreten belegbaren Verdacht verdichtet, gar für einen Haftbefehl ausreicht.

Ja, Herbert Setzepfand spürt den Druck beständig, der sich immer mehr verstärkt, der seine Fingerspitzen zittern, ihn wie durch wattigen Nebel laufen läßt. Er braucht den Erfolg, den entscheidenden Beweis. Mit Anspannung sitzt er mitunter an seinem Schreibtisch, blättert wie besessen in den Protokollen: Es muß doch irgendwo einen Ansatz geben. Wo ist der Fakt, den sie übersehen, den sie nicht richtig gewertet haben und mit dem sie doch etwas Entscheidendes anfangen können? Er kommt auf die unterschiedlichsten Einfälle. Er schickt Jahn, Scholz und noch einige andere in Ulrike Kändlers Wohnung, er läßt sie sich im Treppenhaus unterhalten, lachen. Aber natürlich ist keine ihrer Stimmen die eine, die die briefschreibende Nachbarin in der Tatnacht vernommen hat. Heiko und Guido gehören diese Stimmen nicht, deren Stimmen kennt sie. Und den jungen Arzt, »meinen Doktor«, hat noch nie jemand in dieser Vorstadtgegend gesehen.

Setzepfand blickt manchmal heimlich auf den Hauptkommissar. Beobachtet der ihn? Was geht in Jülich vor? Ist er wirklich so geduldig, wie er sich gibt? Oder ist er drauf und dran zu sagen: »Na, komm, Herbert, ich begreif's ja, es ist alles sehr schwierig. Ich schalte mich selber wieder in alles ein, als Verstärkung, nur als die.«

Das ist's, weiß er, was er schließlich am meisten fürchtet: Daß man ihm den Fall wieder aus der Hand nimmt, daß man Sorge hat, er könne erneut scheitern. Aber das darf nicht passieren, nein, nie. Und so geht er, sich das Tatortvideo noch einmal anzusehen oder an einer Vernehmung selber teilzunehmen. Und er schickt seine Leute hinaus. Die Anzahl der Namen in Ulrike Kändlers Telefonheft ist lang und vielfältig. Möglich, daß sie gerade an diesem Tag etwas Entscheidendes, Weiterweisendes aufspüren ...

»Herr Jahn, was können Sie über Ulrike Kändlers Verhältnis zum Geld sagen?«

»Ich weiß nicht, wie Sie das meinen. Sie hatte ja selten viel. Sie war sparsam.«

»Sie saß gern mal im Café, kaufte sich auch die neuesten Kassetten.«

»So viel war das nun auch wieder nicht. Sie mußte ja sparsam sein bei dem bißchen Gehalt, das sie bekam. Sie war ja noch in der Ausbildung, Lernschwester.«

»Ihre Wohnung ist dennoch gut eingerichtet, alles neue Möbel. Und nun noch diese Couchgarnitur aus Leder. Wer hat das alles bezahlt? Was wissen Sie darüber?«

»Der Großvater hat ihr sehr oft einen Schein zugesteckt, und das Wohnzimmer haben ihr die Eltern wohl mitgegeben, geschenkt. Aber das Schlafzimmer hat sie sich selbst gekauft, das heißt, ich habe was beigesteuert. Wir bewohnten es ja gemeinsam. Und wir haben es günstig erstanden. Die Ledermöbel wollte sie dagegen in Raten bezahlen. Hat sie wenigstens mal gesagt.«

»Sie haben Ihren Anteil am Schlafzimmer zurückgefordert, als Sie schließlich wegblieben, die Beziehung zu Fräulein Kändler lösten? Sie wollten von ihr Geld, eine Entschädigung oder Ihren Anteil an den Möbeln?«

»Warum? Ich zog erst mal zu meinen Eltern. Was sollte ich da mit einem halben Bett, anderen Schränken? Nun habe ich Eigenes.«

»Sind Sie wirklich so großzügig? Sie haben nie Geld von Ihrer Freundin zurückgefordert?«

»Nein.«

»Zu keinem Zeitpunkt?«

»Nein.«

»Aber es hat Streit wegen Geld gegeben?«

»Auch nicht. Warum? Wir wohnten zusammen, und wir teilten, was wir hatten.«

»Doch die Miete war Ihnen viel zu hoch?«

»Das ja. Die schluckte unheimlich viel Geld. Und wenn ich mal bei meinen Eltern blieb und übernachtete, merkte ich, um wie vieles bequemer das war. Früh gewöhnlich eine Stunde weniger zur Arbeit, genauso eine Stunde beim Rückweg gespart. Aber Ulrike wollte die Wohnung ja nicht aufgeben.«

»Sie haben damals oft bei Ihren Eltern übernachtet?«

»Das kam schon manchmal vor, auch mehrere Tage hintereinander. Ich schlafe gern aus, ich bin da bequem.«

»Hat Fräulein Kändler übrigens oft Geld in der Wohnung aufbewahrt? Größere Summen?«

»Nicht mal nach Zahltagen. Das lief ja alles über die Bank, auch mein Geld, das ich ihr gab. In ihrer Kassette war meist bloß Papierkram, Ausweise, wichtige Schreiben, Verträge.«

»Wenn Sie längere Zeit bei Ihren Eltern übernachteten, wußten Sie, daß Fräulein Kändler da manchmal ausging?«

»Sie erzählte mir davon. Wir haben uns viel voneinander erzählt.«

»Sie sind manchmal eifersüchtig auf die Bekannten Ihrer Freundin gewesen?«

»Nun gut, sie schloß schnell Bekanntschaften, verstand sich rasch mit Fremden. Aber ich hatte immer volles Vertrauen zu ihr.«

»Sie haben manche dieser Bekannten kennengelernt? Wen hat sie Ihnen vorgestellt? War ein junger Arzt darunter, den sie ›meinen Doktor‹ nannte?«

»Was ihre Arbeit betraf – ich kannte kaum Leute aus der Klinik.«

»Herr Gütlich, wir kennen uns.«

»Ich weiß unsere Bekanntschaft zu schätzen.«

»Sie arbeiten noch immer hier im *Roten Haus*?«

»Wie Sie sehen. Man soll sichere Jobs nicht aufs Spiel setzen. An der Bar helfe ich mittlerweile nur noch gelegentlich aus. Ich bin inzwischen eine Art Verwalter, zweiter Geschäftsführer.«

»Ein echter Aufstieg also an ehrbarer Stelle. Ich gratuliere.«

»Sie können sich Ihren Spott sparen, Herr Kommissar. Wir sind ein ordentliches Haus, hier läuft alles nach Gesetz und Pflicht. Fragen Sie Ihre Freunde von der anderen Abteilung: Es gibt hier keine Verstöße. Aber das zu überprüfen sind Sie ja wohl nicht hergekommen, Herr Kommissar. Es ist nicht Ihr Metier.«

»Kennen Sie das Mädchen auf diesem Foto?«

»Zeigen Sie bitte ... – Es ist das tote Mädchen, dessen Gesicht mittlerweile wohl jeder in der Stadt aus den Zeitungen kennt.«

»Sind Sie dem Mädchen einmal persönlich begegnet?«

»Herr Kommissar, ich komme mit vielen Menschen zusammen, nicht nur hier in diesem Haus.«

»Deshalb wende ich mich ja an Sie, Herr Gütlich: Kennen Sie dieses Mädchen?«

»Ich könnte mich notfalls auf meine Pflicht zur Diskretion berufen ...«

»Hier geht es um Totschlag, wahrscheinlich um Mord. Da gibt es keine Rücksichten. Das Mädchen besaß zu Lebzeiten ein Adressenheft, in dem notierte sie sich Telefonnummern. Und nun steht unter dem Buchstaben G auch Ihre Telefonnummer. Und ich frage Sie ohne Umschweife: Wie kommt Ihre private Telefonnummer in dieses Verzeichnis?«

»Wer weiß, in wie vielen Verzeichnissen, Heftchen, auf wieviel Zettelchen mein Anschluß vermerkt ist.«

»Sie haben sich schon seit Tagen, denke ich mal, seit Sie das Bild in der Zeitung gesehen haben, Ihre Gedanken gemacht. Das ist ein freundliches, markantes Mädchengesicht, das man nicht so leicht wieder vergißt. Also, Herr Gütlich, ich wiederhole: Antworten Sie mir ohne Umschweife.«

»Nun gut, Herr Kommissar, sie war einmal hier. Sie war nicht allein, sie war mit ein paar jungen Leuten zusammen. Sie tranken Cocktails an der Bar, schwatzten, lachten, kicherten. Ich weiß nicht, wieso sie hier hereingeraten waren. Vielleicht aus Zufall. Vielleicht sollte es auch eine Mutprobe sein: Mal das berüchtigte *Rote Haus* direkt erleben, mal ein bißchen Verdorbenheit schnuppern? Schließlich gab ich ihnen meine Karte: Wenn sie einmal persönliche Wünsche hätten, könnten sie sich gern an mich wenden.«

»Und: Hat sie sich einmal an Sie gewandt, hat sie persönliche Wünsche geäußert, und haben Sie sie an einen guten Freund weitergereicht, vermittelt?«

»Aber, Herr Kommissar, was soll das? So arbeiten wir nicht.«

Man muß nicht alle Wege, die sie gehen, beschreiben. Die Kriminalisten der Gruppe Setzepfand befragen, wie gesagt, Nachbarn, Verwandte, Bekannte, alles, was erreichbar ist, sie entdecken sogar ferne, ins Ausland verzogene Cousins, sie kennen schließlich die Familie in ihren Verzweigungen fast besser als die sich selbst. Sie kommen manchem auch mit immer neuen Fragen. Guido Jahn allein hat ihnen am Ende wohl wenigstens siebenmal Rede und Antwort zu stehen. Doch wie gesagt: Was anfangs so leicht und selbstverständlich, so naheliegend scheint, läßt sich nicht beweisen. Der Täter kommt offenbar wirklich nicht aus einem engen, dem Opfer nahestehenden Personenkreis.

Da machen sie sich schließlich doch daran, die Adressen aus Ulrike Kändlers Telefonheft systematisch abzuarbeiten, nicht bloß sporadisch. Eigentümlich ist es doch schon, daß das junge Mädchen sich so viele Zahlenfolgen notiert hat (oder tun das viele?), meist nur Anschlüsse und Vornamen, selten die vollständigen Adressen. Wie viele Anschlüsse sind erst in den letzten Wochen dazugekommen, seit Ulrike Kändler ihr eigenes Telefon besaß? Das wird sich wohl nicht mehr feststellen lassen, das aber: Wie oft hat sie in dieser Zeit telefoniert, wie hoch ist ihre erste Telefonrechnung? (Sie hat fleißig ringsum telefoniert, ergibt sich, eine Auflistung von fast hundert Mark für die Neubesitzerin.) Und mit wem?

Ausgerechnet Hauptkommissar Jülich ist es in diesen Tagen, der ausspricht, was sie längst vielfach selber gedacht haben: Und wenn diese Telefonnummern nun deshalb in dieses schmale, mit einem schwarzen Plasteumschlag eingebundene Heft geraten sind, weil sie eine ganz andere Art von Bekannten ausweisen? Wenn sich Ulrike Kändler zu Lebzeiten durch gewisse Freundlichkeiten gegenüber diesen Telefonanschlußbesitzern ihre bescheidenen Monatseinkommen aufgebessert hat? Wenn sie also eine gewisse Beziehung zur Rotlichtszene der Stadt und der Umgebung hatte, manche der Männer Kunden gewesen waren? Wie viele? Ulrike Kändler hat nicht üppig gelebt, aber auch nicht schlecht, sie war passabel eingerichtet, nicht nur, was ihre Möbel betraf, sondern auch zum Beispiel ihre Elektronik. Und ihr Konto weist nahezu regelmäßig Einzahlungen auf, verdächtige Summen, zweihundert, dreihundert Mark, wenn auch Bareinzahlungen von eigener Hand, aber das nicht nur einmal im Monat. Hat das etwas zu bedeuten, Eindeutiges?

Der Gedanke bestimmt ihre Ermittlungen von da an über

Wochen, eigentlich über Monate. Er bringt ganz neue Aufgaben und eine Kette von Fragen ins Spiel. Die neuerlichen Befragungen sind nicht unsensibel, sie führen auch in ein Milieu, das sich in der Stadt mehr und mehr auszubreiten scheint. Und doch: Wer ist als solcher Kunde aus der Liste der Telefonadressaten denkbar? Und wenn die Beziehungen zu Guido Jahn und Heiko Scholz solcher Eskapaden und Neigungen wegen zerbrochen sind? Was wissen die beiden von entsprechenden Aktivitäten ihrer einstigen Freundin?

Nach Wochen ausgiebiger Recherchen und intensiver Befragungen müssen sie begreifen: Auch diese Ermittlungsrichtung bleibt für sie ohne Erfolg, ohne überzeugendes Ergebnis, ohne irgend jemanden, der sich durch seine Antworten oder sein Verhalten auf Dauer hat verdächtig machen können. Es ist der absolute Wahnsinn. Da haben sie eine Tote, von einem getötet, der sie lachend in ihre Wohnung geleitete, und sie haben an die zweihundert konkrete Namen, Personen, die irgendeinen Kontakt zu ihr hatten. Da muß doch einer von ihnen derjenige sein, nach dem sie suchen, der brutale Täter, der sie würgte, liegen ließ, das Zimmer danach säuberte und doch etliches übersah. Was haben sie falsch gemacht, was übersehen, daß sie ihn nicht stellen, ihn nicht verhaften können?

Was hat er, Oberkommissar Setzepfand, nicht gesehen, was falsch gemacht?

Natürlich, es hat Setzepfand bewegt, als nach dem plötzlichen Einfall seines Vorgesetzten Jülich alle auf diese Rotlichtstrecke gesetzt haben. Hat er ihr Scheitern vielleicht sogar mit einer Art innerer Genugtuung erlebt? Wohl kaum. Es ist ja wieder einmal vor allem sein Scheitern, er hat den Hut auf, er trägt die Verantwortung. Ist es da unverständlich, daß er sich bei der nächsten Aktion als der wesentliche Impulsgeber sieht? Jedenfalls: Wenn er sich nicht mit Intensität für diese Tests eingesetzt hätte, man hätte die Sache wohl nicht durchgeführt, sich nicht für sie entschieden. Oder?

Man hat Speicheltests, Untersuchungen auf Gleichheiten der genetischen Voraussetzungen, massenhafte DNA-Tests mittlerweile in Dutzenden von Ländern vorgenommen, vielfach auch im eigenen Bundesland, nicht nur, um Vaterschaftsnachweise mit ans Phantastische grenzender Sicherheit durchzuführen. Nun bittet man also auch in dieser Stadt die möglicherweise betroffenen Herren zum Test, zur – wie sich vielfach herausstellt – totalen Überwindung ihrer selbst. Sie als potentielle Mörder? Nein! Vor allem einige Herren Doktoren, angesehene Ärzte, winden und wehren sich, dazu nicht wenige Gaststätteneigner und Jungunternehmer. Guido Jahn und Heiko Scholz erscheinen sofort, sich das notwendige Sekret abnehmen zu lassen (ihre Werte stimmen auch absolut nicht mit den möglichen Täterwerten überein), aber der Doktor zum Beispiel wehrt sich wie andere, in ihrem Selbstwertgefühl Getroffene. Da zieht sich die Aktion über Wochen hin. Zuführungen sind notwendig, Verwarngelder.

Und das Ende?

Keine der untersuchten rund zweihundert Personen kommt für die Tat in Frage, bei keiner stimmen die festgestellten Werte mit den Werten des vermutlichen Täters überein, mit jenen Spuren und Proben, die am Tatort gesichert worden sind. Das bedeutet: Drei Monate intensiver Ermittlungsarbeit haben bisher kein weiterführendes, kein entscheidendes Ergebnis erbracht.

Ohne Umschweife: Ihr Ergebnis ist gleich Null.

»Wir haben nur die Feststellung: Der Täter, der Ulrike Kändler in der Nacht zum dritten August aus welchen Gründen auch immer tötete, war kein ihr länger Bekannter, er hat offensichtlich nur kurzzeitig Kontakt zu ihr besessen. Möglicherweise müssen wir deshalb auf den Zufall hoffen, der uns den Täter präsentiert.«

Der das feststellt, ist Hauptkommissar Jülich, der inzwischen auch diesen Fall wieder voll im Blick hat, wenngleich: Sein vermutlicher Doppelmörder hat noch immer nicht gestanden.

Soll sich der Tod der jungen Ulrike Kändler als perfektes Verbrechen erweisen, soll der Täter alles getan haben, unauffällig, unentdeckt zu bleiben? Soll er ohne Strafe davonkommen?

Ein junger Mann in Schwarz

1

Klaus-Werner Schreiber, Mitte Zwanzig, nach der Fachschule im ersten Dienst, hat sein Büro in einer ruhigen Seitenstraße unterhalb der beiden Marktplätze der Stadt. Vor einem Jahr sind hier täglich Hunderte von Bussen und LKWs am Tag vorübergefahren, den mühsamen Umweg unter Linden, an städtischen Hinterfronten entlang suchend, wenigstens sechs Wochen lang, wegen der Bauarbeiten am großen Ring. Klaus-Werner Schreiber hat danach die Löcher und Wellen im Kleinpflaster mit Wehmut betrachtet und die Ruhe und gewisse Abgelegenheit seiner Dienststelle nur um so mehr zu schätzen gewußt.

Schreibers Büro ist klein – eine Art modernes Minimuseum. Wie man sich gegen Gewalt schützen, gegen Einbrüche und Überfälle wehren kann, wird hier an Beispieltafeln anschaulich demonstriert. Auch sind unterschiedlichste Arten von Sicherheitsvorkehrungen ausgestellt, billige und teure, feste und superfeste Türen, Schlösser, Waffen zur Selbstverteidigung. Selten einmal, daß sich Besucher hierher verirren; man denkt deshalb daran, das Büro in eine belebtere zentrale Gegend umzusiedeln. Wenn zum Beispiel die Schulklassen aus der Stadt nicht wären, die man an gewissen Projekttagen einladen konnte, sie hätten hier zu dritt eine ziemlich einsame, geradezu paradiesische Beschäftigung. Dabei, die Jungs unterschiedlichsten Alters, die bei ihnen aufkreuzen, interessieren sich im wesentlichen sowieso bloß für die Waffen. Ob sie bei denen mit ihren zahllosen Aufklärungsschriften abschreckend, vorbeugend wirken können? Klaus-Werner Schreiber hat – ehrlich – manchmal seine Zweifel an der breiten Ausstrahlung ihrer Beratungsstelle, glaubt nicht an große, meßbare Erfolge.

Da hat er an einem der ersten Dezembertage dieses Jahres eine Begegnung, die ihn noch lange Zeit beschäftigen wird.

Ein junger Mann vor den breiten Schaufenstern des Büros hat ihn an diesem Vormittag schon mehrfach aufblicken lassen. Während sonst jeder gleichgültig oder in Eile bloß vorüberläuft, bleibt der junge Mann ausgerechnet vor ihren Fenstern stehen, mustert die Plakate und Ausstellungsstücke hinter den Scheiben, die Broschüren, liest sich daran sogar fest. Irgendwann scheint er verschwunden, der Bekannte oder die Freundin, auf die er ausgerechnet hier gewartet hat, ist wohl gekommen. Aber dann steht er doch wieder vor den Glasfronten, liest erneut, schiebt auch eine Hand vor die Stirn, um zwischen den Plakatflächen besser ins Innere des Büros blicken zu können. Und schließlich drückt er auf den Klingelknopf und kommt herein.

Er ist ein paar Jahre jünger als Schreiber und, wie der empfindet, ziemlich ungewöhnlich und merkwürdig gekleidet: durchgehend schwarz, schwarze Hose, schwarzer Rollkragenpullover, die Jacke schwarz, mit Kragenaufschlägen versehen, die an eine Uniform erinnern, zugleich aber auch an die Kleidung eines Pfarrers. Dazu sind die Haare des jungen Burschen schwarz, von Natur aus, und sehr kurz geschnitten. Der junge Mann trägt einen kleinen Koffer bei sich und eine Ledertasche, natürlich beide auch schwarz.

»Kann ich Ihnen helfen?« fragt Schreiber, mustert seinen Gast immer noch auffällig. Ein Wessi, denkt er, so wie der zieht sich hierzulande keiner an. Oder doch schon? »Aber nehmen Sie doch Platz.«

Der andere geht auf das Angebot ein, rückt den Stahlrohrsessel näher an den Schreibtisch Klaus-Werner Schreibers heran, setzt Tasche und Koffer ab, setzt sich selber, umständlich und betulich, wie Schreiber meint.

Dann sagt er: »Ich habe ein Problem, nein, genauer: Ein guter Freund von mir, ein sehr guter Freund hat ein Problem. Und ich habe ihm versprochen, daß ich ihm helfe. Deshalb hätte ich gern eine Rechtsauskunft. Dafür sind Sie doch zuständig?«

»Ich will Ihnen gern helfen, wenn ich kann. Doch Rechtsauskünfte geben wir im Prinzip nicht. Da müssen Sie schon zum Gericht gehen oder zu einem Rechtsanwalt.«

»Aber ich habe mich telefonisch erkundigt, und da bin ich gerade an Sie verwiesen worden.«

Sie drucksen beide in bißchen herum. Der eine hat Hemmungen, locker von sich zu sprechen, und dem wenig erfahrenen Schreiber fällt es schwer, den anderen zielgerichtet zu bewegen, von dem zu erzählen, was ihn beschäftigt. Schließlich ist es der junge Mann mit der schwarzen uniformähnlichen Jacke, der deutlich wird. »Mein Freund ist in eine unangenehme Sache verwickelt, er hat eine, wie Sie das vielleicht nennen, schlimme Straftat begangen, und ich will versuchen, ihn zu unterstützen. Was würde zum Beispiel geschehen, wenn er sich freiwillig stellt? Wir sind uns beide da nicht über das notwendige Vorgehen klar.«

»Eine schlimme Straftat? Handelt es sich um Raub, eine Messerstecherei? Oder etwas anderes? Ist die Sache hier in unserer Stadt passiert?«

»Ich kann meinen Freund nicht anzeigen, ihn nicht verraten. Ich möchte, wie ich sagte, lediglich eine Rechtsauskunft. Aber soviel kann ich erklären: Es geht wirklich um mehr, um viel mehr.«

»Ist etwa ein Mensch zu Tode gekommen? Ist Ihr Freund dabeigewesen und hat es nicht verhindert?«

»Was hätte mein Freund in solchem Falle als Strafe zu erwarten? Zum Beispiel: Gibt es Einzelunterbringung in der Haft? Ist so etwas möglich? Das sind Fragen, die meinen Freund sehr beschäftigen.«

Sie sitzen vielleicht eine halbe Stunde zusammen. Nur der Fremde raucht, Schreiber nicht. Ihm ist der Zigarettenrauch unangenehm. Sie reden nicht sehr zügig, eher umständlich miteinander. Einmal gibt Klaus-Werner Schreiber dem anderen ein Telefonbuch, die Branchenzusammenstellung, die Gelben Seiten. Da kann er sich doch einen Anwalt heraussuchen. Der Freund, wenn ihm so was Schlimmes widerfahren ist, wird sowieso einen brauchen.

Der junge schwarzgekleidete Mann ruft tatsächlich an, der Name gefällt ihm, Rechtsanwalt Kleinmichel, außerdem wohnt er am Boulevard, da kennt der junge Mann sich aus. Doch die Sekretärin am anderen Ende der Leitung vertröstet ihn: Er kann frühestens am Nachmittag vorsprechen, der Rechtsanwalt ist bei Gericht.

Als der schwarzgekleidete junge Mann nach einer halben Stunde schließlich geht, erschrickt Klaus-Werner Schreiber im nachhinein, während er eine knappe Protokollnotiz über das Gespräch zu schreiben beginnt: Und wenn sein Besucher von eben etwas mit Mord und Totschlag zu tun hat, vielleicht sogar mit dieser Krankenschwester, deren Mörder sie seit Monaten erfolglos suchen? Ein paarmal hat er daran gedacht, einmal seinen Gast sogar direkt danach befragen wollen. Hat er sich eigentlich den Ausweis des anderen zeigen lassen? Nein. Er hat sich nur den Namen aufgeschrieben, ihm den geglaubt, weil der andere ihn auch der Rechtsanwaltssekretärin am Boulevard genannt hat. Und wenn der Kerl gar keinen Freund hat, für den er sich hier angeblich nach möglichen Haftbedingungen erkundigen wollte, wenn er selber ein Täter ist, wenn er in ureigenster Sache hier vorgesprochen hat? Schießen Schneider alle diese Gedanken tatsächlich jetzt durch den Kopf, oder interpretiert er sie erst viel später in seine Situation hinein?

Jedenfalls ruft er schließlich ziemlich betroffen in der Polizeidirektion an, läßt sich mit dem Fachkommissariat *Leben und Gewalt* verbinden, erzählt von seinem Besucher. Dann schließt er sein Büro ab, wie ihm angewiesen wird, läuft hinüber zum Präsidium, zur Zentrale. Er hat dem anderen ja zuletzt empfohlen, auch dort vorzusprechen. Vielleicht ist noch etwas zu retten.

2

Es war, wird Hauptkommissar Jülich später nicht selten erzählen, natürlich ein riesiger, kaum begreiflicher Schock für uns alle: Da läßt so ein junger, unerfahrener Bursche einen Kerl laufen, der möglicherweise in den aufwendigsten Fall verwickelt ist, mit dem wir in den letzten Jahren zu tun hatten.

Aber es geht ja, Gott sei Dank, noch alles gut. Jülich schickt nach diesem Anruf aus der Kripo-Beratungsstelle sofort ein Dutzend Männer los, sie sollen in der Innenstadt ausschwärmen, doch der schwarzgekleidete junge Mann bereitet ihnen keine Probleme. Er steht tatsächlich vorm Haupteingang ihrer Direktion, unterhält sich gerade mit einem Bettler und folgt ohne weiteres der ersten Aufforderung, mit ins Präsidium zu kommen. Das sei seine Absicht ohnehin gewesen, erklärt er den ihn befragenden Beamten, die gerade in die Stadt losstürmen wollen.

Hauptkommissar Jülich befiehlt sofort, den jungen Mann zu ihm heraufzubringen. Wenn er schon nicht als erster am Tatort gewesen ist vor einem Vierteljahr, diesmal will er sich den ersten Eindruck nicht entgehen lassen.

Komm rüber, ruft er Setzepfand an, ich kriege Besuch. Laß dich überraschen.

So empfangen sie ihn zu zweit, der höflich nickend durch die Tür tritt, sie mit gesenktem Blick, von unten herauf mustert, Tasche und Koffer etwas umständlich abstellt, selber genau und deutlich gemustert wird: seine eigentümliche Erscheinung, dieser junge Mann ganz in Schwarz.

»Entschuldigen Sie, Herr Jonker, daß wir Sie zu uns heraufgebeten haben. Rainer Jonker, das ist doch Ihr Name?«

»Meine Eltern haben sich zwar scheiden lassen, ich mußte bei der Mutter wohnen, aber ich habe immer den Namen meines Vaters behalten.«

»Sie kommen nicht aus unserer Gegend. Ihre Sprache verrät es.«

»Ich bin ziemlich nahe an der Küste aufgewachsen. Hier in der Stadt wohne ich seit einem knappen halben Jahr.«

»Sie haben hier Arbeit gefunden?«

»Ja, zunächst bei einer Tierschutzorganisation. Mit der hätte ich längst weiterziehen müssen, wie ein Nomade. Aber bei dem Buchclub, zu dem ich dann wechselte, kann ich in der Stadt bleiben.«

Jülich und Setzepfand staunen beide. Der junge Mann wirkt nicht ängstlich, im Gegenteil, er tritt ziemlich selbstbewußt und sicher auf, und seine Sprache holpert nicht wie die der meisten Kunden, mit denen sie nun mal zu tun haben, sie kommt flüssig, geradezu elegant daher. Rainer Jonker antwortet auf ihre Fragen auch ausführlicher als nötig.

Trotzdem – sie sind erst einmal nicht an Jonkers Lebensumständen interessiert, vielleicht später.

»Herr Jonker, man hat uns mitgeteilt, daß Sie wegen eines schweren Vergehens in einer unserer Dienststellen vorgesprochen haben und daß es Ihnen dabei um Ihren Freund geht. Wie heißt Ihr Freund, und um was für eine Tat handelt es sich? Könnten Sie uns das etwas genauer erläutern?«

Der junge Mann in Schwarz schlägt die Beine übereinander, nimmt einen kräftigen Zug aus seiner Zigarette, saugt den Rauch tief in seine Lunge.

»Ich habe heute vormittag schon einmal gesagt: Ich will Hilfe und Rat für meinen Freund, aber ich will ihn nicht verraten. Nur soviel: Er wohnt auch hier in der Stadt.«

»Herr Jonker, Kriminaloberkommissar Setzepfand und ich gehören zu einer Abteilung unserer Polizei, deren Aufgabe es ist, alle in der Stadt vorgefallenen schweren Straftaten aufzuklären. Sie werden verstehen, daß wir uns da keine Gelegenheit entgehen lassen dürfen, daß wir dem geringsten Hinweis nachspüren müssen.«

»Das verstehe ich schon. Ja.«

»Darum frage ich Sie noch einmal: Wie heißt Ihr Freund, und was bewegt ihn?«

»Ich werde seinen Namen nicht preisgeben. Ich bleibe dabei.«

»Herr Jonker, unsere Mitarbeiter sind einigermaßen aufeinander eingespielt. Glauben Sie mir: Es würde uns wenig Mühe bereiten, in ein paar Stunden schon ein halbes Dutzend Ihrer Bekannten aufzulisten. Wir haben Ihre Adresse, Ihre Arbeitsstelle, wir werden ein Dutzend Leute befragen. Wie viele werden da sagen: Gute Freunde von Herrn Jonker, das sind der und der? Sie könnten uns da einige Anstrengungen ersparen.«

»Sie drohen mir doch nicht, nein? Außerdem kennen Sie meine Haltung.«

»Etwas anderes, Herr Jonker. Bei diesem Vergehen, von dem Sie wissen, worum handelt es sich da? Um eine schwere Schlägerei, waren Waffen, etwa Messer, im Spiel? Ist jemand zu Tode gekommen oder schwer verletzt? Ist die Tat in unserer

Stadt geschehen und wann? Vor kurzem erst, oder liegt sie zurück, vielleicht zwei, drei Monate schon?«

Sie sitzen, trinken Kaffee, schenken ihrem Gegenüber nach, der vor allem raucht, sich eine Zigarette fast an der anderen ansteckt. »Bitte sehr«, sagen sie, soll er doch rauchen. Wenn es ihm hilft. Sie glauben zu spüren, wie der junge Mann trotz allem äußeren Gehabe allmählich seine Sicherheit verliert. Vielleicht hat er ein allgemeines Geplauder erwartet, ein lockeres Wortgeplänkel, nicht diese direkten Fragen, mit denen sie ihm nun kommen? Er redet zwar noch selbstbewußt, antwortet ihnen gelegentlich sogar ein bißchen ruppig, aber er kann ihnen nicht mehr in die Augen sehen. Er blickt seitwärts an ihnen vorbei, manchmal wie durch sie hindurch. Oder irren sie sich?

Sie haben sich nicht abgesprochen – wann denn? –, aber sie ahnen es beide, sie wissen es eigentlich von Anfang an: Es gibt keinen Freund, dessen Angelegenheiten hier verhandelt werden, es gibt nur Rainer Jonker, um ihn geht es. Wann er wohl klein beigibt, es ihnen gesteht? Und welche Tat hier in Andeutungen zur Debatte steht? Sie zittern, fiebern innerlich, seit Jonker einmal erklärt hat: Es geht um ein deutlich zurückliegendes Geschehen. »Drei Wochen zurück oder drei Monate?« haben sie gefragt. Da hat er gesagt: »Eher drei Monate.«

Sie lassen die Aschenbecher leeren, anstelle von Kaffee Mineralwasser kommen. Sie reden über Gott und die Welt, schweifen scheinbar ab, sprechen von Ehrlichkeit, Mut und Jonkers Arbeitsumständen, vom Alltag in der Stadt. Der Kriminalhauptkommissar führt das Gespräch, doch Herbert Setzepfand greift ein, präzisiert manche Fragen. Gewiß wird alles an Jülich hängenbleiben, der endliche Erfolg, aber sei's drum. Sie sind ein aufeinander abgestimmtes Team, und es gibt kein perfektes, unlösbares Verbrechen. Mindestens in diesem Fall nicht mehr.

Nach knapp anderthalb Stunden erklärt Rainer Jonker: Nein, es existiert tatsächlich kein Freund, der ihn um Hilfe gebeten hat. Weshalb soll er irgendeinen Namen erfinden? Ihn selber betrifft es. Ein Mädchen ist unter seinen Händen gestorben, Ulrike Kändler. Es hatte nie sein sollen, es war eine unglückliche Verkettung von Umständen.

3

»Ich will nun alles erzählen, in der Reihenfolge, wie es geschehen ist. Ich habe Ulrike Kändlers Tod auf dem Gewissen. Erst war es eine Rangelei, dann lag plötzlich die Schnur um ihren Hals, und ich zog. Ich weiß nicht, warum ich mich so vergessen konnte.

Ich hatte an jenem Augusttag angeordnet, unseren Werbestand vorm Bahnhof aufzustellen, an der Unterführung neben der Reihe der wartenden Taxen. Ich erhoffte mir davon für unsere Tierschutzorganisation noch stärkeren Zuspruch, was offensichtlich auch der Fall war. Am Nachmittag gegen sechzehn Uhr lief ein blondes Mädchen an unseren Aufstellern vorüber, ziemlich unschlüssig, wie ich fand. Sie geriet bald noch einmal in unsere Nähe. Da sprach ich sie an. Sie hätte ihre S-Bahn verpaßt, erklärte sie gleich, und hätte so ein bißchen Zeit. Warum sollte sie sich da nicht für unsere Arbeit interessieren. Ich zeigte ihr ein paar unserer Prospekte, erklärte ihr das Anliegen von Noah 2000. Ob sie sich nicht auch gegen viele dieser unsinnigen Tierversuche empöre, fragte ich sie und reichte ihr ein Antragsformular. Sie könne schnell bei uns Mitglied werden, eine Unterschrift genüge. Sie lachte. Sie ließe sich so schnell nicht für etwas begeistern, sagte sie, das müsse ihr schon gründlich und überzeugend erklärt werden. Gern, erwiderte ich, gern würde ich ihr noch Beispiele nennen, auch erläutern, was wir an Erfolgen schon erreicht hatten. Bis in ihre Wohnung würde ich ihr nachlaufen, wenn's drauf ankäme, wenn sie ihre Unterschrift auf unser Anmeldeformular setzen wollte. Am liebsten noch heute, ja? lachte sie. So gab ein Wort das andere, wir lachten beide ein bißchen dabei und nahmen erst einmal nicht ganz ernst, was wir sagten. Aber am Ende hatte ich Ulrike Kändlers Adresse und ihre Zustimmung, mich sogar von der S-Bahn-Station abzuholen, noch am selben Abend. Inzwischen mußte sie sich jedoch beeilen, daß ihr nicht noch eine weitere Bahn davonfuhr. Sie erzählte etwas von Möbeln, die ihr Großvater an diesem Tag für sie entgegengenommen hatte. Die wollte sie sich nun endlich selber ansehen.

Zum üblichen Arbeitsschluß räumten wir unseren Stand

zusammen und fuhren in unsere Unterkunft. Ich duschte noch, aß zu Abend, dann lief ich durch die Stadt zur nächsten S-Bahn-Haltestelle und blieb in der Bahn sitzen bis zur Endhaltestelle im Norden. Es war nun mittlerweile neun Uhr am Abend, genau der vereinbarte Zeitpunkt, und Ulrike Kändler wartete tatsächlich an der Straße mit ihrem Fahrrad. ›Hei‹, sagte ich, ›das klappt ja‹, und sie meinte: ›Versprochen ist versprochen.‹ Wir brauchten ungefähr fünfzehn Minuten bis zu ihrem Haus. Sie schob das Rad, ich ging nebenher. Wir sprachen über den kleinen Vorort vor uns, in dem sie wohnte, über die möglichen Verkehrsverbindungen und über ihre Arbeit. Da erfuhr ich, sie arbeitete in einer Klinik. Das alles war auch später noch unser Thema, als wir in ihrem Wohnzimmer zusammensaßen, ein bißchen tranken, nichts Alkoholisches. Aber es ging auch um die neuen Ledermöbel, die sie super fand, und vor allem um den Tierschutz. Schließlich redeten wir über das, was junge Leute so interessiert: über Musik, neue Bands und wo man in der Stadt gut ausgehen konnte.

Gegen zwölf erschrak ich: Wie die Zeit vergangen war. Ich fragte nach den letzten Verbindungen Richtung Hauptbahnhof. Da lachte sie. Ich sollte dableiben, ich könnte doch bei ihr übernachten. Es mache ihr Spaß, mit mir zu quatschen, sagte sie. Vielleicht hatte sie es auch auf anderes abgesehen. Später war ich davon fest überzeugt. Aber ich wollte nicht. Meine Freundin war zwar verreist, doch ich fühlte mich ihr fest verbunden und hatte nicht vor, sie zu betrügen. ›Ich ruf mir ein Taxi‹, sagte ich schließlich, griff nach dem Telefon und wählte. Da drängte sie mich zur Seite, riß mich an der Jacke, ich bekam wohl einen überraschenden Stoß, so daß ich mit dem Telefon und dem Kabel in der Luft hantierte. Und plötzlich lag dieses Kabel um ihren Hals.

Ich kann nicht sagen, warum ich zugezogen habe. War es Wut, Zorn, weil sie mich einfach nicht weggehen lassen wollte? Jedenfalls steigerte ich mich plötzlich in meine Aggression, vergaß alles ringsum, griff schließlich sogar mit meinen Händen nach ihrer Kehle. Ich habe so etwas an mir noch nie festgestellt: so einen Rausch, daß ich mich so vergessen konnte, so eine Eskalation.

Als alles vorbei war, saß ich erschrocken auf der Couch: Was hatte ich getan. Ich sah auf das Mädchen am Boden. Ich rauchte, als ich mich nach Minuten gefangen hatte, schließlich eine Zigarette.

Nein, ich hatte an diesem Abend keinen Alkohol getrunken, ich hatte auch keine Drogen eingenommen. Ich überlegte, dann versuchte ich, die vorhandenen Spuren zu verwischen. Ich machte sauber, wusch das benutzte Geschirr ab und stellte es im Schrank unter. Weil mir bewußt wurde, daß ich kaum Geld in der Tasche hatte für ein Taxi, sah ich mich in der Wohnung um: in den Schränken, in einer Blechkassette, aber ich fand nichts, nur Kleingeld, nicht einmal ein Markstück.

Ich verließ dann die Wohnung, wartete auf einer Bank in S-Bahn-Nähe über drei Stunden. Ich dachte nach, natürlich dachte ich nach. Vier Uhr oder vier Uhr dreißig fuhr ich dann zum Hauptbahnhof, lief in meine Unterkunft. Ich erschien am Morgen pünktlich zehn Uhr zu meiner Arbeit.

Ich bedaure alles, was geschehen ist. Ich wollte, ich könnte es ungeschehen machen. Das Bewußtsein, es getan zu haben, quält mich jeden Tag. Deshalb habe ich Ihnen das alles aus freien Stücken erzählt.«

4

Sie haben ihn sprechen lassen, ihn kaum durch Fragen unterbrochen. Möglich, er hat sich, was und wie er's ihnen dargestellt hat, schon ein paarmal vorher zurechtgelegt. Was bewirken da Unterbrechungen? Nun aber drängt es sie nachzuhaken, Einzelheiten gründlicher nachzugehen. Kann man Rainer Jonkers Schilderung der Tatabläufe überhaupt glauben?

»Sie haben Ulrike Kändler wirklich erst am Nachmittag ihres Todestages kennengelernt?«

»Ich hatte sie bis zu dieser Begegnung an unserem Werbestand tatsächlich noch nie gesehen. Aber sie war zugänglich, nett, hatte ein hübsches Gesicht, und man konnte sich gut mit ihr unterhalten, da ging ich das Abenteuer ein, sie noch am selben Abend in ihrer Wohnung zu besuchen.«

»Abenteuer, sagen Sie. Sind Sie solchen Abenteuern gegenüber sehr aufgeschlossen?«

»Wie meinen Sie das?«

»Sie verstehen mich schon, Herr Jonker. Sie hinterlassen nicht den Eindruck, zögerlich zu sein. Vielleicht schließen Sie rasch Bekanntschaften, vor allem mit jungen Mädchen? Vielleicht hat Sie das gar nicht überrascht, daß Ihnen da jemand anbot, sich noch am selben Abend mit Ihnen zu Hause auf die neue Couch zu setzen? Vielleicht sind Sie mit sehr eindeutigen Hoffnungen zur Endstation der S-Bahn und zu Ulrike Kändler gefahren?«

»Ein schnelles Abenteuer im Vorübergehen«, fügt Herbert Setzepand hinzu, »warum sollten Sie's nicht mitnehmen? Aber dann wehrte sich das Mädchen, rief ein Taxi an, um Sie loszuwerden, und Sie wurden grob ...«

»Es ist schlimm genug, daß es geschehen ist. Aber so, wie Sie es mir unterstellen wollen, war es nicht.«

»Nicht?«

»Ich bin wohl ein Typ, der Eindruck bei Mädchen hinterläßt. Ich habe keine Schwierigkeiten mit meinen Kontakten. Aber ich fühle mich verlobt, bin jedenfalls gebunden. Das wurde mir an jenem Abend mehr und mehr bewußt. Worauf läßt du dich hier bloß ein, dachte ich, und als dann das Angebot kam, zu bleiben und zu übernachten, fiel es mir wie Schuppen von den Augen. Sie wollte nicht bloß über Tierschutz reden, sie wollte ganz anderes. *Sie.* Da habe ich – *ich!* – ein Taxi anzurufen versucht. Und dann habe ich mich gewehrt.«

»Sie sind kräftig, Sie hätten doch bloß aufzustehen und zu sagen brauchen: ›Ich gehe jetzt, Mädchen. Was du dir vorstellst, ist nicht.‹ Die zarte, untersetzte Ulrike Kändler hätte Sie nie wirklich ernsthaft zurückhalten können.«

»Es ging um diesen Anruf, dieses Taxi. Wie wollte ich wegkommen, in die Stadt zurückgelangen?«

»Sie besitzen ein Handy. Hatten Sie es nicht bei sich?«

»Doch, schon. Aber der Akku war fast aufgebraucht.«

»Sie haben es auch später in dieser Nacht nicht benutzt?«

»Nein. Ich wartete, bis die erste S-Bahn kam.«

»Sie warteten drei Stunden. Warum beorderten Sie nun kein

Taxi dorthin? Sie hatten doch zuvor eins bestellen wollen. Und soviel Geld hatten Sie doch gewiß bei sich in der Tasche. Sie werden nicht ganz mittellos zu Ihrem Rendezvous gefahren sein.«

»Ich wollte keine Spuren hinterlassen. Niemand sollte angeben können, daß ich mich in dieser Gegend aufgehalten hatte. Auch kein Taxifahrer.«

»Noch einmal: Wer hat eigentlich in dieser Wohnung zu telefonieren versucht?«

»Ich sagte es schon mehrfach: Ich. Und Fräulein Kändler wollte mir den Hörer entreißen, da ist ihr die Schnur unglücklich um den Hals gefallen. Eben bei dieser Rangelei.«

»Sie haben eine Taxizentrale angerufen. Haben Sie alle Ziffern durchwählen können? Bis zum Ende?«

»Ja.«

Das konnte stimmen. Als sie an Ulrike Kändlers Telefon die Wahlwiederholungstaste gedrückt hatten, war die vollständige Taxi-Rufnummer erschienen. Doch warum wollte das Setzepfand jetzt mit solcher Ausdauer wissen? Natürlich: Wenn sie nachweisen konnten, daß das Mädchen das Taxi angerufen hatte, um ihn loszuwerden, zerbrach vielleicht sein ganzes Lügengebäude. Aber es war wohl aussichtslos, ihn zu solcher Aussage zu bewegen.

»Als Fräulein Kändler schließlich die Kabelschlinge um den Hals liegen hatte, Sie die Enden zusammenzogen, wo befanden Sie sich da?«

»Anfangs noch auf der Couch, später lagen wir am Boden.«

»Sie unter Ihnen?«

»Ja.«

»Und wie lange haben Sie gezogen?«

»Fünfzehn Minuten, zwanzig? Ich weiß es nicht.«

»Sie haben Ihr Opfer auch mit den Händen gedrosselt. Davor oder danach?«

»Danach.«

»Warum? Warum, Herr Jonker? – Sie schweigen. Ich frage trotzdem noch einmal: Warum?«

Er schweigt noch immer.

»Sie haben, ehe Sie die Wohnung verließen, das Geschirr

abgewaschen und saubergemacht. Sie haben auch einen Aschenbecher gründlich gesäubert. Wieso?«

»Wegen der Fingerspuren von mir.«

»Nicht auch wegen des Blutes?«

»Das auch.«

»Das heißt: Sie haben mit diesem Aschenbecher auf den Kopf Ihres Opfers eingeschlagen: Wann?«

»Nach allem. Zuletzt.«

»Sie haben Ihr Opfer richtig tot wissen wollen?«

Da kann Rainer Jonker bloß nicken.

»Sie haben eine schwarze Tasche hierher zu uns mitgebracht.«

»Meinen kleinen Koffer.«

»Können Sie uns zeigen, was er enthält?«

»Ich habe damit gerechnet, daß Sie mich dabehalten. Nach meinem Geständnis, meine ich. Ich habe deshalb das Wichtigste, was mir gehört, mitgenommen.«

Als sie hineinsehen, Setzepfand die wenigen Kleidungsstükke nacheinander hochhebt, eine Hose, einen Pullover, Unterwäsche, zwei Hemden, sind sie überrascht. Das ist die wichtigste Habe eines Kolonnenführers?

5

»Er lügt. Er hat das Mädchen, das ihn so schnell zu sich einlud, als leichte Beute gesehen. Vielleicht sind ihm öfter solche schnellen Erfolge in den Schoß gefallen. Aber als sie sich wehrte, ist er explodiert.«

»Ich seh's genauso. Doch weis ihm das nach. Er ist der einzige Zeuge vom Tatort. Er hat sich keine ungeschickte Strategie ausgedacht.«

»Wirf die Flinte nicht zu früh ins Korn, Herbert. Auch solchen Burschen sind wir schon gründlich auf die Spur gekommen.«

»Warum er sich wohl von selbst gestellt hat? Begreifst du's? Ist's tatsächlich nur das Gewissen, das in ihm rumort, der Druck, mit dem er nicht mehr allein fertig werden kann?«

»Wir werden es herausfinden.«

»Da haben wir nun den Täter, gewissermaßen in letzter Minute, als wir schon gar nicht mehr daran glaubten. Und was ergibt sich daraus? Arbeit, neue Arbeit.«

»Wir müssen Jonkers Bekannte finden, die Leute von diesem Tierschutz vernehmen. Am besten, wir fangen heute noch an. Und wir müssen die alten Protokolle noch einmal durchgehen.«

Sie blicken sich an. Sie lächeln unvermittelt beide. Auch von ihnen ist erst einmal erheblicher Druck abgefallen.

Am nächsten Tag kommen die Zeitungen mit großen Schlagzeilen heraus, auch mit einem Foto, das Rainer Jonker zeigt, einen dunkelhaarigen, melancholisch dreinblickenden jungen Mann mit buschigen Augenbrauen: DER KABELMÖRDER STELLT SICH SELBST!

6

Acht neue Zeugen unter vielen:

Torsten Kleinlenz, 37

»Wir werben für den Tierschutz, wir nennen uns Noah 2000, nach diesem Noah, na, Sie wissen schon, die alte Geschichte aus der Bibel. Ich habe meist zehn, zwölf Leute draußen, manchmal noch mehr, gleichzeitig in verschiedenen Städten, Torgau, Leipzig, Wittenberg, da kann ich mich nicht um jeden einzelnen kümmern. Manche von meinen Burschen – es sind meist sehr junge, dynamische Kerle – sehe ich wochenlang nicht. Sie müssen ja alle selbständig arbeiten, danach regelt sich auch ihr Verdienst. Erst die Prämien bringen es, fünfzehnhundert Mark Provision im Monat, für die Werbung neuer Mitglieder für unsere Organisation, die sind schon drin. Die Burschen müssen übrigens morgens zehn Uhr vor Ort sein, Stände aufbauen, Material auslegen, Plakate, und dann geht es los: werben, werben, werben, Leute ansprechen, für uns gewinnen. Arbeitszeit ist jeweils bis achtzehn Uhr. Das sind unsere Bedingungen.

Herr Jonker war ein knappes halbes Jahr mit mir unterwegs, Aachen, Neuß, Oldenburg, Würzburg. Hat er wohl alles mitgemacht. Wir arbeiten lieber in den alten Bundesländern, da haben wir mehr Erfolg. Dort ist mehr Geld unter den Leuten. Herr Jonker erwies sich als fleißig, redegewandt. Die Mädchen standen auf ihn, er ist ein Frauentyp. Die Stände, an denen er arbeitete, waren von Mädchen oft geradezu umlagert. Er wollte selber auch am liebsten mit Mädchen arbeiten, er brauchte sie, sie steigerten sein Selbstwertgefühl.

Mehr kann ich Ihnen wirklich nicht sagen. Beim besten Willen nicht.

Nun ja, vielleicht das noch: Er gab wohl mehr Geld aus, als er verdiente, ich habe ihm selber ein paarmal einen Schein geborgt, er war schnell in finanziellen Schwierigkeiten. Einmal, wir arbeiteten wohl gerade in Braunschweig, blieb er tagelang weg. Er war in Rostock gewesen, Versicherungen verkaufen, erzählte er später großtönend, eine tolle Gelegenheit. Aber ich wußte, er spann wieder mal rum. ›Warum bist du nicht dort geblieben?‹ fragte ich ihn. Ich war mir ja sicher, er hatte nichts Besseres als uns.

Ich kann Ihnen wirklich nicht viel über Rainer Jonker erzählen, Herr Kommissar. Ich lebte im Hotel, die Burschen schliefen in einer billigen Pension. Und was abends ablief, war jedermanns Privatsache. Da mußte keiner Rechenschaft geben. Nun gut, zwei-, dreimal kam Jonker morgens nicht zur Arbeit. Der hat wieder 'ne Neue aufgerissen, sagten seine Kumpels, der ist wieder *über Land*. Über Land, so nannten sie das wohl. Manchmal hatte er's auch mit zwei, drei Mädchen gleichzeitig. Mich hat's nicht interessiert. Nur einmal, wohl in Neuß, kriegte eine seiner Freundinnen raus, daß er noch eine andere hatte, da gab es Zoff am Stand, Gekreische. ›So nicht‹, sagte ich da, schlug auf den Tisch. ›Noch einmal so ein Gedöns, und zwei Minuten später sind wir geschiedene Leute‹, knallhart. Ich bin wirklich knallhart in solcher Situation. Aber Jonker hat sich dran gehalten.

Nein, auf mehr als zwofünf im Monat ist der nie gekommen.«

Ralf Koczian, 32

»Nun weiß ich, wieso Herr Jonker über Nacht nicht mehr zur Arbeit erschienen ist: Sie haben ihn in Verwahrung genommen.

Herr Jonker war bei uns seit Mitte September tätig, er machte sofort einen guten Eindruck auf mich, so habe ich ihn rasch als Gruppenführer eingesetzt. Wir werben Abonnenten für einen Buchclub, verkaufen Bücher billig. Auch bei uns wird die Höhe des monatlichen Einkommens vor allem durch die Provisionen bestimmt. Drei- bis viertausend Mark brutto im Monat, auf die konnte Herr Jonker durchaus kommen. Davon wurden dann die notwendigen Auslagen abgezogen, zum Beispiel die Miete, dreihundert Mark, das hing davon ab, wie hoch die Belegung in einem Zimmer war.

Wenn Sie mir hier Bilder vorlegen, dann muß ich erklären: Ja, ich kann mich an diese junge Frau erinnern. Herr Jonker ging mit ihr einen Kaffee trinken, und als er zurückkam, sagte er: ›Heute abend habe ich ein Date.‹ Er hatte oft ein Date. Er sagte manchmal: ›Diese junge Frau ist gut im Bett, da fahre ich wieder hin.‹ Ja, ich bin sicher, dieser Ausdruck ist öfter gefallen.

Herr Jonker hatte ein lockeres Verhältnis zu Frauen, man kann es nicht anders sagen. Er hätte manchmal drei, vier in einer Nacht haben können, und er ist oft auf ihre Angebote eingegangen. Er kam ja mitunter sogar mit ihren Namen durcheinander. Ob es jeweils mehr als ein Flirt war? Ich will mal sagen: Wenn's geklappt hat, nahm er mit, was sich bot. Kann schon sein, daß er die Zuneigung der Mädchen ausgenutzt hat, wenn er mal knapp bei Kasse war.

Nein, ich kann nicht sagen, daß Herr Jonker grundsätzliche finanzielle Probleme hatte. Nun gut, wenn ihm mal das Kleingeld für ein Taxi fehlte, habe ich ihm ausgeholfen, und anfangs, beim Eintritt in unsere Firma, zahlte ich ihm einen Vorschuß. Da war ihm sein bisheriger Arbeitgeber, diese Arche, das letzte Gehalt noch schuldig geblieben. Irgendwann war auch die Rede von einem Autoschaden, wohl eine Alkoholfahrt, noch während seiner früheren Arbeit, fünfzehntausend Mark im Eimer. Aber daran war wohl eine Freundin schuld, die trug das dann auch, glücklicherweise.

Dabei hätte es auch Herrn Jonker treffen können. Er trank gewöhnlich viel, nicht am Stand, da herrscht strenges Alkoholverbot, aber danach und besonders an den Wochenenden. Herr Jonker kann unter Alkohol rasch ausrasten, sich grob streiten, geradezu aggressiv werden, nicht gegenüber Mitarbeitern, wohl aber bei Fremden. ›Den putz ich weg, den mach ich nieder‹, habe ich ihn drohen hören. Er schlägt dann eben auch zu. Einmal war er mit blutig verschmierter Kleidung von einer solchen Auseinandersetzung zurückgekommen. Ich habe das nicht selber gesehen, er hat das nur in meiner Gegenwart erzählt. Er mußte jedenfalls am andern Tag die Kleidung wechseln. Herr Jonker kam sonst immer im Anzug.

Besonders in den letzten Wochen hat Herr Jonker dann noch mehr getrunken. Aber das hing wohl mit dem Tod seiner Schwester zusammen. Die war in seiner früheren Heimat nach kurzem Krankenhausaufenthalt verstorben.

Noch etwas ist mir in diesen letzten Wochen aufgefallen: Wenn sich jetzt Polizei unserer Geschäftspassage näherte, verschwand Herr Jonker regelmäßig. Er verzog sich zum Beispiel auf die Toilette. Ich habe ihn freilich darauf nicht angesprochen. Es ist mir nur deutlich aufgefallen.«

Sabine Sommer, 27

»Ich bin für diesen Buchclub freiberuflich tätig, ich habe mit Herrn Jonker unmittelbar bis zu seiner Haft zusammengearbeitet. Ich war total überrascht, als es hieß: Rainer hat sich zu dieser Bluttat bekannt. ›Aber der doch nicht‹, sagte ich, ›was redet ihr. Das kann nie wahr sein, das ist eine Verleumdung.‹

Herr Jonker, als der bei uns anfing, hat er gleich gute Stimmung in unser Team gebracht, uns aufgeweckt, er war allezeit ein fröhlicher Typ. Ich habe nie bemerkt, daß er schlechter Laune war, auch in letzter Zeit nicht. Freilich, er war immer ein bißchen klamm, was das Geld betraf, meine ich. Seine Freundin unterstützte ihn, gab ihm Taschengeld, am Anfang erhielt er von unserem Chef tausend Mark Vorschuß. Doch wenn er wieder flüssig war, gab er's leichthin aus. Einmal, als ich mit meiner Familie innerhalb der Stadt umzog, schenkte er mir sogar Geld. Nicht viel, aber ein bißchen ungewöhnlich war das schon.

Damals erzählte er: Er hat ziemlich wohlhabende Eltern an der Nordseeküste. Sie wohnen in einer riesigen Villa, sind an zwei komfortablen Hotelketten beteiligt. ›Wenn das so ist, mußt du doch keine solchen Kopfstände machen und jeden Tag arbeiten gehen‹, lachte ich. ›Ich will nicht von ihnen abhängig sein‹, erwiderte er da. ›Ich will was Eigenes auf die Beine stellen.‹

Wir waren etliche Male gemeinsam essen, was trinken, mein Mann und ich, dazu Herr Jonker und seine Freundin. Seine Freundin ist dieses Mädchen mit dem griechischen Namen. Ich konnte mich hervorragend mit ihr verständigen. Sie mußte sich einiges von ihm gefallen lassen.

Am Anfang hat Rainer jeden Abend ein anderes Mädchen abgeschleppt, es kam deshalb auch zum Streit mit seiner Freundin Lisa, als die plötzlich eines Tags wieder auftauchte. Er ist an dem Abend mit einer Rapsgelben aus dem Restaurant davongezogen. ›Aus Rache‹, erklärte er am nächsten Tag. Ich kann nicht sagen, was dem vorausgegangen war.

Nein, ich habe nie eine Beziehung zu Herrn Jonker gehabt, kein Verhältnis, unterstellen Sie mir das nicht. Ich bin verheiratet. Rainer und ich, wir waren lediglich befreundet.

Was mir sonst noch an Merkwürdigem, Auffälligem in Erinnerung ist? Einmal fehlten in unserer Kasse tausend Mark. Exakt tausend Mark. Herr Jonker besaß den Schlüssel für die Kasse und den fürs gesamte Geschäft. War der Verlust ein Rechenfehler, ein Versehen? Aber es fehlte wohl wirklich Bargeld. Wer dafür verantwortlich war, wer vielleicht das Geld tatsächlich nahm, ist nie geklärt worden. Ich weiß auch nicht, ob eine Anzeige erfolgt ist.

Ja, Herr Jonker telefonierte immer mit einem Handy. Ich habe nie bemerkt, daß er mehrere besaß, sie wechselte.«

Jana Kettler, 24

»Rainer Jonker hab'ch im Sommer vergangenes Jahr kennengelernt, nein, dies Jahr. Bei dieser Tierschutztruppe war der damals, Noah 2000 nannten die sich, als ob sie Heilige wärn. Die hatten ihr Wohnheim in der Wasserstraße, da suchte ich selber 'ne Bleibe, was zum Unterkriechen. Dort sind wir uns begegnet. Ja, wir hatten was miteinander, kurzzeitig. Ich blieb drei Wochen in der Wasserstraße, dann sagte ich mir: Das war's, Jana, sieh zu, daß du davonkommst, und ich ging wieder zurück in meine eigene Wohnung. Ja, zu meinem Mann. Heim is heim, denk ich manchmal.

Später besuchte er mich noch gelegentlich. Und am 18. August sitzen wir, grillen, da meldet er sich auf einmal per Telefon und gratuliert mir, tatsächlich. Zum Geburtstag. Na, ich war schon ein bißchen hei und gleich gerührt. ›Komm her‹, sag ich, ›feire mit, du kennst doch meinen Mann, der hat bestimmt nischt dagegen.‹

Als Rainer kam, sahen wir alle gleich die Wunde an der Stirn, die war noch ganz frisch, kein bißchen verschorft, und er zeigte uns sogar die Blutspritzer auf der Hose. ›Kommst wohl grade vom Hahnenkampf‹, lachte mein Mann. Und ich sagte: ›Setz dich, Rainer, Junge, trink was auf den Schreck.‹ Nein, das war wirklich am 18. August, nicht früher, nicht später. Am 18., da haben wir gegrillt, und er zeigte die Blutflecke auf dem Stoff. An dem Abend gab's ja noch Zoff, Geschrei. Aber mein Mann hat's unterbunden, daß nicht noch mal 'ne Klopperei daraus wurde.

Rainerle, der feine Herr, der Junker, Herr Jonker. Jedesmal kam er im Anzug. Der Frauenheld. Im Sommer, die paar Wochen dort in der Wasserstraße, haben wir auch viel gequasselt. Er hört sich ja gerne reden, vor allem über sein Verhältnis zu den Frauen. ›Frauen sind für mich Gebrauchsgegenstände‹, hat er gesagt, ich hab kein Wort von dem Satz vergessen, ›und ich will jeden Tag wenigstens eine.‹ Und er zeigte mir seine Kalender, zwei hatte er, voll beschrieben mit Verabredungen, Namen, daß sie nicht jedesmal alle auf eine Seite paßten. Wie ich's gesagt hab: Nach drei Wochen hatte ich die Gusche voll, da war ich manche Nacht schon wieder allein geblieben.

Später erklärte er mal, er hätte nun eine feste Freundin, Ella, Elli oder Lisa, jedenfalls eine Ausländerin, Studentin in Leipzig. Sie ist mir nie über den Weg gelaufen. Sie war gerade zu ihren

Eltern in Urlaub gefahren, nach Italien oder nach Spanien, und er war solo. ›Ich telefoniere jeden Tag mit ihr‹, sagte er, stolz wie ein Hahn. ›Hast du dich doch mal ernsthaft verknallt, hat's dich etwa erwischt?‹ fragte ich ihn. Ich war inzwischen so was wie 'ne Beichtmutter für ihn. Er wurde regelrecht rot zwischen den Ohren. ›Aber bis sie zurück ist, tobe ich mich noch mal richtig aus‹, sagte er dann und war jede Nacht unterwegs.

›Mit wenigstens vierzig Frauen habe ich mit meinen zwanzig Jahren schon Sex gehabt‹, erklärte er ein andermal. ›Und zu Hause wartet ein Kind auf mich.‹«

Elisabeth Angelos, 22

»Ich lebe seit vielen Jahren in Deutschland, ich bin hier geboren. Ich spreche vielleicht besser deutsch als griechisch. Manche staunen, wenn ich ihnen meinen griechischen Familiennamen sage. Du bist wirklich eine Ausländerin? fragen sie. Ein Mädchen so weit aus dem Süden? Nun gut, deine dunklen Haare, deine tiefbraunen Augen. Aber laufen heutzutage nicht viele mit schwarz gelocktem Haar herum oder mit hundert schmalen Afrikanerzöpfen? Ja, wenn ich meinen Namen nicht nenne, nur mit den Leuten spreche, ich könnte ganz selbstverständlich für eine Deutsche gelten.

Seit einem Jahr wohne ich in dieser Stadt. Das Leben ist hier billiger als anderwärts, das Studium freundlicher. Ich will Lehrerin werden, ich weiß noch nicht wo. Am 3. Juli wollte ich zu meinen Eltern fliegen, Urlaub, in die Heimat, das Semester war zu Ende. Ich lief zum Bahnhof, ich hatte noch Zeit, bis der Bus zum Flughafen fuhr, ich konnte auch einen späteren nehmen. Ich sah mich ziellos ein bißchen um, da sprach mich plötzlich ein junger Mann an. Ob ich Tiere mochte, vielleicht zu Haus ein Tier hätte, ob ich nicht spürte, wie Menschen oft wenig Rücksicht auf Tiere nähmen, sie quälten. Er bat mich zu sich an einen Stand, er zeigte mir Bilder, Broschüren. Er gehörte zu einer Gruppe, die für den Tierschutz warb. Ich fand sein Anliegen lobenswert, ihn selber auf Anhieb ziemlich sympathisch. Ich ließ mich gern von ihm zu einem Kaffee einladen. Schließlich tauschten wir sogar unsere Telefonnummern aus.

Ich hatte trotz allem zu Hause ganz anderes im Kopf als ihn: Ich genoß jeden Tag das Wiedersehen mit der Heimat, den Eltern, die wieder in Griechenland leben, weit weg von den Touristenstädten. Da klingelte das Telefon, und er rief an. Er rief am ersten Tag an und am zweiten, er rief jeden Tag an. Wir sprachen über Belangloses und Wichtiges, wir kannten uns ja nicht. Er erzählte von seiner Familie und von seiner Arbeit, von Begegnungen mit Leuten. Er fragte mich nach meinen Eltern und meinen Tagesabläufen, meinem Land. Ich war schließlich fast süchtig nach seinen Anrufen. Ich vermied, aus dem Haus zu gehen, Verwandten- oder Bekanntenbesuche zu machen, wenn er einen Anruf angekündigt hatte. Und er war pünktlich. Als ich nach drei Wochen zurückflog, erwartete er mich am Flughafen. Er hätte einen Nachmittag freigenommen von der Arbeit für seine Aktion, sagte er, er brachte mir eine einzelne blaßrote Rose mit. Ich war eigentlich da schon wie von Sinnen. Mir war solche Zuneigung noch nie widerfahren. Ich hatte viele Bekannte in der Stadt, nicht nur unter den Studenten, aber ich war eigentlich doch oft allein. Wenn ich es wollte, nun nicht mehr? Ich schickte das Taxi weg, ich ließ es zu, daß er gleich den ersten Abend bei mir blieb.

Ja, ich liebte ihn. So ein Gefühl war das wohl. Mit zweiundzwanzig hat man Sehnsucht nach was Totalem. Nun sehe ich vieles anders, mich selber sehr kritisch.

Ich glaube an das Gute im Menschen. Ich kann leicht verzeihen, den anderen verstehen. Er hat das wohl rasch bemerkt. Er hat mich in seine Wohnung in der Wasserstraße eingeladen, dort hauste er mit einem Kollegen seiner Firma, ziemlich simpel. ›Such dir andere Arbeit‹, habe ich manchmal zu ihm gesagt, ›eine andere Wohnung, wie oft redest du voller Zweifel von deinen Leuten.‹ Ich bin da öfter ein und ausgegangen, habe dort auch übernachtet. ›Das sind nicht die richtigen Leute für dich, such dir eine andere, eine vernünftigere Arbeit‹, habe ich gesagt. Er fühlte sich selber auch immer unwohler in diesem Zimmer. Als es ernst wurde mit der Trennung, zog er zu mir, übergangsweise.

Er hat mir manche schlimme Geschichte erzählt. Zum Beispiel: Er war verlobt, aber die Verlobte hat ihn betrogen. Am schlimmsten jedoch war die Geschichte mit seiner Schwester. Sie war krebskrank, schon seit Jahren, nun würde es ganz ernst, sagte er. Er telefonierte mit ihr, wie er zuvor mit mir in Griechenland telefoniert hatte, jeden Tag. Als sie starb, war er total fertig.

Ich sehe das nun auch aus dem Abstand: Er wollte offensichtlich bemitleidet werden. Immer sollte ihm etwas widerfahren, sollte ihn ein schlimmes Schicksal treffen, daß man ihn nur ja bedauerte.«

Katja Reichardt, 21

»Ich glaubte Rainer Jonker am Ende kaum noch etwas. Daß seine Eltern ihr Geld in irgendwelche Hotelketten gesteckt hatten? Meine Güte. Vielleicht hatten sie eine halb zerfallene Klitsche geerbt, die sie sich noch dazu mit drei, vier Geschwistern teilen mußten. Vielleicht stimmte auch das nicht mal. Und diese Geschichte von der Schwester, die an Leukämie starb?

Einmal hat mir Rainer Jonker von einer Exfreundin erzählt. Er will sie geliebt haben wie niemanden sonst. Sie ist die Mutter seines Kindes. Dieses Kind hat er jedenfalls, das ist vielleicht das einzige, was an seinen Märchen stimmt. Aber daß sie ihn betrogen hat, ihn zusammenschlug, daß er ihretwegen ins Krankenhaus gebracht werden mußte?

Rainer lebt in einer Scheinwelt, er macht sich was vor. Er spinnt sich Dinge zusammen, um anzugeben, Eindruck zu schinden. Schlimmer noch: Er glaubt selber an vieles, was er sich vormacht, weil er sich seine Schwächen nicht eingestehen kann. Weil diese Verlobte oder Fast-Verlobte ihn betrog, beschimpfte, verriet, will er keine festen Beziehungen zu Frauen mehr, nur noch sexuelle Befriedigung? Und wenn er einfach niemanden gern haben kann? Oder wenn's eine Freundin mit so einem wie ihm nie lange aushält?

Ja, es gab ein Verhältnis zwischen mir und Rainer Jonker. Wir arbeiteten ja für dieselbe Kette. Es fing damit an, daß ich merkte, er war finanziell abgebrannt. Er konnte nicht zu seinem Kind fahren. Da habe ich ihm das Geld dafür gegeben.

Weiß der Teufel, frage ich mich heute, was er damit angefangen hat.

Ja, es tut mir weh, immer noch, daß aus uns nichts geworden ist. Aber ich bin froh, daß ich Schluß gemacht habe. Rainer ist kein starker Mensch, er lebt gern auf Kosten anderer. Es geht ihm nur um sein Vergnügen. Er hat mir seine zwei Dienstplaner gezeigt, die beiden Terminkalender: die Fülle der Namen und Verabredungen. Alles Angabe. Er möchte viel Frauen haben. Ob's ihm tatsächlich gelingt? Wenigstens kann er keine halten.

Als er im Suff diesen Unfall hatte, zusammen mit einer Freundin, als sie sich hinterher stritten, rannte er danach in den Puff, seinen Frust abzureagieren. Sie staunen? Hat Ihnen das noch kein Zeuge gesagt?«

Cornelia Pfister, 22

»Rainer war manchmal albern, geradezu kindisch, verspielt. Einmal wurde er zudringlich, hat mir Gummis in den Ausschnitt geschnipst. Da gab's ein paar Ohrfeigen. Aber hinterher war alles vergessen. Das heißt: Er zog seine Jacke aus, warf sie in eine Ecke, sagte: ›Ich geh jetzt, ihr seht mich in diesem Leben nicht wieder.‹ Aber eine halbe Stunde drauf war er wieder da. Auch andere versuchte er zu necken, vor allem weibliche Mitarbeiter. Er versuchte sie in die Schulter oder in die Wade zu beißen. Er war eben ein verrückter, aufgekratzter Typ. Dabei konnten ihn alle gut leiden.

Ich vor allem. Ich verdankte ihm ja meinen Job bei diesem Club. Ich war in meinem Laden quasi rausgeschmissen. Ich hab zuvor als Verkäuferin in einer Boutique mein Geld verdient, da brachte er's tatsächlich fertig, mich beim Club unterzubringen. Ja, er hat ein paarmal versucht, mich anzumachen, wir arbeiteten ja nun nebeneinander. Er hat mich eingeladen, zum Essen, zur Disko. Ich habe abgelehnt. Er war nicht sauer. Zumindest hat er es mir nicht gezeigt.

Daß er gern trank, das weiß ich. Kurz vor seiner Verhaftung war Streit im Laden. Eine Freundin von ihm war da, Elli, die kannten wir mittlerweile alle. Sie weinte. Warum? Auch Rainer war erregt. Er trank ein paar Schluckflaschen, mischte den Schnaps mit Cola. Er wußte mit Sicherheit, er riskierte seinen Rauswurf. Bei uns herrscht striktes Alkoholverbot an den Ständen. Aber er setzte sich darüber hinweg. Danach war er tagelang aufgeregt, zerfahren.

Er erzählte: Er kam aus der Gegend von Hamburg, hatte früher beim Tierschutz gearbeitet. Seine Eltern waren reich, stinkreich, Hotelbesitzer, aber er hatte sich mit ihnen überworfen. Seine Schwester hielt's trotzdem bei ihnen aus. Einmal zeigte er mir ein Foto: eine Frau mit Baby. ›Traust du's mir nicht zu?‹ fragte er. ›Das ist wirklich und wahrhaftig mein Kind. Kannst du glauben. Du kannst nach Leipzig fahren, die Mutter besuchen.‹

Ein paar Wochen vor Rainers Verhaftung gab es dann diese zwei Unfälle. Rainer hatte sich einen Leihwagen gemietet, mit Elli als Beifahrerin die Ölwanne kaputtgefahren. Das Wochenende drauf mietete sie das Auto, einen grünen Golf, wenigstens lief alles auf ihren Namen. Aber Rainer ist ihn wieder gefahren. In der Nacht hat's ihn aus der Kurve getragen, und er ist frontal gegen einen Baum geknallt. Aber Elli hat wohl alles übernommen.

Er hat oft angegeben, weshalb ich ihm auch die Sache mit dem eigenen Kind nicht abkaufe. Er trinkt nur Whisky, hat er gesagt, die Flasche zu achtzig Mark. Und er kann Handys besorgen, preiswert auftreiben. Einmal sollte ich für zwei davon vierzehnhundert Mark bezahlen. Da habe ich mich nur an den Kopf getippt. ›Ich kenne Handys, die kosten achtzehnhundert Mark‹, hat er schließlich erklärt, ›bloß ein einzelnes.‹ Ich habe mich jedenfalls nicht darauf eingelassen.

Nun, wo er verhaftet ist, fällt der Verdacht auch in anderen Sachen eindeutig auf ihn. Einmal verschwand eine Einkaufstasche bei uns vom Stand samt achthundertfünfzig Mark, ein andermal hatte jemand die ganze Tageskasse mitgehen heißen, rund tausend Mark waren drin. Es wurde nie geklärt. Nun sagen alle: Auch das ist Rainer gewesen.«

Zum zweiten Mal: *Elisabeth Angelos*

»Ich kann verstehen, daß Sie noch einmal mit mir sprechen müssen, daß es noch Fragen gibt. Nein, ich habe Rainers Familie nie kennengelernt. Einmal, ich hatte darauf gedrungen, wollten wir zusammen an die Nordsee fahren, aber in letzter Minute haben wir es sein lassen, die Fahrkarten zurückgegeben. Das heißt, gekauft hatte ich sie, er gab sie zurück, behielt auch das Geld.

In Geldschwierigkeiten steckte er ja immer. Was da so erzählt wird, was er selber erzählt hat, wieviel er verdient hat mit allen Provisionen, wieviel andere verdienen an den Ständen – es ist nur Augenwischerei, Angabe. Drei-, viertausend Mark hat Rainer nie im Monat gebracht, vielleicht gerade mal die Hälfte. Aber wenn er dann Geld besaß, hat er maßlos damit um sich geworfen. Wir sind ausgegangen, weggefahren, er spendierte Sekt, sogar Champagner. Er muß offenbar geheime Geldquellen besessen haben. Anfangs habe ich ernsthaft geglaubt, seine Eltern steckten ihm reichlich zu. Dann erfuhr ich irgendwie, sie hatten sich von ihm losgesagt. Es hatte da schon einmal einen Unfall gegeben, Konflikte mit dem Gesetz. Jedenfalls, als es dann um den Unfallschaden mit dem Mietwagen ging, wer die Summe begleichen sollte, gab es keine reichen Eltern, hatten wir riesigen Streit. Nun bleibt alles wohl an mir hängen, ich habe den Wagen damals gemietet.

Ich kann noch heute nicht begreifen, warum er dieses Mädchen getötet hat, wieso er überhaupt zu diesem Mädchen gegangen ist. Aber ich hatte eben etliche Nebenbuhlerinnen. So sagt man wohl in Deutschland. Trotzdem: Wenn Sie mich fragen, ob ich ihm die Tat zutraue, dann würde ich jetzt noch sagen: Nein, nein, nein. Ihm fällt vieles in den Schoß, aber er kann keine Härte aufbringen, keinen festen Willen, etwas zu erreichen. Er lügt auch, macht sich viel vor. Aber einen anderen töten, ein Mädchen, so alt wie ich?

Ich muß vieles neu sehen, mich daran gewöhnen. Zu oft hat er mein Mitgefühl für sich haben wollen. Dabei: Seine Schwester ist nicht gestorben. Ich habe geweint, als ich das erfuhr. Mit wem hat er da bloß immer telefoniert, wem seine Trauer vorgespielt? Seine Eltern sind geschieden, haben keine Reichtümer, keine Hotelketten. Nie wäre er mit mir zu ihnen gefahren. Vielleicht hat er nicht einmal dieses Kind, das er auf dem Bild immer vorzeigt.

Ich glaube jetzt schon, er hat sich diese Geschäftskasse angeeignet und das Geld von den Mitarbeitern genommen. Auch hat er an heimlichem Handel verdient. Mit Handys zum Beispiel. Er hat mir ein paarmal einige gezeigt. Und er wollte der Polizei nicht in die Arme laufen. Wir sind in Seitenstraßen abgebogen, wenn wir sie kommen sahen. ›Die rollen die Sache mit dem Unfall noch einmal auf‹, sagte er.

Ja, er war in den letzten Wochen vor seiner Verhaftung manchmal unsicher, zerstreut, aufgeregt. Ich habe das auf die Schwierigkeiten in unserer Beziehung zurückgeführt. Wir spürten wohl beide, daß es mit uns zu Ende ging.

Nun fragen Sie mich, wo ich die Gründe dafür sehe, daß er sich freiwillig der Polizei gestellt hat? Wenn er nun endlich reinen Tisch machen wollte? So vieles war doch zusätzlich zusammengekommen: Unsere Beziehung zerbrach, diese neuen Unfälle, die Geldsorgen.

Einmal, ich erinnere mich, kabbelten wir uns, steigerten uns in einen ernsthaften Streit. Als ich anfing zu schreien, griff er mit der Hand nach meinem Hals. Als er's gewahr wurde, zog er die Hand jäh zurück. Es war wie ein Reflex, er war selber erschrocken und entschuldigte sich.

Ich habe mehrfach darüber nachgedacht, ob das hätte wieder passieren können. Nein, meine ich, nein, nie hätte er sich ernsthaft an mir vergriffen. Aber im Endeffekt hat das alles nichts mit der Tatsache zu tun, daß er sich gestellt hat.«

Katrin Wegner, 34

»Ich bin Mitarbeiterin der Jugendhilfe, Sie kennen mich. Ich habe versucht, Herrn Jonkers Vertrauen zu gewinnen. Ich habe auch die Akten früherer Jugendämter einsehen können, die mit ihm zu tun hatten.

Herr Jonker schloß nach der neunten Klasse die Hauptschule ab, mit gutem Zeugnis, er hätte weiterlernen können, aber er entschied sich für eine Berufsausbildung. Seine Eltern, geschieden, waren einfache Leute, die Mutter Hausfrau, und es fehlte immer an Geld. Der Vater konnte die Pfennige nicht zusammenhalten, er war kein Finanzmensch. Daran ging auch die Ehe kaputt. Dabei mochte der Junge den Vater, doch er mußte mit der Mutter gehen, sie erhielt das Sorgerecht. Nun haben die Eltern wohl wieder neue Beziehungen, aber nur das. Keiner heiratete wieder.

Rainer Jonker lernte Wasserleitungsinstallateur, eine schmutzige, ungeliebte Arbeit. Er hat auch die Lehre nicht beendet. Seine Firma ging pleite. Gott sei Dank, dachte er da. Er hätte lieber anderes gelernt, Koch zum Beispiel, noch lieber wäre er irgendwohin in ein Büro gegangen.

Als Kind war er Einzelgänger. Es war kein Geld vorhanden, um Freunde einzuladen. Nun änderte sich das allmählich. Zwar war er ein halbes Jahr arbeitslos, aber dann kam eine Zeit in einer Druckerei als Buchbinder, danach im Gaststättengewerbe. Immer löste sich das Verhältnis vor Ende der Probezeit. Doch er fand Kumpel. Einer aus dem Versicherungsgewerbe wechselte schließlich zum Tierschutz, da ging er mit. Er hatte längst entdeckt, daß er reden konnte, auf andere Eindruck zu machen verstand.

Seine erste Freundin hatte er mit fünfzehn. Sie liefen ins Kino, hielten Händchen, mehr war kaum. Mit der nächsten wurde es intimer. Mit der dritten war er zwei Jahre zusammen, schließlich zog er zu ihr in die Wohnung. Mit ihr hat er eine Tochter, die kam Ende 96. Da wurde ihm das Verhältnis zu fest. Seine Freundin stand vorm Abitur und wollte die Schulausbildung nicht unterbrechen, dafür sollte er sich um die kleine Laura kümmern. Da verschwand er. Er hatte die Vaterschaft anerkannt, die monatliche Unterhaltszahlung wurde auf 240 Mark festgesetzt, aber er zahlte nur am Anfang. Er hat auch jetzt keinen Kontakt zu seiner Ex-Freundin mehr, erst recht nicht zu dem Kind. Nur über alte Bekannte hat er noch einmal etwas von ihm erfahren: Es gedeiht. Er gibt gelegentlich mit ihm an.

Herr Jonker erhielt früh Jugendstrafen. Er brach mit anderen in einen Tante-Emma-Laden ein, besorgte sich Alkohol.

Dafür mußte er gemeinnützige Arbeit leisten, zwanzig Stunden lang Straßen kehren. Danach gab es eine Verurteilung für einen Kaufhausdiebstahl. Er hatte da nicht zum ersten Male Schuhe mitgehen lassen. Ein Jahr später wurde gegen ihn gleichzeitig Anklage wegen verschiedener Delikte erhoben: zehnfacher Diebstahl, Trunkenheit am Steuer, Fahren ohne Fahrerlaubnis, Benutzung eines fremden Kraftfahrzeugs. Der Diebstahl betraf immer dieselbe Person, die Ex-Freundin vor der Mutter seines Kindes. Außerdem täuschte er eine Straftat vor: Er wurde angeblich zu den Gelddiebstählen gezwungen, erpreßt.

Er hatte zeitig schwere Auseinandersetzungen mit seiner Mutter, die nicht mit ihm fertig wurde. Sie stellte sogar den Antrag, ihn aus der Familie zu nehmen. So kam er in ein Kinderheim. Aber er hat sich in der Gemeinschaft dort nicht wohl gefühlt, er wurde rasch aus ihr ausgeschlossen und kehrte zur Mutter zurück. Mit seiner fünf Jahre älteren Schwester dagegen verstand er sich gut. Die lernte Verkäuferin und vermittelte oft. Nein, sie ist meines Wissens nicht verstorben. Sie kümmert sich noch jetzt um ihre anfällige Mutter.

Glücklich wurde Herr Jonker erst später in anderen Wohngemeinschaften: unterwegs auf Tour mit den Leuten, mit denen er zusammenarbeitete. Jeder hatte seine Schlafstelle, jeder konnte machen, was er wollte, ohne Verpflichtungen. Man trank Bier, lief in die Diskos, hatte schnelle Freundinnen.

Da reiste er nun also schon herum, lebte, wie er meinte, intensiv und voller Überraschungen. Er war ein erfolgreicher junger Mann in der Werbung, hatte seine Wirkung kennengelernt, besonders auf Frauen, er kannte seine rhetorischen Stärken.

Er verfügte plötzlich auch über Geld, viel mehr als je zuvor. Äußeres wurde ihm wichtig, Kleidung: auffallen, gesehen werden! Oder war das schon immer seine Sehnsucht? Er schämte sich nun seiner kläglichen Herkunft, erfand die Villa der Eltern, ihren Reichtum, ihre Beteiligung an Hotelketten, an denen er freilich nicht teilhaben wollte, aus Stolz. Er wollte eben allein hochkommen. Eines Tages eine Bar für gehobene Ansprüche sein eigen nennen, das war erst mal sein Ziel. Ein tolles Leben führen, viele Bekannte haben, nein, keine Freunde, keine tiefe Beziehung. Wenn irgendwo Probleme auftraten, ist er immer gegangen, hat er sich abgewandt. Einzig für Fräulein Angelos hat er wohl tiefere Zuneigung empfunden. Sie ist ja auch attraktiv, mit ihr kann er Eindruck schinden. Ein Haus auf einem Hügel vorm Wald wollte er ihr eines Tages bieten.

Ja, Herr Jonker lebt in einer Scheinwelt. Er muß lernen, Verantwortung zu übernehmen, echte Aufgaben, er kann nicht etwas anfangen und dann davonlaufen. Vielleicht ist sein Geständnis der Anfang einer Umkehr.

Einige Freundinnen haben sich inzwischen gerührt, Forderungen an ihn gestellt. Er hat offenbar immer nur nahe, vertraute Leute bestohlen. Mittlerweile hat sich sogar sein Vater gemeldet, er will wohl die Sache mit dem Unfall regeln, die Kosten übernehmen. Ich weiß nicht, wovon. Aber Herr Jonker sucht keinen Kontakt zu seiner Familie. Seine Mutter ist seit längerem psychisch schwer krank. Er kümmert sich nicht darum.«

7

»Auf dem Tisch in der Wohnung der Toten haben wir eine einzelne Rose in einer Vase gefunden. Haben Sie die Fräulein Kändler mitgebracht?«

»Ja.«

»Sie haben das manchmal gemacht, mit einer einzelnen Blume Eindruck erweckt. Haben Sie die Rose bei einem fliegenden Händler gekauft, am Hauptbahnhof vielleicht?«

»Ich habe Sie aus einem Nachbargarten gepflückt. Kurz bevor wir Ulrikes Fahrrad im Keller verstauten.«

Kriminalhauptkommissar Jülich und Herbert Setzepfand lassen sich Rainer Jonker zu einer Reihe von Verhören vorführen. In welchem die Rose eine Rolle spielte? Jedenfalls nicht im ersten. Und wann redeten sie gründlich über Geld?

»Wir müssen noch einmal auf Ihre Einkünfte zurückkommen, Herr Jonker. Es gibt da sehr widersprüchliche Aussagen.«

»Bei Noah 2000 blieben mir nach allen Abzügen, Miete und Essen, vielleicht tausend Mark. Das war nicht viel für einen Kolonnenführer. Beim Buchclub fiel dann mehr ab.«

»Wieviel mehr?«

»Vielleicht fünfhundert im Monat.«

»Wofür haben Sie das Geld verbraucht?«

»Ich ging in Bars, Nachtclubs, ich mußte für Mädchen bezahlen.«

»Ein aufwendiger Lebensstil. Einmal haben Sie gesagt, nach den Ereignissen in der Wohnung Ulrike Kändlers hätten Sie Ihr Leben radikal verändert, Sie wären abends nicht mehr in Gaststätten und Bars gelaufen. Diese Entscheidung war offensichtlich nicht von langer Dauer. – Haben Sie eigentlich noch Nebeneinkünfte, Herr Jonker? Da ist bei den Zeugen zum Beispiel mehrfach von einem Handel mit Handys die Rede.«

»Wer sagt Ihnen so etwas? Ich habe lediglich einmal ein Handy weiterverkauft, ohne Gewinn. Alle Versuche, in diesem Bereich zusätzlich Fuß zu fassen, erwiesen sich als enorme Belastung.«

»Und wie stehen Sie zu diesen Vorwürfen, sich heimlich aus den Kassen des Buchclubs oder Ihrer Kollegen bedient zu haben?«

»Das ist alles üble Verleumdung. Ich kenne diese Vermutungen, aber ich habe sie alle zurückweisen können.«

»Lassen wir das erst einmal dahingestellt. Drei Tage, bevor Sie bei uns vorsprachen, hatten Sie jedenfalls eine erhebliche Geldmenge in Ihrem Besitz, rund zweieinhalbtausend Mark.«

»Ich hatte endlich meine rückständige Provision von Noah 2000 bekommen, dazu einen Abschlag vom Club.«

»Und wofür haben Sie das ganze Geld verwendet? Als Sie das erste Mal vor uns saßen, hatten Sie kaum noch einen Pfennig, weder in Ihrem spärlich bestückten Koffer noch in Ihrer Brieftasche.«

»Ich hatte eingekauft, nicht auf die Mark gesehen.«

»Und ein Auto gemietet.«

»Das lief auf den Namen meiner Freundin, Elisabeth hat den Vertrag unterschrieben.«

»Aber Sie haben den Wagen zu Schrott gefahren, ziemlich betrunken. Nicht zum ersten Mal übrigens ist Ihnen das passiert. Haben Sie Ihren Führerschein eigentlich noch? Nun wird keine Versicherung einen Pfennig herausrücken. Wie haben Sie sich da die Regelung des Schadens gedacht?«

»Ich werde Elisabeth unterstützen, soweit ich kann.«

»Fräulein Angelos ist weiß Gott auch kein Krösus. Wie soll Sie das schaffen?« fragt Herbert Setzepfand. »Können Sie sich übrigens vorstellen, daß Ihr Vater Fräulein Angelos helfen will?«

»Vater? Ernsthaft? Ich habe ihn über ein Jahr lang nicht gesehen.«

»Sie haben angegeben«, fährt Kommissar Jülich danach fort, »immer mehr von Ihrem Gewissen gequält, zu Ihrem freiwilligen Geständnis gedrängt worden zu sein. Doch wie kann jemand, der angesichts seiner Tat mit einer langen Freiheitsstrafe rechnen muß, sich Tage zuvor noch für anderthalb oder zweitausend Mark mit neuen Klamotten eindecken? Nein, Herr Jonker, wir haben trotz vieler Einzelheiten, die Sie uns präsentieren, immer noch unsere großen Zweifel am grundsätzlichen Wahrheitsgehalt Ihrer Aussagen.«

So arbeiten sie Punkt für Punkt ihren umfangreichen Fragenkatalog ab, aber so gründlich sie auch vorgehen, in den entscheidenden Dingen gelingt ihnen kein Durchbruch. Starr verharrt Rainer Jonker bei seinen Aussagen: Sein Gewissen, die Tatsache, mit einem nicht eingestandenen Verbrechen nicht weiter leben zu können, haben ihn zu seinem Geständnis bewegt, nicht irgendeine hoffnungslose Lage, in die er geraten ist. Und vor allem: Er habe sich nicht mit falschen Erwartungen auf den Weg gemacht, als er an jenem Augustabend Ulrike Kändlers Wohnung aufsuchte. Er wollte mit ihr lediglich angenehm reden, *quatschen*, wie man in der Gegend hier nur allzugern sagte; er suchte keine schnelle Nacht, kein rasches Erlebnis. Er hatte seine Freundin. Ulrike Kändler vielmehr war es, die mit ihrer Enttäuschung nicht zurechtkam.

»Sie berufen sich immer wieder auf die Treue zu Ihrer griechischen Freundin, Herr Jonker. Stimmt es, daß Sie nach dem ernsten Streit mit ihr, am Tag nach dem Autounfall, umgehend in ein Bordell der Stadt gestürmt sind?«

Aber auch dieser Einwurf macht Rainer Jonker nicht wankend.

8

Mitte Dezember, viereinhalb Monate nach der Tat, anderthalb Monate nach Rainer Jonkers Verhaftung, schließen die Kriminalisten ihre Ermittlungen ab. Soll der Staatsanwalt nun den Antrag stellen, das Verfahren zu eröffnen. Soll das Gericht über Rainer Jonkers Motive und die Schwere seiner Tat entscheiden.

Der, Jonker, macht sich freilich noch immer Illusionen. Er rechnet nach wie vor nur mit ein paar Jahren Haft für ein Geschehen, das für ihn eine Art Unfall war, eine Verkettung unglücklicher Umstände.

Das Urteil

1

Der Prozeß gegen Rainer Jonker beginnt in den letzten Apriltagen des letzten Jahres im alten Jahrtausend. Er ist einer der letzten spektakulären Prozesse des ausgehenden Jahrhunderts nicht nur in der Stadt, nein, in der gesamten Region. Rainer Jonker wird angeklagt, *einen Menschen vorsätzlich getötet zu haben, ohne Mörder zu sein.* Er hat sein Opfer, die zweiundzwanzigjährige Lernschwester Ulrike Kändler, *mit einer Kabelschnur gedrosselt, ihr mit einem Aschenbecher mehrere Schläge auf den Kopf versetzt und sie mit seinen Händen erwürgt.*

Wird es in den sechs Wochen bis zum Urteilsspruch der Kammer irgendwelche Überraschungen geben? Die Presse hat reichlich vorinformiert.

»Ich bin bereit auszusagen«, erklärt Rainer Jonker auf eine der ersten Fragen des Gerichts an ihn, und er fügt hinzu: »Die vorgetragene Anklage stimmt in vollem Umfange.«

Vierzig, fünfzig Zuschauer – der kleine Saal ist nicht jeden Termintag derart voll besetzt wie am ersten –, Medienvertreter und Familienangehörige des Opfers, dazu Dutzende Neugierige haben von nun an Gelegenheit, den Angeklagten direkt zu erleben, ihn reden zu hören. Was verbirgt sich hinter dem weichen, fast hübschen Gesicht mit den dunklen melancholischen Augen und den buschigen Brauen, die an einen bayerischen Politiker erinnern? Alle im Saal kennen dieses vergrößerte Paßfoto. Die Zeitungen haben es dutzendfach gedruckt, in mehrfacher Millionenauflage. Auch die Mutter der toten Ulrike sitzt im Saal, vorn auf der Bank der Nebenklage, dem Angeklagten direkt gegenüber, an jedem Termin wird sie anwesend sein wie ihr Mann und die meisten anderen Familienangehörigen in der ersten Zuschauerreihe. Wie kann man das auf sich nehmen, wie es ertragen? Kein Wort des Mörders soll ihnen entgehen, keine seiner Finten. Sie wollen ihn hart verurteilt sehen, sie können da vorn kein melancholisches, fast hübsches Gesicht entdecken, sie erblicken einen eiskalten Täter, der freilich auch jetzt noch erstaunlich emotionslos und nüchtern von dem seinerzeit Geschehenen berichtet.

»Als Sie Ulrike Kändler zu würgen begannen, wann war das?«

»Da lag sie schon vor mir auf dem Boden, rücklings.«

»Fräulein Kändler stand am nächsten Morgen ihr erster Einsatz im OP-Saal bevor, und sie wird als verantwortungsbewußt geschildert. Weshalb sollte sie sich da noch bis tief in die Nacht hinein mit Ihnen einlassen? Es fällt uns schwer, bei Ihrer Vorgeschichte die Ereignisse nicht völlig umgekehrt zu denken: Sie haben Erfahrung mit jungen Frauen, Sie haben Erfolg bei ihnen, offenbar ist Ihnen in der Vergangenheit da nichts schief gelaufen. Nun plötzlich wehrt sich jemand, verhält sich nicht so, wie Sie es erwarten. Und da rasten Sie aus.«

»Ja, ich habe einige Freundinnen gehabt, bin mit ihnen ausgegangen, aber ich neige nicht zum Ausflippen, ich bin kein Gewaltmensch. Ich begreife meine Eskalation selber nicht. Ich kann nur sagen: Ulrike wollte mit aller Macht, daß ich noch blieb. Da ist es geschehen. Es war alles ein unglückliches Zusammentreffen von Umständen. Ich habe das auch den Kriminalisten immer wieder gesagt.«

»Oder haben Sie von Ulrike Kändler Geld gefordert, und sie gab Ihnen keins?«

»Geld spielte wirklich keine Rolle. Danach habe ich erst später gesucht.«

»Also doch. Diese Suche ... Wie sollen wir uns die kühle Bedachtheit erklären, mit der Sie, nachdem Sie eine Zigarette geraucht hatten, die Wohnung durchsuchten, ans Spurenbeseitigen gingen? Sie haben übrigens nur einen Teil Ihrer Spuren verwischen können, wie später noch dargestellt werden wird. Wir haben sieben Zigarettenkippen gefunden, die Sie rauchten. In einem Mülleimer. Wir fanden Ihren Daumenabdruck an Ihrem Tatwerkzeug, dem Aschenbecher, und Ihre Hautpartikel am Hals und an den Armen Ihres Opfers.«

Es hat in jener Nacht keinerlei sexuelle Kontakte zwischen Täter und Opfer gegeben, der vorgefundene Zustand der Kleidung Ulrike Kändlers lieferte dafür nicht den geringsten Anhaltspunkt. Fällt es Jonker deshalb leicht, bei seiner Aussage stur zu verharren: Es hat seinerseits auch nie nur die Absicht einer solchen Annäherung bestanden, vielmehr löste Ulrike Kändlers eindeutiges Verhalten die Katastrophe aus.

Ulrike Kändlers eindeutiges Verhalten?

Nein, Rainer Jonker hinterläßt keinen günstigen Eindruck, weder beim Publikum, noch – offensichtlich – beim Gericht.

Nach seiner gründlichen Anhörung marschiert die lange Reihe der Zeugen auf. Da kommt Jonker wenig zu Wort. Die Hausbewohner und Nachbarn werden als erste befragt. Hat das Schreien des Opfers in der Tatnacht sie nicht zu Hilfeleistungen bewegt? Es war nicht eindeutig, und wer nimmt denn so etwas an? sagen sie. Sie haben die merkwürdigen Laute nach Mitternacht erst später gedeutet, sagen andere. Ein Schreien war weder beim Drosselvorgang noch später beim Würgen möglich, höchstens ein unterdrücktes Röcheln, wird übrigens später die Gerichtsärztin bekunden. Das Schreien, sagt sie, muß vorher erfolgt sein. Bevor Ulrike das Kabel plötzlich um den Hals lag, hat sie nie geschrien, erklärt da Rainer Jonker. So wird – wie bei vielen Prozessen – manche Einzelheit unbewiesen, mancher Widerspruch ungelöst bleiben.

Danach werden auch die Polizisten angehört, der junge Assistent Schreiber, dem Jonker als erster seine Probleme andeutete, später Kriminalhauptkommissar Jülich. »Ich kann nur sagen, daß der Angeklagte durchaus aussagewillig war im Rahmen seiner Aussagestrategie, daß er aber auch sehr selbstgerecht uns gegenüber auftrat. Vor allem bagatellisierte er die Vorfälle ständig. Sie waren ein Unfall, an denen er nicht allein Schuld trug.«

Oberkommissar Setzepfand wird nicht vernommen.

Und die Reihe der Mitarbeiter aus den Bereichen Tierschutz und Buchclub? Sie haben ihren Aussagen vor der Polizei nichts wesentlich Neues hinzuzufügen. Im Gegenteil. Manchem muß seine einst klare, unmittelbare Darstellung von Umständen und Zusammenhängen noch einmal vorgehalten werden.

Und wie viele wollen frühere Eindeutigkeiten und Urteile abschwächen? Rainer Jonker zeigt wenig Regung, als seine früheren Kollegen und Freunde über ihn urteilen, Episoden berichten; er blickt nur gelegentlich auf, die andern zu mustern. Das schafft er freilich keine Sekunde, als Elisabeth, seine griechische Freundin, von ihren Hoffnungen und tiefen Enttäuschungen spricht. Da hält er den Kopf reglos über seine verschlungenen Hände gesenkt, streift nur manchmal mit einer Hand über die andere – kaum sichtbare Gesten.

So sitzt er auch, als die Mediziner zu Wort kommen. Ulrike Kändler starb erst, sagt eine Ärztin, als Jonker sie mit bloßen Händen würgte. Zehn Minuten höchstens dauerte der Vorgang, eine längere Zeitspanne ist unvorstellbar. Dabei konnte Ulrike Kändler nicht mehr um Hilfe schreien. Auch den Schlag mit dem Aschenbecher erhielt sie *vor dem Würgevorgang*, höchstens zeitlich parallel mit ihm, die Blutung unter der Kopfhaut beweist es. Möglich, dieser Schlag hat sie bewußtlos und wehrlos gemacht. Und der zweite Arzt erklärt: Die Speichelreste in den Zigarettenresten und die fremden Partikel an der Haut der Toten, ausgewertet, besagen: Der Täter ist Rainer Jonker. Mit einer Sicherheit von eins zu zehn Millionen. So häufig, nein, so selten wiederholt sich die in den Proben vorgefundene genetische Konstellation.

»War die Tötung Ulrike Kändlers eine Tat im Affekt?« wird schließlich der gutachtende Psychiatrieprofessor gefragt. »Affekttäter erschrecken plötzlich über ihre eruptive Tat, wachen auf, kehren in die Wirklichkeit zurück, sie wollen das Geschehene ungeschehen machen, vielleicht den Getöteten ins Leben zurückrufen, sich selber töten. Nichts davon bei Rainer Jonker. Er kann sich an seine Tat von Anfang bis zu Ende erinnern, es gibt keine Amnesie, keine Gedächtnislücken, er beschreibt die Vorgänge ziemlich genau, nur kommen sie ihm endlos vor, und der Schlag mit dem Ascher wird unrichtig eingeordnet. Aber solche fehlende Bewußtseinstrübung ist ganz ungewöhnlich bei Taten im Affekt. Herrn Jonkers Einsichtsfähigkeit war nicht eingeschränkt, seine Steuerungsfähigkeit nicht beeinträchtigt, wenngleich da letzte Zweifel bestehen. Aber es gibt vom psychiatrischen Gesichtspunkt keine Gründe, die Jugendgesetzgebung für das Urteil anzuwenden. Herr Jonker war fähig, Arbeitsgruppen zu führen, Entscheidungen zu treffen. Es gibt bei ihm auch kein Anzeichen für eine psychische Erkrankung, keine Hirnschädigung, keine einschränkende Sucht, erst recht keinen Schwachsinn.«

»Und wie sehen Sie das ungewöhnliche Nachtatverhalten des Angeklagten, vor allem den Umstand, daß er sich freiwillig gestellt hat?«

»Das passiert freilich nicht häufig. Herr Jonker hätte lange Zeit, vielleicht sein ganzes Leben lang unentdeckt bleiben können. Ulrike Kändlers Tod war das fast perfekte Verbrechen, es gab keinen Zeugen, der Täter hatte keine bekannte Beziehung zu seinem Opfer. Aber er war nicht zu diesem Mädchen gegangen, um es zu morden, er war in diese Situation hineingeraten. Und obgleich er so eiskalt Spuren beseitigt hat: Diese Kälte paßt nicht zu seinem Charakter. Er hat in der Vergangenheit für viele Konflikte eine Erklärung gefunden. Er hat sich immer vor bedrückenden Emotionen abzuschotten vermocht. Wer solche seelischen Mechanismen in sich spürt, ist sicher vor Störungen, zum Beispiel, wenn man Frau und Kind verläßt. Das ist gewissermaßen ein Immunisierungsapparat der Seele. Aber nun war Herrn Jonkers Abwehrmechanismus offenbar doch überfordert. Er wurde reizbarer, suchte Ablenkung und zugleich Ruhe. Er reagierte panisch, er konnte sich nicht mehr kontrollieren. Alles kann aber auch so erklärt werden: Er empfand Reue.«

»Und sein Geltungsbedürfnis, sein Egoismus?«

»Das ist altersbedingt, daß man egoistisch handelt, noch ohne Verständnis für die sozialen Komponenten. So sehe ich auch die Flucht vor Freundin und Kind.«

»Also doch Unreife in der Entwicklung?«

2

Wie nach allen Ermittlungen und Gutachten urteilen?

»Wir haben nur die Tatdarstellung des Täters«, sagt die junge Staatsanwältin, »wir müssen ihr bei allen Zweifeln glauben, wir haben keinen anderen Zeugen. Wir können nicht sagen: Hier hat ein Täter seinen brutalen Willen einer jungen gutgläubigen Frau gegenüber rücksichtslos durchzusetzen versucht, wir können nur sagen: Hier geschah eine absolut unsinnige Tat. Der Angeklagte hätte die Wohnung so leicht verlassen können. Warum blieb er, warum entwickelte er eine so ungezügelte Gewalt, warum fing er plötzlich zu drosseln, zu würgen an, warum griff er nach dem Aschenbecher? Wir begreifen es nicht.

Der Angeklagte tötete nicht grausam, nicht heimtückisch, aber er ist des Totschlags schuldig; er tötete, ohne Mörder zu sein. Für ihn war das Leben so oft ein Spiel, hat seine Freundin gesagt. Er hat nur nach seiner Lust gelebt, sich seine Scheinwelt errichtet. Daß er sich freiwillig stellte? Da war alles über ihm zusammengebrochen. Aber wir müssen das berücksichtigen. Ohne dieses freiwillige Geständnis würden wir noch heute nach einem Täter suchen.

Ich sehe trotz allem die Defizite in der Entwicklung Rainer Jonkers. Er war zur Tatzeit einem Jugendlichen gleichzustellen. Ich beantrage eine Jugendstrafe von neun Jahren für ihn.«

»Nein«, erwidert die Rechtsanwältin der Nebenklage, »das Verschulden des Angeklagten war so extrem stark motiviert wie Mord, deshalb muß er wie ein Erwachsener bestraft werden. Ihn nach guter Führung nach sechs Jahren wieder in Freiheit zu sehen, die Vorstellung bedrückt nicht nur die Eltern des Opfers. Jonkers Tat ist Ausdruck des gesellschaftlichen Werteverfalls.

Sein Lebensmittelpunkt war das Geld, nicht Neigung, Gefühl, nicht Liebe. Ein Mann kann mit achtzehn wählen, in den Krieg ziehen, aber er kann nicht Mörder sein? Das ist eine rückständige Haltung unserer Gesellschaft.«

Sowieso sei die Rolle des Opfers und seiner Familie zu wenig berücksichtigt und nirgendwo die volle Wahrheit im Prozeß gefunden worden.

»Die Gesellschaft muß vor solchen Straftaten geschützt werden. Ich beantrage eine Sanktion von vierzehn Jahren nach Erwachsenenstrafrecht.«

»Mein Mandant ist von Natur aus kein gewalttätiger Mensch«, erklärt danach der Verteidiger, noch am selben Vormittag zu seinem Plädoyer aufgefordert. Der Prozeß soll nun zügig zu Ende gebracht werden. »Mein Mandant hat andere Schwächen. Aber er hat keine Neigung zur Aggression. Das Geschehene war auch für ihn eine Ausnahmesituation, eine Zäsur in seiner Entwicklung.

Wie konnte das alles bloß passieren? fragen wir uns. Aber da fängt unser Unverständnis schon an. Wir erwarten einen adäquaten Beweggrund. Doch es gibt ihn nicht. Mein Mandant hat ihn nicht. Wir stellen von vornherein schon die falsche Frage. Die nichtigsten Anlässe können zu solchen Taten führen. Anlaß und Folge stehen da in keinem adäquaten Verhältnis. Solche Taten gibt es.«

Wieviel hundert Plädoyers für unterschiedlichste Angeklagte hat der erfahrene Verteidiger schon gehalten? Vieles wiederholt sich. Aber wieviel nicht? Dieser Prozeß ist auch für ihn ein außergewöhnlicher.

»Weshalb hat sich mein Mandant so verhalten, wie er es tat? Da ist, auch im Einverständnis mit dem gutachtenden Professor, mit letzter Sicherheit verminderte Steuerungsfähigkeit nicht auszuschließen. Ich gestehe, eine plausiblere Erklärung wäre mir lieber. Solche sinnlosen Taten schlagen jedem aufs Gemüt, auch einem Verteidiger. Aber Rechtsfrieden ist etwas anderes. Daß ich nach allem für die Anwendung des milderen Jugendstrafrechts stimme? Ich sehe den eindeutigen Grund dafür im bisherigen Lebenslauf meines Mandanten. Der ist

Ausdruck einer Entwicklung, die geprägt ist von viel Verantwortungslosigkeit und Unreife. In Konflikten ist er eine noch sehr unreife Persönlichkeit.«

Und die Kammer?

»Ob wir hier acht oder zehn, zwölf oder vierzehn Jahre Strafe verhängen«, sagt die Vorsitzende Richterin, »was macht es. Ein junger Mensch ist aus nicht nachvollziehbaren Gründen getötet worden, das ist nicht mehr zu ändern.

Natürlich, es bleiben Zweifel an der Version des Angeklagten. Wenn wir uns sein Opfer vorstellen, Ulrike Kändler, ein lebenslustiges, kontaktfreudiges Mädchen, das viele Bekannte und Freunde hatte – nein, die Geschichte paßt zu ihr nicht, daß sie sich so aufdringlich gibt, derart anbiedert. Verständlich deshalb die Ermittlungen der Polizei, die von der Annahme ausging, daß der Angeklagte mit erheblichen Hoffnungen in Ulrike Kändlers Wohnung kam und dort nach Mitternacht ausflippte. Aber das sind Spekulationen. Man konnte sie dem Angeklagten nicht beweisen.

Es sind auch viele Zweifel darüber geblieben, ob der Angeklagte alles erzählt hat. Aber wir müssen letztlich sogar honorieren, daß er den Mut aufbrachte zu seinem Geständnis, daß er nach innerem Kampf diesen seinen Entschluß faßte. Er hätte die Stadt auch verlassen können. Was dann? Vielleicht, daß er bei einer Routineüberprüfung aufgefallen wäre mit seinen DNA-Werten. Möglich, der Fall wäre nie aufgeklärt worden, und man würde heute noch im Bekanntenkreis der Familie Kändler suchen. Nun kann man dort allen Menschen im Umfeld beruhigt ins Auge blicken: Da ist kein Verbrecher.

Auch die Kammer ist der Meinung: Es hat eine Eskalation stattgefunden, die völlig sinnlos war. Auch sie fragt sich: Warum mußte das alles passieren? Es war kein Mord: Wir haben keinen Zeugen dafür. Wir müssen auch alle Bedenken zurückweisen, das Jugendstrafrecht hier nicht greifen zu lassen. Bei jungen Menschen sind andere Maßnahmen nötig als bei älteren, wo oft eiskalte Dissozialität die Gedankengänge bestimmt. Hier ist ein junger Mensch noch mitten im Entwicklungsprozeß, er hat eine deutliche Reifeverzögerung, er hing falschen Wertvorstellungen an. Als sie ihm über den Kopf wuchsen, beherrschte er die Situation nicht.«

Die Strafe für Mord kann noch geringer ausfallen als für Totschlag. Im Erwachsenenstrafrecht steht dabei die Tat im Vordergrund, bei Jugendstrafen der Täter. Also wieviel?

»Die Ungeheuerlichkeit der Tat war dem Täter bewußt, als er zur Polizei ging. Diese große Schuld darf im nachhinein nicht vernebelt werden.«

Die Höchststrafe ist zehn Jahre. Die Tatsache, daß Rainer Jonker zur Aufklärung wesentlich beigetragen hat, ist zu berücksichtigen.

Also wieviel?

Neun Jahre Jugendstrafe. Die Kammer folgt dem Strafantrag der Staatsanwaltschaft.

»Der Angeklagte hat mehrfach erklärt: Er weiß nicht, warum das alles passiert ist. Er hat sich bisher leichtfertig über sein Verhalten, seine Tat hinweggesetzt. Alles ist furchtbar schiefgelaufen, hat er gesagt. Die Kammer spricht ihre Hoffnung aus, daß der Angeklagte in der Haft begreift, was mit ihm vorgegangen ist.«

Ich habe an den meisten Termintagen im Gerichtssaal gesessen, ich verlasse ihn nun nicht ohne Genugtuung. Wenngleich: So viele Fragen bleiben.

»Wird das Urteil bald rechtskräftig, oder wird Ihr Mandant Einspruch einlegen?« frage ich, als wir vor dem schweren Ausgangsportal stehen.

»Warum sollte er?« meint sein Rechtsanwalt. »Kann er ein noch günstigeres Urteil erwarten?«

Der Tod kam um die Mittagszeit

Siebzehn Stunden

1

»Na, Meister, dann wollen wir mal. War ja kein Fest, so auf dem Stuhl zu hocken, die Wurzel aufgebohrt zu kriegen. Habe ja selber drunter gelitten, schon beim bloßen Zusehen. Aber was hilft's? Was sein muß, muß sein. Sie haben sich übrigens wacker gehalten. Muß man schon sagen.«

Sie sind zu dritt in dem üblichen weißen Arztraum, zwei Angestellte in Anstaltsuniform, dazu ihr Delinquent, den sie den Meister nennen, auch den General oder einfach B. B. Außerdem stehen der Zahnarzt und die beiden Helferinnen in weißen Kitteln zwischen den Geräten und den Schränken. Was die Mädchen wohl mitunter empfinden, wenn sie ihnen ihre Patienten aus der Klinik zuführen?

Der Arzt hat den Zahn nicht gezogen, er will ihn retten, sieh an. Auch ein Delinquent aus der Psychiatrie verdient Aufmerksamkeit und die volle Unterstützung der Krankenkasse. Wird der sanierte Reststumpf sogar noch überkront? Das weiß nur der Doktor. Jedenfalls braucht man mindestens noch einen neuen Termin, der wird auf die übliche Weise abgesprochen, geheim, ohne Wissen des Patienten, per Telefon.

»Tschüs«, sagt der Arzt, »auf gelegentliches Wiedersehen.« Und die beiden Mädchen, jungsche Dinger, starren auf sie, wie sie die stählerne Fesselacht um die Handgelenke des Delinquenten klicken lassen. Oder kennen die beiden keinerlei Ängste? Sind sie längst abgebrüht im Umgang mit den Leuten von nebenan?

Sie schließen die Tür. Sie steigen die Treppe hinab, einer vor dem Mann in Handfesseln, der andere dahinter. Der Mann in Handfesseln, das ist B. B. So nennen sie ihn am liebsten. Er ist schon seit Jahren bei ihnen in der Klinik. Er ist groß, breit, derb, bärtig, ein gelernter Fleischer. Manchmal sitzt er bei ihnen und unterhält mit seinen Geschichten die ganze Truppe. Bernhard Büchner. Auf seinen Armen spreizen sich eintätowierte Gestalten und Wörter, auch ein Schwert.

Nun steigt also B. B. die Treppe von der Zahnarztpraxis ins Erdgeschoß hinab, wartet ordentlich, daß sie die Tür öffnen, tritt über die Türschwelle die Stufe hinunter in den Vorgarten, wartet, daß sie sich erneut einordnen: einer vor ihm, einer dahinter. Blickt er sich um? Sieht er, rechts, links, die beiden Figuren? Bronze oder angestrichener Gips? Ein tanzender Delphin gleitet über eine Schale, die das Wasser eines kleinen Springbrunnens fängt. Eine Nixe, gegenüber, küßt einen Harlekin.

»Na, Meister, die letzten Schritte. Auf denn.«

Sie öffnen die Zaungittertür, lassen ihn als ersten hinaus. Da steht ihr Klinikwagen noch nicht da, nur gegenüber, in der Gegenrichtung, ein anderes Fahrzeug, braun, mittelgroß, unauffällig, ein Renault, ein Ford? Können sie den Wagen später exakt beschreiben? Seine Hintertür zur Straßenseite ist geöffnet. Als B. B., der General, der Meister, die sieht, stürzt er davon, stürzt er hinüber mit gefesselten Händen, springt er hinein, während der Wagen schon anfährt.

»Der haut ab, der türmt!«

Sie brüllen sich's zu, der eine reagiert schneller als der andere, klammert sich an die fremde Wagentür, wird mitgeschleift, zerreißt sich die Hose, schabt sich die Haut blutig an den Knien und am linken Arm, bis er zehn, zwölf Meter weiter vor Schmerzen losläßt.

»B. B. ist entkommen!« schreit der andere schließlich ins Telefon, als der Anstaltswagen endlich vorgefahren ist. »Da war ein Helfer. Er hat ihn in einem Auto erwartet, einem Renault, da bin ich sicher. Ein Viertürer, metallicbraun. Die Nummer? GEL und irgendwas mit zweihundert. Wir fahren ihnen nach, versuchen sie zu erwischen. Alarmiert, was Räder hat. Er ist ohne Schwierigkeiten durch die Schranke nach draußen gekommen.«

2

Wochentags um den Mittag herum ist eine merkwürdige Zeit für eine Dorfkneipe. Mal überraschen zwei, drei Autobesatzungen den Wirt in der Küche, sechs, acht Leute verlangen ein schnelles, gutes Essen mit allem Komfort, jeder ein anderes, dazu halten zwei Fernfahrer vor dem offenbar beliebten Haus, und nun kommen auch die Monteure vom Ferngas oder die Elektriker aus der Stadt. Plötzlich ist Trubel, Hektik zwischen den Tischen und vorm Herd.

An anderen Tagen sitzen höchstens die am Tresen, die immer kommen, halten sich stundenlang an zwei, drei Bier fest, quatschen auf die Wirtin ein, erzählen ihr immer dieselben Geschichten. Was passiert auch schon an Neuem innerhalb einer Woche in so einem kleinen Dorf vor der Großstadt? Im vergangenen Herbst ist die Konkurrenz abgebrannt, das »Eichhörnchen«, die dritte Gaststätte im Dorf. Aber hat es deshalb mehr Zulauf im »Grauen Wolf« gegeben?

Helga Kröber hat eingeheiratet, seit sechs Jahren ist sie Wirtin im »Grauen Wolf«. Niemand hat ihr erklären können, weshalb der so ungewöhnlich heißt, keinen Löwen oder Bären zum Namensvetter hat.

Manchmal ist sie lustlos: Werden sie's über die Jahre hinweg packen, durchstehen? Dann wieder, wenn sich die Gäste bis tief in die Nacht hinein drängen, überkommt sie Freude: Sie haben alles richtig gemacht. Nein, sie brauchen sich keinen Makler zu suchen, der ihnen ihr Anwesen verscherbeln hilft. Sie müssen bloß weiter durchhalten. In drei Jahren werden sie genug gespart haben, um einen Ausbau ernsthaft in Angriff zu nehmen: Ein Zimmertrakt für Dauergäste fehlt ihnen noch. Bloß ob sie über allem Streß noch an ein zweites Kind denken können? Jan ist nun drei Jahre. Sie selber ist allein aufgewachsen, Steffen, ihr Mann, ebenso. Da haben sie sich beide jahrelang wenigstens zwei Kinder gewünscht. Aber ob das jemals dazu kommen wird? Jan ist so oft auf sich allein gestellt, ißt nicht mal regelmäßig, nur nach Lust und Laune.

Dieser Freitag, es ist der siebzehnte April, ist wieder einmal so ein trauriger Tag. Nicht einmal die, die immer zum Mittagsbier kommen, haben sich sehen lassen. Nur die Monteure poltern herein, bestellen sich das Einfachste, dreimal Bratwurst mit Pommes, dazu jeder einen Spezi, eine alkoholfreie Mischung von Cola und Limonade, schön kalt. Danach aber ist absolut tote Hose, Stille. Als sich Helga Kröber schon überlegt, ob sie nicht vorzeitig schließen, in die Nachmittagspause gehen soll, kommt noch ein unerwarteter Gast, ein Fremder. Es ist ein Mann um die Fünfzig, beschreibt sie ihn später, er ist bärtig, kräftig, breit in den Schultern. Er bestellt ein Bier und einen Korn. Und dann das gleiche noch mal, sagt er, lacht. Sie weiß selber nicht, warum, aber als sie ihm die Bestellung bringt, setzt sie sich zu ihm an den Tisch. Sie ist es so gewohnt. »Sind Sie zu uns ins Dorf hier herausgelaufen?« fragt sie. »Da kommt kaum mal wer Fremdes her. Touristen haben wir hier überhaupt nicht. Die treibt's alle weiter, wenigstens zum Fernsehturm hin oder zur Waldkapelle.«

Sie sieht ihm auf die Arme, die Hände, die nach den Gläsern greifen, ihren Inhalt gierig in den Mund schütten. Sie sieht die in die Haut tätowierten Streifen und Ringe unter dem hochgestreiften Hemdsärmel. Einmal ergeben die blauen Punkte und Linien ein Schwert, einmal einen deutlich lesbaren Namen: Brigitte.

»Sie müssen wohl tüchtig gerannt sein, daß Sie so einen Brand haben, so einen Durst. Sie schniefen ja auch wie wild.«

»Machen Sie sich da mal keine Sorgen, junge Frau. Ich bin nur gerade mit dem Motorrad gefahren, nicht wenige Kilometer.«

»Und Sie wollen gleich weiter?«

»Vielleicht.«

Sie sitzen einander schließlich schweigend gegenüber. Auch das zweite Bier, das der Fremde bestellt hat, kippt er, als es dann kommt, rasch hinunter. Später zählt er das verlangte Geld für seine Zeche auf den Tisch, leert den Inhalt seiner Jackentasche aus, alles Kleingeld, Markstücke. Nur zwei, drei Mark bleiben am Ende übrig. Und Pfennige. Merkwürdig. Im Grunde ist Helga Kröber froh, daß der Fremde danach bald aufbricht. Er riecht streng, ziemlich streng, durchgeschwitzt, wie seit Tagen ungewaschen.

In so einer Kneipe hast du's schon mit allen möglichen und unmöglichen Kerlen zu tun, denkt sie. Dann steht sie am Fenster, blickt ihm nach. Sie entdeckt erst jetzt den bunten Plastebeutel, den er mit sich führt. Er läuft geradeaus mitten ins Dorf hinein, direkt auf den Friedhof zu. Und wo ist das Motorrad, mit dem er, wie er gesagt hat, angeblich ins Dorf gekommen ist?

Doch was bringt's, ihm nachzuspionieren. Er hat in zehn Minuten eine anständige Zeche gemacht. Nichts anderes gilt.

3

Die Steinerts wohnen seit ewigen Zeiten im Dorf. Ein Urgroßvater, als Tischlergeselle auf der Walz zwischen Harz und Elbe, ist einmal eines Mädchens wegen hier hängengeblieben, hat eingeheiratet und Kinder gezeugt, alles Söhne. Die sind sämtlich auf und davon mit den Jahren, nur der Älteste ist geblieben und von dem wieder der Älteste und aus der nächsten Generation genauso der älteste Enkel. Sie haben ein bißchen am Haus gewerkelt und auf dem Grundstück, ein paar Tiere gehalten und ein paar Schläge Feld bewirtschaftet. Sie sind nicht reich geworden darüber. Der eine, vor dem Krieg, ist in die eine Partei gegangen, sein Sohn, nach dem Krieg, in die nächste. Sie haben ihr bißchen Land in die Genossenschaft eingebracht, wie es die meisten taten, nun haben sie es wieder selber am Halse und verpachtet. Sie haben sowieso genug anderes zu tun. Was die Steinerts über Jahrzehnte hinweg nebenbei erledigt haben, ist nun ihre Hauptbeschäftigung. Sie betreuen den Friedhof nebenan, sorgen für Ordnung zwischen den Gräberreihen; Rudolf Steinert hebt die Gräber aus, wenn es gewünscht wird, und sorgt für die Gedenksteine. Und wie viele Gräber sind mittlerweile ganz seiner Obhut übergeben, weil die Verwandten der Verstorbenen längst aus dem Dorfe weggezogen sind? Da hat man sein Brot.

Wer so in nächster Nähe mit dem Tod und dem Sterben lebt, hat ein enges Verhältnis zur Vergangenheit, nicht nur zu seiner eigenen. Und so kann denn, wer will, zu den Steinerts kommen und die Unmenge der gesammelten Fotos aus wenigstens acht

Jahrzehnten betrachten, die in den Treppenfluren und Zimmern hängen, dazu stapeln sich ein paar Alben. Rudolf Steinerts Großvater hat einmal mit dem Sammeln angefangen. Sein Enkel hat sich nicht lumpen lassen. Da ist mit den Jahren allerhand zusammengekommen, und die Steinerts, gut gelitten im Dorfe, haben nicht nur deshalb ringsum zahlreiche Bekannte.

Dieser Freitag im April ist ein frischer, windiger, aber sonniger Tag. Am Nachmittag ist Rudolf Steinert in die nahe Stadt gefahren, einige Besorgungen zu erledigen, und Hanna Steinert ist allein zu Haus. Das Geschirr vom Mittag hat sie längst abgewaschen, nun sitzt sie bei einer Tasse Kaffee vorm Fernseher – die Talkshow mit diesem dunkelhäutigen Mädchen läuft gerade –, als es an der Tür klingelt. Als sie öffnen geht, stehen zwei Frauen aus dem Dorf draußen, halten ihr einen Beutel entgegen, buntbedruckte Plaste.

»Kennste den?«

»Wo habt ihr den denn gefunden?«

»Na, wo schon? Drüben auf dem Friedhof. Würden wir sonst zu dir kommen? Nu kannst'n aufheben, bis sich der meldet, dem er gehört. Komisch is das schon, so'n Beutel auf dem Friedhof, an der Bank.«

»Habt ihr mal reingesehen, was drin ist?«

»Nichts Besonderes. Eine Dose Bier und Papiere. Lauter fremde Namen. Kann erst heute passiert sein, daß den wer vergessen hat. Aber was für ein junger Bursche geht schon auf den Friedhof?«

»Ich leg den Beutel bereit. Wird sich schon melden, wem er gehört. Wollt ihr reinkommen, einen schönen Kaffee bei mir trinken?«

Hanna Steinert hat auf gut Glück gefragt, eigentlich auch keine Zustimmung erwartet. Die beiden Großmütter lehnen ab, müssen sich um ihre Enkel kümmern. Wer weiß, wo die herumtollen, was sie zu Hause anstellen.

»Na dann, gute Verrichtung. Könnt ja gelegentlich mal nachfragen, was aus eurem Fund geworden ist.«

Hanna Steinert bleibt noch ein paar Minuten an der Tür stehen, sieht den beiden Frauen nach. Sind nun auch schon über die Fünfzig, die beiden, wie sie selber. Die Jahre vergehen.

Wann sind sie mit kurzen Röcken und Kniestrümpfen in die Schule gerannt, darauf aus, jede als erste den Jungs zu beweisen, wie abgehärtet sie war?

Sie blickt über den Friedhof, der jetzt offenbar menschenleer liegt, dann hinüber aufs Nachbargrundstück. Vor Mittag war dort lautes Treiben. Hans Seliger ließ den Betonmischer laufen wie jeden Tag. Und seine Mutter grub und harkte mit ihren Einundsiebzig im Garten, als ob ihr der Krückstock, an dem sie laufen mußte, nichts ausmachte. Nun war Ruhe drüben. Vielleicht machten sie endlich eine verdiente Pause. Die Seligers ... Waren auch so Verrückte, Hans vor allem. Seit zwei Jahren arbeitslos, wollte er nun allein seinen Hausanbau zu Ende bringen, ohne fremde Hilfe. War nur zu hoffen, daß es etwas Dauerhaftes wurde mit Tochter Heike und ihrem Mark. Der war ja selber auf dem Bau und half seinem möglichen Schwiegervater schon manchmal. Aber Heike ist nun mal gerade erst sechzehn geworden. Was ist da dauerhaft?

Mit solchen Gedanken wendet sie sich um, läuft zurück in ihr Wohnzimmer. Die Talkshow mit dem sympathischen braunhäutigen Mädchen, dem sie manche Frechheit verzeiht, ist sicherlich zu Ende. Hans Meiser, den sie noch lieber mag, kommt erst in einer Stunde. Aber sie wird schon eine Beschäftigung bis dahin finden.

4

Mark Weber, achtzehn, mag Heike Seliger schon lange. Zwei Jahre lang sind sie im selben Schulbus zwei Dörfer weit zur Sekundarschule dort gefahren, und er hat manchmal hinter ihr gesessen und sie beobachtet, wie sie sich gab, lachte, gestikulierte. Er hat sogar geschmeckt, wie ihr Haar duftete. Dann war alles vorbei, tatsächlich vergessen. Er begann seine Lehre, traf andere Leute. Bis vor einem halben Jahr alles neu und frisch zurückkam: In der Disko trafen sie sich wieder, fand er sie nicht mehr albern und sie ihn nicht mehr eingebildet. Bald danach sahen sie sich jeden Tag oder telefonierten wenigstens miteinander über zwei Dorfstraßen weg. Was hat man sich nicht alles zu sagen, wenn man frisch verliebt ist.

Am Abend dieses siebzehnten April kehrt Mark Weber von seiner Baustelle, auf der er als Lehrling beschäftigt ist, erst nach zwanzig Uhr in sein Dorf zurück, ein paar Arbeitskollegen haben ihn aufgehalten. Sie mußten noch zwei, drei Bier trinken. Nun ißt er doppelt hungrig von dem, was seine Mutter ihm vorsetzt – ihrem Einzigen, sonst ist da noch eine Schwester, längst verheiratet –, ein warmes Essen natürlich, Schnitzel mit Blumenkohl (oder schon mit erstem Spargel?). Dann muß er unbedingt noch mit Heike sprechen, sie vielleicht sehen. Es hat ein bißchen Spannungen gegeben. Die Puhdys werden in Magdeburg auftreten, er will hinfahren, sie nicht. So'n alter Kram, hat sie gesagt, so'ne Greise, wen interessieren die denn noch. Nun will er ihr noch einmal sagen, daß er wirklich nicht auf der Fahrt beharrt. Soll sie sich selber aussuchen, wohin sie will.

»Frau Seliger, Entschuldigung, daß ich Sie ans Telefon hole, daß Sie vielleicht so weit herlaufen müssen. Ich möchte mit Heike sprechen. Können Sie sie bitte holen?«

»Das geht jetzt nicht. Nein.«

»Ist Heike da?«

»Nein, nein. Ja.«

»Warum sind Sie denn so kurz angebunden, Frau Seliger?«

»Du kannst Heike nicht sprechen. Sie, sie ... will nicht.«

»Sie hat mich mißverstanden. Das war kein Streit mit ihr. Sie kann sich aussuchen, wohin wir fahren wollen, zu welchem Konzert. Sagen Sie ihr das. Nein, holen Sie sie doch mal ans Telefon. Bitte.«

»Ich muß jetzt auflegen. Heike will dich nicht sprechen.«

»Das kann ich nicht glauben. Bitte, bitte, Frau Seliger.«

»Ich lege jetzt auf.«

Mark Weber erschrickt. Heikes Mutter mag ihn, sie hat es ihm so oft zu verstehen gegeben. Warum ist sie plötzlich so unfreundlich, geradezu abweisend? Will Heike ihn wirklich nicht sprechen? Ist sie zickig wegen des Streits, oder ist da etwa ein anderer? Oder hat er's mit den Seligers verdorben, den Eltern, hat er ihnen vielleicht nicht so beim Hausbau geholfen, wie sie's erhofften?

Er wirft sich eine Jacke über, läuft hinaus in die frühe Nacht.

Er rennt die paar Straßen, geht nicht langsam. Er sieht das Haus der Seligers, es ist nur von einer Straßenlaterne in mattes Licht getaucht. Im Vorgarten liegen die zwei Kieshaufen unverändert, die gestapelten Bausteine, die Bretter, die Heikes Vater für den Ausbau braucht. Seit Wochen der gleiche Anblick, auch jetzt im Halbdunkel. Er läuft zur Haustür, drückt die Klinke. Die Tür ist nie verschlossen, warum jetzt? Er drückt den Klingelknopf, drei-, viermal, nach einer Pause erneut. Da endlich bewegt sich etwas, erscheint Heikes Mutter im Fensterviereck neben der Tür, aber sie schließt nicht auf, läßt ihn nicht herein.

»Heike will dich nicht sprechen. Es geht ihr nicht gut. Begreifst du das nicht?«

Mit Mühe versteht er ihre Worte, sieht er ihren Kopf, der sich abwehrend hin- und herbewegt. Wer soll das alles verstehen?

Minuten später erst geht er, niedergeschlagen. Heike verleugnet sich, will ihn nicht einmal mehr sprechen. Selbst das ist ihr zuviel. Es ist aus, aus, aus.

Er liegt die halbe Nacht wach, versucht es zu verstehen. Wie kann er's? Er weiß plötzlich: Heike ist seine erste richtige Liebe.

5

»Hanna, bist du's ? Bist du am Telefon?«

»Wer spricht da? Ich erkenn dich nicht. Du redest so hektisch.«

»Hilde ist hier, Hilde Seliger.«

»Natürlich, ja. Jetzt versteh ich dich. Was rufst du so früh an? Es ist Sonnabend. Ist was passiert?«

»Wir haben Besuch. Ein Bekannter. Er glaubt, gestern was verloren zu haben.«

»Kann ich euch helfen?«

»Er wollte gestern abend schon wieder abreisen. Aber ohne den Beutel kann er's nicht.«

»Ein Beutel?«

»Ja. Er war schon gestern abend bei dir, wollte dich fragen. Aber es war niemand da. Einen Beutel hat er verloren.«

»Aus Plaste, bunt?«

»Du hast ihn, meine Güte. Es hat ihn wer abgegeben?«

»Carla und Susanne.«

»Wir kommen gleich zu dir. Gleich, verstehst du. Machst du uns auf? Du gibst den Beutel heraus?«

»Warum denn nicht?«

Hanna Steinert blickt auf die Uhr. Es ist halb acht. So früh ruft selten einmal jemand an. Und nun Hilde von drüben, einigermaßen aufgeregt. Aber Rudolf und sie haben längst schon Kaffee getrunken. Sonnabend ist für sie kein besonderer Tag. Sie greift nach diesem Beutel. Sie hat ihn noch am Flurschrank stehen, beinahe vergessen. Nicht einmal Rudolf gegenüber hat sie ihn erwähnt, als sie sich gestern am Abend mit ihm in der Stadt traf, später mit ihm zurückkehrte. Sie schiebt die Plastehälften zur Seite, blickt noch einmal in den Beutel. Wirklich, gefaltetes Papier und eine Bierdose. Wer sollte inzwischen etwas herausgenommen haben?

Als sie vor die Tür auf die Straße tritt, sieht sie Hilde Seliger schon auf sich zulaufen, sogar Heike begleitet sie, und zwischen ihnen geht ein Mann, derb, breit, bärtig. Sein Gang ist watschelnd. Sein Körper pendelt ein bißchen nach links, dann nach rechts. Sie hat den Mann noch nie gesehen. Haben die Seligers mal von so einem Bekannten gesprochen? Woher kommt er? Und wieso sind die drei so schnell vor ihrer Tür? Sind sie aus dem Hinterausgang über den Friedhof gestiegen? Hilde kennt ja wie sie diesen geheimen Durchgang. Sicher haben sie ihn benutzt.

Sie hält mit beiden Armen den Beutel vor ihren Körper, da nickt der fremde Bekannte der Seligers, lächelt, greift nach ihm, freilich nur mit einer Hand, die andere bleibt hinter Hilde Seligers Rücken. Fällt es ihr gleich auf? Oder erinnert sie sich erst später an diese Merkwürdigkeit?

»Ich danke dir, Hanna. Für deine Mühe.«

Auch der Fremde nickt, bedankt sich. Nur Heike hat nicht einmal einen Morgengruß. Dann laufen sie zu dritt weiter, eng zusammen, wenden sich noch halb nach ihr um, Hilde Seliger wenigstens und ihre Tochter. Ist die Telefonzelle drüben am Platz hinter dem Friedhofszaun ihr Ziel? Tatsächlich. Aber wenn sie die Absicht hatten zu telefonieren, warum haben sie's nicht gleich zu Hause oder wenigstens bei ihr versucht? Hanna Steinert verfolgt ein bißchen staunend, was da drüben geschieht: Heike, nachdem sie die Tür der Zelle geöffnet, etwas erklärt hat, kommt plötzlich zurückgelaufen, an ihr vorbei. »Das ist ja ein Kartentelefon«, sagt sie, »ich hol die Karte von uns.« Hanna Steinert kann nur nicken. Sollen die machen, was sie für richtig halten.

Später, vom Schlafzimmerfenster im ersten Stock aus, an dem sie mit ihrem Mann steht, sieht sie die beiden Frauen mit diesem bärtigen, kräftigen Fünfzigjährigen noch immer gemeinsam an der Telefonzelle warten. »Na ja, alles klärt sich«, sagt sie dann zu Rudolf, als ein Taxi vorfährt, der Fremde einsteigt.

Sie kommen gerade die Treppe vom Oberstock ihres Hauses herab, als es plötzlich wieder an ihrer Tür klingelt, diesmal stürmisch, ohne Ende, und als sie verwundert öffnen, stürzen ihnen die beiden Frauen in die Arme, Hilde und Heike Seliger, hängen ihnen am Hals, schwer, fast schon ohnmächtig. »Ruf die Polizei, Rudolf«, sagt Hilde Seliger, »schnell. Das war ein Mörder. Glaubt's mir. Drüben liegen Hans und die Mutter. Tot. Ruft die Polizei! Glaubt's mir.«

6

Das Dorf liegt nahe an der großen Stadt, kaum zwei Kilometer weit weg, aber die können sich dehnen, endlos lang werden, auch sonnabends vormittags, wenn jedes Auto sich durch den Stau hindurchmühen muß. Die Umgehungsstraßen, die Autobahn, die einen Großteil des Verkehrs rund um die Stadt einmal auffangen sollen, sind noch längst nicht fertig ausgebaut, da bleibt nur der Weg durch das Nadelöhr im Norden, an den Baustellen vorüber, die, wenn sie verschwunden sind, freilich die Durchfahrten leichter machen werden. Aber bis dahin?

Der gelbe Mercedes hat die Strecke bis zum Stadteingang noch nicht geschafft, als sein Autotelefon plötzlich klingelt, der Fahrer den Hörer abnimmt. »Ja«, sagt er, »was wollt ihr? Ich komm schwer voran, steck im Stau. Ich bin die nächste halbe

Stunde noch dicke beschäftigt. Ja, ja«, meint er dann, »ich komm aus diesem Ort. Ich hab einen Fahrgast, ja, einen. Hauptbahnhof, das ist unser Ziel. Fragt mich nicht, wann ich dort eintreff.«

In diesem Augenblick spürt der Fahrer die derbe Hand des Mannes neben sich, die ihm den Hörer vom Ohr reißt, auf die Gabel drückt.

»Das war deine Zentrale, was? Oder die Polizei? Was haben die gefragt?«

»Die Zentrale war's, keine Polizei.«

»Du biegst jetzt ab, du fährst mich nach Leipzig. Hintenrum, über die Dörfer. Du kennst deine Wege. Und wag ja nicht zu telefonieren, irgendwem Zeichen zu geben. Ich hab 'ne Pistole. Glaub mir. Ich hab die nicht zum Spaß. Ich komm aus der Psychiatrie. Da hab ich nischt zu verlieren.« Der Bärtige beobachtet mit Genugtuung, wie der Fahrer – er ist durchaus kräftig bei Leibe – ängstlich gehorcht, auf die viel weniger benutzte Gegenfahrbahn wendet, was nicht sonderlich auffällt. Einige Wagen, unterschiedlichste Typen, geben unterwegs auf, versuchen sich offenbar auf Seitenstraßen in die Stadt zu mogeln.

7

Kriminalhauptkommisssar Werner Jülich

»Wir reagierten, glaube ich, sehr schnell. Wir erhielten die erste Nachricht von dem mehrfachen Gewaltverbrechen an dem betreffenden Sonnabend kurz vor acht Uhr. Wir konnten über die Zentrale des zuständigen Gewerbebetriebs das entsprechende Taxi ausmachen, noch ehe es die Innenstadt erreicht hatte. Leider war es nicht mit der notwendigen Notrufeinrichtung versehen, so daß wir es kurz danach wieder verloren, offenbar durch massive Einflußnahme des Täters.

Der erste Streifenwagen sicherte den Tatort gegen acht Uhr dreißig, ich selbst traf eine halbe Stunde später ein. Der Tatort war ein in einer Nebenstraße gelegener, zum Teil zweistöckiger Altbau, der durch etliche in der Mehrheit noch unfertige weitere Räume ausgebaut wurde. Diese neuen Räume waren zum

Teil noch unverputzt, zum Teil als Lagerräume verwendet. In der Küche des bewohnten Altbau-Hausteils fanden wir, auf dem Boden liegend, mit zwei Wachstuchdecken abgedeckt, eine männliche Leiche vor, Alter etwa fünfzig Jahre, mit einer Schußwunde an der rechten Stirn, deren Ausflußfäden bereits eingetrocknet waren. In dem Schlafzimmer daneben stießen wir auf eine zweite Leiche, und zwar die einer älteren Frau, etwa siebzig Jahre. Sie wurde auf dem Bauch liegend vorgefunden, vor der rechten Doppelbetthälfte, mit Decken abgedeckt, unter denen sowohl Füße wie Kopf und ausgebreitete Haare herausragten. Bei erster Inaugenscheinnahme war zu vermuten, daß der Tod dieser Frau durch Drosselung oder Strangulation herbeigeführt worden war.«

Hilde Seliger vor der Polizei am Nachmittag dieses Sonnabends

«Ich kam gestern wie immer von meiner Arbeit nach Hause, halb vier, mit dem Bus. Ich war ein bißchen aufgebracht, als ich vor der verschlossenen Haustür stand. Die war doch nie abgeschlossen, was waren das für neumodische Sitten, außerdem steckte der Schlüssel von innen. Da lief ich zum Hintereingang und die Treppe hinauf zu unserer Wohnung, wir wohnen oben, im Obergeschoß. Ich wunderte mich noch, die Tür von Elfriede, meiner Schwiegermutter, die Tür zu ihrer Wohnung unten, meine ich, war geschlossen, obgleich Licht dahinter brannte, Elfriede also zu Hause war. Was ist denn heute los, dachte ich. Ich stürmte durch die obere Wohnung, aber ich fand niemanden, nur die Tür vom Vogelkäftig stand sperrangelweit auf. Heike wird unten sein, bringt den Vogelsand weg, und Hans werkelt mal wieder im Keller, so meine Vorstellungen. Ich wollte nachsehen, sie suchen. Wo war denn Ulli, unser Wellensittich? Als ich noch die Treppe hinunterstieg, öffnete sich die Tür zu Elfriedes Wohnung, und Heike trat heraus. Sie war offenbar völlig nackt, hatte sich eine Decke übergehängt, die sie mit den Händen zusammenhielt; sie sah mich mit großem starrem Blick an.

Ich begriff nicht, was da vorging. Ich sah diesen ... diesen Kerl, diesen Mörder hinter ihr nicht. ›Was soll der Blödsinn?‹

fragte ich Heike. ›Was treibst du dich in Omas Wohnung herum?‹ Da trat er hinter Heike hervor, zielte mit einer Pistole auf mich und sagte: ›Eigentlich wollte ich mir deine Tochter vornehmen, aber nun bist du dran.‹ Er sagte es noch brutaler. Und es war erst der Anfang. Es ging die ganze Nacht durch bis in den nächsten Morgen. Und immer war die Pistole dabei. Er zeigte uns auch die Munition. ›Ich putz euch weg, leg euch um‹, drohte er, ›wenn ihr nicht tut, was ich sage, wenn ihr die Leute herbeischreit.‹«

Heike Seliger am selben Nachmittag vor einer Kriminalbeamtin

»Ich war an diesem Tage, gestern, von früh an zu Hause, ich war krank, erkältet, nicht in der Schule gewesen. Am Mittag sah ich fern, diese Talkshow mit der dunkelhäutigen Arabella. Ich war so dabei, daß ich fast vergessen hätte, was mir Mutter aufgetragen hatte: Ich sollte den Vogelkäfig säubern. Ich fing damit an, hörte der Sendung weiter von der Küche aus zu. Als Schritte die Treppe heraufkamen, dachte ich: Mein Gott, Mutter, sie ist schon da, jetzt schon. Aber ich blickte mich nicht um. Warum auch? Da vernahm ich plötzlich diese schreckliche fremde Stimme hinter mir. Ich erschrak furchtbar und drehte mich rasch um. Da hielt mir der Mann, dieser Mörder, seine Pistole entgegen. ›Schrei nicht! Wehe, du schreist!‹ drohte er. ›Wie lange bist du schon im Haus?‹ wollte er dann wissen und: ›Wo hast du dich versteckt gehabt? Was hast du gehört?‹ Ich versuchte ihm zu antworten, ich zitterte, hab auf seine Pistole gestarrt. Ich verstand trotzdem nicht, was vorging. Ich habe es bis jetzt noch nicht richtig verstanden: Während dieser Mann unten bei uns im Haus Oma und Papa umgebracht hat, habe ich stundenlang in unserer Wohnung gesessen und ferngesehen. Und ich habe nichts gehört. Nein, nichts. Was wäre anders geworden, wenn ich hinunter- und dazwischengegangen wäre? Lebte Oma dann noch, oder wäre ich selber jetzt auch tot?

Der Mann, der Mörder, fragte mich dann, wo meine Eltern ihr Geld versteckt hätten und wann meine Mutter nach Hause kommt. Zur selben Zeit mußte ich meine Sachen ausziehen, Pulli, Jeanshose und Schuhe. Er sagte: ›Damit du mir nicht auf dumme Gedanken kommst, etwa abhaust.‹ Er lachte. Dann sollte ich die Treppe runtergehen, und er folgte mir ganz nahe. Ein paarmal hat er mich mit der Pistole in den Rücken getippt.

Wir liefen an der Küche von Oma vorbei, da sah ich hinter der halb offenen Tür Vater. Er saß auf einem Stuhl, zusammengesunken. Über seinen Kopf war ein Handtuch geworfen, so daß ich Gesicht und Haare nicht sehen konnte. Ich war voller Angst. Ich weinte. Er hat Vater was angetan, habe ich gedacht. Ist Vater bewußtlos? Oder schon tot?

Ich durfte nicht in die Küche hineingehen. Ich mußte weiter geradeaus in Großmutters Schlafzimmer. Dort lag Oma auf dem Fußboden, auf dem Bauch. Eine Bettdecke war über sie hingeworfen. Oder hatte sie sich die selber heruntergezogen? Ihre Füße ragten lang unter dem Leinen hervor, ich sah auch ihr Haar, dazu die Stirn, die ganz blau verfärbt war. ›Was ist mit Oma? Lebt sie nicht mehr?‹ schrie ich. ›Ach was, Oma schläft nur‹, erklärte er da.

Dann mußte ich mich auf Omas Bett legen, während er durch das Zimmer rannte, rauchte und aus einer Cola-Flasche trank. Mit der Pistole hat er immer wieder herumgefuchtelt. Er riß Schrankfächer und -türen auf, wühlte dahinter herum. Bald begriff ich, was er suchte: Verbandsmaterial oder Garn und Stricke, um mich zu fesseln. ›Na, sagst du nun, wo ihr euer Geld versteckt habt? Und wo steht euer Auto?‹ – ›Vater ist arbeitslos‹, erwiderte ich, ›seit Januar vorigen Jahres. Und Mutter hat von der Firma, wo sie jetzt beschäftigt ist, noch keinen Lohn bekommen. Bei uns ist Geld immer knapp. Wir haben auch kein Auto, keinen PKW, auch keinen gebrauchten.‹ Er glaubte mir nicht. ›Lüg nicht. Wer baut, hat immer Geld‹, beharrte er.

Er fing nun an, meine Hände hinter meinem Kopf zusammenzubinden.«

Noch einmal aus den Aussagen Hilde Seligers am selben Nachmittag

»Ich fragte ihn, der nun immer wütender und zorniger wurde: ›Wo ist mein Mann?‹ Da zeigte er im Vorübergehn auf die Tür zur Küche: ›Der ist da drin. Ich mußte ihm eine verpassen.‹ Heike flüsterte mir im selben Augenblick zu: ›Er hat auch Oma umgebracht.‹ Als er uns ins Schlafzimmer stupste, sah ich sie schon auf dem Boden unter ihrem Deckbett liegen. Da war ich nur noch ein Bündel Angst. Wir mußten hier heil herauskommen, wenigstens lebend. Vor allem Heike mußte davonkommen. Ich mußte alles dafür tun.

Später, als wir ins Obergeschoß hinaufsteigen mußten, lockerte er uns die Fußfesseln, damit wir die Treppe hinaufkamen. Dort hatten wir uns im Schlafzimmer wieder auf die Betten zu legen, und er fesselte uns stärker. Er hatte auch noch Mullbinden gefunden. Dann ließ er die Jalousien vor den Fenstern herab und beobachtete zwischen den Lamellen hindurch, was auf dem Friedhof geschah. Ich hatte ihm erklärt, daß er das von hier oben aus am besten konnte. Er hatte am Mittag unter der Bank, auf der er gesessen hatte, wie er erzählte, einen Beutel mit Briefen, Fotos und anderen Papieren liegengelassen. Nun hatte er offenkundig Angst, daß jemand draußen die Unterlagen fand und mitnahm, Frauen, die an den Gräbern beschäftigt waren.

Am Abend, in der ersten Dunkelheit, zog er den Jogginganzug von Hans an und lief hinunter. Er wollte wohl für meinen Mann gehalten werden, wenn ihn jemand zwischen den Gräbern suchen sah. Aber er kehrte erfolglos, mit leeren Händen zurück. Er war nun wieder sehr aufgeregt. Die Bilder und Papiere bedeuteten ihm wohl sehr viel. Wahrscheinlich konnte man an ihnen leicht erkennen, wer sich im Dorf aufgehalten und sie verloren hatte. Wo jemand, der den Beutel gefunden hatte, ihn abgeben würde, schrie er mich an. Danach lief er zum zweiten Mal vors Haus, klopfte, klingelte nebenan bei den Steinerts. Doch es war wohl niemand bei ihnen daheim.«

8

Ehe sie diese Einzelheiten und noch viele bedrückende mehr an diesem Nachmittag erfahren, ist anderes längst in die Wege geleitet. Hilde und Heike Seliger haben einen Namen und ein paar Lebensumstände des brutalen Eindringlings, dieses eiskalten Mörders, erfahren. In den siebzehn Stunden, die sie mit ihm gemeinsam in ihrem Haus zusammen sein mußten, zusammen auch mit den beiden Toten, hat er ein paarmal geradezu wehleidig mit sich selber gesprochen. »Da wirst du aber Ärger kriegen, Bernd, wie kannst du bloß so schusselig sein«, hat er einmal gesagt und wohl den verlorenen Plastebeutel gemeint. Und ein andermal, als sie über den Kreuzworträtseln oder vorm Fernseher saßen, hat er sich selbstgefällig gegeben. »Das kann man mit dem lieben Bernd nicht machen«, hat er gesagt. Sie können sich zwar nicht mehr an den Zusammenhang erinnern, in dem diese Worte gefallen sind, aber den Namen Bernd oder Bernhard hat er da, im oberen Wohnzimmer, zum zweiten Male, eindeutig auf sich bezogen, ausgesprochen. Und als er sie kurz danach wieder mit dem Revolver bedrohte, hat er ihnen zu verstehen gegeben, er habe nichts mehr zu befürchten, er schrecke auch vor nichts zurück. Er sei sowieso aus der Psychiatrie entwichen. »Aufs Kreuz habe ich die alle gelegt.«

Ein Mann zwischen Vierzig und Fünfzig, bärtig, Vorname Bernd oder Bernhard und aus der Psychiatrie entwichen? Aber der muß sich doch sofort finden lassen. Da muß es doch Fahndungslisten geben, vielleicht sogar ein Bild, ein Fax mit genaueren Daten!

Sie haben bald darauf auch ein eigenes Bild. Sie haben die couragierte Helga Kröber gefunden, die Wirtin vom »Grauen Wolf«, oder Helga Kröber hat sie gefunden, die Nachricht von den grausigen Vorfällen im Haus hinterm Friedhof hat im Nu die Runde in dem kleinen Dorf gemacht. Dazu sieht jeder die unvermittelt eingetroffene Kavalkade der Polizeifahrzeuge und fremden Wagen. Auch die Steinerts stehen als Zeugen zur Verfügung, die dem Täter gegenübergestanden haben. Gemeinsam helfen sie nun einem Polizeizeichner, den die Staatsanwaltschaft oder die Polizei vorausschauend herbeordert hat, aus einer Skizze allmählich die festen Konturen eines bärtigen, bulligen Gesichts entstehen zu lassen: kurzgeschorener, schon angegrauter Vollbart, genauso kurz gehaltenes Haupthaar, keine Schläfenecken. Sie korrigieren verschiedentlich, streiten sich auch. Aber das Ergebnis befriedigt am Ende alle. Als das Bild Mutter und Tochter Seliger gezeigt wird, erschrecken die: Ja, so, genauso, fast genauso hat er ausgesehen.

Damit kann man doch etwas anfangen.

Und wo ist das Taxi abgeblieben, dessen Fahrer sich lediglich einmal übers Telefon von seiner Zentrale erreichen ließ, mit dem die Verbindung jäh abbrach, weil sich offenbar sein Fahrgast einschaltete? Mit einiger Verzögerung erfahren sie's: Er hat sich in der Nachbarstadt gemeldet, im benachbarten Bundesland, in Leipzig bei der Polizei, und die dort hat ihre eigene Fahndungsmaschinerie in Bewegung gesetzt, um den flüchtigen offensichtlichen Doppelmörder zu ergreifen. Sogar ein Hubschrauber ist angefordert. Bald wird er über den nordöstlichen Wald- und Parkgebieten der Messestadt kreisen, den Flüchtigen aufspüren helfen.

Denn flüchtig ist er noch, weiterhin flüchtig.

»Ich bin, wie der Fremde es wollte, über die Dörfer gefahren«, erzählt der Taxifahrer des gelben Mercedes. »Er hat mir die Pistole ein paarmal vorgewiesen, auch Munition. Ich hatte Angst. Als das Telefon ein zweites Mal klingelte, riß er es wieder an sich, wollte es aus der Verankerung zerren. Da sagte ich: ›Laß mir wenigstens den Hörer.‹ So nahm er bloß den Akku heraus und verschwand, seinen bunten Beutel in der Hand. Ich weiß nicht, ob er in die Stadt lief oder mit der Straßenbahn fuhr. Wir waren da schon in den Vororten von Leipzig, wohl in Möckern, er rannte erst mal in eine Nebenstraße. Natürlich hatte er nicht bezahlt. Ich habe dann eine Telefonzelle gesucht und die Polizei angerufen.«

Als die eintrifft, das Taxi sichert, es nach verwertbaren Spuren untersucht, zeigt das Taxameter noch immer 121,40 DM an. »Mein Fahrer ist neu, noch nicht lange bei mir angestellt«, erklärt der Hallesche Fuhrunternehmer später, der auch einige Taxis betreibt. »Er kannte sich mit unserer Technik noch nicht voll aus. Ich bin froh, daß er heil davongekommen ist. Die geprellten Fahrtkosten kann ich verschmerzen.«

Die Presse beschreibt am Montag darauf unterschiedliche Versionen dieser Taxifahrt nach Leipzig. Nach ihrer Darstellung hätte es dem Taxifahrer durchaus nicht an Courage gefehlt, die Notrufanlage zu betätigen. Aber es war einfach keine im Wagen installiert. Überaus kritisch vermerkt es die Presse und fragt: Hätte der Doppelmörder nicht längst gefaßt sein können, wenn die notwendige Technik installiert gewesen wäre? Außerdem: Man hat das Taxi wohl erst in Leipzig ausgemacht und angerufen, der Täter geriet demnach schon bei diesem ersten Anruf in Panik und ergriff sogleich die Flucht. Warum aber erreichte man den Mercedes so spät? »Es gab Probleme mit dem Funk«, soll man in Halle bei der Kripo erklärt haben, was auch immer das bedeutete.

Wo aber ist der Täter, wer ist der Täter?

Noch am selben Vormittag glaubt man ihn zu kennen. Zunächst gerät ein Mann ins Visier, der vor zwei Tagen aus dem Psychiatrischen Krankenhaus in Bernburg entwichen ist; er konnte bislang nicht aufgegriffen und zurückgeführt werden. Hat er sich unmittelbar nach seinem Ausbruch auf den Weg nach Sernitz begeben, um dort derartig schwer straffällig zu werden? Aber weder ist er wuchtig gebaut noch bärtig im Gesicht, er ist auch deutlich jünger, und er heißt nicht Bernd oder Bernhard. Nein, dieses schmächtige Kerlchen wird es wohl nicht sein, ihm sollte ihre alleinige Aufmerksamkeit nicht gelten, er redet ein bißchen irre, ist schizophren, aber er ist in der Vergangenheit noch nie als gewalttätig aufgefallen.

Fast zum selben Zeitpunkt haben sie einen zweiten Namen: Bernd Portisch, dreiundvierzig Jahre alt, ein Klotz von einem Kerl, dazu bärtig. Vor sechs Wochen ist er aus der Justizvollzugsanstalt in Naumburg ausgebrochen, getürmt. Nein, genauer: Er ist von einem Freigang nicht zurückgekehrt und inzwischen genauso wenig wieder gefaßt worden wie der Kleine aus Bernburg. Sie besorgen sich ein Foto von ihm, lassen es sich erst einmal zufaxen. Sie zittern, als sie es vor sich liegen haben, es Hilde und Heike Seliger vorlegen, auch Helga Kröber. »Ja, der ist es«, sagen sie alle nach kurzem zögerndem Bedenken. Vielleicht sind seine Haare in Wirklichkeit im Nacken etwas länger, aber die können, seit die Aufnahme gemacht worden ist, gut und gerne so lang gewachsen sein.

Bernd Portisch. Insgesamt über zehn Jahre hat er schon hinter Gefängnismauern verbracht. Den Chef der Pelzbande hat man ihn genannt, auf deren Konto insgesamt über zweihundertdreißig Einbrüche kamen. Pelzmäntel und Rohmaterial waren offensichtlich ihre Spezialität. Da hatte die Bande feste

Abnehmer. Irgendwo in alten Akten ist die Gesamtbeute beziffert: 1,8 Millionen Deutsche Mark. Zuletzt ist Portisch noch einmal wegen Diebstahls und Einbruchs verurteilt worden. Von den diesmal zweieinhalb verordneten Jahren hat er noch vier Monate bis zum Sommer abzusitzen. Da plötzlich überkommt es ihn. Der Freiheitsdrang, der Übermut, die Lust, eine Gelegenheit wahrzunehmen? Am 13. März hat er Freigang in Naumburg. Mit einem unbewaffneten Justizangestellten, mit seiner neunzehnjährigen Stieftochter und ihrem Freund läuft er durch den Vorfrühling in den Straßen der Stadt. Mittags, nach ihrem Bummel, wollen sie in einem Restaurant gut essen. Die Justizküche kocht ordentlich, aber ihren Geschmack kennt man, man muß ihn sich nicht jeden Tag leisten. Die vier nehmen an einem Tisch Platz, unterhalten sich normal, freundlich. Als den Justizmann einmal die Blase drängt, geht er, scherzt noch mit Portisch: »Daß du mir in der Zwischenzeit ja nicht abhaust!« Als er zurückkommt, ist das gute Essen zwar gegessen, aber nur noch die beiden jungen Leute sitzen verlegen am Tisch. Portisch ist doch auch zur Toilette, sagen sie. Tatsächlich? Die rasche hektische Suche ist vergeblich. Erst am 17. April taucht Portisch wieder auf: in Sernitz, in der Kneipe »Zum grauen Wolf« und danach in dem Haus am Friedhof. Im Haus der Seligers wird er zum Doppelmörder, vergewaltigt er die beiden Frauen.

Klar, Portisch ist ihr Mann. Noch für den Nachmittag werden sie eine außerordentliche Pressekonferenz einberufen, an die Öffentlichkeit gehen. Ganz Deutschland wird dann nach dem Doppelmörder Portisch fahnden. Der Mann ist ihre Bank. Kleinigkeit, den Haftbefehl für ihn auszustellen.

9

Werner Jülich, der Hauptkommissar, weiß: Er kann eiskalt sein. Seine Gefühle beherrschen zu lernen gehört zu seinem Beruf, zu seiner Arbeit, die neben unendlicher Langeweile und Gleichförmigkeit auch genügend ganz unerwartete Belastungen und Überraschungen bringen kann. »Du kriegst unvermittelt Einblicke in Leben und Umstände, die dich erschüttern. Immer nahe am plötzlichen Tod, mit ihm konfrontiert, erfährst du viel

Leid. Da mußt du einen kühlen Kopf bewahren können.« (Übrigens erklärt er nie öffentlich, vor allem nie gegenüber der Presse, daß in seiner Arbeit je gleichförmige oder gar langweilige Zeiten vorkommen.)

Und doch gibt es Fälle, da ist auch einer wie er bis an die Grenzen des Menschenmöglichen, des Erträglichen gefordert, vielleicht schon darüber hinaus. Sich das vorzustellen: Zwei Frauen, eine davon ein halbes Kind noch, müssen es mit diesem Wüstling siebzehn Stunden in ein und demselben Haus, im eigenen Haus aushalten, neben den Leichen ihrer eben getöteten Verwandten, sie müssen sich aufs Bett der toten Schwiegermutter und Oma legen, damit dieser Kerl seine Lüste austoben kann. Wie lang wird da eine Stunde? Wie sehr dehnt sich selbst eine Minute? Und was haben die beiden außer dem, was sie der Polizei mittlerweile schon mitgeteilt haben, noch tun und durchstehen müssen? Man will es im Grunde gar nicht wissen, aber man wird es erfragen müssen, um das ganze Ausmaß des Geschehenen zu dokumentieren.

Werner Jülich geht durch das Haus. Die Einrichtung ist bescheiden, ordentlich und bequem, aber nirgendwo übermäßig. Für Luxus, Überfluß ist hier kein Platz. Der Altbau ist das Haus der Großmutter, der Anbau, nur in Teilen fertig, gibt der nächsten Generation Wohnraum, auch dem Mädchen Heike. Da ist vieles noch unfertig, die Wände sind noch nicht alle verputzt. Im Vorgarten liegen die Materialien für den Fortgang der Arbeit, Steine, Bretter. Wer wird die Arbeit nun fortsetzen?

Hat der Täter sich von hier vorn, durch den Vorgarten und die Vordertür, Zugang ins Haus verschafft? Jülichs Blicke fallen auf die Fenster, an denen der Osterschmuck noch nicht abgenommen ist, Pflanzengehänge mit bunten Eiern, Sträuße, ein bißchen angewelkt. Am Briefkasten klebt ein Schild: Vorsicht – neugieriger Nachbar. Alles ist alltäglich. Nichts deutet auf das Entsetzliche hin, über das man vielleicht morgen schon reden wird zwischen Nordsee und München wie über einen Flugzeugabsturz vor Neufundland mit zweihundert Toten oder über den Kindermord in der Familie Weimar: Nun kommt es tatsächlich zum dritten Prozeß gegen die Mutter.

Wieso mußte sich der Täter ausgerechnet dieses Dorf, diese Familie und dieses Haus aussuchen, dem man allenthalben doch seinen dürftigen Wohlstand ansehen konnte? Am Altbau bröckelt der Putz, am Neubau gibt es alles andere als eine spektakuläre Glasfensterfront. Hat der spätere Mörder hier wirklich Geld vermutet, ist er aus Zufall hierher geraten, oder hat er dieses Haus mit genauer, sicherer Absicht heimgesucht? Oder ist er ganz einfach ein Psychopath, ein auf schlimme Art Kranker?

Werner Jülich fürchtet, wie er so scheinbar absichtslos um das Haus herumstiefelt: Über die Motive dieser Tat werden sie sich vielleicht noch lange die Köpfe zerbrechen müssen. Und keine ihrer Varianten wird eindeutig sein.

Nun, denkt er schließlich, der Täter ist von der anderen Seite gekommen. Er hat diese zwei Bier und die Schnäpse im »Grauen Wolf« getrunken, dann ist er geradeaus weiter. Wozu noch den Umweg über den kleinen Markt und den Kirchplatz machen, er ist direkt auf den Friedhof gegangen. Er hat diese Bank dort gesehen, hat an die Bierdosen gedacht in seinem Beutel, wenig genug, aber er hat den Durst noch gespürt, den er in der Kneipe nicht hat löschen können. Dann hat er sich hingesetzt in die Frühjahrssonne. Aber er hat nicht beide Dosen aus dem Beutel leergetrunken, nur die eine. Weshalb? Was ist ihm plötzlich wichtiger gewesen als dieser Durst? Da war noch etwas Schweres drin in dem Plastebeutel, etwas, was ihn schwermachte, runterzog, hat die Frau vom Friedhofsgärtner gesagt, außer den Papieren, irgendwelchen Postkarten oder Bildern, ja, eine Bierdose ist es gewesen.

Werner Jülich schlägt die Zaungattertür zurück, betritt den Friedhof. Es sind nicht viele Schritte hin bis zu dieser Bank; vielleicht zwanzig. Er läuft sie, setzt sich, lehnt sich zurück. Er hat Friedhöfe nie gemocht. Er ist noch nicht so alt, um auf ihnen heimisch zu sein. Er hat nicht selten mit dem Tod zu tun, aber wenn irgendein Kollege oder naher Verwandter unters – wie sie es nennen – Gras gebracht wurde, hat er sich davongemogelt, hat er geschwänzt, sooft es ging. Dabei weiß er, es zieht viele auf die Friedhöfe: die Ruhe dort, die Ausgeglichenheit. Erst recht romantische Liebespaare, die keinen Aufpasser brauchen. Ein Freund, den es in die Lehrerei verschlagen hat, läuft manchmal dorthin, wenn er Aufsätze oder Diktate zu korrigieren hat. Unvorstellbar ...

Jülich sieht sich um. Das ist kein besonderer Friedhof. Natürlich nicht. Ein paar höhere Grabsteine, ein Engel, der seine Flügel ausbreitet, nicht mehr. Rechts stehen die stabsmäßig ausgerichteten Reihen der Urnengräber. Zwischen den alten Grabfeldern links fehlen schon etliche Gevierte. Sie warten auf neue Dauergäste.

Warum trinkt, wer hier auf der Bank sitzt und Durst verspürt, kein zweites Bier?

Jülich blickt zur Seite. Hinter dem Staketzaun und der letzten Grabreihe liegt das Grundstück der Seligers, zunächst der Garten, dahinter der Hof. Auch hier Baumaterial, dazu der Betonmischer. Der Garten ist gut einzusehen. In ihm hat vor zwei Tagen Elfriede Seliger gearbeitet, tatsächlich trotz ihres Knie- oder Hüftleidens ein Beet umgegraben (oder erledigte das der Sohn?), geharkt, Gemüsesamen ausgebracht. Hat sie den Mann da drüben auf der Bank entdeckt, hat sie ihn gerügt? »He, wie kann man sich auf den Friedhof hocken und Bier in sich hineinkippen? Und dann vielleicht noch die Dose hinterlassen!« Hat sie etwas in der Art gesagt, den andern angemacht, ihren späteren Mörder, ihn gereizt mit solchen Vorwürfen? Oder hat er ein Gespräch begonnen beim Anblick der ein bißchen schwitzenden Frau, der man ihr Alter nicht ansieht, die noch gräbt und werkelt wie eine Junge trotz ihrer Behinderung? Ist ihm da plötzlich der Einfall gekommen: Hier kannst du was holen, hier steigst du ein? Waren eventuell sexuelle Gedanken im Spiel?

Ja, so etwa kann es gewesen sein. Hier, von der Friedhofsbank aus hat alles begonnen. Der Täter hat kein zweites Bier mehr getrunken, er hat in seiner Hast, seiner Gier selbst seinen Plastebeutel vergessen: Er ist über den Zaun oder durch eine Zaunlücke geklettert, jedenfalls ist er hinüber zu Elfriede Seliger.

Sie haben das Gartengerät, die Harke, noch quer über dem Beet liegend vorgefunden. Und Elfriede Seligers Oberbekleidung war an einen Schuppen gehängt, über einen hölzernen

Bock geworfen. »Nein, Elfriede würde sich selbst bei der größten Hitze nicht halbnackt hinstellen«, hat eine Nachbarin gesagt, die Frau vom Friedhofsgärtner, Hanna Steinert. »Dazu schämt sie sich viel zu sehr.« Was heißt das? Sie ist gezwungen worden, Rock und Bluse abzulegen und die Schürze. Der Täter hat mit seinem Revolver nicht nur gespielt, sie vielmehr ernsthaft bedroht. Sollte sie so, nur in der Unterwäsche, alles Schreien unterlassen, nicht auf sich aufmerksam machen, ihm gefügig das vorhandene Geld zeigen? Wahrscheinlich.

Sie läuft nie ohne Krückstock aus dem Haus. Nun darf sie wenigstens noch an der Gehhilfe vor ihm her ins Haus hinken. (Die finden sie später im Parterre, auch am Boden liegend.) Sind sie dabei schon im Hof ihrem Sohn begegnet oder erst drin im Haus? Beides ist vorstellbar. Vielleicht hofft Hans Seliger, daß seine Mutter ihm ein bißchen Mittagessen zubereitet, aufwärmt. Nun trifft er auf sie in ungewohnter Weise, sie ist halbnackt, und der Fremde läuft hinter ihr. »Was soll der Quatsch?« erregt sich Hans Seliger vielleicht. »Was machen Sie mit meiner Mutter? Was wollen Sie überhaupt hier?« Da zeigt der andere, der Mörder, seine Pistole und erklärt unverhüllt, direkt: »Euer Geld!« (Oder ist doch sexuelle Lust das vordergründige Begehren des Eindringlings, und der Sohn ist plötzlich im Wege?)

Offenbar eskaliert in der Küche der Großmutter der Streit, der Täter zielt plötzlich kaltblütig auf Hans Seliger, der jetzt auf einem Küchenstuhl sitzt, und erschießt ihn. Einfach so. Danach treibt er die geschockte, hilflose Elfriede Seliger nach nebenan in ihr Schlafzimmer, wirft sie zu Boden und erdrosselt sie von hinten, stemmt dabei einen Fuß in ihren Rücken, seine Kräfte zu verstärken. Auf ihrem Hemd findet sich ein schwarzer Schmutzfleck, ziemlich eindeutig ein Schuhabdruck. Jedenfalls: Es gibt keinen Zeugen mehr für den Mord an Hans Seliger. Und weil der Anblick der Toten den Mörder stört, wirft er ein Deckbett über sie und ein Handtuch nebenan in der Küche über den Kopf von Hans Seliger. Dann macht er sich auf, das Haus zu durchsuchen. In der Küche des Anbaus, im Oberstock, stößt er unvermutet auf Heike, die Enkelin. Sie kann ihn wenigstens davon überzeugen, von den Vorgängen der letzten Stunde nichts mitbekommen zu haben. Keine halbe Stunde später kehrt Hilde, die Mutter, von ihrer Arbeit zurück.

Nein, Jülich kann nicht eiskalt sein. Seine Gefühle zu beherrschen, das mag Teil seines Berufes sein. Hier schafft er es kaum. Er betritt das Haus durch den Hintereingang vom Hof aus, wie der Mörder und sein Opfer. Mittlerweile ist das Landeskriminalamt zur Unterstützung angefordert worden. Die Beamten sollen am frühen Nachmittag eintreffen. Zwei Fotografen schleppen einstweilen Scheinwerfer, um die vorgefundenen Räume und die Lage der Toten auf einem Videoband zu dokumentieren. Der Gerichtsmediziner tritt Jülich aus der Küche entgegen. »Gut, daß ich dich treffe. Dieses männliche Opfer ...« – »Hans Seliger, ja? Was ist mit ihm?« – »Er ist nicht nur mit dem einen Schuß in die Schläfe niedergestreckt worden, den wir zunächst bloß festgestellt haben. Es existiert da noch ein zweiter Einschuß im Nacken. Ein regelrechter Fangschuß, würde ich meinen.«

Nein, Werner Jülich kann nicht eiskalt sein.

10

Nach der eiligen Pressekonferenz am Sonnabendnachmittag erscheint Bernd Portischs Bild in einigen Sonntagszeitungen. Auch über Rundfunk und Fernsehen wird nach ihm gefahndet. Das muß doch Erfolg haben!

Da erhalten die Kriminalisten der Stadt am Sonntagmittag einen dringenden Anruf aus Berlin. Es ist an diesem Sonntag nicht nur die übliche »Stallwache« anwesend, fast die halbe Abteilung hat Dienst, entweder draußen in Sernitz am Tatort oder im Gebäude des Präsidiums am Untermarkt. Hier erwartet man die eingehenden Hinweise aus der Bevölkerung, hier ist man bereit, ihnen unverzüglich nachzugehen, sie auszuwerten. Einiges an Maßnahmen ist schon eingeleitet.

Und nun dieser Anruf aus Berlin, aus dem dortigen Präsidium. Ob man sich tatsächlich sicher ist, in Portisch den Doppelmörder von Sernitz vor sich zu haben? fragt man.

Wieso diese Zweifel? Und was geht das ausgerechnet die Berliner an?

Nun ja, an diesem Vormittag hat hinter dem Scheibenwischer eines Berliner Streifenwagens ein Briefchen geklemmt, das von einem gewissen Bernd Portisch unterzeichnet war. Dieser Portisch, derzeit ohne festen Aufenthalt, weil auf der Flucht, wie er erklärte, schrieb: Er habe in seinem Leben schon etlichen Blödsinn angestellt, er habe dafür auch büßen müssen, Jahre im Strafvollzug verbracht. Aber was er getan habe, hätte sich niemals gegen das Leben anderer gerichtet, höchstens gegen ihr Eigentum. Gewalt gegen Menschen sei nie sein Fall gewesen. Mit anderen Worten: Er protestiere aufs heftigste gegen die öffentlichen Unterstellungen, ein Doppelmörder und brutaler Sexverbrecher zu sein. Zu Frauen zum Beispiel habe er ein ganz selbstverständliches Verhältnis und müsse sich ihre Liebe nicht erzwingen. Jedenfalls: An den fraglichen Tagen und Stunden der Ereignisse in diesem Sernitz, das er überhaupt nicht kenne, habe er sich in Berlin aufgehalten, es wird genug Leute geben, die ihm sein Alibi bestätigen.

Hat Portisch Namen genannt?

Ja, wenigstens zwei. Die eine zugehörige Person hat sich freiwillig gemeldet, nun gut, seine Stieftochter, die auch den Zeitpunkt seiner Flucht in Naumburg miterlebte, man weiß um diesen Sachverhalt, die Neunzehnjährige hat ihn selber benannt. Aber da gibt es offenbar noch eine ganze Handvoll von Leuten, die Portisch am fraglichen Wochenende in Prenzlauer Kneipen gesehen, mit ihm gegessen und getrunken haben, unabhängig voneinander. Außerdem ...

Was: außerdem?

Dieser Portisch hat sich offensichtlich an verschiedene Zeitungsredaktionen mit seiner Erklärung gewandt. Bei einigen wird er offene Ohren gefunden haben. Macht euch auf geharnischte Artikel morgen gefaßt. Deshalb fragen wir ja: Seid ihr euch sicher, daß dieser Portisch euer Doppelmörder ist?

11

Sind sie sich sicher?

Als sie am darauffolgenden Vormittag in die nächste Pressekonferenz gehen, die diesmal nur einem Thema gilt, in diese übliche Montagsbesprechung mit den Gerichtsreportern der Sender und Zeitungsredaktionen, überrascht sie der Chef der Polizei gleich zu Beginn mit einer kurzen, knappen Erklärung: Man hat inzwischen den Tatvorwurf gegen Bernd Portisch fallen lassen. Bernd Portisch ist nicht der Täter von Sernitz. Er hat ein offensichtlich zweifelsfreies Alibi. Er hat sich in Berlin aufgehalten. Und vor allem: Seine Fingerspuren sind mit Sicherheit nicht mit denen identisch, die man am Tatort oder in diesem Mercedes-Taxi in Leipzig vorgefunden hat. Hätte man die Unterschiedlichkeit dieser Fingerspuren nicht schon früher feststellen können? Wieso haben die Tatortbeamten, sogar das LKA sechsunddreißig Stunden gebraucht, um sich sicher zu sein? Es hagelt Fragen und Vorwürfe. Wieso hat man lediglich nach der Ähnlichkeit von Fotos und Phantombildern geurteilt, einen Unschuldigen mit diesen schwersten Tatvorwürfen konfrontiert? Wieso hat man die Presse in diesen Riesenflop sauber mit hineinlaufen lassen? Und: Verstrich über allem nicht viel zuviel Zeit, kostbare Zeit, in der man nach dem wirklichen Täter hätte intensiver suchen können?

Kriminalisten und Staatsanwalt weisen die Vorwürfe energisch zurück, es sind ihnen keine Pannen unterlaufen. »Wie wollen Laien von außen beurteilen«, sagt zum Beispiel der Chef der Polizei und geht in die Offensive, »wie man solche Ermittlungen führen muß? Es hat keine Fehler gegeben, im Gegenteil, die Ermittlungen wurden sehr exakt und gründlich geführt.« Sowieso sind sie nicht einfach gewesen. Der Täter hat Spuren verwischt – »wir haben es mit einem ausgefuchsten Verbrecher zu tun« –, da brauchte es Geduld, um überhaupt verwertbare Abdrücke zu finden. »Das schafft man nicht in ein paar Minuten, auch nicht in Stunden. Außerdem muß man die Beweise so sichern, daß sie vor Gericht anerkannt werden. Der Tatort war in diesem Falle groß, sehr groß, das gesamte Wohnhaus, da gab es auch Fasern und Sekretspuren zu dokumentieren. Nein, unsere Kriminalisten und die Mitarbeiter des Landeskriminalamts sind sehr präzise tätig gewesen. Wenn man Fingerspuren heranziehen muß, ist die Situation immer kompliziert.«

Nun wissen sie, warum der Chef persönlich zur Montagsbesprechung gekommen ist. Er läßt sich so leicht nicht die

Butter vom Brot nehmen, heißt es. Auch an diesem Vormittag nicht. Freilich, was die Fahndung nach Bernd Portisch anbelangt, muß auch er zurückstecken. »Natürlich kann man im nachhinein unterschiedlicher Auffassung sein«, räumt der Präsident ein, »ob eine so schnelle Fahndung nach dem dreiundvierzigjährigen Mann aus dem Naumburger Gefängnis angebracht war, ob es vor allem richtig war, sogleich damit in die Öffentlichkeit zu gehen. Wir meinen allerdings«, fährt er dann fort, »wir mußten öffentlich nach Portisch suchen. Drei ernsthafte Zeugen hatten ihn auf dem vorgelegten Foto unabhängig voneinander mit nahezu absoluter Sicherheit erkannt. Da war es in unserem wie im Interesse der Bevölkerung, den vermuteten Täter so schnell wie möglich zu ergreifen, die Menschen vor ihm und weiteren Verbrechen zu schützen.«

Eigentlich erstaunlich, daß man an diesem Morgen dem kritischen Blick auf das Zurückliegende so viel Raum läßt, denn: Der eigentliche Clou dieser Besprechung, die brisante Nachricht, der Fakt, der wie eine Bombe einschlagen wird, kommt ja erst noch. Kaum hat nämlich der Präsident seine Anmerkungen zur Lage abgeschlossen, gibt er dem Pressesprecher des Landesamtes der Kriminalisten das Wort. Der, jung, ziemlich sportlich, in der Stadt noch wenig bekannt, beginnt scheinbar ganz undramatisch, nüchtern. Er hat im Grunde auch nur wenige Sätze mitzuteilen.

»Das Landeskriminalamt wurde am vergangenen Sonnabend gegen halb zwölf Uhr mittags um seine Unterstützung in der Mordsache in Sernitz gebeten. Unsere Beamten waren gegen fünfzehn Uhr vor Ort und begannen sogleich mit ihrer Arbeit, die, worauf der Herr Präsident bereits hinwies, wegen der Größe des Tatorts sehr umfangreich war. Am Sonntagmorgen wurden die entscheidenden Fingerabdrücke genommen und anschließend im Labor untersucht. Diese Laborauswertung hatte als erstes sichtbares Ergebnis die Erkenntnis, daß die aufgefundenen Fingerabdruckspuren nicht von der zur Fahndung ausgeschriebenen Person stammten. Also nicht von Portisch. Ich sage Ihnen bis hierher nichts Neues. Aber: Wir gingen mit diesen Spuren dann an den Zentralrechner des Bundeskriminalamtes und gaben unser Material ein. Der Computer hat uns daraufhin etwa dreißig Abdrücke genannt, die mit dem eingegebenen Material große Ähnlichkeiten aufwiesen. Wir haben diese Abdrücke überprüft und mehrfach von Experten begutachten lassen. Das Ergebnis: Mit nunmehr hundertprozentiger Gewißheit steht der Verursacher fest, der die Abdrücke in Sernitz und am Taxi hinterlassen hat.«

»Der Verursacher steht fest? Das heißt, ihr habt den Kerl?«

Die Stimmen der Journalisten überschlagen sich, schwirren durcheinander, sind kaum zu verstehen: »Was macht ihr für ein Geheimnis daraus!« – »Warum sagt ihr das nicht gleich?« – »Nennt den Namen!« – »Den Namen!« – »Seid ihr euch denn diesmal wirklich ganz sicher mit eurem Verdacht?«

Da nickt der Präsident, hebt beschwichtigend die Hände, übernimmt die Gesprächsleitung wieder: »Ja, diesmal sind wir uns ganz sicher. Die neue Fahndung läuft bereits. Nun bitten wir auch Sie um Ihre Unterstützung. Es sind Fotoabzüge vorbereitet, mit denen Sie arbeiten können. Der Tatverdächtige heißt Bernhard Büchner, ist Jahrgang 1948 und mehrfach einschlägig vorbestraft. Zwei Tage vor der Tat in Sernitz ist er bei einem Arztbesuch, genauer: bei einem Zahnarztbesuch seinen Betreuern aus dem nordrhein-westfälischen Landeskrankenhaus Düren entkommen.«

»Kennen die Zeugen, die Portisch identifizierten, das Foto des neuen Verdächtigen?«

»Wir haben es ihnen vorgelegt. Sie sind diesmal ohne Schwanken und Vorbehalte einhellig überzeugt: Das Bild zeigt den Täter.«

»Weshalb ist dieser Büchner ausgerechnet in unsere Gegend gekommen? Gibt es schon Vermutungen über die Gründe?«

»Natürlich nicht. Nur das wissen wir bereits: Büchner hat einmal in unserer Stadt gewohnt, wenigstens in ihrer unmittelbaren Nähe, vier Jahre lang, von 1952 bis 1956. Er ist hier eingeschult worden, ehe er mit seinen Eltern an den Niederrhein oder ins Ruhrgebiet verzog.«

»Hat dieser Büchner Helfer gehabt bei seiner Flucht?«

»Zwei, soweit wir wissen, es hat auch zwei Fluchtfahrzeuge gegeben.«

Die Journalisten drängen sich am Tisch der beiden Sekretärinnen, die die Fotos und Unterlagen ausgeben, sie starren auf das Bild des vermutlichen Doppelmörders, das sie von nun an dutzendfach in ihren Blätter veröffentlichen werden. Nun ja, die Ähnlichkeit mit dem Gesicht von Portisch ist deutlich, aber auch die Unterschiede sind augenfällig, scheint ihnen, die derberen Brauen, die kürzeren, stärker anliegenden Haare, der derbe, bullige Gesamteindruck. »Einhundertzwölf Kilogramm Gewicht, ein Meter dreiundsiebzig groß«, lesen sie auf dem beigefügten Material. »Von Beruf Metzger, Kopffleischer. Die gegen Büchner ausgesprochenen Strafen bedeuten, daß er bis zum Jahre 2033 einsitzen muß.«

»Kopffleischer«, raunt man sich zu. »Wißt ihr, was für eine spezielle Tätigkeit das ist?«

12

Ja, von nun an ist dieses Bild beinahe jeden Tag in ihren lokalen Zeitungen und weithin darüber hinaus zu finden. Fernsehen und Radiosender berichten, Zielfahnder des Landeskriminalamtes, heißt es, sind auf Büchner angesetzt, »und die haben noch immer ihre Aufgaben erfüllt, können eine hohe Erfolgsquote aufweisen«. Man sucht Büchner, sagen andere, sogar europaweit. Wie das? Heißt das: Er hat Deutschland verlassen können? Allein oder mit fremder Hilfe, als friedlicher Eisenbahntourist getarnt oder in einem Mietwagen? Wo halten sich übrigens die beiden Männer auf, die Büchner in Düren die Flucht zu bewerkstelligen halfen? Der Renault Laguna, der in Düren beim Zahnarzt vorfuhr und den mit Handschellen gefesselten Büchner aufnahm, ist längst gefunden worden (er war natürlich gestohlen), ein zweiter Helfer muß einen zweiten Wagen gesteuert haben, in den Büchner und sein Komplize dann umstiegen. Sind die beiden Helfer von Düren nun weiterhin für Büchner tätig, haben sie ihn überhaupt in die Nähe von Sernitz gebracht, schleusen sie ihn jetzt gar ins Ausland?

Die einheimischen Kriminalpolizisten, auch Werner Jülich, sehen in der Zwischenzeit einen möglichen Schlüssel zu Büchners Tat in seinem früheren Aufenthalt in dieser Gegend.

Weshalb sonst soll er aus dem fernen kleinen Ort bei Aachen ausgerechnet hierher gekommen sein? Also: Gibt es noch verwandtschaftliche Spuren, Verwandte, die hier leben? Auch: Wer kann sich noch an die Familie Büchner von damals erinnern?

Aber diese Ermittlungen über viereinhalb Jahrzehnte hinweg erweisen sich als äußerst schwierig. »Weil ein Meldewesen in der DDR erst ab 1954 aufgebaut wurde«, berichtet eine Zeitung am 23. April, fünf Tage nach dem Bekanntwerden der Taten von Sernitz, »und in jenem Jahr die Herausgabe von Adreßbüchern endete, wurden die Fahnder bislang nicht fündig. Deshalb hoffen sie, nach der erfolglosen Überprüfung von möglichen Grabsteinangaben auf dem Friedhof in Sernitz Hinweise auf eine Verwandtschaft in einem anderen Saalekreisdorf im Kirchenbuch (Angaben zu Geburt, Konfirmation, Tod) zu finden. Weil das Kirchenbuch gestern nicht zugänglich war, soll die Sichtung heute nachgeholt werden.«

Zur selben Zeit streiten sich im nordrhein-westfälischen Düren Vertreter von Polizei und Landeskrankenhaus um die Verantwortung. Wer hat entscheidend versagt, indem er Büchner, dem mehrfach Vorbestraften, um dessen Gefährlichkeit man doch genau Bescheid wußte, die Flucht ermöglichte? Die Klinik hat ihm zwei Pfleger beigegeben, ihn mit Handschellen gesichert. »Das ist das Maximum an Maßnahmen, die uns bei einem Arztbesuch gestattet sind. Im Grunde wäre Polizeischutz angebracht gewesen.« Da weist die Polizei den versteckten Vorwurf zurück. »Die Klinik hat in der Vergangenheit in solchen Fällen noch nie Polizeischutz beantragt.« Außerdem: Sind nicht zur Zeit noch zwei weitere gefährliche Patienten ohne Abmeldung unterwegs, also geflohen? Sind nicht seit Jahresbeginn nachweislich insgesamt 24 Insassen aus der Landesklinik verschwunden, ganz einfach abgehauen, davon allein zehn aus dem Bereich der Forensik? Wer hat sich da selbstkritisch einen Kopf zu machen?

Zur selben Zeit gibt es auch in Halle Ärger, und zwar mit der Polizei der benachbarten Messemetropole. Die hat in der Leipziger Innenstadt Tausende von Blättern mit Büchners Foto und Angaben über ihn verteilen lassen, sie hat ihren Großeinsatz sogar mit Hubschraubern unterstützt, aber in Halle »werden

Staatsanwaltschaft und Polizei erst informiert, als die Aktion bereits läuft«. Das heißt: Die Hallenser erfahren von den Leipziger Aktivitäten per Zufall aus dem Radio. Natürlich ist ihr interner Protest energisch, aber nach außen hin »äußern sie sich lediglich verwundert«. Was, wenn in diesem unkoordinierten Vorgehen wichtige, vielleicht entscheidende Hinweise verlorengehen? Weshalb haben die Leipziger überhaupt ihr Unternehmen gestartet? Sie haben, heißt es, ein paar ernsthafte Hinweise erhalten, daß sich Büchner noch in ihrer Stadt aufhält. Er hat sich in einer Pension ein Zimmer bestellt, dort freilich nicht wieder vorgesprochen. Nun überprüfen die Leipziger alle Hotelunterkünfte und -anmeldungen der letzten Tage.

Und von alldem erfährt man in der Nachbarstadt erst im nachhinein?

Am selben Tag, an dem die Zeitungen von diesen erstaunlichen internen Kontroversen berichten, melden sie auch: Zwei Fahrzeuge sind ins Visier der Polizei geraten, ein BMW mit einem britischen Kennzeichen und ein roter VW Golf mit Gladbacher Kennnummer. Sind es die Autos von Büchners Helfern in Düren? Benutzen sie diese Wagen jetzt anstelle des abgestellten und gefundenen Renault und des Mercedes, der offensichtlich das Umsteigefahrzeug war? Nein, mindestens der BMW ist nun genauer erkannt. Man hat ihn offenbar zunächst für diesen Mercedes gehalten.

Die vervielfältigten Unterlagen über Büchners Leben, die den Medien übermittelt wurden, besagen: Einmal hat Büchner, nicht wenige Jahre, mit seiner Familie in dem Ruhrgebiets-Städtchen Marl gewohnt.

Da beschließt der Reporter einer Kölner Boulevardzeitung, den Mitteilungen auf den möglichen Grund zu gehen, und fährt in die Stadt, um Erkundigungen einzuholen. Er hat Glück. Er trifft auf Bernhard Büchners Mutter. Die alte Frau wohnt noch dort, ist fünfundsiebzig und zu Auskünften gern bereit. Ach was, sie quillt voller Emotionen von ihnen über. »Der Bernd, wenn sie den fangen«, sagt sie, »der darf nie wieder raus aus der Haft. Der ist verrückt. Seit einer Woche ist wieder die Angst in mir da. Als alle Welt voll war von den Nachrichten über seinen Ausbruch, habe ich gleich alle Türen verriegelt. Ich habe im Fernsehen das Foto der Frau gesehen, die Bernd erwürgte, diese Einundsiebzigjährige. Ich war erschrocken: Die sieht mir ja ähnlich. Nun fürchte ich mich: Er hat an mich gedacht, als er sie erdrosselte.«

»Sie haben noch Kontakt zu Ihrem Sohn?« fragt der Reporter.

Da hebt Marianne Büchner die Hände, wehrt ab.

»Seit zehn Jahren nicht mehr. Damals hab ich ihn das letzte Mal besucht, in so 'ner Psycho-Klinik. Im September vergangenes Jahr, als sein Vater im Sterben lag, klingelt er auf der Station im Krankenhaus an. Der arme Mann, schwer herzkrank, kriegt am Telefon kein Wort heraus. Da reiß ich den Hörer an mich, ich wußte ja, wer dran war: Nichts mehr wollen wir mit dir zu tun haben, Bernd, nichts, nichts! Der Bengel hat schon früh gelogen, geklaut. Seinen Geschwistern hat er heimlich die Osternester geplündert, mir hat er das Geld aus dem Portemonnaie genommen. Später gingen wir nach Marl, ehe die Mauer da war. Da hat er die Schule geschwänzt. Mit sechzehn hat er das erste Mal ein Mädchen vergewaltigt, von ihr genommen, was sie ihm nicht freiwillig gab. Als er in der Jugendhaft Freigänger wurde und Metzger lernte, brach er bei der ersten Gelegenheit aus, zwei Schlachtermesser im Gepäck. Von da an wollte er auch uns umbringen, ich habe keine Ahnung, warum.«

Die Zeitung druckt die Geschichte ausführlich. Sie wird auch in den neuen Ländern fleißig kolportiert.

Wie gesagt: Die Zeitungen sind voll mit Geschichten über Büchner, und beinahe jeden Tag erscheint dazu sein Bild, dieses derbe, bullige, verbissene Gesicht. Und noch immer ist die Bestie, der Sex-Gangster, der Doppelmörder, nicht gefaßt! heißt es dazu.

Aber diese Fluchthelfer? Führen nicht wenigstens sie auf Büchners Spur?

Man weiß, erstaunlich, bald um die Identität der beiden, man spürt sie rasch auf. Natürlich hofft man, daß sie sich mit Büchner treffen. Man observiert erst einmal ihr Verhalten, tagelang. Als die Beobachtung schließlich nicht den geringsten Erfolg bringt, keinerlei Anknüpfungspunkt, greift man zu.

Sollen sie auspacken, was sie wissen, vielleicht nutzt das mehr. Der eine, Heinz Werner, 52, wird im Raum Siegburg gefaßt, der andere, Claus, 30, am Tag darauf in der Nähe von Frankfurt am Main. Beide sind amtsbekannt und vorbestraft wegen Raub und Erpressung.

Heinz Werner hat mit Büchner jahrelang in einer Zelle gelegen, ist gut Freund mit ihm gewesen; er hat ihn danach auch noch ein paarmal besucht, im Knast wie in der Forensik. Stimmt's? Heinz Werner jedenfalls hat die Fäden gezogen. Claus aber, aus Duisburg stammend, ist der Pepita-Mann gewesen. Pepita-Mann, so haben ihn die beiden Pfleger aus der Klinik genannt. Er hat am Steuer des Renault Laguna gesessen, ein kariertes Hütchen auf dem Kopf, weiße Handschuhe über den Fingern, »wie ein aufgeblasener Butler vom Großkotz«.

Nun plaudert Claus fleißig beim Verhör, schwadroniert, und die Zeitungsleute erfahren es aus erster Hand.

»Heinz Werner klaute nachts einen Renault Kombi bei einer Autoverleihfirma in Leverkusen. Er wußte, daß Bernd am nächsten Tag einen Zahnarzttermin kriegte. Woher? Das fragen Sie ihn selber. Heinz Werner wartete im Industriegebiet ›Im großen Tal‹ in dem BMW mit dem britischen Kennzeichen, ich im Renault vor der Klinik. Als Bernd kam, öffnete ich die hintere Wagentür. Er wußte sofort Bescheid, sprang in den Wagen, und wir rasten davon. Wir wechselten das Auto wie vorgesehen und fuhren zum Kölner Hauptbahnhof. Dort kauften wir Bernd ein Bahnticket nach Halle. Unterwegs haben wir ihn mit einem Bolzenschneider von den Handfesseln befreit.«

Ob alles stimmt, was er sagt? Oder schneidet er auf?

»Sie kauften Büchner ein Bahnticket nach Halle im Osten? Was wollte er dort, ausgerechnet im fernen Osten?«

»Er hatte da wohl Bekannte und erhoffte sich Geld von ihnen, viel Geld. Er brauchte es, sagte er, für ein Gutachten in seiner Klinik.«

Noch einmal: Die Zeitungen sind voll mit Geschichten über Büchner, sie drucken fleißig auch diese: »Der Pepita-Mann packt aus!« – »So gelang die Flucht!« Nur das Geld im Osten, merkwürdig, verschweigen sie noch. Oder hat der Pepita-Mann erst später darüber gesprochen?

Und immer erscheint Büchners bulliges Porträt im Artikel und meist der Hinweis daneben: »Die Sex-Bestie von Sernitz noch immer auf freiem Fuß.«

Nein, auch seine Entführer haben keinen Kontakt mehr zu ihm gehalten, sind keine Spur zu ihm.

13

Heinz Wegener lebt in Leipzig. Es ist ihm einiges schiefgelaufen im Leben. Er hat sich mit seinen Eltern für immer überworfen wegen eines Mädchens, aber die Ehe danach hielt nicht. Nun hat Wegener manchem nachzutrauern: der verlorenen Zeit, der Zuneigung seiner Eltern, seiner Ehe, der verlorenen Arbeit im Kesselbau. Und sein Kind? Er hat sich ziemlich gehen lassen mit den Jahren, er hat in ein paar Wohngemeinschaften gehaust, nun ist er Sozialhilfeempfänger. Wo sollen da Alimente für ein Kind herkommen? Eigentlich hat er es auch schon längst vergessen. Fast sechzehn ist das Kind, Mädchen gehen in dem Alter längst eigene Wege. Da plötzlich trifft er sie wieder, die Kleine, und sie ist ein properes, ansehnliches Ding und alles andere als abweisend.

Eines Tages im April kauft Heinz Wegener billig im Supermarkt ein. Er sieht ein bißchen heruntergekommen aus, wenig gepflegt. Sein Haar ist schütter, aber halblang gewachsen, sein Bart wuchert wirr. Er ist nun vierzig, sieht jedoch deutlich älter aus. Er legt wenig in seinen Einkaufswagen, ein paar Getränke, zwei Dosen Suppe, ein halbes Brot. Zigaretten wird er sich erst an der Kasse nehmen. Wie er neugierig durch die Markthalle wandert – er hat ja Zeit, keiner wartet auf ihn –, bemerkt er ein paarmal, daß er beobachtet wird. Zwei, drei Leute glucken zusammen, flüstern, fixieren ihn. Später noch einmal zwei. Ganz offensichtlich. Da drängt es ihn plötzlich, er weiß selber nicht, warum, zum Ausgang, zur Kasse. Dort, als er seine paar Einkäufe in einen Plastebeutel packt, erschrickt er. Zwei Polizisten laufen direkt auf ihn zu, ergreifen ihn. Er soll mit ihnen kommen, sagen sie. Aber warum? Er ist dieser Mörder, erwidern sie, nach dem alle Welt fahndet, der aus Plastebeuteln lebt. »Ich bin dieser Sex-Gangster, der zwei Tote auf dem Gewissen hat? Ich?

Wann soll ich's getan haben?« Doch er wird in einen der beiden vor dem Supermarkt parkenden Streifenwagen gebeten, man greift recht unsanft nach seinen Armen, als er sich sträubt. Erst auf dem Kommissariat kann er sich einigermaßen erklären: Er ist Heinz Wegener, wer schleppt immer seinen Personalausweis mit sich rum? Da begleiten sie ihn sogar in seine Wohnung, seine Absteige, das Zimmer, dessentwegen er sich plötzlich schämt, sie fahren ihn sogar zu Sybille, der Tochter. Ist sie da? Wird sie sich zu ihm bekennen? Nach zwei Jahren haben sie sich mal wieder getroffen, ausgerechnet an dem Freitagabend, für den er eine Erklärung braucht, ein Alibi. Wird sie's ihm geben? Auch ihr Freund war doch dabei, nicht viel älter als sie. »Ihr könnt ihn laufen lassen«, sagt sie da, »er ist mein Alter. Er hat mir ein Essen spendiert an dem Abend, ja, wir haben im ›Blauen Kuckuck‹ gesessen. Den kennt ihr doch?«

Er hätte ihr um den Hals fallen können.

Die Polizisten entschuldigen sich nicht. Eine Verwechslung, erklären sie, verständlich bei all der Hysterie ringsum.

»Ich habe mir noch am selben Abend eine Zeitung gekauft. Ich lese sonst nie, höchstens die Überschriften an den Kiosken. Aber ich mußte wissen, was es mit dem Mann auf sich hatte, der so aussah wie ich. Ein doppelter Mörder? Um Gottes willen! Ich sah nur sein Gesicht. Das sollte wie meines sein? Die Augenbrauen voller, geschwungener, das Haar dunkler, derber, der Bart viel kürzer geschnitten als meiner, geradezu gepflegt. Trotzdem, es war komisch. Andere mußten das anders sehen als ich. Ich wurde ein paarmal, ach was, neun-, zehnmal von Polizisten kontrolliert, wenigstens dreimal sooft von Leuten verdächtig angestarrt. Ich trug schließlich meinen Ausweis immer bei mir, damit ich ihn sofort herzeigen konnte. Ich wagte mich bald kaum noch aus meinem Haus, meiner Wohnung, nur noch zum nötigsten Einkauf. Hoffentlich ist der Alptraum bald vorüber, und sie fangen den Kerl.«

»Er hat eine Selters gekauft?«

»Eine Selters. Ja.«

»Und?«

»Er sieht aus wie der Mann auf dem Bild. Wie der Mörder, die Bestie.«

»Wo ist er jetzt?«

»Er sitzt auf der Bank am Park. Er trinkt. Er trinkt diese Selters. Das Rad steht neben ihm.«

»Was für ein Rad?«

»Was für ein Rad, was für ein Rad. Seins natürlich. Es heißt doch: Der Mann ist mit einem Rad unterwegs. In Leipzig haben sie ihn zweimal gestern auf diesem Rad gesehen, schwarzer Rahmen, rote Schrift. Rote Schrift hat seins hier auch.«

»Wir kommen. Wir kommen rasch. Können Sie ihn ein bißchen aufhalten?«

»Ich versuch es.«

Keine halbe Stunde später sind sie dort, ein ganzes Spezialkommando, in Eile zusammengestellt, eine halbe Polizeistation. Da sitzt der Mann tatsächlich noch immer auf der Bank. Neben ihm kein Zeuge, kein Tipgeber, nur dieses Rad, schwarzer Rahmen, rote Schrift.

»Na, Opa, hast du ’nen Ausweis, kannst du ihn uns zeigen? Wo bist du vergangenen Freitag gewesen? Weit weg über Land?«

»Ich bin froh, wenn ich die paar Kilometer von meinem Haus zu den Kaufläden hier schaffe. Ich bin siebzig. Hoffentlich verläßt mich meine Kraft nicht. Bei uns zu Haus ist vieles langweilig. Ich muß da immer mal raus.«

Siegfried Kempf ist Rentner, was soll man ihm vorwerfen? Er trägt einen Vollbart und fährt Rad. Wie der Mörder.

»Beamte der Polizeistation haben den Siebzigjährigen nach allen Regeln der Polizeikunst überprüft«, erklärt der Polizeidirektor später der nachfragenden Presse. »Wir konnten ihn nicht wegen irgendwelcher unbewiesenen Verdächtigungen festhalten.«

Geschehen in Bad Schmiedeberg, Sachsen-Anhalt.

Und in Dötzen und Bad Birkesholm, Schleswig-Holstein? Am selben Tag? Ein roter Nissan befährt die Strecke. Der Mann am Steuer trägt einen knappen Bart, schon leicht ergraut, wie auf dem bekannten Foto, heißt es. Als man den Fahrzeugbesitzer ermittelt hat, ist auch hier alles ein Versehen, eine Verwechslung. Der dreiundfünfzigjährige Unternehmer hat sichere Zeugen für seinen Aufenthalt am Wochende. Und überhaupt war er noch nie in den neuen Bundesländern.

Die Polizei erhält in der ersten Woche über zweihundertfünfzig Hinweise. Allen geht man nach. Wie gründlich? Sogar aus Sernitz selber kommt plötzlich die Nachricht: Die Bestie ist wieder aufgetaucht. Eine Frau Mitte Zwanzig will den Mörder gesehen haben. Er ist mit dem Rad nach Gutendorf hinübergefahren. »Sein Bart war kurz, sein Haar auch. Er hat es sich schneiden lassen. Trotzdem habe ich ihn genau erkannt.« Natürlich ist auch das ein falscher Alarm. Kehrt ein solcher Täter tatsächlich an den Ort seines Verbrechens zurück?

Kennt man dafür das letzte Versteck des Mörders, ehe er ins Dorf kam? Keine zehn Kilometer weiter ist in ein Gartenhaus eingebrochen worden. Leere Bierdosen und Zigarettenreste liegen herum. Da wird er sich aufgehalten haben. Mitarbeiter des Mobilen Einsatzkommandos ermitteln.

Und was ist mit der »Stadtresidenz«? In diesem Leipziger Seniorenwohnheim hat sich ein Mann nach einer Bleibe für seine Mutter erkundigt. Die Heimleiterin erschrickt noch Tage danach: Der Fremde trug Vollbart, einen breitkrempigen Hut, alles Tarnung. Er war der Doppelmörder! Tatsächlich? (Ist das die »ganz ernst zu nehmende Mitteilung«, derentwegen die Leipziger ihren Großalarm auslösten samt massiertem Hubschraubereinsatz?)

Wie gesagt: Die Polizei erhält allein in der ersten Woche wenigstens zweihundertfünfzig Hinweise.

14

»Das Netz zieht sich zusammen.« »Dem Doppelmörder ganz dicht auf den Fersen.« – Werner Jülich liest die Schlagzeilen der Zeitungen mit zwiespältigen Gefühlen. Sie drücken auch seine Hoffnungen aus, aber er weiß: Die Wirklichkeit sieht noch völlig anders aus. Zwar haben er wie Angehörige nicht weniger Polizeireviere in ganz Deutschland mittlerweile angenommen, in den nächsten Stunden den derzeit im Lande meistgesuchten Mörder verhaften zu können, so sicher und konkret schienen die eingegangenen Hinweise. Mindestens ein Dutzend bärtiger Männer zwischen Dreißig und Siebzig hat man inzwischen ganz intensiv überprüft, manche auch für ein paar Stunden festgesetzt, Männer, die zuvor meist mit einem bunten Plastebeutel oder einem Fahrrad unterwegs gewesen sind. Aber jedesmal hat sich der Verdacht rasch zerschlagen, nicht nur bei dem Sozialfall im Leipziger Supermarkt oder bei dem Autofahrer an der schleswig-holsteinischen Küste. Nein. Wenn man ehrlich und ungeschminkt Bilanz zieht: Schon eine knappe Stunde nach der Flucht mit dem Taxi haben sie Büchners konkrete Spur in Leipzig verloren. Nachdem er in einer der Nebenstraßen dort im Stadtteil Möckern verschwunden ist, haben sie ihn nirgendwo wieder aufspüren können.

Sie wissen mittlerweile nicht wenig von Büchner. Sie kennen seine Vorstrafen, sie wissen um seine Gefährlichkeit. Schon einige Male in der Vergangenheit hat er aus der Sicherungsverwahrung, bei irgendwelchen Freigängen wohl auch aus dem Strafvollzug entweichen können, um kurz darauf wieder straffällig zu werden. Er hat einen ungezügelten Sexualtrieb, der bei ihm explosionsartig ausbricht, den er rücksichtslos auslebt. Wenn er in der Vergangenheit seine Opfer dabei lediglich schwer verletzte, nun hat er eine Grenze überschritten, nun hat er getötet. Warum soll er es nicht wieder tun? Während andere schwerkriminelle Täter darauf aus sind, sich durch ihre Flucht der Strafe zu entziehen, während sie untertauchen, nicht auffallen wollen – bei Büchner ist das anders. Er stellt eine ständige Gefahr dar, eine akute Bedrohung. Er kann jederzeit erneut zuschlagen, eine Frau überfallen, ein Messer zücken. Erst recht die Pistole gebrauchen, die er bei sich trägt. »Büchner ist eine tickende Zeitbombe«, hat irgendwer gesagt. Alles macht die Suche nach ihm nur dringender, eiliger, schwieriger.

Manchmal, wenn Gelegenheit ist, selten genug, wenn er mit der Familie zusammensitzt, ertappt sich Werner Jülich, wie er vor allem Corinna betrachtet, seine Tochter. Sie ist sechzehn wie Heike Seliger, Schülerin noch wie Büchners Opfer. Unmöglich, sich vorzustellen, daß ihr widerfahren wäre, was Heike Seliger widerfahren ist. Dennoch: Der ungewollte Vergleich fährt ihm wie ein Krampf durch den Körper. Er weiß ja mittlerweile genau, was die beiden Frauen siebzehn Stunden lang durchstehen mußten. Sie haben ihm zu Protokoll gegeben, wozu Büchner sie im einzelnen zwang, wieviel Lebensangst selbst dann noch in ihnen war, als ihren Peiniger so etwas wie Langeweile überkam und sie mit ihm Kreuzworträtsel lösen und fernsehen mußten (brachte man dort schon Meldungen über seine Flucht?). Sie haben inzwischen das Haus verlassen, wo jedes Zimmer, jedes Möbelstück, selbst jedes Stück Geschirr sie an das erlebte Grauen erinnern, an den Tod von Mann und Großmutter; sie sind bei Verwandten untergekommen, sie haben sich bald eine kleine Wohnung gemietet. Nun denken sie daran, das unglückselige Haus, dessen Ausbau sowieso nie fertig geworden ist, überhaupt ganz einreißen zu lassen. Kann man ihren Entschluß nicht verstehen?

Über allem vergehen die Wochen, liegen die Taten bald einen Monat zurück. Die Ermittler haben getan, was sie tun konnten, immer neue Zeugen angehört, das Geschehen dokumentiert, Protokolle verfaßt. Was kann ihnen nun noch weiterhelfen, was für eine bisher unbekannte Spur? Was für ein noch nicht entdeckter Zeuge kann ihnen Zusammenhänge benennen, die sie geradewegs oder auf Umwegen zu Büchner führen?

Natürlich setzen sie auf die zentrale Fahndergruppe in Magdeburg. Die Männer dort haben im Verborgenen schon öfter spektakuläre Erfolge vorweisen können. Sie haben einen gewalttätigen Rotlichtboß aufgespürt und einen Treuhandliquidator tief in den USA gefunden. Sie haben auch die Helfer entdeckt, die Büchner bei seiner Flucht aus Düren die Autos steuerten. Haben sie ihnen gegenüber zu rasch zugeschlagen, sie zu zeitig festgesetzt? Haben sie ihre Observationen zu früh abgebrochen, zu bald das Handtuch geworfen, als niemand Verdächtiges telefonierte? Aber die beiden Fluchthelfer, stellt sich heraus, haben selber jede Verbindung zu Büchner verloren, nachdem sie ihn in den Zug setzten, nun sind sie genauso auf der Suche nach ihm. Von Büchners Gewalttätigkeiten gegenüber Frauen hatten sie bisher keine Ahnung. Büchner hat ihnen etwas von einem unglücklichen Totschlag erzählt, dessentwegen er so lange einsitzen müsse.

Es wird Juni. Das ist der Monat, in dem Werner Jülich eigentlich Urlaub machen will. Schweden, einen Wohnwagen mieten, endlos durch die Schären und Wälder fahren, baden, faulenzen. Es ist wie ein später Hunger. Früher hat es höchstens zu

Campingtouren an die Ostsee oder zu den Tschechen gelangt. Nun brauchen sie nicht mal mehr Rücksichten auf die Kinder zu nehmen. Die haben jetzt ihre eigenen Pläne. Aber ob aus dem ganzen Vorhaben Realität wird? Drei Wochen alles zurücklassen, nur mit der Frau allein sein und mit diesen Wäldern?

15

Die Fahnder. Sie sammeln auch die geringsten Informationen über ihre Zielperson. Eigenheiten, persönliche Vorlieben sind schon manchem zum Verhängnis geworden. Einer konnte es nicht lassen, sich an einem Athener Kiosk immer die gleiche deutsche Zeitung zu kaufen. Ein anderer, Drach, der Reemtsma entführte und erpreßte, wollte in Argentinien ein Konzert der Rolling Stones besuchen, weil er keine Band so liebte wie die. Und welche Eigenheiten hat Büchner, welche Vorlieben?

Büchner kann weder lesen noch schreiben, erfahren sie anfangs. Doch sie müssen sich bald korrigieren, als sie von Büchner geschriebene Briefe vor sich liegen haben. Büchner hat eine Neigung für den Wald und die Jagd. Als Kind gescholten und geschlagen, hat er sich schon da in die Wälder um Halle zurückgezogen, um Ruhe zu haben, sich vor Verfolgern zu verstecken. Nun liest er in Zeitschriften über die Jagd. Hält er sich auch jetzt irgendwo in den Wäldern auf? Da warnen sie mit einer Anzeige in den deutschen Jagdzeitungen vor ihm und hoffen doch zugleich, daß er irgendwem auffällt und der ihnen seinen Aufenthalt meldet.

Und wie steht es mit Büchners Zahnschmerzen? Die quälen ihn mit Sicherheit noch jeden Tag. Wie kann man Zahnärzte auf einen möglichen Patienten aufmerksam machen?

Wie elektrisiert verfolgen sie eines Tages eine Spur bis nach Kuba. Ein bärtiger Mann um die Fünfzig mit Büchners Gesicht und Gestalt ist nach Havanna unterwegs. Aber der eilige Flug über den Atlantik bringt nur eine Erkenntnis: Der auffällige bärtige Fünfziger weist im Gesicht zwar verblüffende Ähnlichkeiten mit Büchner auf, doch seine Arme tragen nicht eine der markanten Tätowierungen, die sie genau zu beschreiben vermögen. Und die Spur zum tschechischen Eger? Vor fünfzehn

Jahren, erfahren sie, hat es dorthin eigentümliche Kontakte gegeben. Sie bemühen Interpol, lassen ihre Fahndungszettel in der Stadt verteilen, warten ...

Da erreicht sie eine Nachricht unter vielen: In der Nähe von Oberissigheim ist eine Frau überfallen worden. Ein bärtiger dicker Mann um die Fünfzig hat sie zu vergewaltigen versucht, aber sie hat ihm entkommen können. Oberissigheim? Das ist doch der Geburtsort von Büchner. Hat der Sehnsucht nach einem weiteren Platz seiner Kindheit? Polizisten am Tatort finden bald darauf einen Plastebeutel mit einer Geburtsurkunde, mit Telefonnummern und dem Ausweis eines, wie sich herausstellt, früheren Opfers. Man läßt die Telefone möglicher Kontaktleute überwachen. Aber sie haben ihn auch so, sie wissen es. Er wird alles tun, diesen Beutel wiederzuerlangen, wie acht Wochen zuvor in Sernitz. Da legen sie sich auf die Lauer. Sie verhaften ihn vier Stunden später. »Er hatte sich in einem Busch versteckt. Natürlich nicht weit von seinem Beutel«, berichtet ein Reporter. Es ist Mitte Juni. Da weiß Werner Jülich: Es wird noch immer nichts mit dem Urlaub in den schwedischen Schären.

Ein Täter, ein Leben

1

Er ist schwierig von Kindheit an. Er ist das erste gemeinsame Kind seiner Eltern. Aber da gibt es noch einen Halbbruder, fünf Jahre älter, aus einer früheren Ehe der Mutter. Und dazu kommen Geschwister, vier mit den Jahren.

Die Erinnerungen an seine erste Heimat sind vage, mehr als verschwommen, schließlich nur noch ein Name: Hanau. Häuserwände, Innenhöfe, Schuppen mit Gerümpel, wenig Grün. Mehr Grün gibt es später in diesem kleinen Ort bei Halle. Wenn die Mutter zornig schreit, kreischt, in ihrer Ohnmacht zuschlagen will, kann man vor ihren Fäusten hinter die Dorfschmiede laufen, sich zwischen den alten Eggen und ausgemusterten Pflugscharen verstecken. Oder gleich in die kleinen

Wäldchen fliehen, von denen in seinem späteren Leben noch die Rede ist.

Der Vater ist Soldat im letzten Krieg gewesen, manchmal erzählt er davon, zeigt auch die narbige Delle am Hintern. Ein Granatsplitter hat sie ihm gerissen. Die Mutter lacht verlegen, wenn er die Hose herunterläßt, eine umgestülpte Milchtasse in die Lücke drückt. So viel hat ihm der Krieg genommen: eine Milchtasse voll Arsch. Die Brüder lachen, können sich nicht satt genug daran sehen, vor allem der große, ältere. Dabei hat der Vater noch Glück gehabt. Die Franzosen haben ihn gefangengenommen, ihn nach einem reichlichen Jahr nach Hause geschickt. Er mußte nicht über das große Meer nach Amerika in die Camps oder gar nach Sibirien zum Erfrieren.

Der Krieg ist noch nahe. Überall stehen Ruinen, und nicht für jeden gibt es Arbeit. Der Vater hat Maschinenschlosser gelernt, aber gerade an Maschinen fehlt es oft. Da macht sich die Familie eben auf in den Osten. Ein Soldatenkumpel aus der Gefangenschaft hat geschrieben: Hier wird auch gebaut, hier braucht es Hände.

Aber die Lust auf das andere Land, die andere Gegend ist bald erloschen. Dort wird anders gesprochen, anders gekocht, sogar anders gelacht, und obgleich sich viele Umsiedler und Flüchtlinge aus dem noch ferneren Osten im Dorf aufhalten, Schlesier, Ostpreußen, die Büchners fühlen sich allein, einsam, noch fremder als fremd. Vier Jahre halten sie durch, dann zieht es sie zurück. Sie haben keine Reichtümer zu transportieren, nicht einmal irgendein Möbelstück, nur Koffer und Taschen, vollgestopft mit abgetragenem Kram. Aber sie sind mittlerweile drei Geschwister, mit dem Großen vier. Erst mal Hamburg, dann Erkenschwick, das Ruhrgebiet mit seinen Gruben, dann Marl. Innerhalb eines Jahres haben sie vier verschiedene Adressen. Doch Marl soll für immer und endgültig ihre neue Heimat sein. Der Vater hat in der Gefangenschaft in französischen Gruben als Bergmann geschuftet, gehungert, den Hunden am liebsten jeden Tag seinen lädierten Hintern gewiesen, nun kommt ihm die Erfahrung des weit zurückliegenden Jahres gut zustatten. Und für einen gelernten Maschinenschlosser fällt genug Arbeit auch unter Tage an. Die Zeche Auguste Victoria stellt ihn ein, und sie beziehen sogar ein eigenes Reihenhaus in der nahen Siedlung, können allein darin wohnen, vom Keller bis zum Boden und zur Mansarde, niemand stört sie oder will sich die Küche mit ihnen teilen.

Als sie ein bißchen zur Ruhe gelangt sind, sich eingerichtet haben, kommt es ihnen zu Bewußtsein: Mit dem Jungen werden sie wohl ihre Sorgen haben. Er ist eigenwillig und gehorcht nicht, er unterstützt die Mutter nicht, wenn er mal im Hause zugreifen soll, er streitet sich mit den kleineren Geschwistern, knufft sie, nimmt ihnen weg, womit sie spielen, einfach so, oder zerstört mutwillig ihr Spielzeug. Manchmal müssen sie denken, er versteht gar nicht, was sie von ihm verlangen. Na gut, denken sie, dieses Zigeunerleben, heute hier, morgen da, neue Schulen, neue Lehrer, andere Spielgefährten, solch ein Herumgeziehe geht einem ja selber auf den Geist, erst recht so einem unfertigen, anfälligen Kind. Es wird schon werden.

Aber nichts wird, nur schlimmer wird es. Der Junge kann ein paarmal am Schuljahresende nicht versetzt werden, muß die Schule überhaupt wechseln, er hat wenig Interessen, treibt sich nur herum, so daß sie abends loslaufen, ihn suchen, das Schlimmste erwarten: ihn halbtot, schwer verletzt aus irgendeinem Gebüsch zu ziehen. Aber er sitzt nur hinter einer Baracke, grinst sie wortlos an oder treibt ein Taschenmesser – wer weiß, wo er es mitgenommen hat – in das Plakatbild einer jungen Frau, die für Zigaretten wirbt, zielt vor allem auf die Augen.

Daß er schließlich nächtelang ganz von zu Hause wegbleibt? Es ist kaum anderes zu erwarten. Er schläft offenbar im Freien oder in Schuppen, die er aufbricht. Und natürlich schwänzt er die Schule, erscheint tagelang nicht zum Unterricht. Wenn er dann mal kommt, stört er oder schläft ganz einfach ein. Seine Geschwister hat er schon längst bestohlen, ja: Er hat ihre Osternester geplündert – das vor allem behält seine Mutter in der Erinnerung, sie wird es noch vierzig Jahre später anklagend vorbringen. Nun greift er auch in die Jacken seiner Schulkameraden. Und wann entdeckt seine Mutter, daß ihr selber Geld aus dem Portemonnaie fehlt?

Nein, die Eltern werden seiner nicht mehr Herr, sie haben keinen Einfluß mehr auf ihn. Sollen sie sich jeden Augenblick hinter ihn stellen, ihm die Hand und den Verstand führen? Da sind ja auch noch die anderen Geschwister, die ihre Zeit brauchen, anstelliger sind. Und zu allem Überfluß ist die Mutter wieder einmal schwanger, ihr letztes Kind kündigt sich an, das sechste. Da suchen sie Wege, den Jungen loszuwerden, wegzugeben. Über die sogenannte Freiwillige Erziehungshilfe gelangt er in ein Erziehungsheim. Es ist mittlerweile Sommer 1961, der Junge ist dreizehn, und die Pubertät rumort in seinem Körper. Hat ihm irgendwer beigebracht, mit ihr umzugehen?

Kaum ist er im Heim aufgenommen, im selben Sommer, organisiert die Leitung eine Fahrt aller Insassen an die Nordsee. Es ist schwierig, die Kinder zusammenzuhalten, manche schwärmen aus. Am frühen Nachmittag entdeckt eine der Erzieherinnen, wie der Junge hinter einem älteren Mädchen herstürmt, es in den Dünen zu Boden wirft, betastet, es auszuziehen versucht. Ehe mehr daraus entsteht, ruft das Schreien des Mädchens die Zeugin herbei. Das »unsittliche Vorkommnis« gelangt in die Akten und stempelt ihn ab. Sowieso ist er im Heim nicht beliebt. Er will mit der Leitung gut auskommen, indem er seine Klassenkameraden anschwärzt, und ist doch selber ein ziemlich schwarzes Schaf. Er stiehlt auch im Heim und rückt bei jeder sich bietenden Gelegenheit aus. Er fährt per Anhalter in die Städte der Umgebung, streunt dort tagelang herum, besorgt sich Geld und Lebensmittel, bis er aufgegriffen und zurückgebracht wird. Er gilt als Blender und Anbiederer.

Sein Verhalten im Heim ist schließlich so auffällig, daß er Ende 1961 zum ersten Mal einem Jugendpsychiater vorgestellt wird. Der gibt ein frühes vernichtendes Urteil ab: Der Dreizehnjährige ist debil und kritiklos sich selbst gegenüber, dabei geltungssüchtig und triebhaft. Von Augenblicksimpulsen beherrscht, läßt er sich treiben, sein Gemüt ist kaum resonanzfähig. Nur Gewöhnung und Dressur helfen bei ihm weiter. Dennoch ist der Erziehungserfolg fraglich.

Ein Vierteljahr später werfen die Erzieher im Heim das Handtuch und schicken den Jungen in ein Haus für Schwererziehbare. Zugleich entlassen sie ihn aus der vierten Klasse der Hilfsschule und schreiben ihm ins Abgangszeugnis, daß seine Leistungen eigentlich nicht einmal dem Klassenziel der dritten

Klasse entsprechen. Von nun an hilft er bei einem Fleischer aus, findet sogar Gefallen an dieser Tätigkeit und will sie später ständig ausüben: Metzger, Kopffleischer. Das wird ja dann auch in seinen Akten als Berufsbezeichnung angegeben werden.

Dabei arbeitet er lediglich einige Monate für diesen Fleischer. Denn: Er bleibt gerade mal ein Vierteljahr in dem Schwererziehbarenheim. Der Vater, früh invalidisiert, holt ihn zurück. Vielleicht können sie zu Hause besser über den Kerl wachen. Außerdem hat der Bengel dauernd über Heimweh geklagt. Nun verschafft ihm der Vater eine neue Chance: Jungbergmann auf der Zeche Auguste Victoria. Dort hat der Vater ja lange genug selber gearbeitet. Dort kennt er viele Leute: Mach mir keinen Kummer, Junge. Der Junge, Bernhard, kurz Bernd gerufen, ist tatsächlich erstaunlich ordentlich, fleißig. Doch er hält nicht durch. Er bummelt bald, trinkt, findet zweifelhafte Freunde, treibt sich mit ihnen herum. Er wird den Vorwürfen der Mutter gegenüber rabiat, aufsässig, geht ihr an den Hals, als der Vater nicht daheim ist. Er würgt, angetrunken, sogar die jüngeren Geschwister, schlägt sie.

Bernhard Büchner ist gerade sechzehn geworden, als er seine ersten strafwürdigen Taten begeht ...

2

Ostern 1964. In einem der Kinos von Marl sucht auch der Sechzehnjährige seine Abwechslung. Da entdeckt er, wie mitten in der Vorführung die kleine Babs, eine Zwölfjährige, den Seitengang zur Toilette hinunterläuft. Er kennt das Mädchen, es hat ihm vor Tagen schon ein paarmal zugelächelt. Nun folgt er ihr unvermittelt und voller Absicht, sie wird sich nicht zieren. Alle haben doch so eine Sehnsucht wie er. In einer der engen Boxen bedrängt er sie, will er ihr zwischen die Schenkel greifen und mehr. Doch die Kleine kann sich erfolgreich wehren und wegrennen. Warum bloß?

Vierzehn Tage später trifft er zwei zwölfjährige Mädchen im Wald. »Wollen wir Verstecken spielen?« fragt er. Da nicken die beiden arglos. Als er die eine in einer halbzerfallenen Bretterbude allein findet, wirft er sie auf eine Matratze, zieht dem Mädchen, das sich diesmal vergeblich zu wehren versucht, den Schlüpfer herunter, öffnet sich selber die Hose. Aber es kommt nicht zum letzten. Ein Mopedfahrer nähert sich, und das Mädchen schreit, boxt und tritt Bernd. Da muß er flüchten. In den Filmen, die er kennt, in den Reden der Jungs danach ist alles ganz anders. Dort machen die Mädchen mit, was die Jungen wollen.

Als er in Untersuchungshaft genommen wird, stehen da noch andere Vergehen zur Debatte: einfacher und gemeinschaftlicher Diebstahl (fünffach), Fahren ohne Führerschein. Er hat Arbeitskollegen ein Moped, Geld und Kleidung gestohlen.

Bevor die Verhandlung beginnt, soll er sich in der Rheinischen Landesklinik über einige Wochen hinweg einer gründlichen Untersuchung und Begutachtung unterziehen. Aber der Klinikaufenthalt muß vorzeitig abgebrochen werden, der Häftling in die Strafanstalt zurückkehren. Er hat sich ungebärdig und gewaltbereit, übermäßig jähzornig gezeigt. Er hat blindlings auf Mitpatienten eingedroschen, eine Krankenschwester ernsthaft bedroht. Er läßt sich nicht anfassen, nicht auslachen. Mit Mühe bringen sie die Erklärung aus ihm heraus.

»Infolge seines leichten Schwachsinns, seiner Triebhaftigkeit und seiner Haltschwäche war es dem Angeklagten wesentlich erschwert«, urteilt der Gutachter der Landesklinik, »in der Tatsituation seiner begrenzten Einsichtsfähigkeit gemäß zu handeln und seinen Willen frei zu bestimmen.« Er empfiehlt, Büchner nicht in ein psychiatrisches Krankenhaus zu schicken, auch nicht in ein Heim, sondern ihn »im festen Rahmen einer Jugendstrafanstalt über die Zeit der größten Gefährdung – wann auch immer die endet – hinwegzuführen.«

Die Kammer folgt dem Gutachter in allen Punkten und verurteilt Büchner zu zwei Jahren und zehn Monaten Jugendhaft. Zwei Jahre davon sitzt er ab, das knappe Restjahr wird später auf Bewährung ausgesetzt. Umsonst. Kaum wieder in Freiheit, wird er erneut straffällig. »Mit fortschreitender Pubertät zeigte sich bei dem Angeklagten eine erhebliche Fehlentwicklung. Stets war er bestrebt, seine Wünsche, vor allem auf sexuellem Gebiet, bedenken- und rücksichtslos durchzusetzen.« Die Folge? Von nun an, in den folgenden reichlich drei Jahrzehnten seines

Lebens bis zu seinem fünfzigsten Geburtstag, wird Büchner – zusammengerechnet – nur noch vier Jahre in Freiheit verbringen, die ganze übrige Zeit, eben rund drei Jahrzehnte Leben, im Strafvollzug oder in psychiatrischen Krankenhäusern. Nur ihre abgeschottete, isolierte Wirklichkeit wird er tagtäglich erleben. Sie wird ihn prägen.

Im Frühjahr 1967 wird er entlassen. Sein ihm zugeordneter Bewährungshelfer vermittelt ihn an einen jungen Landwirt in der Umgebung, ein junges Bürschchen, das Büchner natürlich als Autorität nicht anerkennt. So einer will ihm was sagen, so einem soll er Tag für Tag gehorchen, zum Munde reden? Nie! Im Knast mußten solche Hänflinge kuschen. Da wird er rasch an einen zweiten, nicht viel älteren Bauern weitergereicht, der mit seiner Haushälterin allein auf einem Hof lebt. Dort kommt es bald erneut zu Auseinandersetzungen, Reibereien, freilich aus anderem Anlaß. Ist Eifersucht im Spiel? Hat sich die Vierzigjährige am Ende freiwillig zwischen die Strohballen in der Scheune gelegt, oder hat der nun neunzehnjährige Büchner sie bedrängt und gezwungen? Jedenfalls findet die Anstellung auf dem Bauernhof eines Morgens nach einem Riesenstreit ein jähes Ende. Hat der Bauer Büchner aus der Kammer der Haushälterin hinausgejagt, oder hat sie im Strohschober um Hilfe geschrien?

Büchner jedenfalls marschiert danach zornig davon, er will über Mittag in den Wohnort seiner Eltern zurück, nach Marl. Er ist erregt und aufgebracht. Wieder ist ihm etwas nicht gelungen, was er unbedingt wollte. Da begegnen ihm unterwegs in einem Wäldchen zwei Kinder, wie sich herausstellt Geschwister, die, wie sie erklären, Eicheln suchen. Eicheln im Frühjahr? Büchner lacht. Er spürt plötzlich das Kitzeln im Bauch, das er kennt. Er schickt den Neunjährigen rasch davon. Im Tal hat er eine Unmenge Eichen gesehen, sagt er, da kann der Junge sein Körbchen rasch füllen. Der Elfjährigen will er dagegen einen Dachsbau zeigen. Er steht da, lächelt hoffnungsvoll mit schrägem, weit offenem Mund, knetet seine Finger. »Hast du Angst vor Dachsen? Ich hab schon mal einen gefangen, richtig gegriffen.« Als er das Kind mit solchen Reden ein Stück in den Wald hineingelockt hat, stößt er es zu Boden, stemmt ein offenes

Messer neben ihm in den Waldgrund. Das Kind wird ihm doch wenigstens gehorchen. »Ich mach dich kalt, wenn du schreist! Wie alt bist du? Elf? Da kannst du schon einen vertragen.« Und er schwenkt einen Totschläger vor ihrem Gesicht. Dann muß sie sich halb ausziehen, und er legt sich über sie. Als er sie schließlich davonscheucht, schreit er ihr nach: »Wehe, du erzählst wem, was wir gemacht haben!«

Wegen vollendeter Notzucht in Tateinheit mit gewaltsamer Vornahme unzüchtiger Handlungen wird er zu vier Jahren Jugendstrafe verurteilt. Die sitzt er bis auf eine Reststrafe von acht Monaten ab. Die sind wiederum zur Bewährung ausgesetzt.

Am 15. Januar 1972 wird er nach Herford entlassen. Ein Bewährungshelfer hat erneut vorgesorgt, ihm auch diesmal ein möbliertes Zimmer beschafft. Aber es gefällt ihm nicht. Die Wirtsleute sind streng, offenbar im Umgang mit seinesgleichen gründlich erfahren. Hier kann er nicht ausflippen, hierher niemanden mitbringen, kein Weib stoßen. Also fährt er nach Köln, hat dort rasch ein Verhältnis mit einer deutlich älteren Frau. Hat er nichts Junges gefunden? Weshalb hadert er da mit seinem Glück, kehrt wieder nach Herford zurück, in das Zimmer bei diesem rigorosen Ehepaar? Will er zwischendurch dort mal nach dem Rechten sehen, feststellen, ob er noch hinkommen kann? Jedenfalls: Am 18. Februar, keine fünf Wochen nach seiner Entlassung auf Bewährung, kommt es in Herford zum nächsten Delikt.

Die sechzehnjährige Alice Stoll lernt Floristin in einer Gartenbaufirma. Mittags unterbricht sie ihre Arbeit für die übliche Pause, geht zum Essen bei der Mutter, wie jeden Tag. Immer läuft sie die Abkürzung durch das nahe, stille Schrebergartengelände. An diesem Mittag stürzt sich dort plötzlich ein junger Mann auf sie, droht ihr mit einem Trommelrevolver. Aber Alice Stoll hat genug Mut, sich zu wehren, zu schreien, dem andern das Gesicht zu zerkratzen. Freilich, der brutale junge Mann ist stärker, er wirft sie auf den Boden, stopft ihr schließlich Gras in den Mund, versetzt sie mit seinem fuchtelnden Revolver in Todesangst. In einem nahen Schrebergartenhäuschen muß sie sich danach weinend ausziehen. »Wehe, du verrätst mich«, droht er auch ihr zum Abschied. Aber sie identifiziert ihn bei der Gegenüberstellung noch am selben Nachmittag.

Früher hat er rasch gestanden, gleich zugegeben, was geschehen ist. Diesmal wehrt und spreizt er sich. Diese Alice war bereit zum Verkehr, sagt er, ganz freiwillig, aber dann verlangte sie plötzlich Geld. Da haben sie sich gestritten, sich die Gesichter zerkratzt. Später ändert er seine Aussage. Irgendwie hat er erfahren: Alice hat sich einmal mit den Eltern überworfen, weil sie gegen deren Willen in einer Wohngemeinschaft lebte. Nun sagt Büchner: Er kennt Alice schon lange, seit Jahren, sie ist gern mit ihm ins Bett gekrochen; er hat sie am Tattag wiedergetroffen, zufällig, sie haben auch diesmal Verkehr gehabt. Als sie danach bei ihm in der Jacke ein Geldbündel stecken sah, hat sie plötzlich nachträglich Bezahlung verlangt. Da hat er sich gewehrt, sie geschlagen. Alle anderen Aussagen sind ihm von Polizei und Haftrichter abgenötigt worden.

Beim folgenden Prozeß soll eine weitere Tat angeklagt werden. Keine Woche nach dem Überfall auf Alice Stoll hat Büchner zwei Sechzehnjährige in der Nähe seiner Wohnung angesprochen, sie auf den Kopf geschlagen und danach verfolgt. Aber die Gegenüberstellung mit den beiden ist fragwürdig. Die Anklage wird niedergeschlagen.

Die Gutachter diesmal bescheinigen Büchner wieder einen leichten Schwachsinn, in emotionaler Hinsicht eine infantile Entwicklungsstufe. Durch die langen Kontaktstörungen, sagen sie, ist seine Sexualität unausgereift, es liegt eine aggressiv-sadistische Fehlentwicklung vor, ein Perversionsprozeß mit sadistischer Prägung. Da ist seine Fähigkeit, auf sexuellem Gebiet einsichtsvoll, normal zu handeln, erheblich herabgesetzt. Hat er nicht erzählt, wie er diese Frau in Köln, um schneller zu seiner Befriedigung zu gelangen, gewürgt und geschlagen hat? In Zukunft muß bei ihm weiter mit einschlägigen Straftaten gerechnet werden. Ist Heilung möglich? Nur Kastration ist sicher.

Fünf Jahre Freiheitsstrafe wegen Notzucht, so der Spruch des Gerichts. Zugleich wird »zur Sicherung der Öffentlichkeit« die Unterbringung in einer Heil- und Pflegeanstalt angeordnet.

3

Freilich muß er zuvor noch seine Reststrafen aus den früheren Prozessen absitzen, diese aufgehobenen Bewährungszeiten also: Seit Ende Juli 1973 verbüßt er sie im Justizvollzug Rheinbach.

Wieder ist sein Leben geregelt, durch andere bestimmt. Er hält sich danach, fügt sich ein. Aufstehen, Essen fassen, Freizeit, quatschen. Er kennt das ja zur Genüge. Das Kribbeln im Bauch, der Krampf kommt seltener. Sicherlich mischen sie wieder was ins Essen, damit sie nicht aufsässig werden, auf dumme Gedanken kommen. Aber die dummen Gedanken sind nicht aus der Welt, vor allem nicht nachts. Die Frauen, die er gehabt hat, vor allem die Alte in Köln.

Tagsüber hat er sich in der Gewalt. Er merkt: Er hinterläßt keinen schlechten Eindruck, auch wenn er manchmal verrücktes Zeug quatscht, wilde Geschichten erzählt, die er sich ausgedacht hat. Ist er ein Spinner, oder muß man ernst nehmen, was er da vorbringt?

Drei Monate später gewährt man ihm in Rheinbach zum ersten Mal Strafunterbrechung – *im Gnadenwege*, wie das heißt – , damit er in der Urologie der Uniklinik Bonn-Venusberg stationär untersucht und behandelt werden kann. Er hat irgend etwas Unbekanntes im Unterleib. Blasenbeschwerden? Oder ist es die Niere? Am 3. Dezember, früh acht Uhr wird er entlassen. Er darf sich allein, mit guten Ratschlägen versehen, auf den Weg zur Klinik machen. Aber er kommt nie dort an, er nutzt die Gelegenheit sofort zur Flucht, taucht unter. Über ein halbes Jahr lang bleibt er verschwunden. Zur Fahndung ausgeschrieben, wird er schließlich doch entdeckt und verhaftet. Da ist er Türsteher in einem Nachtlokal in Trier, und es ist Sommer 1974, wieder Juli.

Mittlerweile hat sich die Gesetzeslage geändert, er müßte danach zunächst in ein Landeskrankenhaus, damit dort die angeordnete Unterbringung in einer Heil- und Pflegeanstalt vollstreckt wird. Aber alle angeschriebenen Häuser lehnen seine Unterbringung wegen Überfüllung ab. So kommt er doch wieder in den Strafvollzug nach Rheinbach.

Hallo, da ist er wieder. Er trifft auf nicht wenige Bekannte. Nun ja, wer will nicht in Freiheit leben, sagt er. Und wenn sie ihm die Gelegenheit dazu sogar noch mit Freifahrtschein servieren, er wäre doch bescheuert gewesen, hätte er die Gelegenheit nicht genutzt.

Zwei Jahre später – 1976 – gewährt ihm Rheinbach die zweite Strafunterbrechung. Am 18. Mai geleitet man ihn erneut in die Urologie der Uniklinik. Diesmal haben die Wächter zu warten, bis er, ordentlich aufgenommen und registriert, mit nichts als einem Schlafanzug bekleidet im Bett liegt. Doch am nächsten Morgen schon, noch vor der Operation, kommt er erneut davon. Als man ihn im benachbarten Supermarkt mit einem Kompagnon beim Schnapsklauen erwischt, wird er kurz festgenommen, man notiert seine Personalien, dann darf er gehen. Natürlich sehen ihn auch die Bonner Urologen erst einmal nicht wieder. Er kommt ihn Marl unter. Dort wohnt seine Familie noch immer, dort spürt man ihn auf, setzt ihn erneut fest: am 21. Juli.

Die dritte Strafunterbrechung gewährt ihm Rheinbach im folgenden Jahr 1977. Die anstehende Operation, heißt es, muß nun unbedingt vorgenommen werden. »Der Gefangene hat bis zum Zeitpunkt unmittelbar vor der Operation, bis zum Eintritt der Narkose bewacht zu werden.« Ein drittes Mal soll Büchner nicht davonkommen. Aber als man ihn, wie angeordnet, schnellstmöglich nach Rheinbach oder in ein Haftkrankenhaus zurückführen will, ist er auch da verschwunden. Diesmal gelingt ihm die Flucht aus dem Bett der Intensivstation.

Zweieinhalb Monate kann er diesmal abtauchen. Er kommt schließlich in einem kleinen Flecken namens Bardel nahe der holländischen Grenze unter, wird von einem dort ansässigen Holzunternehmer angestellt. Am 2. Oktober will eine Frau einen Posten gebrauchter Bahnschwellen kaufen. Büchner weiß genau, wo sie gelagert sind, er hat geholfen, sie aufzustapeln. Kann er der jungen Frau den Stapelplatz nicht zeigen, damit sie sich für oder gegen den Kauf entscheiden kann? Natürlich ist Büchner dazu in der Lage. Gern. Er steigt in den PKW der Kundin ein, auf dessen hinterem Sitz ihre siebenjährige Tochter wartet. Als die beiden miteinander kichern und albern, erregt das Büchner, er wird, denkt er, wohl mit der Mutter ins Reine kommen. Er trommelt und schlägt plötzlich auf ihr Gesicht und ihren Körper ein, greift mit beiden Händen nach ihr, würgt sie und schlingt schließlich seine Krawatte um ihren Hals, bis die Frau nicht mehr in der Lage ist, sich zu wehren. Während das Kind auf dem Rücksitz schreit und weint, wirft er sich über die Mutter. Am nächsten Tag wird er festgenommen. Da führt er eine Kleinkaliberwaffe bei sich, ein Gewehr.

Er wird zu einer Freiheitsstrafe von acht Jahren und einem Monat verurteilt, auch wegen dieses unerlaubten Waffenbesitzes. Zugleich heißt es: Unterbringung in einem psychiatrischen Krankenhaus. So gelangt er noch vor Weihnachten 1978 zum ersten Mal ins Landeskrankenhaus Eickelborn.

4

»Von da an hatte B. enge Kontakte zu seiner Familie. Seine Eltern und Geschwister besuchten ihn häufig. Seine Führung war beschwerdefrei, B. hielt sich an die Hausordnung und nahm regelmäßig an den sozialtherapeutischen Angeboten (Gruppen- und Einzelgespräche) teil. Es wurde eine leichte Verletzlichkeit registriert. Längere Verstimmungszustände wechseln mit heftigen emotionalen Reaktionen. Die bis dahin erreichten Fortschritte sollen durch die Fortdauer der therapeutischen Bemühungen verfestigt werden.«

Nein, die Familie hat ihn nicht aufgegeben. Er ist nun dreißig, zweiunddreißig, ein armer Hund. Und man kann doch nicht einfach so tun, als gäbe es ihn nicht.

Am 23. Mai 1981 erhält Büchners Therapiegruppe wieder einmal Ausgang. Diesmal kann sich Büchner bald der Beobachtung entziehen. Er flieht, taucht erneut unter, zunächst bei der Familie in Marl. Aber den Jungen bei sich zu behalten erscheint gefährlich, man will ihn diesmal offenbar schnell loswerden. Ein Schwager hilft ihm weiter nach Köln. Dort wohnt ein guter Kumpel aus gemeinsamen Haftzeiten in Rheinbach. Mit seiner Freundin hat er Büchner schon mehrfach besucht. Kann er die beiden nun für sich gewinnen? Will die Freundin nicht mit ihm ins Bett? Doch die lehnt sein Ansinnen rundweg ab. Aber er darf noch ein paar Tage bei ihnen wohnen, bis sie ihm einen Anwalt besorgt haben. Er wird sich doch stellen? Einverstanden?

Am 26. Mai – drei Tage nach seiner Flucht – sind die beiden, der Kumpel und seine Freundin, zur Arbeit gefahren, Büchner hält sich allein in der Wohnung auf. Er macht ein bißchen Ordnung, kramt neugierig in Kästen und Fächern. Plötzlich klingelt es an der Tür, und als Büchner öffnet, sieht er sich einem Mann und einer Frau gegenüber, Zeitungswerbern, die auf ihn einzureden beginnen, ihn für ein Abonnement zu interessieren versuchen: die Bunte, die Grüne Post. Sie haben auch noch andere Angebote. »Ja?« fragt Büchner. Wenn sie so dringend Geld brauchen, hat er einen besseren Vorschlag: Die Frau macht's mit ihm, das bringt ihr fix mehr ein als eine Handvoll Abonnements.

Wieso die beiden, Mann und Frau, trotzdem die fremde Wohnung betreten? Büchner, dort im Schlafzimmer des Kumpels, hält plötzlich ein scharfes Messer in der Hand, das er zuvor in einer Kammer gefunden hat. »Zieht euch aus, macht's mir vor!« befiehlt er, stößt das Messer drohend ins Bett, später dem Mann mehrfach in den Rücken. Dann würgt er die Frau, macht sich erfolglos über sie her, bricht ihr das Zungenbein, sticht dem Mann durch ein Kissen, das der sich in seiner Angst vorhält, in den Bauch, verfolgt ihn durch eine Terrassentür, reißt, weil ihm das Messer entfallen ist, ein Stück Terrassenfensterglas als Waffe an sich, verfolgt so den Flüchtenden, der sich das herausquellende Gedärm halten muß, stürmt hinter ihm hinaus auf die Straße. Es ist ein böses Szenarium. Man muß nicht alle Einzelheiten ausbreiten.

Der Zeitungswerber kann nach einer mehrstündigen Notoperation am Leben erhalten werden. Büchner selbst hat einen Nachbarn alarmiert: »Hilfe!« Er wurde überfallen, am Leben bedroht. Als er trotzdem von herbeigerufener Polizei festgenommen wird, schiebt er den Anlaß des blutigen Debakels auf die anderen. Sie hätten vierhundert Mark von ihm für ein Pornovideo verlangt, schließlich einen gemeinsamen flotten Dreier. Als er sich dagegen zur Wehr setzte, habe der Mann rasch ein Messer gezückt. Die Verletzungen des anderen habe der sich selbst zugefügt, wahrscheinlich als er vor seinem Zorn durch das Glas der verschlossenen Terrassentür zu entkommen suchte.

Das Landgericht Köln verurteilt Büchner zu insgesamt dreizehn Jahren Freiheitsentzug. »Die Kammer ist überzeugt, daß B. den Überfallenen töten und als Zeugen ausschalten wollte.« Auch die Zeugin wollte er töten, wenn sie nicht liegenblieb, wie er drohte. Die Gutachter in diesem Verfahren bejahten bei Büchner zum wiederholten Male das Vorhandensein einer schweren Persönlichkeitsstörung in Form einer Störung des Sexuallebens mit sadistischer Prägung. »Im Grunde verdecken Büchners Sadismus und seine übersteigerte Aggressionsbereitschaft sein gestörtes Verhältnis zu Frauen, seine Angst vor ihnen. Diese sexuelle Fehlentwicklung ist als schwere seelische Abartigkeit zu begreifen. Wiederholungstaten erscheinen sicher.«

Noch ehe diese Strafe wirksam und vollstreckt werden kann, erhält Büchner, wieder im Landeskrankenhaus Eickelborn einsitzend, erneut einen Ausgang, diesmal einen von einem Pfleger begleiteten Einzelausgang durch Wälder und Felder im Umkreis von Lippstadt. Auch diesmal läßt er die günstige Gelegenheit nicht vorübergehen. Er flüchtet das zweite Mal aus Eickelborn.

Sechs Tage darauf, am 19. Mai 1984, hat es ihn nach Düsseldorf-Kaiserswerth getrieben, ausgerechnet auf das Gelände der diakonischen Krankenanstalten. Dort steigt er in ein Schwesternwohnheim ein und gerät in die Kellerräume, wo er alsbald ein Mädchen entdeckt. Eine einundzwanzigjährige Schwesternschülerin hantiert gerade an ihrem Fahrrad, sie will das Schloß daran öffnen. Mit einem Kantholz, das zufällig im Kellergang herumsteht, gibt Büchner der ahnungslosen jungen Frau einen derben Schlag auf den Kopf, wirft ihr seine Strickjacke über und schiebt die Benommene, Blutende nach nebenan zwischen allerhand Gerümpel. Dort muß sie sich niederlegen, und er, der über ihr kniet, greift nach ihrem Hals und würgt sie. Als sie sich in ihrer Todesangst windet, mit dem Kopf laut gegen ein Brett schlägt, unterbricht er sein Würgen und horcht. Doch weil niemand reagiert, läßt er nicht von ihr ab, malträtiert sie weiter.

Er packt sie, schlägt ihren Kopf immer wieder auf den Steinboden, so daß sie mehrfach das Bewußtsein verliert. »Bleib ja liegen«, zischt er ihr schließlich zu. Als kurz darauf eine Tür klappt, er seine Entdeckung fürchten muß, flieht er. Die blutüberströmte Schwesternschülerin allerdings, sobald sie aus ihrer Ohnmacht erwacht ist, vermag der Polizei eine ziemlich genaue Beschreibung ihres Peinigers zu geben. Der kann noch auf dem Gelände der diakonischen Krankenanstalten festgesetzt werden. Da versucht er die Tat auf einen Unbekannten zu schieben. Er selber war's nicht, nie und nimmer. Er hat das schwerverletzte Mädchen nur zufällig gefunden, als er es stöhnen hörte, er hat nur helfen wollen. Er ist schließlich geflüchtet, um nicht als Täter beschuldigt zu werden. Aber seine Jacke, die er bei dem Opfer zurückgelassen hat, die Blutspuren an seiner Kleidung, vor allem jedoch die Aussagen des Mädchens überführen ihn eindeutig.

Anderthalb Jahre danach wird Büchner – er sitzt in der Zwischenzeit ja sowieso ständig anderwärts ein – vom Landgericht Düsseldorf wegen versuchter Vergewaltigung in Tateinheit mit gefährlicher Körperverletzung zu acht Jahren Freiheitsstrafe verurteilt. Zugleich wird gegen den Leitenden Arzt des Landeskrankenhauses Eickelborn ein Strafverfahren eingeleitet. Entgegen seinem eigenen Gutachten für das Landgericht Köln, in dem er auf die Uneinsichtigkeit Büchners hingewiesen hat und auf dessen nach etlichen Entweichungen demonstrierte gesteigerte Gefährlichkeit, hat Dr. N. dennoch »auf Drängen des Stationsteams« bereits ein Vierteljahr nach Büchners Einlieferung Einzelausgänge für Büchner genehmigt, ohne »die Einhaltung der von ihm selbst als notwendig erachteten Voraussetzungen sichergestellt zu haben«. Dr. N. wird zu einer empfindlichen Geldstrafe verurteilt.

Es ist das erste Mal, daß ein leitender Angestellter für Büchners Taten strafrechtliche Mitverantwortung übernehmen muß.

5

Bernhard Büchner hat in den Jahrzehnten seiner kriminellen Entwicklung Dutzende von Stationen kennengelernt, Gerichte, Justizvollzugsanstalten, Krankenhäuser. Er ist beobachtet, begutachtet worden, er hat unterschiedliche Strafen verbüßt, manchmal in raschem Wechsel. Er hat in Untersuchungshaft für seine neueste Tat gesessen, ist deretwegen zu verschiedenen Psychiatern und Psychologen auf ihre sicheren Stationen geschickt worden, aber daneben und vor allem hat er ausgesprochene Strafen, auch Bewährungsstrafen verbüßt, hat Aufenthalte in psychiatrischen Landeskrankenhäusern, im Maßregelvollzug hinter sich. Dieses zeitliche Geflecht zu entwirren braucht Genauigkeit und Aufmerksamkeit. Auch deshalb: Welche Strafe ist wann abzusitzen, in welcher Reihenfolge, wieviel Strafe verbleibt noch? Das kostet Zeit, verlangt mitunter Entscheidungen verschiedener Kammern und Staatsanwälte.

Bernhard Büchner ist in diesen Jahrzehnten auch einer Vielzahl unterschiedlichster Menschen begegnet. Er hat sich, wieder eingefangen und verurteilt, im Laufe der Jahre erstaunlich anzupassen verstanden. Er vermag Reue zu zeigen, er will sich bessern. Er will Therapiemöglichkeiten nutzen, er lehnt Gespräche dazu nicht ab. Er zeigt sich, wie man notiert, »problembewußt und kooperationsbereit«. Er ist »umgänglich und freundlich«. Er ist nicht mehr der dumme Junge, dem man Schwachsinn bescheinigt. Sein Verstand ist mit seiner Erfahrung gewachsen. Die Kastration, »wie angedacht«, wird nicht mehr ins Auge gefaßt, »wegen des möglichen Zusammenbruchs des inneren Gleichgewichts« bei B. Dafür gibt es zu unterschiedlichen Zeiten medikamentöse Behandlungen mit Antabus oder Androcur. 1984 allerdings erklärt B., er habe »das Kastrationsverfahren laufen«, die Operation stehe wohl Mitte des Jahres an. Später jedoch empört er sich maßlos: Die Ärzte haben ihn zur Kastration überreden wollen, um für die entfernten Hoden »im Pakt mit der pharmazeutischen Industrie hohe Gelder zu kassieren«. Er sei aber kein Versuchskaninchen.

Zugleich ist er nicht ohne Einfluß auf Mithäftlinge. Er hat

»eine Führerrolle eingenommen, wobei sein Alter, seine Kenntnisse im Umgang mit Institutionen, seine Geschicklichkeit in der Gesprächsführung und seine Fähigkeit, seine Position klug auszubauen, sich ausgewirkt haben«.

Seit Herbst 1986 drängen Vertreter des Strafvollzugs in Rheinbach, wo Büchner nun wieder einsitzt, in unregelmäßigen Abständen, ihn in den Maßregelvollzug zurückzuverlegen. Die fachmedizinische Betreuung, die seine erheblich gestörte Persönlichkeit brauche, sei im normalen Vollzug nicht zu gewährleisten, der »im Strafvollzugsgesetz manifestierte Behandlungsauftrag kann nicht erfüllt werden«. Büchners lange Strafen »lassen jegliches Ausarbeiten einer Perspektive« schon im Ansatz scheitern. Andererseits sei B. recht therapiewillig. »Die Persönlichkeit des Angeklagten, seine bisherige Entwicklung im Strafvollzug und sein zwischenzeitlich gezeigtes Verhalten lassen eine solche Maßnahme« – die Überstellung in den Maßregelvollzug – »sinnvoll und notwendig erscheinen.«

Bei weitem nicht alle sehen das so. Ein von der Staatsanwaltschaft Köln beauftragter Professor notiert 1988 in seinem Gutachten sinngemäß: Büchner neigt zu Wohlverhalten und positiver Selbstdarstellung. Ein durchgehender Einstellungswandel jedoch ist nicht festzustellen, keine erkennbare Stabilisierung oder Reifung der Persönlichkeit, keine von Nachdenklichkeit getragene Selbstkritik. B. redet oberflächlich von Behandlungen, die er benötige, ohne erklären zu können, was er eigentlich behandelt haben wolle. Ihm fehlt jeder Leidensdruck, er will vergangenes Versagen nicht bewältigen. »B. leidet lediglich unter dem Freiheitsentzug, den er durch eine Überstellung in den Maßregelvollzug abkürzen zu können glaubt, um dann völlig ungestört und durch die früheren Straftaten unbeeindruckt sein Leben gestalten zu können. Eine überzeugende Motivation für eine Therapie ist bei B. nicht erkennbar.« Zugleich warnt der Professor: B. hat seine angebliche Einsichtigkeit durch seine Entweichungen und die umgehend wieder begangenen Straftaten hinlänglich widerlegt. »Die Prognose für einen Menschen, der durch zahlreiche einschlägige Rückfälle auf sadistisch-aggressivem Gebiet hervorgetreten ist, erscheint generell sehr ungünstig.«

Dennoch: Nach jahrelangem Hin und Her, nach unterschiedlichsten Gutachten und Stellungnahmen gelingt es, den Strafgefangenen Bernhard Büchner ab 29. April 1997 im Landeskrankenhaus Düren unterzubringen.

Allerdings staunt man dort bald und fragt sich: Was sollen sie an Büchner noch behandeln? Seine »dissoziale Persönlichkeitsstörung ist zwar noch vorhanden«, gutachten drei Ärzte im Februar 1998, »aber sie hat sich im Lauf der Zeit so geglättet, daß sie keinen Krankheitswert mehr besitzt, daß es nicht mehr zu einer erheblichen Beeinträchtigung der Einsichts- und Steuerungsfähigkeit bei B. kommt. Der Untersuchte B. weiß jederzeit genau, was von ihm verlangt wird.« Er kennt keine Stimmungsschwankungen pathologischer Art mehr, keine Zustände psychomotorischer Unruhe, keinerlei Neigung zum Suizid. Nur über seine sexuellen Phantasien hat er nie offen gesprochen. Da kann man nicht einschätzen, ob bei ihm doch noch eine »sadistische Perversionssymptomatik« vorliegt. Alles in allem aber: Aus ärztlicher Sicht sind keinerlei Voraussetzungen mehr für eine weitere Unterbringung von B. in einem psychiatrischen Krankenhaus gegeben. Im Gegenteil: »Der beschützende klinische Rahmen des Maßregelvollzugs unterstützt den Untersuchten in seiner Haltung der Passivität«, verhindert jede ernsthafte Vergangenheitsbewältigung.

Da soll er also wieder zurück in den Strafvollzug? fragt er den Klinikarzt, der ihm das alles erklärt. Der nickt nur. »Für Ihre Entwicklung ist es das einzig Richtige«, sagt er. Allerdings, die Staatsanwälte, die Kammer, die darüber entscheiden, sie berücksichtigen meist nicht nur das klinikeigene Gutachten, sie ziehen auch gern ein externes Gutachten heran.

Beschließt da Bernhard Büchner, sich so ein eigenes externes Gutachten zu verschaffen, auf eigene Faust? Zwanzigtausend Mark, heißt es, kostet so etwas. Wie kommt er an so viel Geld?

Nein, in den Strafvollzug, in den Knast, in die Hölle kehrt er jedenfalls nicht zurück. In ein, zwei Jahren, hat er gedacht, werden sie ihn als geheilt entlassen, höchstens in drei. Und nun soll sich diese Hoffnung zerschlagen?

6

Er liegt auf seinem Bett, die Hände hinter dem Kopf verschränkt, er träumt. Er träumt oft. Er sitzt auf einer Bank im Park und blickt den Wolken nach, und sie bringen ihn davon, über alle Zäune und Mauern hinweg, oder er sitzt am Fenster und starrt durch die Scheiben, und plötzlich geht das Tor unten auf, die Flügel schlagen weit zurück, und ein Wagen steht davor, ein BMW wenigstens, und wartet auf ihn.

Den wartenden Wagen sieht er öfter. Er weiß nur noch nicht, wer neben der geöffneten Tür steht. So sehr er sich auch anstrengt, die Lider zusammenkneift, er kann das Gesicht des Mannes da unten nicht erkennen.

Er hat viele Freunde, erstaunlich viele. Und sie kommen ihn besuchen, und sie telefonieren mit ihm oder er mit ihnen, über Hunderte Kilometer weg. Vorm ersten Schnee bin ich noch einmal bei dir, versprechen sie, und sie halten ihr Wort. Zuletzt hat er beinahe neunhundert Mark im Monat vertelefoniert, Gott sei Dank, daß er Kumpels hat, die nicht auf die Mark sehen, die ihm genug Geld geben. Wovon sollte er sonst anrufen?

»Na, General, träumst du wieder? Hock dich zu uns, erzähl ein bißchen.«

Da schreckt er auf und setzt sich zu ihnen, die ganze Patientengruppe ist am Tisch unterm Deckenfluter versammelt, allerlei Fremde drängen sich später dazu, sogar ein paar Pfleger. Er hat früher nicht gewußt, daß er so ausdauernd erzählen kann, nun überschwemmen ihn plötzlich die Bilder, und er läßt sie aus sich heraus. Er ist der Enkel des Generals von Büchner, dem im ersten Weltkrieg noch eine ganze Kavallerieschwadron unterstand. Der Kaiser selbst, der letzte Hohenzoller, Willem der Zweite, den sie am Ende nach Holland schickten, hat den Großvater geadelt wegen Tapferkeit vor dem Feind. Absitzen, hat der General, der Großvater, geschrien, und sie haben die Pferde aneinandergekoppelt und die Pulverladungen genommen, zu Fuß sind sie weiter, den Panzern entgegen, haben unter den Ketten die Ladungen gezündet, der Großvater als Beispiel allen voran. Hurra, Herr von Büchner, hat der Kaiser gerufen und ihm das Eiserne Kreuz angeheftet.

»Und warum bist du nun keiner mehr von und zu?« fragt irgendwer zum wiederholten Male.

Da reckt er sich, räkelt sich. Der im Krieg erworbene Adelstitel wird nicht vererbt. Auch hat der Vater auf ihn verzichtet, der Vater, hochdekoriert vor Stalingrad, ein Berufsoffizier, aber Widerstandskämpfer. Er schoß sich selber in den Arm, um kriegsuntauglich zu werden, und wurde erwischt. Neunundneunzig Tage saß er in der Todeszelle. Aber die Strafe wurde nicht vollstreckt. Der Vater machte sich auch bei Judenerschießungen stark, wurde deshalb degradiert. Er sieht die glänzenden Augen ringsum, spürt die Spannung. Er ist der Meister, der General, er ist B. B. Er weiß, wie sie ihn nennen. Er hat das alles schon mehrfach erzählt, nun müssen ihm neue Geschichten dazu einfallen. Aber es gelingt ihm. Und kann da nicht an ihm selber was hängenbleiben? Natürlich. Er ist Jäger, Waldmensch. Er erzählt Dutzende Jagdgeschichten. Und er war Bodyguard für den Kanzlerspion, für diesen Guillaume, über den Brandt stürzte. Guillaume hat ihn nicht bezahlt, weiß Gott nicht. Aber er hat viel bei ihm gelernt, Lesen (»ordentliche Bücher, Zeitschriften«) und Schreiben (»seine Gedanken geordnet vorbringen«). Damals freilich ist ihm die Sache passiert, die ihm heute noch anhängt. Da bringen sie allerdings nichts aus ihm heraus, da läßt er vieles im Ungewissen, Geheimen. Ein unglückliches Zusammentreffen, deutet er nur an.

In der Nacht liegt er wieder auf seinem Bett, die Hände hinterm Kopf verschränkt, und kann nicht einschlafen. Was soll er tun? Sich so ein Gutachten besorgen? Von wem? Doch die Hauptsache ist sowieso vorher das Geld. Siggi könnte ihm was geben. Siggi hat zwei Jahre mit ihm zusammengelegen in Rheinbach. Mit keinem hat er sich so verstanden wie gerade mit ihm. Siggi ist rüber in den Osten, hat ein, zwei Geschäfte eröffnet, einen Puff, Kohle gemacht mit Weibern, Autos und Maschinen, Siggi wird ihn auch diesmal nicht im Stich lassen. Siggi hat ihm schon öfter was überwiesen oder seiner Frau Dorle mitgegeben, als die ihn besuchte. Dorle, die gute Freundin. Dorle läßt ihn noch weniger im Stich. Morgen wird er mit ihr telefonieren. Und mit Heinz Werner. Er soll sich bereithalten.

Er legt die Hände weit hinter sich, greift nach dem Bettgestänge, schließt die Lider, daß das Licht hinter den Fenstern ihn nicht bedrängt. Wenn nur diese Weiber nicht wären. Jede Nacht kommen sie zu ihm, spreizen sich, greifen nach ihm, und er greift nach ihnen, nach jedem Stück Fleisch, er krallt sich in sie hinein, wie sie sich in ihn krallen, bis sie alle nur noch schreien.

Am 14. April 1998, es ist nicht anders vorstellbar, ruft Bernhard Büchner aus dem Krankenhaus Düren seinen Freund und einstigen Zellenkumpel Heinz Werner an, den Antiquitätenhändler. »Es ist soweit«, sagt er direkt oder verschlüsselt, »morgen bringen sie mich in die Villa, um zehn.« Oder sagt er: »Morgen will mich der Klempner sprechen«? Jedenfalls meint er seinen bevorstehenden Zahnarztbesuch. Entgegen allen innerbetrieblichen Vereinbarungen und Verboten, die jede Vorinformation eines Patienten über Ausführungen und Arztbesuche strikt untersagen, weiß Büchner um seinen Termin am nächsten Vormittag.

Und der Freund reagiert präzise. Der Renault Laguna wartet pünktlich vor dem Haus mit dem Springbrunnen, ein zweiter Wagen zum Umsteigen steht unterwegs. Bringen Heinz Werner und der später sehr redselige Claus ihren glücklich Entkommenen tatsächlich zum Kölner Hauptbahnhof, versorgen sie ihn mit einem Ticket nach Halle? Bernhard Büchner gibt später ganz andere Zusammenhänge und Einzelheiten an. Und geht es Büchner allein darum, sich vom einstigen Haftkumpel zwanzigtausend Mark für ein externes Gutachten zu verschaffen? Mitunter ist da auch von zweihunderttausend, gar zweihundertachtzigtausend die Rede, die er neben einem Wagen erhalten soll. Und wer hat ihm den Revolver besorgt?

Unabhängig von diesen Fragen, von denen manche bis zum Ende des folgenden Prozesses ungeklärt bleiben werden: Am 17. April 1998, zwei Tage nach seiner Flucht aus dem Landeskrankenhaus, wieder einmal bloß zwei Tage nach seinem Entkommen, trifft Bernhard Büchner in dem Gasthof »Zum grauen Wolf« des Dorfes ein, das hier Sernitz genannt wird, um zwei Stunden später zwei Menschen zu töten und zwei andere siebzehn Stunden lang in seine Gewalt zu bringen.

Im Namen des Volkes

»Dies ist ein ganz gewöhnlicher Prozeß, einer wie Dutzend andere auch«, sagt die Vorsitzende Richterin der Kammer. »Ich begreife Ihre Riesenaufregung nicht, diesen erstaunlichen Presserummel.«

Die Wirklichkeit im Gericht spricht eine andere Sprache.

Dreiundzwanzig Sitzungen in vier Monaten, dreiundzwanzigmal errichten die Beamten ihre Sperren, ihre Sicherheitsschranken im zweiten Stock des Justizgebäudes. Dreiundzwanzigmal überprüfen sie alle Besucher mit ihren Detektoren, kontrollieren sie Tascheninhalte, halten Namen und Ausweisnummern in Listen fest; dreiundzwanzig Termintage lang zwischen November und März verpassen sie ihnen die kleinen Nummernkärtchen als Legitimation und Nachweis, am Prozeß teilnehmen zu können. Dreiundzwanzigmal bauen sie ihre Sichtblenden auf dem Flur auf, übermannshoch und zueinander versetzt, daß ein forscher oder neugieriger Blick dahinter erschwert, wenn nicht gar unmöglich wird, vor allem kein Blick für die Dutzende von Kameraobjektiven.

Wieviel Fernsehsender hat das Land? Alle, scheint's, haben in diesen Tagen ihre Teams hergesandt. Dazu die Massen der Fotografen. Bald drängen sie sich vor der Sicherheitsschranke: Schließlich schaffen es viele doch, wenigstens in den Gang dahinter zu gelangen. Dort bauen sie ihre Klappstühle und Minileitern auf, steigen hinauf und warten. Irgendwann muß B. B. doch kommen, der Meister, der General, der Doppelmörder, irgendwann muß er durch diesen halbdunklen Flur, wo selbst die Fenster zum Hoftrakt mit Transparentpapier verklebt sind, einen Blick weder hinaus- noch hereinlassen.

Dreiundzwanzigmal, meist montags, aber regelmäßig Woche für Woche, gleicht das Haus so einer belagerten Festung: Sicherheitskräfte schon am Eingang, Sicherheitsposten an den Treppenaufgängen, erst recht später im Saal, wo sich hinter dem großen Karree der Gerichtstische die Zuschauer nach den vorderen Plätzen drängen, wo diesmal auch die Zeichner sitzen, nicht nur die üblichen Presseleute.

B. B., der Angeklagte. Bernhard Büchner. Er hat schon vor Dutzenden Richtern gesessen. Er ist hellwach, er verfolgt den Prozeß mit klaren Sinnen, erstaunlich frischen Blicken. Wenn er in den Saal hereingeführt wird, die Justizbeamten – schwarzes Tuch, schwarze Dienstmützen, Handys und Waffen stecken sichtbar in sichtbaren Behältnissen – ihm die Handschellen abnehmen, sieht Büchner sich um: Wer ist schon da, Staatsanwalt oder Richter, Leute von der Presse, Zuschauer, die immer wiederkommen? Hat er heute ein Publikum, oder macht sich Langeweile breit? Manchmal grüßt er den einen oder anderen, wartet, daß der ihm zunickt, vielleicht zulächelt, ihm ein paar Worte über das offene Karree der Gerichtstische hinweg zuwirft, Staatsanwalt oder gutachtender Professor. Soll das heißen: Er hat ein fast intimes Verhältnis zu den Leuten, die sich mit ihm beschäftigen? Soll das heißen: Er vertraut ihnen? Soll das heißen: Er hofft? Wenn sie so sachlich-freundlich mit ihm umgehen, auch die Hauptrichterin, die Vorsitzende, wenn sie ihn nicht anfährt, derb belehrt, wenn sie sagt: »Sie sollen einen fairen Prozeß haben, Herr B.«, kann es doch nicht so schlimm um ihn stehen, werden sie doch mehr seiner Version der Dinge glauben, sich eher seiner Sicht anschließen als der Deutung des Staatsanwalts? Nein, sie werden ihm die Morde nicht anhängen können.

Denkt er so, während er ein paar Blatt Papier hin und her wendet, sich schließlich mit ihnen befaßt, die Schriftsätze liest, die der ältere Rechtsanwalt ihm gereicht hat? Der ist aus Köln angereist, er kennt Büchner schon mindestens ein Jahr, aus Dutzenden Gesprächen. Der andere, jüngere, forsche, agile, immer leicht zu Eingaben bereit, aus Hannover gebürtig, wohnt mittlerweile seit Jahren in der Stadt des Prozesses. Es ist gut, zwei solche unterschiedlich ansässige und in Temperament und Alter verschiedene Anwälte zu haben. Denkt er so?

Vor ihm, neben ihm liegt einer dieser Plastebeutel, mit denen er offenbar immer noch lebt. Ein paar Hefter hat er in ihm mitgebracht, vielleicht schriftliche Zeugenaussagen, vielleicht ein Gutachten. Er sammelt auch die Zeitungsausschnitte, die über diesen Prozeß erscheinen. Was sammelt er noch? Wie ist er zum Beispiel an diese Briefe und Bilder gelangt, mit denen er auf dem Friedhof in Sernitz auftauchte? Hatte er die bei seinem

Zahnarztbesuch in Düren schon bei sich? Oder lagen die in der Tasche, die sie ihm unterwegs nach dem Auto- und Kleiderwechsel in der Tiefgarage mitgaben?

Er hat in diesen späten Novembertagen bereits einen Prozeß hinter sich. Vier Wochen zuvor hat man ihn im Hubschrauber, spektakulär gesichert, etliche Mann in schwarzem Tuch immer an seiner Seite, am Morgen nach Düren und am Abend wieder zurückgeflogen. Da hat er als Zeuge im Prozeß gegen seine Entführer aussagen müssen. Heinz Werner, den sie auch den Antiquitätenhändler nennen, und Claus, der den Renault fuhr, da ist er ihnen wiederbegegnet. Claus hat ihn kaum angesehen. Er hatte der Polizei gleich im Sommer eine anonyme Karte geschickt: »B. B. ist nach Halle zu Dorle.« Der Verräter. Gut nur, daß die Karte offensichtlich bei der Polizei nicht angekommen ist, wenigstens nicht bei der Polizei in Halle. Trotzdem haben sie Dorle mittlerweile gefunden. Er weiß es.

In Düren jedenfalls hat er zum ersten Mal öffentlich gesagt, warum er geflohen ist: Er ist zu Unrecht in der Psychiatrie, ein Opfer von Medikamententests. »Hol mich hier raus, Heinz Werner«, hat er gesagt, »ich geht hier kaputt.« Und da hat Heinz Werner die Autos organisiert. Es war ja alles so leicht, selbst durch die Klinikschranke.

Aber hier, bei seinem eigenen Prozeß, wird er erst mal schweigen. »Ich rede zu gegebener Zeit«, hat er erklärt. Erst einmal abwarten, sehen, was wird. So denken offensichtlich auch seine Verteidiger.

Freilich, Bernhard Büchner hat seine Version der Abläufe nach seiner Flucht aus Düren und die Ereignisse in Sernitz schon einmal zu Protokoll gegeben. Er hat sie dem Professor für Psychiatrie gegenüber erzählt, der über Büchners seelische und geistige Verfassung zur Tatzeit sein Gerichtsgutachten abfassen soll. Nun wird der Professor als Zeuge um die Darlegung dieser Büchnerschen Version gebeten, Büchner selber gibt sie ja nicht.

Es ist eine Geschichte voller Widersprüche und Phantasie, die zugleich erschrecken läßt.

Bernhard Bücher, so sagt nun der Professor: Bernhard Büchner ist nicht mit dem Zug nach Halle gekommen, sondern auf dem Umweg über Münster mit einem Auto, einem Audi quattro, und dessen Fahrer ist sein ständiger Begleiter bis Sernitz gewesen. Sie sind auf der Suche nach Dorle, die für Büchner vielleicht 20 000 Mark lockergemacht, die aber auch um Hilfe gerufen hat gegenüber ihrem schlagkräftigen Mann Siggi, dem Mann aus dem Rotlichtmilieu, der eine Nachtbar betrieb und nun Autos verkauft. Doch Günni, der Fahrer, weiß außerdem um eine noch viel größere Summe, 280 000 Mark, die aus einem Raub stammt und die ihnen von einem jungen Mann in einem silberfarbenen Mercedes (oder ist es ein BMW?) übergeben werden soll. Auf der Suche nach allem, so Büchner, auch vom Alkohol beflügelt, der das Gedächtnis verwirrt, gelangen sie nach allerlei Um- und Irrwegen in Sernitz vor das Haus der Seligers: Hier steht das Auto, hier kriegen sie ihr Geld. Auf dem Friedhof trinken sie – beide! – noch etwas, bis Elfriede Seliger sie wegschicken will. Büchner aber folgt ihrem Sohn ins Haus in Erwartung des Geldes.

Ja, sagt der Professor, Herr Büchner gibt zu, Hans Seliger in diesem Haus getötet zu haben. Aber es war ein Unfall, ein Schuß, der sich durch eine ungeschickte Bewegung Hans Seligers löste, als der vom Küchenstuhl aufspringen wollte. Und Elfriede Seliger hat Herr Büchner auf keinen Fall umgebracht, im Gegenteil. Als sie beim Anblick des Geschehenen einen Herzanfall bekommt, hilft er ihr, bettet sie ins Schlafzimmer. Ein anderer Mann ist außerdem im Haus gewesen, hat sie vom Deckbett auf den Boden gelegt, sie zugedeckt, dieser andere ist schuld an ihrem Tod, hat auch den zweiten Schuß auf Hans Seliger abgegeben. Büchner sagt, er hat einen Schatten gesehen, ein Türklappen gehört. Ist es Günni gewesen? Aber der ist längst aus der Geschichte verschwunden. Oder der junge Mark Weber? Büchner hält es für möglich: Vielleicht hat die Tochter nebenan ihren Freund hereingelassen?

Und die Vergewaltigungen? Mit Heike Seliger ist nichts passiert, sagt Büchner. Und ihre Mutter hat in der Nacht mehrfach freiwillig von ihm Liebe verlangt. Sie verlangte dazu auch, gefesselt zu werden. Sie hat ihm später sogar geholfen, die Wohnung zu säubern, und ihm Kleidungsstücke ihres Mannes gegeben: Was sollte der Tote noch damit?

Die Darlegungen bedrücken. Diese Unverfrorenheit, Frechheit, Kaltschnäuzigkeit, mit der Büchner anderen Schuld aufbürdet, seine Opfer verhöhnt, sogar zu Tätern machen will. Aber so hat er sich bei seinen Straftaten oft verhalten, das ist das Strategiemuster seiner Verteidigung durch die Jahrzehnte gewesen. Man weiß es.

Diese Darstellungen Büchners von dem Geschehen sind – auch unausgesprochen – beim Anhören der Zeugen immer gegenwärtig. Helga Kröber erzählt von dem verschwitzten Mann, der bei ihr im »Grauen Wolf« Bier und Schnaps mit seinem letzten Kleingeld bezahlte, eine andere Zeugin hat ihn ins Dorf laufen sehen, allein, mit seinem Plastebeutel, niemand war bei ihm. Ein Motorrad, mit dem er Helga Kröber gegenüber angab, hat diese nicht bemerkt, erst recht keinen Audi quattro. Hanna Steinert berichtet von dem Mann, der den Plastebeutel als seinen eigenen erkannte und mit dem Taxi das Dorf verließ, und alle haben keinen Zweifel: Der bärtige Mann jenes Apriltags ist der Mann auf der Anklagebank, und er ist ganz allein im Dorf gewesen.

Mark Weber spricht zögernd, noch immer betroffen, von seinen vergeblichen Versuchen, die sechzehnjährige Heike zu sprechen. Und dann, noch bedrückender, schildern die Kriminalbeamten, wie sie den Tatort vorfanden, die Toten.

An einem Donnerstagvormittag geschieht nichts weiter als das: Wortlos wird das Video des Tatortes gezeigt. Die Kamera gleitet minutiös über die Friedhofsbank, den Friedhofszaun, das Gartenbeet, an dem Elfriede Seliger beschäftigt war, hinein in das Haus, über die Flure, die Treppenstufen, über die fertigen und unfertigen Wände, über die Möbel – und findet die Toten. Unter der Bettdecke, auf dem Küchenstuhl. Niemand spricht, als die Verhandlung geschlossen wird.

Einmal regt sich Büchner heftig auf, als Werner Jülich, der Kriminalhauptkommissar, Büchners Aussage ihm gegenüber bekräftigt: »Die Oma, die habe ich totgemacht.« Jülich hat ihn zu Aussagen gebracht, die Büchner nun leidtun. Dann wieder erregt ihn, daß er sich zu Hilde Seliger über ihren Mann geäußert haben soll: »Hätte er nicht den Helden gespielt, ich hätte ihm keine überbraten müssen.« Erbost zeigt er sich, als seine deprimierende Vorstrafenliste verlesen werden soll. Wozu? fragt er. Mehrfach zur Ordnung gerufen werden muß er, als Siggi aussagt, der einstige Zellenkumpel, der Mann vom Rotlicht, der Autohändler. Da muß die Vorsitzende die beiden fast trennen wie zwei Besessene beim Hahnenkampf.

Auch Heike und Hilde Seliger werden angehört, unter Ausschluß der Öffentlichkeit, erst recht ist Büchner selbst zu diesem Zeitpunkt von der Prozeßteilnahme ausgeschlossen. Da hat er freilich, auf Drängen und Anraten seiner Verteidiger, durch einen von ihnen Tage zuvor eine knappe Erklärung abgeben lassen: Die Vorwürfe der Anklage gegen ihn, die beiden Frauen betreffend, stimmen.

Als die Vernehmungen der Zeugen nach Monaten abgeschlossen, die Gutachter gehört sind, steht eindeutig fest: Auch wenn der Angeklagte nur zum Teil geständig ist, wenn er vor allem die Tötung Elfriede Seligers bis zum Ende leugnet, er ist der *alleinige* Täter von Sernitz, er ist ohne Begleiter nach Sernitz gekommen, zu Fuß, nicht in einem Audi, er hat Hans Seliger durch zwei Schüsse getötet, die aus derselben Waffe stammen, er hat Elfriede Seliger erdrosselt, um die Zeugin seines Mordens auszuschalten. Sein Motiv: Habgier. Auch wenn er möglicherweise ein anderes Ziel in der Gegend suchte – als er im Hause der Seligers stand, interessierte ihn nur eins: Geld. Und danach die Frauen. Er hat Mutter und Tochter mit entsicherter Waffe gezwungen, sexuelle Handlungen zu erdulden und aneinander vorzunehmen.

Einen großen Abschnitt des Prozesses hat in diesen Monaten das Vorleben des Angeklagten eingenommen: Büchners Vortaten, seine Vorstrafen, vor allem die Arten seiner Unterbringung in Strafvollzug und psychiatrischen Krankenhäusern, im Maßregelvollzug. Die Möglichkeit seines neuerlichen und so leicht zu inszenierenden Entweichens aus dem Landeskrankenhaus Düren hat zu massiver Kritik und zu zahlreichen Diskussionen bis in die Landesjustizministerien hinein geführt. Doch über die konkreten Umstände der Flucht hinaus wurden die Chancen und Grenzen therapeutischer Bemühungen generell neu hinterfragt, erst recht die bei Büchner. Auch die konkrete Abfolge der Maßnahmen ihm gegenüber stand kritisch zur Debatte.

Unter welchen Voraussetzungen – zum Beispiel – war er wieder in den Maßregelvollzug gelangt, nachdem ein Urteil zuvor dies doch prinzipiell abgelehnt hatte?

Dazu wurden Ärzte, Psychologen, Beamte und Leiter aus Straf- und Maßregelvollzug gehört. Das ist ein eigenes umfängliches Kapitel. Das soll hier nur angedeutet werden.

Nach zweiundzwanzig Verhandlungstagen, es ist Ende März, erhält der Staatsanwalt das Wort zu seinem Plädoyer. Für ihn sind die Ergebnisse der Beweisaufnahme klar: Bernhard Büchner ist mit dem Zug direkt nach Halle gekommen, allein. Auf der Suche nach Dorle und Siggi Hornig geriet er nach Sernitz. Alles andere sind weitschweifige Schutzbehauptungen.

Hans Seliger wurde nach Betreten der Küche von hinten in den Nacken geschossen, schwer verletzt, der zweite, aufgesetzte Schuß tötete ihn auf dem Küchenstuhl. Elfriede Seliger, die nie Herzbeschwerden hatte, wurde danach mit einem doppelt geschlungenen Drosselwerkzeug zu Tode gebracht. Auf der erhofften ungestörten Suche nach Geld traf Büchner im ersten Stockwerk die sechzehnjährige Heike und zwang sie, sich in der Wohnung der getöteten Großmutter zu entkleiden. Alle Vorgänge bis dahin sind nur ungefähr zu rekonstruieren, von nun an ist das Geschehen durch die Aussagen der zwei Zeuginnen Seliger genau belegt. Büchner nötigte die Frauen zu sexuellen Handlungen, fesselte sie zu unterschiedlichen Zeiten. Sie mußten Spuren beseitigen helfen, Wäsche waschen. Von den ominösen 280 000 Mark ist nie die Rede gewesen, auch nicht von dem Auto des fremden jungen Mannes. Büchner wollte lediglich alles Geld der Seligers und ihr Auto, ein Auto, das sie nie besaßen. Auf seine Flucht danach nahm er alles Spurenmaterial mit, das ihn hätte belasten können, zum Beispiel die Fesseln. Als man ihn verhaftete, führte er noch den Ausweis Hans Seligers bei sich.

Und so weiter. Und so weiter. Der Staatsanwalt argumentiert über eine Stunde.

»Ich schließe mich dabei den umfangreichen Ausführungen des Gutachters an, der Büchner hier begutachtet hat.« Auf über vierhundert Seiten hat der Professor Büchners Werdegang und Tatverhalten analysiert, eine immense Anstrengung. Und das wesentliche Ergebnis? Von Minderbegabung oder Schwachsinn kann bei Büchner keine Rede mehr sein, sagt der Professor, wohl aber nach wie vor von einer dissozialen Persönlichkeitsstörung. Büchners Intelligenzquotient hat sich mit den Jahren auf mittlere Werte eingepegelt. Er kann so »Erlaubtes von Unerlaubtem, sozial Akzeptables von sozial Unakzeptablem« wohl unterscheiden. Er hat gelernt, zu kombinieren und sich ausgewogen auszudrücken, trotz seiner mangelhaften Schulbildung. (Als Büchner zum Beispiel seine eigene Flucht- und Tatversion schildert, redet er anderthalb Stunden lang ohne Pause.) Büchner hat seine Taten weder bewußtseinsgetrübt noch in seiner Einsichts- und Steuerungsfähigkeit eingeschränkt begangen. Auch seine alkoholische Beeinträchtigung damals war – entgegen seinen übertreibenden Darstellungen – höchst gering, lag unter einem Promille. Das heißt: Büchner war zum Tatzeitpunkt voll schuldfähig. Er hat auch, entgegen früheren Urteilen, seine Opfer nicht aufgrund einer sadistischen sexuellen Fehlentwicklung gequält, nicht also, um Lustgewinn zu erzielen, sondern »um die jeweilige Tat zu ermöglichen oder zu verdecken. Die Entwicklung des Angeklagten war charakterisiert von einer ausgeprägten Bereitschaft zu aggressivem und gewalttätigem Verhalten, von fehlendem Schuldbewußtsein und der Neigung, anderen die Schuld am Geschehenen zuzuweisen.«

Nach allem, erklärt der Staatsanwalt, »erscheint mir der Angeklagte völlig therapieunfähig, aber nicht erst jetzt. Schon 1985, bei seiner letzten Verurteilung in Düsseldorf, ist Büchner als untherapierbar, als in seinem Wesen nicht veränderbar eingeschätzt worden. Die Sicherungsverwahrung wurde für ihn festgeschrieben, der Angeklagte erschien schon damals als eine große Gefahr für die Öffentlichkeit. Hätte man sich an diese Feststellungen gehalten, ihn nicht auf dilettantische Weise in den Maßregelvollzug geschickt, man müßte nicht noch einmal über schwerste Taten von ihm zu Gericht sitzen. Aber die Kammer hat nicht über Psychiatrie und Haftvollzug zu befinden.«

Nach diesen Ausführungen beantragt der Staatsanwalt für zweimal Mord jeweils die lebenslange Freiheitsstrafe, für »zweimal Geiselnahme, erpresserischen Menschenraub, Erpressung, sexuelle Nötigung und Vergewaltigung im schweren Fall unter

Verwendung einer Waffe« jeweils zehn Jahre Freiheitsentzug, insgesamt, zusammengezogen, also eine lebenslange Freiheitsstrafe. Sicherungsverwahrung soll angeordnet, die »besondere Schwere der Schuld« anerkannt werden.

»Alle wir hier sind vom Leid der Opfer betroffen«, erklärt danach der Rechtsanwalt aus Köln im Namen der Verteidigung. »Aber auch der Angeklagte hat ein Recht auf Gerechtigkeit. Nach viel Vorverurteilung vor allem durch die Presse hat er hier ein gründliches faires Verfahren bekommen. Dennoch: Nicht alle Fakten scheinen der Verteidigung ausreichend berücksichtigt.« Sein Mandant hatte immer den großen Wunsch nach Therapie, nach einer einigermaßen hoffnungsvollen Zukunft. Die schien ihm nach dem letzten ängstlichen Gutachten des Oberarztes von Düren nur mit einem neuen privaten Gutachten und dem Geld der fürsorglichen Dorle Hornig möglich. Weshalb sollte Büchner da flüchten und schwere Straftaten begehen? Er hätte damit jede Therapiechance verspielt. Man müsse sich an Büchners Darstellung halten: Er hat in diesem Haus in Sernitz jemanden erwartet, der ihm das erhoffte Geld geben sollte. Büchner erzählt danach von einem turbulenten Geschehen: Es ist ein Schuß gefallen. Aber es war kein Vorsatz, also kein Mord. Und daß Büchner sich über den Kriminalkommissar so erregt? Kein Wunder. Büchner hat nie gestanden, die Großmutter Seliger getötet zu haben. Vielen weiteren Spuren ist nicht gründlich nachgegangen worden. War da nicht doch noch ein Dritter im Haus? Wer gab den zweiten Schuß ab?

Und so weiter.

»Richten heißt nicht hinrichten, sondern aufrichten. Auch wenn es schwerfällt. Ich bitte auf eine Strafe zu erkennen, die meinem Mandanten eine Perspektive läßt.«

Büchner, danach zum letzten Wort aufgefordert, verzichtet. Die Strafkammer erklärt einen Tag darauf, im wesentlichen der Darstellung des Staatsanwalts folgen zu wollen. Sie verurteilt Bernhard Büchner zu einer lebenslangen Freiheitsstrafe und betont die Schwere der Schuld. Bezogen auf die begangenen Sexualstraftaten wird ferner Sicherungsverwahrung angeordnet. Das heißt: Büchner wird mit ziemlicher Sicherheit lebenslang in Haft bleiben. Seine außerordentliche Rückfallgefahr würde nicht abnehmen, der Angeklagte würde seine wachsende Gewalttätigkeit, bewiesen in der zurückliegenden Folge seiner Straftaten, höchstens noch besser zu tarnen suchen.

Die Akten des Falls Bernhard Büchner, erklärt die Vorsitzende der Kammer während des Prozesses, füllten inzwischen weit über vierzig Ordner. Da sind die mindestens genauso umfangreich gesammelten Polizeiprotokolle nur zum Teil eingerechnet. Und wie umfangreich sind die Aktenbände in Sachen Büchner zuvor, bei den Amts- und Landesgerichten, bei den Staatsanwaltschaften, Justizvollzugsanstalten, Landeskrankenhäusern? Verständlich, daß hier nur Teilaspekte der Ereignisse dargestellt werden konnten. Auch die zusätzlichen Notizen des Autors sind umfangreich.

Aus den persönlichen Protokollen des Autors

Siegfried Hornig, 46

Ich bin Siggi, ich bin ein paar Jahre jünger als B. B. In Rheinbach hab ich mit ihm eingesessen, in der Nadelfabrik, dort haben wir zusammen gearbeitet. Ich hab auf 'ner Drei-Mann-Zelle gelegen. Als einer entlassen wurde, kam B. B. Vier Monate mußten wir's miteinander aushalten. In der Zelle waren immer Spannungen, wir haben uns bald in die Wolle gekriegt. Zwei Monate haben wir nicht miteinander geredet, dann doch wieder. Ich hab B. B. sogar seine Briefe geschrieben, an seine Freundin, auch wenn er's nun nicht mehr wahrhaben will. Von der Freundin, die er seine Verlobte nennt, hat er mir Bilder gezeigt: »Das ist meine Frau, und das mein Sohn; sie hat eine Hundepension, da fühl ich mich wohl.« Seit fünfzehn Jahren hat er sie nur bei Besuchen im Knast gesehen.

B. B. hat dauernd phantasiert, sich zusammengereimt, was er brauchte. Er hat mich die ganzen Jahre nur vorgeführt. Ich hab nicht gewußt, was er wirklich gemacht hatte, weshalb er so lange im Knast saß. Das hab ich erst später aus dem Fernsehen erfahren: B. B. ein Sexualstraftäter, soll braten bis 2033. Mir hatte er gesagt, er hat 'nen Türken erstochen, mit 'nem Messer. Danach gab's noch Trouble mit der Familie.

B. B. im Knast war ein Schleimer, jeder, der lange im Knast sitzt, wird ein Schleimer. B. B. hatte bald Einzelzelle, Fernsehen. Und er konnte jeden Tag nach draußen telefonieren, ich nicht. Macht und Geld, er hatte's. Er gab sich nur mit drei, vier Leuten ab, nicht mehr, er kam besser mit Beamten klar als mit unsereinem. Die Psychologin stand oft bei ihm vor der Tür. Er hatte alle im Griff, er konnte tricksen.

Ich saß wegen Betrug, ich wurde 1990 entlassen, ich hab erst zu Hause gearbeitet, dann ging ich in den Osten. Ich hab B. B. einmal besucht, er war ja eigentlich ein armes Schwein, hatte keinen Besuch, der sich um ihn kümmerte. Ich war mit Stieftochter und Frau dort. Er gab uns als Ausgang an. Das heißt, er hatte Freigang. Wir trafen uns draußen. Ich hätt ihn auch nie mehr drin besucht, ich geh nicht noch mal in'n Knast. Zwei Beamte und eine Sozialarbeiterin kamen mit. Wir haben B. B. Hose und Jacke gekauft und Tabak und Zigaretten, dort, in Bonn, dreißig Kilometer entfernt. Ja, wir hatten immer wieder Kontakt, meine Frau vor allem hat mit ihm telefoniert. Wir hatten richtig Mitleid mit B. B. Sie hat ihm eine Karte aus Spanien geschickt und über Jahre hinweg Pakete, einen Jogging-Anzug, Klamotten zum Anziehen, einen Pullover. Warum läßt du zu, daß er sich so an dich hängt? hab ich sie gefragt. Aber sie hatte eben Mitleid mit ihm. Hast dich doch auch gefreut, wenn ich kam, hat sie gesagt. Ich hab auch mit ihm telefoniert, ich hab ihm erzählt, wer die Mädels sind, die für mich arbeiten. Ja, vierzehn Tage, bevor er abhaute, hab ich noch mit B. B. telefoniert. Er hat's mit den Zähnen, immer hat er's mit den Zähnen, hat er gesagt, er muß zum Zahnarzt. Aber nichts weiter.

Und nun plötzlich das. Meine Frau hatte Angst, kam ins Büro. Wir haben beide Gänsehaut gekriegt, als sie mir erzählte, was das Fernsehen gebracht hatte. Lies den Videotext, sagte sie. Ich schickte sie gleich zur Polizei. Sag: Wir kennen B. B. Da glaubten sie erst, wir hätten was mit der Sache in Sernitz zu tun oder B. B. wäre zu uns gekommen oder hätte nach der Sache dort mit uns telefoniert. Aber weshalb sollten wir uns dann an sie wenden?

Ich hatte danach selber Angst, jeden Tag. Ich kaufte mir eine neue Axt, ich stellte sie gleich neben die Tür, ich habe jede Nacht nur auf einem Ohr geschlafen wie ein Hund. Die Polizei hat mir ein Handy gegeben, daß ich anrufe, wenn er sich meldet. Aber was sollte ich mit einem Handy gegen eine Pistole ausrichten? Nun gut, wir haben ein paar Hunde, Pittbulls, zwei Rottweiler.

Den B. B. sucht im Wald, hab ich der Polizei noch gesagt. B. B. buddelt sich im Wald ein. Ich bin kein Jagdmensch, aber B. B. hat immer von der Jagd erzählt, der ist ein Waldmensch, sucht ihn dort. Und von Waffen hatte der im Knast viel Ahnung. Die ihn rausgeholt haben, müssen ihm die Pistole gegeben haben.

Warum ich B. B. unterstützt habe? Ich hatte ja meinen Nachtclub und später den Autohandel, die warfen was ab, warum sollte ich ihm da nicht was abgeben? Er hatte mich ja auch unterstützt im Knast. Aber seine Briefe im Knast, die hab ich ihm geschrieben. Lesen konnte er ja. Aber nicht schreiben. Das merkt man doch, wenn einer dasitzt und druckst und rumkringelt. Ich habe im Grunde immer nur dasselbe geschrieben: Liebe Walle, ich liebe Dich. Seine Verlobte heißt Waltraud.

Dorothea Hornig, genannt Dorle, 44

Ich wurde mit Herrn B. durch meinen Mann bekannt, sie lagen im selben Vollzug. Wir haben Herrn B. später nur einmal besucht, da hatte er diesen Ausgang in Bonn. Mein Mann kaufte ihm Jacke und Hose, ja, auch einen Fotoapparat. Herr B. selber hat damit Aufnahmen gemacht. Später schrieb er den Brief, den ich hier vorlege: »17.3.93. Meine Gedanken sind noch immer mit Euch in Bonn. Ich habe wieder richtige Kraft getankt. Ich staune, was die Kamera für Bilder macht. Es war ein Tag voller Freude.« Alle Briefe, die wir danach noch kriegten, hat er selber geschrieben, ich habe sie aber weggeworfen. Doch, doch, es war seine Schrift. Einmal, viel später, schrieb er: Seine Freundin Walle ist so komisch geworden, sie meldet sich auch nicht mehr. »Wenn ich entlassen werde, komme ich zu Euch.« Wir hatten ihm das tatsächlich angeboten.

Herr B. wußte von dem Mordanschlag, der vor zwei Jahren auf uns verübt worden war. Jemand hatte mit einer Pump-Gun auf unserem Grundstück herumgeballert. Zeitweilig fiel der Verdacht auf einen anderen Autohändler. Die Sache wurde nie zu Ende ermittelt. Herr B. wußte auch, daß in unserer Ehe manches nicht so lief, wie es laufen sollte. Aber das hatte mit dem Anschlag nichts zu tun.

Nun gut, bei uns flogen schon manchmal die Fetzen, aber ich habe Herrn B. nicht um Hilfe gegen Siggi gebeten, ich kann mich noch immer gut allein wehren. Doch ich habe Herrn B. von dem allen berichtet. Und er hat mir von den 20 000 erzählt, die er wohl für ein Gutachten brauchte. Um Gottes willen, wir können keine 20 000 so locker rüberreichen, ich allein schon gar nicht. Wie könnte ich da Herrn B. soviel Geld versprochen haben? Wir haben nur noch ein gemeinsames Geschäftskonto, mein Mann und ich, mein Privatkonto ist längst aufgelöst, ich bekomme ein kleines Monatsgehalt von meinem Mann, aber nicht immer. Es geht uns finanziell nicht mehr so gut.

Die Richterin

Ihre Taten, Angeklagter, liegen an der äußersten Grenze des Vorstellbaren. Sie haben aus Habgier zwei Menschen getötet, Sie haben zwei Frauen Furchtbares angetan. Manche fragen, vor allem die Verteidigung: Hätten die beiden Opfer sich nicht stärker zur Wehr setzen können? Hätten sie nicht irgendwann fliehen können? Aber die beiden Frauen hatten keine Chance gegen Sie, gegen Ihre Kraft und Ihre scharfe Waffe, selbst wenn Sie die einmal aus der Hand gelegt hatten. Sie hatten den Tod von Großmutter und Vater zur Kenntnis nehmen müssen, und sie wußten: Ihr Peiniger war rücksichtslos, er geriet außer sich, wenn ihm jemand Widerstand leistete. Hilde Seliger tat, um sich und ihrer Tochter Leben zu schützen, das einzig Richtige: Sie tat, was Sie verlangten. Sie redete mit Ihnen, sie ging auf Ihre Probleme ein, sie half Ihnen, Spuren zu beseitigen, sie half sogar, diese Kreuzworträtsel zu lösen. Wäre sie davongekommen, wenn sie sich gewehrt hätte? Sie hat dennoch so etwas wie einen Schutzengel gefunden. Doch solches Geschehen steckt man nicht spurlos weg. Da bleibt ein Trauma über Jahre, vielleicht lebenslänglich.

Als die Fahndung nach Ihnen im Fernsehen lief, als Sie aus Düren geflüchtet waren, meldeten sich Frauen, denen durch Sie zwanzig Jahre zuvor Schlimmstes widerfuhr. Es stand ihnen noch vor Augen, als sei es Tage zuvor geschehen.

Auch ich gehöre zu denen, die wir uns damals, als wir als junge Leute nach dem Studium in die Justiz gingen, viel Gedanken um die Verbesserung des Strafvollzugs machten, die neue Wege zu denken, zu gehen versuchten. Verwahrvollzug allein, sagten wir uns, das durfte es doch nicht sein. Wir wollten die Formen der Unterbringung ändern. Nur verwahren im Vollzug, das hieß so oft: Die Rückfallgeschwindigkeit änderte sich rasant, nichts besserte sich. Im Gegenteil. Gerade mit Zwanzigjährigen aber mußte man doch etwas Neues auf die Reihe kriegen, sich gegen die Zweifel stemmen können. Daraus resultierten die Angebote, die auch Sie erhielten. Wären Sie darauf eingegangen, wir säßen heute nicht hier. Aber die Versuche zum Beispiel in Eickelborn waren es Ihnen nicht wert. Sie haben den Rettungsanker nicht ergriffen.

Es verbittert zu sehen, was aus allem danach in Rheinbach geworden ist. Es wird wohl so sein, daß man zur alten Rechtsprechung zurückkehrt, die Schraube zurückdreht. Rheinbach hat Ihnen gegenüber versagt, es hat Ihnen mehrfach die Möglichkeiten zur Flucht geboten.

Bis Eickelborn hat Ihre Familie Sie besucht, zu Ihnen gehalten. Ahnen Sie, was das bedeutet, daß Sie immer aufs neue Schäbiges über Ihre Verwandten äußern, daß Sie nun sogar Ihre Mutter beschuldigt haben, Anlaß für Ihre wachsenden sexuellen Verfehlungen zu sein, weil sie Sie in jungen Jahren angeblich verführte, mißbrauchte? Ihre Familie ist nicht schlecht, keines Ihrer Geschwister hat bisher im Leben versagt. Nur Sie.

Sie sind, Herr Büchner, voll schuldfähig. Wir haben Sie während dieser langen Verhandlung genau beobachten können. Sie folgten ihr sehr wach. Sie wußten immer, worum es geht. Nichts lief an Ihnen vorbei. Dieses Verhalten läßt Rückschlüsse zu. Sie hätten bei Ihren Taten immer anders handeln können, aber Sie wollten es nicht. Sie dachten nur an sich und machten, was Ihnen gerade in den Sinn kam. Ihre Einstellung ist keine Krankheit. Sie sind für alles verantwortlich. Sie haben alles verschuldet, was Sie nun ertragen müssen. Machen Sie niemand anderem den Vorwurf, daß er schuld sei an dem, was Sie nun aushalten müssen.